华中师范大学中国农村研究院

智库书系·地方经验研究

丛书主编／徐　勇　邓大才

京山深改：
以系统改革路径引领乡村振兴

孔浩　余孝东　陈涛　王琦 等◎著

社会科学文献出版社

SOCIAL SCIENCES ACADEMIC PRESS (CHINA)

总　序

　　地方经验研究是由华中师范大学中国农村研究院推出的系列著作。

　　中国作为一个古老的文明大国，能够在 20 世纪后期迅速崛起，展现出强大的活力，得力于改革开放。20 世纪 80 年代兴起的改革开放，重要目的就是"搞活"，在搞活经济的过程中确立了市场机制。市场竞争机制不仅激活了经济，而且激活了地方和基层的自主性和创造性。极具战略眼光的顶层设计和极具探索精神的地方基层实践以及两者之间的良性互动，是中国政府推动现代化建设取得巨大成功的秘诀。中国改革开放的路径就是：先有地方创造的好经验，中央加以总结提高上升为好政策，然后经过若干年推广再确定为好制度。本书系正是在这一背景下推出的。

　　我们华中师范大学中国农村研究院自 20 世纪 80 年代开始，就关注农村改革，研究农村治理，并以实地调查为我们的基础和主要方法。调查一直是立院、建院和兴院之本。在长期实地调查中，我们经常会与地方和基层领导打交道，也深知地方和农村基层治理之不容易。地方和基层治理的特点是直接面对群众、直接面对问题、直接面对压力。正因为如此，地方和基层领导势必解放思想，积极开动脑筋，探索解决问题的思路和方法，由此有了地方创新经验。促使我们自觉主动与地方进行合作，通过理论与实践相结合，共同探索地方发展路径并总结地方创新经验，起始于 2011年。当年初，地处广东西北部的云浮市领导为探索欠发达地区的科学发展之路，专程前来我院求助请教，我们也多次前往该市实地考察、指导和总结。至此，我们开启了地方经验研究的历程，并形成了基本的研究思路和框架。

地方经验研究的目的，主要是发现地方创造的好经验、好做法、好举措，突出其亮点、特点和创新点。中国的现代化是前所未有的伟大实践，必然伴随大量问题。对不理想的现实的批判思维必不可少，需要勇气；而促进有效解决问题的建设思维也不可或缺，需要智慧，两者相辅相成，各有分工，共同目的都是推动社会进步。作为学者，不仅要持公正立场评点现实，更要参与到实际生活中，理解现实，并运用自己的智慧与实践者一同寻求解决问题之道。历史的创造者每天都在创造历史，但他们往往不是自觉的，学者的参与有可能将其变为自觉的行为；历史的创造者每天都在创造历史，但他们往往并不知道自己在创造历史，学者的总结则可以补其不足。地方与基层的探索是先行一步的实践，需要总结、加工、提炼，乃至推介，使更多人得以分享。地方与基层的探索是率先起跑的实践，需要讨论、评价、修正，乃至激励，使这种探索能够可持续进行。我们的地方研究便秉承以上目的，立足于建设性思维。

地方经验研究的方法，绝不是说"好话"，唱"赞歌"。在地方经验研究中，我们遵循着以下三个维度：一是地方做法，时代高度。尽管做法是地方的，但反映时代发展的趋势，具有先进性。二是地方经验，理论深度。尽管是具体的地方经验，但包含相当的理论含量，具有普遍性。三是地方特点，全国广度。尽管反映的是地方特点，但其内在价值和机制可复制，具有推广性。正是基于此维度，我们在地方经验研究中，非常注意两个导向：一是问题导向。地方和基层实践者之所以成为创新的主要动力，根本在于他们每天都必须直接面对大量需要处理的问题。解决问题的过程就是实践发展的过程。二是创新导向。解决问题是治标，更重要的是寻求解决问题的治本之策，由此就需要创新，需要探索，也才会产生地方好经验。怎样才是创新呢？需要有两个标准：一是历史背景。只有将地方经验置于整个宏观历史大背景下考察，才能理解地方创新由何而来，为什么会产生地方创新。二是未来趋势。只有从未来的发展走向把握，才能理解地方创新走向何处去，为什么值得总结推介。

我们正处于一个需要而且能够产生伟大创造的时代。地方经验研究书系因时代而生，随时代而长！

主编 徐 勇

2015 年 7 月 15 日

目　录

理论篇

理论篇

导　论

　　大力推进乡村振兴并将其上升到战略高度，是党的十九大做出的重大决策，是在新的历史高点上党中央着眼"两个一百年"奋斗目标做出的战略安排。务农重本，国之大纲。在漫长的中国历史进程中，与农耕文化底蕴相随，乡村始终占据着重要地位，其作为国家财政汲取和徭役摊派的直接对象，是支撑政权和统治的基础，可以说，乡村的富庶是中国盛世历史的一大标志。

　　近代以来，国门渐开，在被动融入世界化大生产体系的半殖民化进程中，中国自给自足的小农经济逐步解体，国家公权力下延破坏了农耕社会持久延续的自治基因，加之动乱的社会环境，现代意义上的城市在沿海沿江地带迅速发展起来，乡村社会则走向衰落。中华人民共和国成立后，城乡二元体制的牢固建立极大束缚了乡村社会的发展活力。直至人民公社解体，家庭联产承包责任制的普遍推行为乡村发展重新注入了强劲动力。但与迅速走向开放的城市不同，在大包大揽的人民公社体制废除后，广大农民仍然承担着较重的税费负担，与此同时，日益增长的公共服务需求缺口越来越大。随着户籍管理制度的松动和市场经济的迅速起步，作为生产要素的廉价农村劳动力大量涌入城市，打工潮和农民工经济兴起。与之相应，农民离村导致的空心化问题广受关注。在市场逐渐成为资源配置的决定性因素后，农业生产者外出务工势头愈发强劲，原有的集体产权制度效能直线递减，甚至成为阻碍农业和农村发展的绊脚石。进入 21 世纪以来，面对日益严峻的"三农"问题，中央适时废除了延续千年的农业税，从对农村的汲取转为反哺。继 2005 年党的十六届五中全会提出新农村建设后，2007 年党的十七大强调要统筹城乡发展，2012 年党的十八大提出要推动城乡一体化，随后的十八届三中全会提出美丽乡村建设，直至 2017 年的十九大报告中首次从战略高度提出推进乡村振兴。

乡村振兴统揽了之前的"三农"政策，涵盖了广大农村地区经济、政治、文化、社会、生态文明建设的各领域各环节，对于加快农业农村发展、促进农村社会进步、传承和弘扬中华农耕文明无疑具有重大而深远的意义。但作为一项全新、全域的战略安排，在地方实际千差万别、发展水平参差不齐的广大基层如何落地，同样是一场重大考验。湖北省京山市从产权制度切入，进行系统性改革突破，走出了乡村振兴的京山路径。

一 传统中国的乡村社会及其近代衰败

清末被动开启的现代化并非一个自然渐进的历史进程，而是对西方现代性挑战的被迫回应，这种回应以维护政治统治为首位需要，以优先发展军事工业和重工业为实现这一需要的保障，由此便决定了它与农村之间的历史定位：城市加速向前，乡村社会被遗忘。随着船坚炮利的西方殖民者纷至沓来，沿海沿江城市相继开阜，外国资本迅速向农村渗透。在与社会化大生产的竞争中，传统中国自给自足的小农经济逐步解体。在连续的动乱中，国家政权建设和权力向基层下延也不甚成功，原有的乡村社会秩序逐渐被打破，而新的秩序并没及时建立，致使乡村社会步入长时段衰败。

一是国家政权建设和公权力下延，乡村自治空间进一步收窄。传统中国的乡村是自治社会，皇权始终没有落地，这一真空地带在大一统政权下主要以自治的形式运转维系，并且不因战争和王朝更迭而发生根本性的改变，成为一道独特的政治景观。政权无论如何向基层渗透，都始终无法直接控制乡村社会，乡民完全处于国家的间接统治和地方实际自治的状态之下。维系这种状态的重要主体即是乡绅阶层。但近代工商业的兴起和城市的迅猛发展导致农村中的大量精英分子涌向城市，乡绅阶层的经济地位总体处于下降趋势，他们庇护乡邻、维护乡里秩序的社会责任感逐渐淡化，主要有赖于乡绅开展的乡村自治，包括纠纷调解、组织基础设施建设和开展公共文化活动等开始缺位。乡绅阶层无形中发生了蜕变，一定程度上导致了农民与国家的联系脱节。农民既无法得到国家的保护，又失去了乡绅曾给予的一点可怜的荫庇。而现代化对这样一个孤立无助的阶级，仅仅意味着更加沉重的榨取。在乡村自治陷入困境的同时，国家政权建设中的公权力逐渐向基层延伸，进一步压缩了传统自治的空间。政府通过自治职员的遴选、奖惩，以及对自治经费收支的掌控，将乡村自治事务全面纳入了公权的监管之下。公权力的影响遍及从传统的农业生活、商业经营乃至衣食住行诸方面，实现了对住民经济、社会以及文化生活的全面干预和介入。

二是人地矛盾突出和外来资本入侵，传统小农经济大量破产。清朝统一全国后，政治上的稳定为乡村发展提供了良好的社会环境，人口迅速增加，人地矛盾日渐尖锐。统治后期，徭役摊派不断加重，进一步加重了农民负担。费孝通认为，土地分配不均，地租剥削，苛捐杂税，手工业衰落，天灾人祸是导致农民生活贫困的重要因素。与内部的压力相应，紧随殖民入侵的西方资本也给了传统农业沉重一击。首先由沿海和口岸城市附近的农村开始，逐渐向内陆延伸，外来商品侵入穷乡僻壤，传统生产方式的产品在与大机器生产的竞争中不堪一击，农村手工业大量破产。追求利润最大化的资本主义生产体系一方面向农村输进洋货，另一方面攫取了大量的廉价原材料，对风险抵御能力极弱的小农置身于市场的汪洋大海，任由盘剥。

三是科举制废除和新式教育兴起，乡村文化生态趋于空洞化。近代以前，乡村社会的文化、教育主要是通过乡村社会的精英阶层，即士绅来实现的，各地私塾、书院和学校多由乡绅阶层主导建立和运转。正是由于士绅在传统社会特殊的政治、文化、教育地位，其承载着中国传统文化继承和延续的重任。传统中国士人以耕读为标榜，多数人在乡间读书，继而到城市为官，最后多半要还乡。因而当时受初等教育的机会在乡村和城市之间的差距不大。近代化起步后，西方文明对儒学的冲击以及城市近代教育的出现，动摇了乡绅作为道德教化载体的师统地位。面对这一系列变化，部分乡绅顺时应势，转化成为新兴的商人、企业家和知识分子，更大一部分因循守旧者却无法适应变革中的环境，其地位与权势逐渐衰落。而宗族制度和义田制、学田制的崩溃，更是导致相当一部分地区的农村，文盲率反而较之以往反弹上升。在现代化面向的制度变迁进程中，城市教育渐次发达，乡村教育则望尘莫及。随着以城市为重心的"新学"的建构，整个中国的教育布局发生了显著的变化，各类学堂全部集中在京城、省城或其他重要的城市，中学堂基本都设在大中城市，连小学堂也多设在州县所在地。乡村学校仅占全国学校总数的10%，即使是服务于乡村社会的农业学校也有将近80%设在城区。乡土社会的精英分子大规模外流，乡村教育更为没落，乡村社会的文化生态开始出现断层，农村文化生态平衡不断失调与退化，农村对城市过度依附并逐渐失去其自主性，这些又严重阻碍了农村总体文化水平的提高和农村现代化的实现。

四是持续的社会动乱和频繁震荡，生存和发展环境日益恶化。当工业化勃兴，开始扮演近代社会发展的主要角色时，在前现代中国社会中占据重要地位的农业便黯然失色，悄然退居幕后。受这一历史变化的影响，相当一部分社会上层人物，包括农村社会的精英分子，纷纷把注意力转向城市，谋求在城市的发展。他们更关心工商业的发展，逐渐与农村疏远并形成隔膜。如此一来，农业和农村在同样需要国家扶持和社会关注的时候，却被置于一种无人问津和放任自流的境地，成了现代化的"弃儿"。当现代化逐步改变城市经济社会的面貌时，农村则基本上一如既往地沿着传统道路滑行。相比国家层面的不重视，社会环境的冲击可能更为严重。清末以后，由抗税、抗捐、反殖民引发的农民暴乱频仍，尤其是太平天国运动和义和团运动，不仅对政权统治造成极大损耗，更是对其波及范围内的地区带来了巨大破坏。进入民国后，军阀混战和其后的抗日战争、国共内战在持续时间、波及范围上较以往有过之而无不及。农村的动荡造成了城市与乡村在空间上的阻隔。农业生产力的极度衰落，耕地缩小，荒地增加，劳动力过剩，都达到了空前的严重程度。

二 中华人民共和国成立后城乡二元体制的形成与影响

新中国在确立重工业优先发展战略之时，尽管国民经济已得到全面恢复和初步增长，但农业仍在经济结构中占据主体地位，单家独户经营、劳动密集型的小农经济形式仍是农业经营的主要方式。重工业作为资本密集型产业，对劳动力的吸纳能力有限，但对资金的需求量很大，这就与中国劳动力丰裕、资本稀缺的资源禀赋特点产生了矛盾，必须通过汲取农业剩余为重工业提供资本积累，并且尽量减少公共服务供给方面的财政支出。在此背景下，为最大程度汲取农业剩余，同时为避免重工业发展过程中农村劳动力转移对城市造成压力，政府实施了一整套包括户籍制度、统购统销制度、人民公社制度及由此衍生的就业制度和公共服务供给制度等在内的城市偏向制度体系，造成了城乡之间在经济以及社会领域的严重分割状态。在集体化生产和统购统销的制度约束，以及以农支工的工业化导向下，乡村社会陷入了长时间低度分化的共同贫困状态。基于严格的户籍管理制度的城乡分治形成了影响深远的城乡二元体制。这种体制的强大汲取能力，使中国在一个较短时期内，有效地组织动员了国家工业化所需的巨大投入，很快建立了我国的现代工业基础体系。但二元结构带来的问题同样突出，在重工业化和低城镇化的畸形体系里，工业总在内部循环，需要依赖"三农"不断"输血"。结果工业和城市越是扩大，"三农"负担反而越重。

一是生产要素配置偏向非农部门，农业生产效率持续低下。在快速工业化，尤其是注重重工业的发展理念下，生产要素大量投向非农部门。农业领域的财政投入十分有限，基础设施主要依靠各地组织社员义务出工自行建设。农产品的统购统销从农村汲取了大量经济剩余，进一步造成农业发展资金匮乏，难以通过积累改进生产方式，提高生产效率。户籍制度严格限制农村劳动力到城市就业，使日益增多的农村剩余劳动力被迫束缚在有限的耕地之上；此外，人民公社制度抑制了广大农民的生产积极性和自主性。在此背景下，农业部门生产要素配置效率低下，农业生产力发展水平提升缓慢，城乡部门的比较劳动生产率存在很大差距，农民收入和消费水平落后于城市居民，从而形成了严重的城乡二元经济结构问题。

二是城乡流动渠道几近关闭，收入单一导致农民贫困化。1958年1月全国人大常委会第九十一次会议讨论通过《中华人民共和国户口登记条例》。这标志着中国以严格限制农村人口向城市流动为核心的户口迁移制度的形成。以户籍制度为基础的城乡壁垒，事实上是将城乡两部分居民分成了两种不同的社会身份。农村劳动力进入城市就业的渠道受到严格限制，不仅让农民基本丧失了城市平等就业权，更因为农村劳动力在城乡之间流动的自由被抑制，不仅影响了农业和农村发展水平的提升，而且阻碍了整体经济社会发展。在长期的城乡封闭状态下，农民被紧紧地束缚在农村里，又被进一步束缚在农业上，很少有进入城市工作的机会。在农村与农业严格绑定的计划经济体制下，丰富的劳动力资源长时间在有限的土地上耕植，副业生产也被严格约束，在单一的务农之外，农民缺乏有效的增收渠道，甚至温饱问题也长时间没有得到解决。农民普遍贫困化的一大后果是社会消费能力难以提高，对工业生产形成不了刺激带动，城乡不协调愈发严重。

三是基层财政投入十分有限，农村公共服务水平长期落后。以户籍制度为基础，农村和城市的公共服务投入形成了巨大反差。政府依托公有制企事业单位，为城市居民构建了一整套包括教育、医疗卫生、社会保险、就业、住宅等制度在内的公共服务供给体制，公共服务供给成本主要由政府财政和公有制企业承担；在农村，公共服务由公社、生产大队、生产队实行"制度外筹资"和"制度外供给"，政府财政在农村公共服务供给中发挥的作用不大，公共服务供给体系不尽完善。以医疗为例，公费医疗不仅使非农人口没有后顾之忧，而且造成了巨大浪费。而农村人口不仅没有公费医疗，更没有钱去看病，往往只能是"小病扛，大病躺"。在此背景下，城乡居民所能享受的公共服务水平存在较大差距，由此形成了严重的城乡二元社会结构问题。市民和农民之间存在一条不可逾越的鸿沟，二者分别被纳入不同的制度和体制之中。这就从根本上使工人和农民、城市人和农村人具有不同身份地位的不可转换性，不仅划分而且固定起工人和农民、城市人和农村人之间的社会地位的差别。工人和城市人是"一等公民"，农民和农村人是"二等公民"。

三　改革开放以来乡村社会的艰难转型

20世纪70年代末，包产到户在民间再次抬头，最终从安徽凤阳县小岗村走向全国。包产到户的出现从根本上动摇公社体制，并造成了治理困难。特别是公社体制"三级所有，队为基础"的生产小队层次面临的挑战更大。① 个体化生产不再需要统一组织和安排，干部也随之缺位，基层公共事务和秩序陷入无人管理的"治理真空"状态。此后，源自地方实践的村民自治为中央所接受，并逐渐发展为中国基本政治制度的重要内容之一，使基层空转的状况得到了一定程度的解决。但比治理上的冲击更甚的是，市场化的日益深入对乡村社会带来了更为深远的影响。农村基础设施落后，公共服务提供有限；务农收益直线下降，可选择性劳动愈发广泛。进入 21 世纪后，伴随着农业税的废除，国家财政投入短期内并没有跟上，导致大量的基层事务陷入停滞。此后，虽然国家支农力度越来越大，但仍然未能也无法阻止乡村社会的进一步复杂化。

第一，从无序治理到治理困境再现。1978 年冬，小岗村 18 位农民以"托孤"的方式按下红手印，冒着彼时巨大的政治风险实施"大包干"，揭开了包产到户改革的序幕。此后，家庭联产承包责任制为中央所认可，并迅速走向全国。土地到户自动延续了农村经济发展，却极大地动摇了人民公社体制。个体经营不再需要统一组织生产劳作，公共治理随之陷入无序状态。但基层创举总是伴随需求而生，广西壮族自治区合寨村以村民自己选举村干部管理村庄公共事务的方式创造性地探索出村民自治。人民公社被撤销后，国家迅速恢复了乡镇建制，并逐步将村民自治上升为国家法律予以推行，实行"乡政村治"。然而，与之相伴的是国家权力下延，村民自治空间逐步被压缩。尤其是以建制村为单元的村民自治遇到了极大的障碍和困难。建制村作为国家基层组织单位，村民委员会承担了大量行政任务的落实工作，加之村集体收入十分有限，公共投入，甚至村委会组织的运转经费也依靠上级财政，导致村民自治有泛行政化的趋势。另一方面，以建制村为单元的村民自治规模过大，人口过多，不利于村民自治的有效开展。特别是 2006 年废除农业税后，为减少财政支出，一些地方实行"合村并组"，村组规模扩大，村民直接参与性的自治更难。

第二，从依附土地到个体自由流动。集体化时期，在严格的户籍管理

---

① 徐勇、赵德健：《找回自治：对村民自治有效实现形式的探索》，《华中师范大学学报》（人文社会科学版）2014 年第 4 期。

制度下，农民被牢牢地束缚在土地上。包产到户后，"缴纳国家的，剩下的都是自己的"，在个体经营的激发下，农业生产水平获得了长足提升，困扰中国农民几千年的温饱问题逐步得到了解决。在此过程中，中国的改革由农村走向城市，开放程度日渐扩大，户籍制度逐渐放松，经济发展对劳动力的巨大缺口迅速吸引了大量农民弃农从工，由此开始了农民离村带来的村庄空心化现象。随着市场在资源配置中的作用日益增强，传统农业经营收益持续下降，而工业和服务业的快速发展提供了越来越多的工作岗位，劳动力缺口和务农相比更为可观的收入吸引了大批农民向二三产业转移。与改革进程同步，打工潮由点及面，农业转移人口呈爆发式增长，由单人外出到举家外出，从过去的离土还乡逐渐转变为离土离乡。人口外流固然为产业发展提供了可满足需求的人力资源，农民收入水平也得以大幅度提高，但大量人口的外迁，尤其是乡村中精英分子的流失，导致以村民自治为主要内容的农村基层治理体系出现危机。大量年轻劳动力离村后，不仅农村活力下降，以妇女、儿童、老人为主的庞大留守人口群体更是带来了一系列社会问题，教育、养老压力骤然提升。

第三，从认知单一到价值观多元化。改革开放以前，在浓厚的政治宣教下，农村公共文化服务较为单一，农民接受的熏染十分有限。承包到户给农民带来了实实在在的利益，农民由社会变革的旁观者变成社会生活的参与者、实践者和创造者，长期压抑的对物质利益的渴望迅速被唤醒。家庭经营模式下，以人民公社为依托的群体价值主体的功能明显减弱，社会本位价值取向开始向农民个人本位价值取向的方向转变。在市场化导向下，农民公私观念愈发分明，择业观、道德观都深刻地发生着变化。随着开放程度加深，外来文化迅速涌入，在带来文化繁荣的同时，也导致了享乐主义、拜金主义之风兴起，封建迷信也重新占据市场，精神文化的匮乏甚至给邪教提供了发展机会。在社会急剧转型中，农村文化建设没能跟上发展节奏，对农民的精神生活和价值取向缺乏及时正确的引导，农民在价值判断和价值选择上还表现出明显的自发性特征，加上长期僵化的计划经济体制对农民思想观念的束缚，农民在价值判断和价值选择上常常陷于两难境地，价值观还处于迷茫阶段，大多数农民还在传统与现代之间游移。

第四，从内生自给到反向财政汲取。土地改革后，各级政府统一组织，动员广大农民整治田地，修建公路、水库、堤坝等基础设施，为农业生产的发展奠定了良好基础。集体化时期，农民义务出工，甚至跨区域调配参与大型工程建设成为常态。改革开放后，农民作为生产要素同样接受市场的配置，主要依靠义务出工的基础设施建设模式逐渐退出历史舞台，国家财政投入比重逐年增加，直至成为主导方式。整体来说，农村公共服务供给的管理层级上移，责任主体逐步明晰，由过去的乡、村等农村基层政府和集体组织负责统筹管理逐步向以省（市）、县政府统筹管理为主转变，农村公共服务供给成本由过去的主要依赖农民个人负担向政府、农村集体组织和农民个人共同负担转变，农民在农村公共服务收益分享与成本分担方面开始走向均衡；特别是随着建设型财政向公共财政的转型，国家财政开始全面介入农村公共服务领域，公共财政资金对农村公共服务的支持力度不断加大。但是，囿于产权制度的限制，集体资源难以转化为资产，大部分村庄的集体经济并无稳定收益，分担式的公共投入中集体经常出现缺位，而税费改革后的农民也将财政投入视为正常，导致财政投入成为大多数农地公共服务和基础设施建设的主导甚至唯一来源，财政压力越来越大。

四 后税费时代涉农政策调整的现实需求

2005 年 12 月 29 日，第十届全国人大常委会第 19 次会议经表决决定，《农业税条例》自 2006 年 1 月 1 日起废止。延续了几千年的农业税从此彻底退出历史舞台，无疑是"惊人之举"，这是继土地改革、农村土地联产承包责任制、农村税费改革后的又一次革命。免征农业税从根本上减轻了农民负担，间接增加了农民收入，有力地调动了农民种田、种粮、发展生产的积极性。但消极影响也不可谓不明显。税费改革以前，乡镇财政收入主要来源于各项税费收入。农业税取消以后，农业附加税自行消失，村级运转资金来源大量减少，村级组织难以发挥自我管理、自我教育、自我服务的作用。而乡镇财政收入也失去了主要来源，对农村公共产品的供给更加有心无力。阵痛期过后，国家向乡村的汲取逐步演变为国家支援农村。不仅是财政投入连年增加，中央对"三农"问题的战略定位也经历了调整升级的过程。

一是以城市为主导的发展理念亟须向城乡并重转型。进入 21 世纪以来，中央加大了对农村的扶持力度，从 2003 年开始连续 15 年的中央一号文件都聚焦于农业、农村、农民问题，十七大和十八大也分别提出了城乡统筹和城乡一体化的发展思路，对推动农村发展、增加农民收入起到了重要的作用。但是从发展动力来看，政策重点侧重于城市，使用的政策手段是城市和工业对农村的反哺和扶持，把农村放在了城市的从属地位，使其被动地去接收城市发展的带动和辐射，没有从内在上激发乡村的积极性和主动性。在既有的政策框架下，由于受到市场机制的作用，城乡关系呈现为明显的不均衡状态，城乡协同发展的要素市场没有建立起来，要素流动依然是由乡村到城市。在经济新常态下，农业农村农民工作是国民经济的根本，广阔的农村为经济持续发展提供了广阔腹地，面对城乡二元结构藩篱难以破解的难题，必须采取特殊的战略。

二是单向性的乡村发展战略亟须向统摄性布局转型。2005 年 10 月党的十六届五中全会通过《十一五规划纲要建议》，提出了"建设社会主义新农村"，要求农村"生产发展、生活宽裕、乡风文明、村容整洁、管理民主"，2006 年中央一号文件又做出了全面部署。在建设美丽中国的大背景下，2013 年中央一号文件提出"加强农村生态建设、环境保护和综合整治，努力建设美丽乡村"，进一步从生态和文化建设领域对社会主义新农村建设进行了升级。十九大提出的乡村振兴战略以"产业兴旺、生态宜居、乡风文明、治理有效、生活富裕"为总要求，既与社会主义新农村建设一脉相承，又是新时代下对社会主义新农村建设的发展与超越。乡村振兴的内涵十分丰富，既包括经济、社会和文化振兴，又包括治理体系创新和生态文明进步，作为一个全面振兴的综合概念，是对以往单向性乡村发展战略的超越和升级。

三是以行政推动为主的发展模式亟须向多主体参与转型。构建一个有效的农村社会管理体制，政府的介入是必要的。尤其在发展还很不平衡的中国农村，农民整体受教育程度比较低，社会组织发育不完善，很多时候必须依赖强制性的外来制度建构，为农村社会管理提供基本的运行制度框架。行政力量的介入固然可以弥补自治水平有限带来的诸多问题，尤其是基础设施建设和公共服务提供，但长此以往，也会侵蚀本就脆弱的乡村社会有机体。进入 21 世纪以后，中央对三农工作愈发重视，财政投入连年扩大，实施了一系列支农惠农政策。但与国家强力推动相反，农民、社会等参与却仍然有限。税费改革以后，历史性地由国家汲取转变为国家反哺，逐渐造成了农民对国家投入的依赖，以支农为目的一系列政策也因为农民参与的有限未能发挥出最优效果。社会组织、社会资本仍然距农村较远，没能与国家战略形成良性互动。2017 年 12 月召开的中央农村工作会议提出，要汇聚全社会力量，强化乡村振兴人才支撑；鼓励引导工商资本参与农村振兴，鼓励社会各界人士投身乡村建设；建立健全实施乡村振兴战略财政投入保障制度，公共财政更大力度向"三农"倾斜。这意味着，乡村振兴战略将不是政府唱独角戏、农民看戏的隔离模式，而是在党的有效领导下，以农民为主体，政府投入、社会参与的多元化模式。

五　以系统改革引领乡村振兴的制度路径

大力推进乡村振兴，并将其提升到战略高度、写入党章，是党中央着眼于全面建成小康社会、全面建设社会主义现代化国家做出的重大战略决策，是加快农业农村现代化、提升亿万农民获得感幸福感、巩固党在农村的执政基础和实现中华民族伟大复兴的必然要求，为新时代农业农村改革发展指明了方向，明确了重点。实施乡村振兴战略，要按照产业兴旺、生态宜居、乡风文明、治理有效、生活富裕的总要求，建立健全城乡融合发展体制机制和政策体系，加快推进农业农村现代化。

一是深化农村集体产权制度改革，建立城乡要素双向流动机制。农村集体产权制度改革是继农村土地制度改革后农村改革的又一项大事，目的是保障农民财产权益，壮大集体经济。要贯彻落实中央《关于稳步推进农村集体产权制度改革的意见》，抓好农村集体资产清产核资，把集体家底摸清摸准；适时开展集体资产股份权能改革，盘活农村集体资产，提高农村各类资源要素的配置和利用效率，多途径发展壮大集体经济。过去劳动力、资本、土地等生产要素从农村流向城市的渠道是畅通无阻的，反之要素从城市流向农村则受到了诸多制度限制。要深化集体产权制度改革，打破农村集体的封闭性，建立农村开放的发展制度环境。一方面乡村还会继续为城市发展提供劳动力等要素资源，另一方面也要打破阻碍农村吸纳城市资源要素的栅栏，为产业兴旺奠定基础。

二是推进农业经营制度改革，培育新型农业经营主体。产业兴旺是发展农村生产力的根本要求，是决胜全面建成小康社会、全面建设社会主义现代化强国的一项重大战略任务，更是乡村振兴战略的核心所在。在产权改革的基础上，要推进经营制度改革，培育新型农业经营主体，加快构建现代农业经营体系，坚持以农户家庭经营为基础，支持新型农业经营主体和新型农业服务主体成为建设现代农业的骨干力量，切实加大政策扶持，充分发挥新型农业经营主体在产业融合发展、科技成果应用、农业绿色发展、市场开拓等方面的引领功能，为加快推进农业现代化、促进农民创业增收提供组织和机制支撑。

三是公共服务和生态保护制度改革，打造生态优良的宜居乡村。当前在燃气、上下水、污水垃圾处理等方面城乡间基础设施还存在较大的差异，也限制了乡村生态资源优势的发挥，要主动加快推动城镇基础设施向农村的延伸，逐步消除城乡间基础设施差异，补齐乡村发展短板，让人口在城乡都能享受同等舒适生活。城市基础设施向农村的延伸，不仅是城市建筑在农村的简单复制，而是在保持乡村文化和风情的基础上，推动乡村生活品质和质量的提升，实现乡村高质量发展。把乡村优美环境、人文风俗、历史文化、特色资源等在空间上进行集中和集聚，推动特色产业发展，打造田园综合体、特色小镇等，吸引城市资源要素的流入，承接城市消费的外溢，把小镇融合到乡村中，从根本上增强乡村的内生发展能力。

乡村振兴作为党中央高位推动的战略部署，具有全域性、综合性，如果一以贯之的按照老旧套路，由某一部门实施某一方面，断然是对乡村战略的误读。接下来要详细阐述的京山路径，正是由产权制度切入，系统性改革配套进行，对集体产权制度、现代农业经营制度和社会建设转型、乡村治理创新做出的有益探索。下文将分篇依序介绍。

第一章

以系统性全域改革思维引领
特色乡村振兴之路

习近平总书记在党的十九大报告中高度重视"三农"工作，强调农业、农村、农民问题是关系国计民生的根本性问题，必须始终把解决好"三农"问题作为全党工作的重中之重。在此基础上，提出坚持农业、农村优先发展，实施乡村振兴的发展战略。可以说，实现乡村振兴是党中央着眼于全面建成小康社会、全面建设社会主义现代化国家做出的重大战略决策，是加快农业农村现代化、提升亿万农民获得感幸福感、巩固党在农村的执政基础和实现中华民族伟大复兴的必然要求，它为新时代农业农村的改革发展指明了方向、明确了重点。但从现实来看，若想实现这一战略性目标，有力推进乡村振兴，从根本上还要靠深化改革。

正如十九大报告所提到的："必须坚持和完善中国特色社会主义制度，不断推进国家治理体系和治理能力现代化，坚决破除一切不合时宜的思想观念和体制机制弊端，突破利益固化的藩篱，吸收人类文明有益成果，构建系统完备、科学规范、运行有效的制度体系，充分发挥我国社会主义制度优越性。"改革是由问题倒逼而产生的，却又在不断解决问题中得以深化。同时，旧的问题解决了，新的问题又会产生，因而改革既不可能是一蹴而就的，也不可能是一劳永逸的。因此，全面深化改革是一场历时久远、难度较高的攻坚战，它是顺应当今世界发展大势的必然选择，也是解决中国现实问题的根本途径。因为触及深层次的社会关系和利益调整，不仅凝聚改革共识的难度增大，统筹兼顾各方面利益的任务也颇显艰巨，一旦协调不顺，处理不好，改革就难以顺利推进。因此，若想成功从纷繁复杂的事物表象中把准改革脉搏，推进改革成功，则需要一个能叫得响、立得住、群众认可的主体力量，负责统筹各项改革任务，引领社会各方力量参与，而新时期的政府充当的正是这样一个角色。只有在政府的有效统筹与引领下，我们才能更好地处理改革"最先一公里"和"最后一公里"的关系，并及时突破"中梗阻"，将改革方案的含金量充分展示出来，不仅精耕改革土壤孕育出果实，也让人民群众享受到实实在在的获得感。

第一节　全面深化改革的"京山需求"

随着农村经济发展和社会治理转型，京山市基层治理的条件和环境也发生了深刻变化，经济发展逐步进入新常态，既提供了重大的战略发展机遇，也带来了诸多矛盾和严峻挑战。认识新常态、适应新常态、引领新常态，保持经济社会持续健康发展，需要政府的顶层规划和统筹引领。为此，京山市立足当地经济发展、政府服务、基层治理等多方需求，以发展理念转变引领发展方式转变，以发展方式转变推动发展效益提升。以追求高质、力求提升的"京山需求"倒逼政府在困境中寻求改革道路，也为京山市在全面深化改革的大潮中勇立潮头再添助力。

一　激活经济：适应"新常态"，培育经济新动能

习近平总书记曾提出，中国经济正处在一种"新常态"阶段，而认识新常态、适应新常态、引领新常态，是当前和今后一个时期我国经济发展的大逻辑。所谓经济发展的新常态，其强调的是一种"调结构、稳增长"的经济形态，而不是总量经济；着眼点在于经济结构的对称态基础上的可持续发展，而不仅仅是GDP、人均GDP增长与经济规模的最大化。简言之，经济新常态就是"用增长促发展，用发展促增长"。基于此，如何引领并适应这种经济的常态化发展，推动农业供给侧结构性改革，进而培育

经济发展新动能，需要各地方政府不断开拓创新、积极探索。当前，为高效提升农村经济发展的活力和动能，京山市立足农村、农业和农民的现实需要和发展需求，通过探索新产品、新产业、新市场、新机制等一系列路径，试图促进"三农"新型关系的构建，以此推动"传统三农"向"新三农"发展转型，全力打造新常态下京山市域经济社会发展的升级版。

（一）农村集体资源亟待盘活

京山市地处湖北省中部，隶属荆门市，北倚大洪山，南临江汉平原，下辖 14 个镇和京山经济开发区及温泉新区，共有 405 个行政村，总人口 10.51 万户 64 万人，其中农业人口 43.8 万人、农业劳动力 27 万人。作为传统的农业大县，京山市长期以来工业发展水平较为有限，因此"工业反哺农业"的能力也十分缺乏，农业和农村的发展主要依靠乡村内部的力量，外部助力不够。农村经济发展主要呈现出如下几个特点。

一是土地资源丰富。全市确权到户的耕地面积有 81.82 万亩，人均占有耕地面积 1.87 亩，户均 7.8 亩。林地面积 251 万亩，确权到户面积 211.5 万亩，人均 4.83 亩，户均 20.1 亩，农村集体资源（未确权到户）面积 101 万亩，人均 2.3 亩，户均 9.6 亩。近几年来，通过农村土地流转，经营耕地面积 10~30 亩的农户达到 3.13 万户，30~50 亩的达到 0.7 万户，50~100 亩的达到 0.06 万户，100~300 亩的达 0.15 万户，300 亩以上的林业大户达 1420 户。[①]

二是经营性资产比重偏低。截至 2014 年底，全县（市）农村集体经济组织总资产为 7.82 亿元，村平均资产 193.1 万元，总资产中货币资金 0.91 亿元、应收款项 1.82 亿元、固定资产 4.97 亿元、长期投资 0.12 亿元，分别占总资产的 11.7%、23.2%、63.6%、1.5%。[②] 固定资产和应收款项占总资产的 86.8%，应收款项主要是农户历年欠款和其他经济组织欠款，目前受政策制约难以收回。固定资产主要为房屋（办公用房）、道路、桥梁、农田水利设施等，经营性固定资产仅位于部分城中村、城郊村和园中村，大部分村没有经营性固定资产。

---

① 此数据来自中国农经信息网，为京山市 2015 年的数据统计。
② 此数据来自中国农经信息网，为京山市 2015 年的数据统计。

三是集体经济收入渠道单一。以 2014 年数据为例，全县（市）集体经济总收入为 7613.5 万元，村平均收入 18.8 万元，其中经营收入 316.21 万元，发包及上交收入 2367.28 万元，投资收益 84.18 万元，补助收入 3085.93 万元，其他收入 1759.95 万元，分别占经济总收入的 4.2%、31.1%、1.1%、40.5% 和 23.1%。[①] 村级收入主要是靠发包村集体的资产、资源和转移支付等财政补助收入，两项收入占到总收入的 71.6%，直接经营收入仅占很小的比重。

综上可以看出，对于京山市来说，农村经济发展目前呈现出三个重大问题：一是集体资源零散、闲置，"浪费"现象严重，其规模作用和集聚效应难以充分发挥；二是经营性资产持有比重不一，村庄类型较为复杂且发展程度差异较大，不少纯农业村庄缺少发展出路；三是集体资源未能被充分激活和利用，也没能成为促进农民致富的有效手段。可见，能否有效利用和充分发挥村庄内部集体资源资产的价值，是事关整个农村经济发展水平的大事。

（二）农民增收渠道尚待拓宽

家庭联产承包责任制的推行，极大地调动了农民生产的积极性，促进了农业生产效率和农村经济社会的发展。但是随着农村经济社会的不断变革，家庭联产经营"分"的弊端也不断显现。京山市作为农业大县（市），目前主要的农业生产方式仍是一家一户的小农生产，农户的农业生产规模普遍很小，经营效率严重受限，生产效益无法得到有效提升。

具体表现为：一方面，土地支离破碎、零星分散，不仅给家庭经营管理带来了不便，还增加了进行农田基本建设的难度，不但不利于农田水利基本建设，也不利于农业科技的推广和病虫害防治，制约农业生产力的发展，导致农民增收困难；另一方面，由于经营规模较小，农业遭遇低效生产困境，因为农民大都使用简单而落后的生产工具，主要运用世代相传的农业耕作技术和方法，缺乏现代农业生产要素，这就阻碍了农业生产的集约化和机械化水平，加大了农业技术推广和应用的难度，从而阻碍了土地使用率和农业生产效率的提高。同时由于小规模生产农户的目的主要是解

---

① 此数据来自中国农经信息网，为京山市 2015 年的数据统计。

决自己的口粮，农业生产基本处于自给或半自给状态，商品化和社会化程度低，生产效益也难以得到提升。对此，罗店镇村民秦克珍感受颇深："传统农业耕作出力多、产出少、成本贵、售价贱，农民不但费力不讨好，甚至连本钱都难以赚回，而且单户种植成本又很高，老百姓是手工操作，一年到头几乎没有什么收获，很吃亏的。"

此外，众所周知，农业生产经营体制的一大关键点在于"由谁经营、怎么经营"。而以家庭承包经营为基础的双层经营体制，其经营主体是一家一户的小农，经营方式则是以小规模、小家户的分散经营为主，这种生产方式无疑造成了农民家庭收入偏低，缺乏有效的增收致富渠道，同时，农民又普遍面临着大量货币支出的压力，生活负担较重。因此，当地许多村民都迫切希望能够找到改变现状的方法、增加收入的渠道，这也成为后来京山市推进集体资产股份权能改革的动力之一。

（三）农业经营模式有待创新

农业是国家发展的基础和立国的根本。推进农业供给侧结构性改革，改变农业生产经营的传统形态，提升农业生产效益和从业者的收益水平，培育农业农村发展新动能，是推动传统农业向现代农业转型发展的重要途径。党的十八大报告曾提出过"构建集约化、专业化、组织化、社会化相结合的新型农业经营体系"的战略构想；2013 年中央一号文件也曾围绕这个战略构想进行了总体部署；十八届三中全会通过的《中共中央关于全面深化改革的决定》，又把"加快构建新型农业经营体系"作为健全城乡发展一体化体制机制的重要举措，进一步提出了具体要求；在党的十九大会议上，习近平总书记再一次提出，要"构建现代农业产业体系、生产体系、经营体系，完善农业支持保护制度，发展多种形式适度规模经营，培育新型农业经营主体，健全农业社会化服务体系，实现小农户和现代农业发展有机衔接"。可见，创新农业经营体制机制，构建新型农业经营体系，对于破解农业发展压力、稳定完善农村基本经营制度和推进农业现代化建设具有十分重要的意义。

近些年来，京山市（县）委及政府在国家政策精神的指导下，在湖北省委、省政府的支持下，将创新农业经营模式作为当前农村工作开展的集中要务。为了加快农村发展，提升现代农业水平，增加农民收入，京山市立足当地实际，倾听农民意愿，满足农民需求，不断探索、创新和引进多种新型农业服务模式和土地股份合作模式，以此助推现代农业建设。对此，京山市农业局长李明佳解释道："农业经营模式本就不是一成不变的，它关系到老百姓的生活水平和质量，哪种生产经营模式有成效，对老百姓有好处，我们就愿意尝试（哪种）。就像现在，我们是'宜农则农，求高效，宜观光则观光，掘潜力'。我们已经尝试过观光农业、生态农业等多种类型了，但还是不够，我们仍打算探索和创新其他的经营模式。"

二　整合服务：深化"放管服"，提升政府新效力

公共服务的有效供给是现代政府治理能力提升的重要体现。可以说，政府的作用能否得到充分发挥，政府的社会管理活动是否有效，一定程度上直接取决于政府提供公共服务能力的高低，政府服务能力的高低决定着政府职能的实现程度。在当前社会，随着全面深化改革的逐步推进，需要政府不断完善其作为服务型政府的职责内涵，以加快适应社会主义市场经济发展要求，进而通过深化"放管服"改革推动政府治理体系现代化。对于湖北省京山市来说，抓住"放管服"改革这一牛鼻子，坚韧不拔地推进政府职能转变，既是其自身政府优化服务、提高形象的迫切需求，也是全面深化改革的题中要义。

（一）简政放权，使政府负担"减下来"

简政放权作为全面深化改革的"先手棋"和转变政府职能的"当头炮"，是激发企业活力、激活社会发展动力和提升社会创造力的核心举措，也是释放政府压力，有效促进政府优化服务、向服务型政府转变的必要手段。对于京山市政府来说，全面深化改革时期的简政放权需求主要体现为以下两点。

一是要把握放管结合。所谓简政放权，即是将束缚在市场主体身上的"无形枷锁"和错放在政府身上的"有形之手"进行精简，但这并不意味着只放不管。对于基层政府来说，"放"是放活，而不是放任；"管"是管好，而不是管死。简政放权以后，政府不能一放了之，有很多东西要实现管放结合。例如，过去管的环节过多、重复，此时就需要减少、合并，通过简政放权合并不必要的工作环节和办事流程。但是减少环节之后，政府

还是需要承担额外的一些其他责任。正如时任京山县委书记周志红所言，"简政放权，简的是办事流程，放的是手中权力，要的是办事效率，留的是肩上责任，我们不能还做之前'管得多'的政府，而要慢慢转变成为'管得好'的政府，该放的决不停留，该管的也要尽心去管，这才是所谓的政府的简政放权的真正目标"。

二是要实现放管均衡。也就是说，既要积极主动地放掉该放的权，又要认真负责地管好该管的事，以更有效的"管"来促进更积极的"放"，从而使二者达到均衡状态，也就是所谓的"放管并重"。但是对于目前的基层政府来说，要想做到放管均衡，压力和挑战也是非常大的。一方面政府要放权，要改变传统的管理方式和手段，一改过去管得过多、管得过实的状况为管得灵活的状态；另一方面，基层政府的某些管理行为也要发生调整，不能还是依靠过去"为管而管"的管理心态，要逐步向服务角度的管理转变，即转变管理理念，更加深化和细化自己的管理职能。具体来说，对待某项行政任务，不仅仅是追求这个事儿"该谁干"，而应更多地明确这个事儿"该怎么干"，以及"怎么干才能更好"，以此来体现政府的责任，提供更好的服务和管理回馈社会。

（二）整合资源，使办事效率"提起来"

随着社会主义市场经济的发展，各种资源要素在全国范围内不断流动和重组，给以行政区划为管辖范围的各级政府带来了新的公共服务难题，比如人口流动带来的就业、住房、社会保障、医疗服务、基础设施建设等。除此之外，政府自身资源的局限性，一定程度上也限制了政府公共服务的供给，阻碍了社会治理能力的发展。面对有限资源和社会经济快速发展需求的张力，整合资源进而提高办事效率就成了京山市政府加强自身建设、提高公共服务能力的关键。

一是服务资源整合迫在眉睫。作为基层治理的重要主体之一，基层政府在农村经济社会发展过程中扮演着重要角色，其运行能力和资源整合能力的高低直接影响着政策执行和基层治理的效率。作为分配资源的主体部门，目前京山市政府在公共服务供给方面呈现出"碎片化"倾向。一方面，政府的服务供给不足，不能满足公众日益增长的公共服务需求；另一方面，政府提供了民众并不需要的服务，而民众急需的服务，政府却不能也无力提供，出现了公共服务错位与无效问题。以扶贫为例，国家向农村输入的扶贫资金多是一种自上而下的专款专用的资源导入，但是相关部门的资源供给与农民需求在一定程度上存在错位，加之上级部门无法甄别个体村庄的需求强度，造成地方政府争抢"贫困帽子"或扶贫乡村"名实不副"的尴尬局面。

二是治理效率提升不容忽视。基层政府繁重的事务压力某种程度上导致了其治理效率低下，直接对口乡村的乡镇政府尤甚。以目前京山市乡镇资产的财务管理来说，财权与事权相分离，削弱了乡镇政府的治理能力和治理效率。在"事权下放、财权上移"的背景下，乡镇一级财权小、事权多，运行成本较高，导致其治理效率低下。具体来说，目前各个乡镇在社会治安、教育、卫生、医疗保险等基础工作上的投入呈现不断增加的趋势，在包括新型农村社区建设、美丽乡村建设、易地扶贫搬迁等方面的精力投入和资金投入更多，乡镇进行治理的成本大幅增加。与此同时，治理事务的逐渐增多，还影响到了基层干部的工作积极性与办事效率。雁门口镇的一位领导干部对此解释说，"我们是上承县级，下对村级，不仅上传下达，中间要负责的事务也很多，开会要去，检查要接，还要做基本工作、社会建设，干部工作越来越不好做"。

（三）优化服务，使职能发挥"转起来"

纵观现在各个省份的地方政府，农村公共服务的供给多还是依靠基层政府，县乡两级承担着大量的公共服务职能，因而，县域和乡镇的政府职能也面临着从管理型向服务型转变的迫切需求。

一是完善村庄基本设施的需求。对于京山市来说，全市（县）绝大多数村庄属于纯农村，其中不乏一些负债村、空壳村等，绝大部分直管乡镇仍处在"保吃饭、保运转"的传统境地，对于公益事业和公共服务的提供缺乏有效的资金和条件保障。以榨屋村、五泉庙村等为例，因为离县城较远，经济发展势力薄弱，基层政府基本上也是处在有愿望没能力、有想法没办法的尴尬境地。因此，如何有效保障村级的公共服务提供和公共设施维护，如村庄公共卫生、乡村道路建设、社会优抚等，成了政府亟须解决的问题。调研时多位受访村民在回答对改革的建议时均提到："希望政府能有更大的资金投入，来完善村庄包括道路在内的基础设施建设。"

二是优化政府行政职能的需求。转变政府职能作为深化行政体制改革的核心，直接关系到社会经济的发展与人民共享改革红利与发展成果的实现。李克强总理对此强调，为人民服务是党的根本宗旨，让老百姓过上好日子是人民政府的天职，转变政府职能既要给市场松绑，还要突出优化服务。具体来说，要以创业创新需求为导向，在政策、融资、统一平台、法律、知识产权等方面提供更好的服务，促进扩大就业。此外，还要增加公共产品和服务供给，围绕补"短板"带动有效投资，通过政府购买、发展市场化中介等，让群众享受便捷、公平、可及的服务。对于发展中的京山市来说，除了以上所提到的服务提供外，当务之急是要一改过去群众围着部门转、部门围着领导转的现象，转变为部门围着服务转、服务围着群众转的局面，将政府的权力意识淡化，转而增强其服务意识，以此来促进自身服务质量的改善和提高。

三 优化治理：凝聚"多主体"，打造共治新格局

基层是社会治理的基础，国家治理现代化离不开基层治理的现代化。善治作为基层治理所追求的一种理想状态，其本质是政府与公民对公共生活的一种有序、合作式的管理，它是政治国家与公民社会的一种新颖关系，是二者合作的最佳状态。基层治理不仅涉及的面宽、量大、事多，还直接面对群众，与群众利益息息相关，因此在整个国家治理体系中占有重要位置。近些年来，京山市通过着力激发多元治理主体、丰富基层治理内容和创新治理技术手段，来提升基层治理力，进而满足全面深化改革对基层治理的需求。正如时任京山县委书记周志红所言，"我们现在除了股份权能改革是国家的任务，剩下的改革都是我们自己做的。自己做的目的就是把人员下沉到基层，把人力、财力下沉到基层，提升他们的工作效率，改变他们的工作作风，真正使老百姓感觉到人民政府是为人民服务的，这就是我们改革的目的。上升到最后一句话就是，打通基层有效治理的最后一公里，最后一公里打通，这就是我们改革的目的"。

（一）治理主体：多元主体参与势在必行

随着我国改革开放的不断发展，中国经济在取得巨大成就的同时也带来了巨大变革。一方面，经济体制转型迎来了经济高速增长的发展期，

产业结构调整也改变了我国农业、制造业和服务业的比例，使城镇人口超过农村，国家呈现出城乡二元化的发展结构；另一方面，治理结构变革使原本基于官僚权威的政府行政方式向依法行政、依靠更多公民参与转变。与此同时，当前社会中逐渐凸显出制度转型、基层治理、社会服务等问题，使立足于多元主体的共同治理模式成为全面深化中国农村改革的必然。

在京山市，随着改革开放和市场经济的不断发展，原有的以政府或市场为主的一元治理模式已不能再满足当地经济和社会的发展需求，取而代之的，是由政府、市场与社会共同组成的多元主体的治理模式。具体来说，在慈善事业发展方面，政府的角色从主导向支持转变，明确了社会是慈善事业的主体；在扶贫方面，提出引导社会力量参与扶贫事业；在基层治理领域，除了原有的村党支部、村委会、监事会"三驾马车"外，还充分动员"湾长"、返乡能人等多元主体参与。从以上可以看出，京山市正以各领域的实践探索践行着社会共治的本质与内涵，即发动社会多元主体力量参与社会治理，探索形成"小政府、强政府、大社会"的治理模式。

（二）治理内容：农村综合治理不容忽视

加强农村社会综合治理，维护农村稳定，促进社会和谐发展，是新时期建设社会主义新农村的迫切需要，也是京山市政府着力研究和解决的重要课题。

近年来，京山市经济社会的加速发展，农村利益主体的多元化，农民利益诉求的广泛化，对农村社会管理提出了新的挑战和考验。主要表现为以下几点：一是农村经济发展活力有待增强。在京山市，农民增收基础不稳、收入渠道单一、自我发展能力差等现象依然普遍存在，成为影响农村社会和谐稳定的最大困难之一。二是农村社会管理难度加大。随着农村大量青壮劳动力进城务工，农村成为老人、妇女和儿童的留守地，留守老人生活压力大、留守配偶任务重、留守儿童成长受影响等一系列问题，使农村社会更加复杂，不和谐因素不断增加。三是社会管理服务机制不够健全。一些镇综治维稳中心、村综治服务站的建设管理与服务制度仍不规范，农民利益诉求的渠道比较单一，社会矛盾调处与基层法律服务水平低下。四是社会矛盾及治安问题仍一定程度存在。主要是由林地、宅基地、耕地的征地补偿问题，以及赡养、婚姻、邻里纠纷等引发的矛盾较多，由处置不当引发的上访问题仍较为严重。

农民之事无小事，在以农民居多、农民为重的当代中国，关系到农村的任何一件事情往往都具有牵一发而动全身的影响力。维护农村社会稳定，切实保障农民群众的自身利益，是关系到农村基层治理的大事。因此，始终坚持以人为本理念、不断创新社会管理方式、提高农村社会管理的科学化水平、努力维护群众利益、促进社会和谐发展是开展农村综合治理的关键，也是必要之举。

（三）治理手段：现代信息技术不可或缺

实现政府角色从管理向服务的转型，其突破口在于服务方法的创新。传统的政府管理和公共服务多以过程为导向，而服务型政府则多以结果为导向，重视产出和效益。通过引进计算机技术和信息设备，以迅速便捷、顾客导向、提高效益等理念为公众提供公共产品和服务，继而扭转和改善政府与公民之间的关系是当前农村深化改革、创新基层治理手段的必要之举。

现代信息技术为国家治理的基础性制度建设提供了非常好的技术条件。对当前基层政府来说，掌握大数据一定程度上意味着掌握大信息，但是大数据对于公共管理来说既是挑战也是机遇。一方面，大数据时代，政府管理的角色逐渐从数据收集者向数据分析者转变。这主要表现为，改革的政策分析不再是关于姓"社"还是姓"资"的争论了，而是要聚焦在如何更加有效地推动改革，进而为公民提供更好服务的主题上。另一方面，现代社会对政务公开的要求也逐渐推动政府从数据管理者向数据提供者转变。大数据在电子政务领域发挥的重要作用也越来越明显，不仅包括推进政府信息资源的开放和利用的效率，推动跨越政府内部协调的鸿沟，而且也紧密关系到政务公开效率、政府决策的科学性和准确性等。

回顾京山市，不论是公共检验检测的一门受理，还是社会救助的一门受理，抑或是信访代理的综合代理等，均是现代信息技术优化治理手段的显著表现。现代信息技术在基层治理中的作用不断凸显，一定程度上正是基层治理对其需求不断增加的明显体现。

白；京山轻机智能化高速多色印刷生产线畅销国外；脉辉科技全自行高空作业平台行业领先，总体来看，京山智能制造领跑全市。除此之外，"京和100富硒大米""咯家果佳鸡蛋"还曾荣获第十四届中国国际农产品交易会金奖。此外，民生事业得到逐步改善。2016年全年共实现了11077人脱贫、21个贫困村"销号"，48个安置点1068户易地搬迁贫困户陆续入住，易地动迁安置走在全省前列，产业扶贫、金融扶贫成为全市标杆。同时，新增城镇就业人员8200人，城镇登记失业率控制在4.5%以内。城镇、农村常住居民人均可支配收入分别增长9%、9.5%，较上年有明显增加。全民参保登记全面完成，五项社会保险参保人数达到59.6万人次。城乡低保"按标施保"，保障标准有了大幅提高。最后，京山影响得到显著提升。具体来说，京山市除成功举办了第七届亚洲赏鸟博览会，还成功承办了市第七届运动会，其为历年来规模最大、参赛人数最多的一届。除此之外，湖北省全省改善农村人居环境现场会也在京山市召开，幸福马岭"六化"模式、沙岭湾美丽乡村建设模式不仅在会上得到高度认可和肯定，还得以在全省推广，可谓影响巨大。

三 试点经验丰富，改革"基石牢"

据《京山市志》记载，1976年10月全国千斤顶大会在京山召开；1978年3月全国食用菌出口经验交流会在京山召开；1981年京山是经省政府批准的全省第一个少青壮年基本无文盲县；1981年京山人均向国家提供商品粮577斤，居全省之首；1982年全国种子标准会议在京山召开；1983年全国轻工包装设备改造经验交流会在京山召开；1983年京山被定为全国首批商品粮基地县；1985年全国第二次工业硅科技情报交流会在京山召开。除此之外，近40年来，京山市一直还是国家各项改革、各项试点以及现场会非常密集的地方，被誉为著名的"试点之乡"。具体来说，2000年，京山市成为全省首批农村税费改革试点县；2002年，京山市率先试行乡镇党委书记、乡镇长"两推一选"，在全省首开先河；2004年，京山又被选定为完善土地二轮延包试点县，多项探索之举被纳入省指导方案。除此之外，京山还在乡镇党代会常任制，村委会、居委会干部和县直事业单位一把手直选，县委常委会、全委会任免干部"票决"制等方面进行了改革探索。

此外，2015年6月，按照农业部等三部委批复，京山作为全国29个之一、湖北省唯一的试点县（市、区），启动了农村集体资产股份权能改革。对于这一改革，京山市也充分具备了相应的基础条件。主要是近年来，京山市相继完成了依法完善农村土地二轮延包、农村集体林权改革、农村集体"三资"清理和监管代理、农村集体土地所有权登记、农村小型水利设施管理体制改革等工作，市农村经营综合信息服务平台、林权交易中心、农村综合产权交易中心均已建成并投入运行。林权抵押贷款、农村土地承包经营权抵押贷款、农民房屋及宅基地抵押贷款工作已相继开展试点。上述改革项目的完成和推进，为开展股份权能改革试点奠定了较坚实的基础。

纵观改革历史，京山市委及政府一直高度重视改革创新工作。近几年来，京山市更是成为多项改革的试点县，承担了国家以及省市级的多项改革试点工作。总体来说，自进入21世纪以来，京山市先后圆满完成了多项重大农村改革试点任务，具备了组织开展农村重大改革创新工作的丰富经验。

第三节　全面深化改革的"京山方法"

"不忘初心，方得始终"，这是十九大报告提出的深刻理念。长期以来，湖北省京山市通过深入贯彻落实习近平总书记系列重要讲话精神和治国理政新理念、新思想、新战略，紧紧围绕"五位一体"总体布局、"四个全面"战略布局，深入践行五大发展理念，积极适应经济发展新常态，在迎接挑战中克难攻坚，在抢抓机遇中奋勇向前，实现了经济社会的持续健康发展、农村改革的系统全面推进。在此过程中，京山市以层级化的方案引领、精细化的试点探索、有序性的全面推进的工作方法进行改革，形成了独树一帜的全面深化改革的京山路径。所谓"京山方法"，主要包括以下三层含义：一是要实事求是，因地制宜制定科学合理的改革方案，并且根据方案有针对性地进行层级指导；二是以精细为原则，精益求精地进行试点性探索，并通过对试点的实践探索，总结出有益于京山推进全面深其次，在社会建设领域，京山市建成了全省第一家县级区域性公共检验检测平台，为简政放权在质检领域做出了有效的试点实践样本。具体来说，京山市坚持问题导向、目标导向、实用导向、功能导向，按照"整合、共享、完善、提升"的总体思路，全面整合 8 个部门的 9 家检验检测技术机构的资源，建成了全省第一家县级公共检验检测中心，不仅实现了"利企业、惠民生、保安全、促发展"的目标，还形成了高位引领公共检测服务水平提升、有效推动政府职能转型升级的"京山样本"。与此同时，京山市作为全省社会救助"一门受理、协同办理"机制建设试点单位，打破了过去社会救助管理部门各成一体、力量分散的局面，将民政、住建、房产、教育、卫计、人社等 6 个社会救助管理部门和医疗救助、教育救助、住房救助等多项社会救助内容进行整合，还在依托县一级民生救助"一门受理、协同办理"综合服务窗口的基础上，以乡镇（街道）为单位设立社会救助服务中心，负责受理、承办、转送、引导、转介困难群众求助申请事宜，打通了困难群众求助的"最后一公里"。开展试点工作以来，救助效果显著。以 2016 年为例，在京山市各级管理服务中心求助的有 8000 多人，解决率达到 98%。

最后，在基层社会治理领域，京山市作为荆门市 2016 年积分制管理的改革试点，为激励社区（村）居民参与社会治理提供了经验积累和模式借鉴。具体来说，京山市各级政府成立工作专班，在多个社区和农村开展了积分制管理试点工作，通过打造"善行银行"，引入"积分制管理"，开创出了一条"变善行为积分，以积分兑奖励，以奖励促激励，以激励带参与"的"积分治理"新路子，不仅增强了居民个人自律，也激活了社区公共参与，更创新了社会治理规则。截至 2017 年，除了城区多个社区已经开始实施了积分制管理工作以外，宋河镇、钱场镇、三阳镇等下辖的多个农村也开始了积分制管理的推广和实施。

综上可以看出，试点先行，是有序推进改革的基础和保障。试点一旦成功，改革就会呈现全面发力、多点突破、蹄疾步稳、纵深推进的生动景象。回看京山市，正是因为对其每项改革的精心筹备、精细探索，才使京山市逐渐形成了一系列卓有成效的改革试点经验方案和做法，不仅为后期县域全面推进改革提供了参考样本，也为其他地区借鉴和学习提供了方法论上的指导。

三　提升：有序推进，全面覆盖

"窥一斑而见全豹，观滴水可知沧海"。试点作为改革的一个基点，也是改革进程中不可或缺的部分，其价值在于指导全局。对此，习近平总书记指出："要牢固树立改革全局观，顶层设计要立足全局，基层探索要观照全局，大胆探索，积极作为，发挥好试点对全局性改革的示范、突破、带动作用。"同时，在处理试点带动和全面部署的关系上，深改组第三十五次会议提到："要加大对试点的总结评估，对证明行之有效的经验做法，要及时总结提炼、完善规范，在面上推广。"可见，从试点到推广、从局部到全局的改革路径，是全面深化改革的"京山方法"的重要一环。

近年来，京山市始终以创新为突破口，着力释放改革新生动能，为有序推进改革，采取试点探索、投石问路的方法，通过先行试点、在试点基础上扩大试点、逐步全面推开的路径将改革落到实处。以全省唯一的全国性集体资产股份权能改革试点项目——发展农民股份合作赋予农民对集体资产股份权能改革——工作为例，截至 2017 年，京山市在县域范围内全面推开农村集体资产股份权能改革，223 个村集体经营性收入达到 9787 万元，比改革前增长 28.6%。与此同时，针对当前不同地区农村集体经济发展水平不一、村庄集体资产构成不同的实际，京山市因村制宜，分类推进改革，实现了对不同类型村庄配股形式的有益探索。其中既包括以经营性资产为主的村庄、以经营性资源为主的村庄和经营性资产与资源均有的村庄，也包括经营性双资均无的"空壳村"，实现了配股区域的全覆盖，消除了资产改革"无资可配"的盲区，从路径上为从试点到推广提供了可能。

总体来看，京山市创新配股模式的探索响应了农民对股权占有的多样化需求，创设了股权配置新模式与新路径，为深化股改试点工作指明了方向。同时，从试点到推进再到全面覆盖的工作方法，通过了京山当地的实践检验，被认为是正确的改革路径，无形中也为其他地区开展同类改革提供了可复制、可推广的珍贵经验。

力不可估量。

其次，提升工业发展理念。一是京山市全力建设"两区两园"，引导产业集中集聚发展。京山工业园围绕打造千亿省级高新区，实现一区多园，规划了中国农谷生态食品产业园、纺织服装产业园、智能制造产业园、回归创业园等 12 个特色园区，先后落户项目 295 个。规划形成的 36 平方公里的温泉新区现今已拉开 17 平方公里的框架，成为以健康养老产业为主的三产项目重点集聚区，总投资 100 亿元的京谷国际生态旅游城等项目先后落户。此外，59 个产业配套型中小项目先后落户宋河工业园、钱场工业园，形成了比翼齐飞的态势。二是京山市始终坚持新型工业化方向，做大支柱产业。通过聚焦智能制造、农机装备制造和食品加工三大主导产业，制定产业链招商行动计划，创新重资产投资模式。自 2016 年以来，共引进亿元项目 212 个，实际到位资金 300 多亿元，其中引进和培育上市公司 7 家、行业领军企业 10 家。

最后，转型智造产业理念。俗话说，不转型就没有出路，不创新必定丧失机遇。在产业发展领域，京山市坚持以国家供给侧结构性改革为契机，积极对接"中国制造 2025"，转换理念，转型发展，着力推进传统制造产业向产业链前端、价值链高端发展，推动"京山制造"向"京山智造"转型、"京山产品"向"京山品牌"转变，全力打造"智造小镇"。具体来说，京山市通过集聚智能产业、建设智能工厂、主打智能品牌、强化智能服务的"四智"之路，加快推动了新一代信息技术与智造技术的融合。截至 2017 年 4 月，全县（市）拥有的国内乃至国际领先的智能装备和产品达到 16 个。其中，国际领先的蓝海之星印刷机，填补了国内七色固定下印成型线空白；研发的数码印刷机全国唯一，引领了智能印刷的发展方向；多旋翼无人机突破了续航时间和起飞重量的极限，处于国际领先水平。此外，与软通动力签订的"互联网+云京山"的战略合作协议，以大数据推动了政务服务的转型升级，以推行"放管服"改革为核心的"京山模式"，围绕"善政、兴业、惠民"三大目标，打造了集规划、管理、服务于一体的信息平台，力争率先建成华中地区县域智慧城市。

（二）落实政府简政放权理念

简政放权指精简政府机构，把经营管理权下放给企业。是中国在经济体制改革开始阶段，针对高度集中的计划经济体制下政企职责不分、政府直接经营管理企业的状况，为增强企业活力，扩大企业经营自主权而采取的改革措施。随着社会不断发展与进步，简政放权的内涵和重要性也在不断提升。可以说，简政放权，精简的是束缚着市场主体的"无形枷锁"和错装在政府身上的"有形之手"，放活的则是企业的活力、发展的动力和全社会的创造力。

作为当前我国深化简政放权、放管结合、优化服务改革的题中要义之一，如何提高简政放权的"含金量"，确保"放管服"改革"蹄疾而步稳"，考验着各级地方政府的执政智慧和改革决心。因此，为了进一步做好简政放权的"减法"、加强监管的"加法"、优化服务的"乘法"，啃好政府职能转变的"硬骨头"，京山市委、市政府各领导高度重视，紧密部署，多次召开会议讨论改革重点和方向。

2017 年 6 月 14 日，京山市召开了全国深化简政放权、放管结合、优化服务改革的专题会议，会议重点学习了国务院关于放管服改革电视电话会议的相关精神和部署，并根据自己县域发展的事实全面部署了下一阶段的重点工作，将简政放权理念落到实处，推动全国放管服改革向纵深推进。对于京山市来说，一是要为促进就业创业降低门槛，以进一步减证和推进"证照分离"为重点大幅放宽市场准入，全面推行清单管理制度；二是要为各类市场主体减轻负担，全面落实结构性减税政策，切实减少涉企收费；三是要为激发有效投资拓展空间，破除制约投资特别是民间投资的多种羁绊，彻底打破各种互为前置的审批怪圈，着力推动压减工业产品生产许可，除涉及安全、环保的事项外，凡是技术工艺成熟、通过市场机制和事中事后监管能保证质量安全的产品，一律取消生产许可；四是要为公平营商创造条件，放管结合并重推进，明确市场主体行为边界特别是不能触碰的红线；五是要严格管理，充实一线监管力量，重视惩罚，把严重违法违规的市场主体坚决清除出市场，严厉惩处侵害群众切身利益的违法违规行为；六是要为群众办事，为群众生活增添便利，要大刀阔斧砍掉各种"奇葩"证明、循环证明、重复证明，大力提升与群众生活密切相关的水、电、气、暖等公用事业单位及银行等服务机构的服务质量和效率。

面对当前我国经济运行稳中向好的态势，京山市以其自身的实际行动和担当践行着简政放权的改革理念，周全考虑、提前部署，真正将审批更简、监管更强、服务更优做到实处，为探索和形成独树一帜的"京山路径"再添助力。

（三）树立社会多元共治理念

十九大报告明确指出，要打造共建共治共享的社会治理格局。加强社会治理制度建设，完善党委领导、政府负责、社会协同、公众参与、法治保障的社会治理体制，提高社会治理社会化、法治化、智能化、专业化水平。作为社会治理的制度创新，多元共治主要包括四大特征：多元主体，开放、复杂的共治系统，以对话、竞争、妥协、合作和集体行动为共治机制，以共同利益为最终产出。换句话说，多元共治不是政府退出，不是"小政府、弱政府"，而是"小政府、强政府、大社会"的共同治理理念和模式。当前，京山市为此做出了如下努力。

一是综治工作全域覆盖。京山市将社会治安综合治理工作纳入"智慧京山"顶层设计，先后投入1.5亿元用于智慧城市建设、综治中心建设、网格化建设、治安防控体系建设等，智慧综治与智慧交通、智慧农业、智慧旅游等构成"智慧京山"信息大系统。此外，全县（市）综治信息化系统、视联网和公共视频监控网实行"三网合一"，并整合综治、信访、公安、民政、人社、卫计、住建等七个部门的力量，做到社会治安联防、工作力量联勤、突出问题联治、群众参与联创。截至2017年12月，京山市16个镇（区）、386个村、30个社区，依托信息化、自动化、科技化的网格平台功能，形成了三级智慧管理平台，综治工作基本实现了全域覆盖。

二是积分管理全民参与。京山市将积分制管理引入了社区（村）社会治理，以积分形式对市民行为进行量化考核，给予一定的物质奖励和精神奖励，并将积分制管理工作经费纳入财政预算，对有推广价值、可复制的建设模式，给予资金扶持。截至2018年1月，京山市已有105个社区（村）推进了积分制管理，录入基础信息10万条，参与人员达8万余人，兑现积分奖励35万元，涌现出了四岭村"征信认证"模式、钟鼓楼社区"微粉共建共享"模式等。积分治理作为一种长效性的群众参与机制，达到了"引民共治"的良好效果，有效提升了城乡社区治理能力。

三是湾长理事民主治理。京山市地处鄂中丘陵至江汉平原的过渡地带，农村社会治理受行政村域大、自然湾落多、农户分布散的制约，常常陷入"村事难管、湾事难理、邻事难调"的三难困境，基层治理陷入困境，亟须寻找新的治理单元与主体。近年来，京山市充分依托该县（市）"自然湾"的天然地理条件，充分挖掘"自然湾"规模适度便组织、传统延续易凝聚、利益相连好协同的优势，探索出了一条"湾落自治"的新路子。即在村两委做好思想、组织、服务引领，把准自治方向的基础上，湾长上下连接，整合治理资源，农民参与村事，激活治理动能。以此明晰了村庄、湾落、家庭三级自治单元，形成了"党政为引、湾长为体、农户为本"的三级治理体系，强化了农民的自治能力，确保了自治实践做实落地。

二　激活资源，释放改革动力

京山市在全面深化改革过程中，在新的发展理念引导下，不仅大力采用现代化信息手段，搭建多种平台，整合信息资源；还在遵循传统乡规民约、民俗道德的基础上，发挥了文化资源优势；并且通过问计于民的方法，带动了农民参与的人力资源，激活了改革进程中的各方资源，为深化京山改革提供了长足动力，也为形成京山路径积累了实践经验。

（一）搭建网络平台，整合信息服务资源

近年来，"互联网+"成为公众谈论的一个热词。2015年7月1日，国务院《关于积极推进"互联网+"行动的指导意见》发布，引起了公众热议。"互联网+"通过在线化和数据化产生大量实时的数据，与大数据技术相结合，通过分析可使政府决策更具超前性、准确性和科学性。同时，还可以动态地收集公众需求，问政于民，问需于民，使政府决策更能回应和满足社会关切，倒逼政府治理模式的变革。

京山市深入贯彻落实"互联网+"模式，整合多种资源，搭建多个信息平台，为全面深化改革提供了充足的资源后盾，增强了政府对信息化的应用能力。具体来说，首先，京山市通过提高城乡社区信息基础设施和技术装备水平，加强了一体化社区信息服务站、社区信息亭、社区信息服务自助终端等公益性信息服务设施建设。同时依托"互联网+政务服务"相关重点工程，加快城乡社区公共服务综合信息平台建设，实现一号申请、一窗受理、一网通办，强化"一门式"服务模式的应用，建立了社会救助

"一门办理"的服务平台。其次，京山市通过实施"互联网+社区"的行动计划，加快互联网与社区治理和服务体系的深度融合，运用社区论坛、微博、微信、移动客户端等新媒体，引导社区居民密切日常交往、参与公共事务、开展协商活动、组织邻里互助，探索网络化社区治理和服务新模式。再次，按照分级分类推进新型智慧城市建设的要求，京山市务实推进智慧社区信息系统建设，积极开发智慧社区移动客户端，实现了服务项目、资源和信息的多平台交互和多终端同步，大大优化了政府的服务效能。最后，京山市加强农村社区信息化建设，结合信息进村入户和电子商务进农村综合示范，积极发展农产品销售等农民致富服务项目，积极实施"网络扶贫行动计划"，大力推动扶贫开发，兜底政策实施落地。

（二）依循民俗道德，发挥文化资源优势

培育和践行社会主义核心价值观，大力弘扬优秀传统文化，培育心口相传的城乡社区精神，增强居民群众的社区认同感、归属感、责任感和荣誉感，是强化乡村文化引领能力、加强社会建设与居民融入的必要之举。基于此，京山市立足传统文化优势，将社会主义核心价值观融入居民公约、村规民约，内化为居民群众的道德情感，外化为服务社会的自觉行动。

一方面，京山市注重道德约束的力量。具体表现在：一是将弘扬优秀传统文化、培育群众道德规范纳入积分制管理当中，重视发挥道德教化作用，重视将积分制作为健全社区道德的评议机制，发现和宣传社区道德模范、好人好事，大力褒奖善行义举，用身边事教育身边人，引导社区居民崇德向善；二是在集体资产股份权能改革推进过程中，通过将养老纳入股改身份界定和股份继承这一规定，将落实股份分红与遵守村规民约相结合，不仅规范了成员的道德约束，培养了村民自觉维护村庄秩序的意识，还进一步促进了和谐的村庄发展氛围。

另一方面，京山市善用文化资源的优势。具体来讲，京山市通过美丽乡村建设，加强城乡社区公共文化服务体系建设，提升公共文化服务水平，比如因地制宜地设置村史陈列、非物质文化遗产等特色文化展示设施，突出乡土特色、民族特色等。除此之外，京山市还组织居民群众开展文明家庭创建活动，发展社区志愿服务，倡导移风易俗，形成与邻为善、

以邻为伴、守望相助的良好社区氛围。比如创新建立民族团结进步示范社区，大力营造各民族相互嵌入式的社会结构和社区环境；建立健全城乡一体的社区教育网络，推进学习型社区建设；等等。

(三) 还权问计于民，激发村民参与动力

以满足成员利益为基本目标，切实将改革成果惠及于民，是落实全面深化改革的核心举措。对此，京山市通过还权问计于民的方式和路径，走实了改革道路。

首先，为充分发挥集体资产股份权能改革中农民主体地位的作用，将选择权真正交还给农民，京山市通过民主决议，将股权类型、股权搭配、配置比例等股权配置具体事项交予农民讨论，在充分尊重农民意愿的基础上，京山市还确定了民主议定的形式、制度和程序。比如通过群众提议、大会讨论、表决通过等一系列议事流程议定股权类型；依靠户主会、村民小组会议、村民代表大会等一系列民主议定形式解决村民疑难和异议问题等。其次，为提高城乡社区居民的议事协商能力，京山市通过湾长理事制度，支持和帮助居民群众养成协商意识，掌握协商方法，提高协商能力，推动形成既有民主又有集中、既尊重多数人意愿又保护少数人合法权益的城乡社区协商机制。凡涉及城乡社区公共利益的重大决策事项、关乎居民群众切身利益的实际困难问题和矛盾纠纷，原则上由社区党组织、基层群众性自治组织牵头，组织居民群众协商解决。最后，为切实解决居民群众切身利益的实际困难问题和矛盾纠纷，京山市以"信访代理制"作为落实信访服务的切入口，构筑了立体化的信访服务体系，打通了群众心墙，表明了政府心意，连通了干群心桥，建立了高效、规范、有序的信访新秩序，在解决群众切身利益和实际困难的基础上，更好地激发了群众参与社会治理的能力。

三　制度建设，强化改革保障

全面深化改革不仅需要党和政府学习和发展新的理念，激活各种资源和改革动力，更要为改革的全面推进落实提供强有力的制度支持和制度保障。回顾京山市的改革与发展，其在落实全面深化改革过程中创新出的"京山方法"和具有典型意义的"京山路径"都离不开总领改革的制度建设和制度支持。

（一）提供政策支持

政策为基，政策为引，任何改革都不能脱离、背离政策而施行。在全面深化改革过程中，京山市委及政府在遵循国家宏观政策大背景的基础上，为各项改革试点项目、改革项目提供了相应的、配套的政策支持。

2016 年 12 月，中共中央、国务院印发《关于稳步推进农村集体产权制度改革的意见》，对稳步推进农村集体产权制度改革进行了顶层设计、全面部署。为全面贯彻落实这一文件，积极探索农村集体所有制的有效实现形式，创新农村集体经济运行机制，保障农民集体资产权益，不断增加农民的财产性收入，京山市制定了具体的实施意见，其中除了《京山县积极发展农民股份合作赋予农民对集体资产股份权能改革试点工作方案的通知》这一总体性文件，还包括《京山县农村集体经济组织成员身份界定工作指导意见》《京山县农村集体资产清产核资工作方案》《京山县农村经济股份合作社选举工作指导意见》《京山县农村集体资产股权量化设置管理指导意见》《京山县农村集体资产股权证书管理办法》《京山县农村集体资产股份收益分配指导意见（试行）》《京山县农村集体资产股份有偿退出实施办法（试行）》《京山县农村集体资产股份继承实施办法（试行）》《京山县农村土地股份合作社试点工作指导意见》等一系列具体操作文件和配套工作方案，除此之外，还有《京山县农村集体资金资产资源清理中若干问题的处理意见》《京山县农村集体"三资"管理实施细则》等补充性文件。从全方位、多角度对农村集体产权制度改革进行了规定和指引，以此有效保障了改革方向和重心。对此，时任京山县委副书记、县长魏明超说道："在推进改革中，我县坚持真认识，制定真措施，县委书记挂帅，县长和分管副书记、常务副县长、分管副县长协助，12 个县直部门协同推进，不光为群众讲形势、讲政策、讲任务、讲好处，还统一制定了 1 个总方案和 8 个专项方案，真正是做到了'一村一策、一组一策、一事一策'，目的是为改革把稳方向、保驾护航。"

（二）加大财政扶持

对地方政府而言，财政是重要的经济调控手段。充分发挥财政对供给侧要素投入的调控，重视财政回归公共服务职能，有利于巩固和加深全面深化改革的成果。京山市正是凭借其强大的财政扶持力度和保障机制，有效促进了全市经济和社会发展目标的高效高质实现。

首先，为集体资产股份权能改革提供财政保障。京山市政府将改革试点经费全额纳入了财政预算，截至 2017 年 1 月，县财政共列支经费 1811.5 万元，包括确权测绘经费 1600 万元、确权登记工作 92.5 万元、股份权能改革 98 万元以及产权交易中心的（每年）21 万元经费，以强有力的资金保障确保改革顺利进行。其次，为加强和完善社会保障提供财政支持。京山市积极落实惠农补贴政策，支持和完善农业保险保费补贴制度，2017 年共拨付农业保险保费补贴 1177 万元，为农民提供风险保障 9.79 亿元；发放耕地地力保护补贴资金 10494 万元，惠及农户 10.5 万户，补贴面积 78.13 万亩；发放农机购机补贴资金 2343 万元，补贴农机购置 3355 台，为农业生产、农民收入提供了安全保障。最后，为改善农村基础设施建设提供财力扶持。为扎实推进美丽乡村建设试点工作，京山市逐步建立和完善了美丽乡村建设试点管理体系和工作机制，仅 2017 年就为宋河镇同升村等试点村投入建设资金 1800 万元；积极推进"一事一议"财政奖补，2017 年全年"一事一议"财政奖补资金累计投入 1228 万元；实施农业综合开发项目 12 个，完成高标准农田建设项目 3 个，治理农田 1.25 万亩，完成产业化经营项目 7 个，总投资 1083 万元；实施畜牧、水利部门农发项目 2 个，总投资 2610 万元。

（三）落实监督机制

党的十八届三中全会提出，坚持用制度管权管事管人，让人民监督权力，让权力在阳光下运行，是把权力关进制度笼子的根本之策。为此，京山市构建了科学有效的权力制约和监督机制，为全面深化改革提供了坚实保障。

具体来说，在党和国家领导下，京山市充分发挥党组织的领导核心作用。通过规范各级党政主要领导干部的职责权限，科学配置党政部门及内设机构的权力和职能，明确职责定位和工作任务，加强和改进了对主要领导干部行使权力的制约和监督。同时，京山市推行了地方各级政府及其工作部门权力清单制度，依法公开权力运行流程。首先，要求各乡镇、行政村完善党务、政务和各领域办事公开制度，推进决策公开、管理公开、服务公开、结果公开。其次，加强党对党风廉政建设和反腐败工作的统一领导。改革党的纪律检查体制，健全反腐败领导体制和工作机制，改革和完善各级反腐败协调小组的职能。再次，推动党的纪律检查工作双重领导体制具体化、程序化、制度化，强化上级纪委对下级纪委的领导。查办腐败案件以上级纪委领导为主，线索处置和案件查办在向同级党委报告的同时必须向上级纪委报告。最后，京山市还将各项改革及试点工作纳入了市委常委会议定期研究、市"四大家"联席会议每月调度、市委重大工作每旬督办、镇区领导班子年度综合考评及村级千分量化考核工作中，以全方位的督导考核倒逼责任落实。

（四）创新服务机制

全心全意为人民服务是我们党的根本宗旨。新形势下，基层党组织和广大党员要当好人民公仆，就必须创新服务群众的机制和方法，倾听群众呼声，回应群众关切。基于此，京山市通过创新服务机制、提升服务质量，有效保障了农民利益，构建了回应型政府。

一是坚持资源整合，着力构建全覆盖志愿服务网络。为更快、更好地服务群众，扩大服务半径，当务之急是实现服务全覆盖。为此，京山市的社会救助工作从政府部门"唱独角戏"转向了社会力量"开群英会"，在救助中心发动慈善总会、义工联等社会力量实施定向援助的基础上，充分发挥其提供多样性、专业化帮扶服务的优势，采用政社合作，有效开启了政府主导和社会参与的协同局面，搭建了社会救助全覆盖的服务网络。二是坚持需求导向，着力构建立体化志愿服务模式。要把实现好、维护好、发展好最广大人民根本利益落到实处，就需以群众需求为导向，将社会服务与群众需求有效对接起来。举例来说，为了有效解决群众的用电需求，京山市电力红马甲党员服务队通过"互联网+"的模式，利用微信公众号平台成立网上服务团队，给广大社区群众提供"停电公告、用电咨询、故障报修、电力政策、投诉受理"等多项服务内容，快速解决居民问题，以立体化志愿模式对接群众需求。三是坚持长效发展，着力构建激励式志愿服务机制。为有效培养群众的参与意识和奉献精神，增强个人融入社会的集体观，进一步营造良好的治理环境，京山市通过推行积分管理，创新社会服务机制，以正向奖励和反向约束双重手段，积极引导居民主动参与社会事务、遵守群体规则、爱护公共环境等，以此提高人们的服务精神和参与意识。

第二章

以精细化产权制度改革赋予
农民更多财产权利

推进乡村振兴，从根本上要靠深化改革。党的十八大以来，中央出台了一系列深化农村改革的重要文件，做出了长远性、战略性制度安排，农村改革的"四梁八柱"基本建立起来了。其中，深化农村土地改革成了补齐"三农"短板、推进涉农领域综合改革的基础性工程。习近平总书记指出，新形势下深化农村改革，主线仍然是处理好农民与土地的关系。对此，湖北省京山市从农村产权制度改革入手，通过推动涉农资产、资源"五权同确"，实现了农村各类土地要素的"全产权化"；与此同时，作为全国 29 个首批农村集体资产股份权能改革试点县（市）之一，京山市深化农村集体产权制度改革，使其作为深入推进乡村振兴战略实施的有力抓手，取得了一系列举世瞩目的改革成绩。可以说，京山市通过精细推进农村产权制度改革，有效破解了当前农村各资源要素权属不清的问题，有效激活了农村各类生产要素参与到现代化农业市场经营中来，打出了破解当前乡村振兴课题的关键一招。京山市农村产权制度改革的相关改革经验，特别是深入且精细推进农村集体资产股份权能改革的系统经验，为当前我国其他地区开展此类改革提供了不可多得的系统性解决方案。

第一节　制度回溯：农村土地产权制度的历史变迁

土地问题一直是农村社会领域中最核心的议题，在不同的历史时期，农村的土地资源权属关系有其独有的时代特征。近代以来，中国农村社会经历了数次历史变迁，农村土地产权制度也经历着深刻的变革。党的十八大以来，京山市通过实施系统性农村产权制度改革，有效破解了农村社会经济发展中的土地要素瓶颈，建立了产权明晰的农村土地权属体系，释放了农村发展活力，解决了长期以来困扰中国农村发展的土地产权问题。

一　合作化时期土地集体所有制与集权的集体

在持续两千多年的封建历史时期，封建地主土地私有制作为封建生产关系中的核心关系一直延续至近代。至新中国成立之初，伴随着土地改革的完成，旧的生产关系得以瓦解。据《京山市志》记载，1952 年，京山市基本完成土地改革，彻底消灭了封建地主土地私有制。而伴随着农业合作化运动的兴起，历史上前所未有的农村土地集体所有制登上了历史舞台。

1954 年，我国农村开始实行社会主义三大改造之一的农业改造，逐步走向合作社的高级社阶段。1954～1956 年，京山先后成立了初级农业合作社和高级农业合作社。农业生产合作社作为农民的集体经济组织，基于社员自愿和互利的原则而组建，其目的是统一利用社员的土地、耕畜、农具等主要生产资料，组织社员共同进行劳动，并统一分配社员共同劳动的成果。农业合作社的建立，推动了农村土地制度的再一次变革，土地由农民所有、农民经营转变为农民所有、集体经营。而高级农业合作社的建立，则标志着农民土地私有制改造的完成和农村集体土地所有制的确立，彻底改变了农村土地的归属关系，也奠定了农村集体产权形成的基础。1962 年9 月中国共产党第八届中央委员会第十次全体会议通过《农村人民公社工作条例修正草案》，将国家行政权力和社会权力高度统一的政社合一的人民公社制度得以建立。《修正草案》第二十一条规定："生产队范围内的土地，都归生产队所有。……集体所有的山林、水面和草原，凡是归生产队所有比较有利的，都归生产队所有……"《修正草案》确定了"三级所有、队为基础"的土地权属关系。农村的土地仍然为集体所有，土地的集体所有制得到巩固。

可以说，这一时期的土地集体所有制是特殊历史背景造就的时代产物，它在一定程度上促进了农业生产的发展，但总体上看，高度指令性且集中的土地集体占有、集体生产、集体经营抑制了农民进行农业生产的积极性，土地的集体所有制也随之导致了乡村社会权力的高度集中，但这一不符合生产力发展规律的生产关系又注定会被历史所淘汰。

二　改革开放以来家庭联产承包责任制与羸弱的集体

从中华人民共和国成立以来土地制度和农村集体经济发展的历史沿革看，集体所有制是特定历史时期的所有制形态，在生产力被严重束缚、农民利益受损时，会根据生产力状况有所调整。尤其在改革开放以后，家庭联产承包责任制的实施，形成了统分结合的双层经营体制。然而在事实上，不少农村地区将公社时期属于集体的土地一分了之，实际上已变成了只有家庭承包经营单一层次，集体经济有名无实。在京山市，自家庭承包经营以来，绝大多数纯农村集体经济不断受到削弱，很多村集体基本上没有集体积累，缺乏必要的发展基础；有的村虽然累积了部分集体资产、资源，但是缺乏有效的经营管理机制，不仅未能得到保值增值，反而出现了集体资产的闲置或流失；还有的村受区位条件的限制，所处地理位置偏僻，交通不便，信息不灵，产业结构单一，发展村级集体经济的条件差。税费改革前，村级组织的正常运转还有必要的经济支持和经费保障，在实行农村税费改革、取消了"三提五统"等费用以后，村集体收支缺口不断增大，部分没有集体经济资源的集体入不敷出。长此以往，村集体服务村民、带动村庄发展的职能也大大削弱，大多数村庄普遍存在办公经费紧张，村组干部报酬低、工作积极性不高的现象，村级组织的作用难以充分有效地发挥。

三　新时代农村集体资产股份权能改革下有力的集体

伴随着近年来城乡二元结构带来的城乡差距不断拉大，如何破解集体难运转、农民难增收、农业难制服、农村难发展的难题成为时代给出的历史命题。对此，京山人从改革中寻找破题路径。自进入 21 世纪以来，京山先后作为湖北省农村税费改革、依法完善农村土地二轮延包、农村综合配套改革和农村集体林权改革的试点县，完成了多项涉农重大改革试点任务。该县也先后获得全国生态农业示范县、全国粮食生产先进县、全国农村集体"三资"管理示范县、湖北省"三农"发展十强县等荣誉称号，并连续十年被评为湖北省县域经济工作先进单位。扎实的群众基础、丰富的改革经验为京山人赢得了新的发展契机。2015 年 5 月，京山市作为全国 29 个改革试点之一，同时作为湖北省唯一的试点县，开始全面推进农村股份权能改革试点工作。在此过程中，京山市下足股改"绣花功夫"，通过精制改革流程、创新配股方式、突破股改难点，精深有序地推进产权制度改革进程，进一步明晰了集体产权归属，推动了农村集体资产向资本的转化，充分带动了新型农业经营体制创新。

京山市以股份合作制为主要形式的农村集体经济产权制度改革，对于明晰集体资产产权和农民集体资产收益分配权、规范集体资产管理、激发集体经济活力、完善农村经济体制，都起到了重要作用。通过"还权于民"式的农村集体经济组织产权制度改革，京山市建立了新型农村集体经济治理机制，农民按份共有集体资产，可以参与集体经济组织管理。不仅如此，股改还有效解决了由土地征占、资产处置、财务管理和收益分配等问题引发的长期社会矛盾，维护了基层社会的和谐稳定。一方面，京山市农村集体经济产权制度改革明晰了每个村民在农村集体经济组织中的产权份额，集体资产由共同共有转变为按份共有，产权制度发生了根本变化。另一方面，各村通过建立"三会"（股东会、理事会、监事会）制衡机制，使农民群众成为集体经济组织的投资主体、决策主体和受益主体，成为集体经济组织名副其实的主人，农村集体经济组织的治理结构发生了根本变化。总体上看，农村集体资产股份权能改革的推进，特别是集体资产"六项权能"的赋予、集体经济合作组织的成立充分调动了农民群众参与集体经济发展的动力，一个强有力而权责分工明晰的村集体正在带领农民群众实现着乡村振兴的蓝图。

第二节 五地同确：构建现代性农村产权制度体系

家庭联产承包责任制实施以来，农村土地利用类型的分类逐步细化，不同类型的土地往往归属不同主体，导致要素之间难以形成发展合力。为充分整合并调动农村各类生产要素，明确各类生产要素的权属既是关键一步又是必由之路。对此，湖北省京山市探索实践农村"五地同确"改革，这里所指的"五地"是指承包地、宅基地、林地、集体土地（属于集体的资产、资源）、小型农田水利设施。通过对于这"五地"开展确权颁证，京山市实现了农村土地要素的全产权化。可以说，京山的"五地"同确改革实践，充分实现了农村各类生产要素的产权明晰，有效构建了现代性农村产权制度体系，这也成为京山市农村产权制度改革的一大核心亮点。

一 创新"四七一"工作法，有序推进承包地确权

土地作为农村集体的主要生产要素，只有明确其所有权、承包权、经营权的关系，才能有效促进城乡要素的平等交换，促进农村的经济发展和现代化发展。党的十九大报告指出，要巩固和完善农村基本经营制度，深化农村土地制度改革，完善承包地"三权"分置制度。要保持土地承包关系稳定并长久不变，第二轮土地承包到期后再延长三十年。稳定农村土地承包关系，是党中央确立的农村承包土地"三权"分置改革的制度基础。把农户承包经营权落实到地块，使农户承包地权属更加明晰，农民流转承包地就能更踏实，利益预期就能更明确，农户才能放心流转、稳定流转。

在深化农村产权制度改革过程中，京山市从农村土地制度改革入手，通过稳步有序地开展土地确权工作，明晰土地产权权属关系，实行所有权、承包权、经营权分置并行，更好地维护农村集体、承包农户、新型经营主体多方权益，有效推进了农业现代化。在确权工作中，京山市将坚持稳定土地承包关系、坚持以确权确地为主、坚持依法依规有序操作、坚持农民主体地位作为开展承包地确权的工作原则，将守住宣传培训关、清查

核实关、指界测绘关、公示审核关、纠纷调处关、鉴证颁证关和平台建设关作为承包地确权的七大关键步骤。做到确实权、颁铁证，明晰承包经营权，积极稳妥地推进农村土地承包经营权确权登记颁证工作。截至 2016 年 12 月，京山市全县 808131 块、107.22 万亩耕地全部确权到户，签订承包合同 10.5 万份，发放经营权证 10.5 万本。全县确权到户的耕地面积 81.82 万亩，人均占有耕地面积 1.87 亩，户均 7.8 亩。承包地确权颁证工作的落实为今后一个时期农业经营方式的调整提供了产权制度保障。

二 探索七类山地确权模式，保障林地确权实效

长期以来，集体林地在生产经营方面受到了很多约束，不能完全成为农户赖以生存的生产资料，林业相比于其他产业来说，对于农民增收和就业的促进作用并不突出。林区农民也因为林区的自然条件限制而难以发展经济，没有稳定的收入来源，居民生活水平难以提高。林权的更迭变化导致林业生产关系不能适应生产力发展要求。

京山市地处大洪山南麓，权限林地面积 248 万亩，其中集体林地 211.5 万亩，森林覆盖率 44.8%。林改涉及 9 万农户、38 万农业人口。2007 年，京山市被确定为林改试点县，并以明晰产权为重点任务，发放林权证 3 万余本，发证面积 204 万亩。林权制度改革过程中，京山市分"宣传发动、调查摸底、制定方案、勘界划块、确权发证"五个阶段稳步推进改革，并根据各村组情况，在各个不同阶段及时给予指导，以提高农民参与改革的能力。首先，引导各村成立林改理事会主持林改工作，指导各村林改理事会按照"十查看、十登记"①的要求摸清村情林情，做到不漏一户，不漏一人，不漏一宗地，不回避矛盾，不乱表态，以保证调查结果翔

---

① "十查看，十登记"：查看户口本、查看身份证，登记户主姓名、登记家庭人口；查看土地经营权证，登记确权经营耕地面积；查看农民负担卡，登记二轮延包是否承担村民义务；查看房地产证，登记有无住房；查看自留山证，登记自留山地块、四至界线、面积；查看经营山证（责任山证）或合同，登记经营山地块、四至界线、面积；查看林地承包经营合同，登记承包地块、面积、界线、内容、期限和签约时间；查看林地租赁合同，登记租赁地块、面积、界线、租赁金额、租赁期限、签约时间；查看山林权证书，登记发证地块、面积、界线、期限。

实可靠。其次，京山市通过"一袋"① "两刊"② "三会"③ 把党的方针政策全盘交给农民，提高农民对林改的认知度、参与度和支持度。最后，在山林确权方面，实行一村一策、一组一案，推行"划定自留山、无偿使用、长期经营""均山到户、承包经营""均股到户、集中经营""均利到户、转让经营""旧证换新、稳定经营""流转山林、分段确权""特殊山林（风景林、生态林案）、共享林权"等七种山林确权模式，使林地确权得以顺利进行。

林权制度改革的推行，一方面放活了林地使用权，以健全的有偿流转机制、规范的流转程序，打破了以往集体对林地占而不用、用而不管、荒废林地的管理模式，保障了转让、受让双方的合法权益，推动了全社会对林地的投入，充分发挥了林地资源在加快县域经济发展中的资源配置作用。另一方面，在林改的深化推进过程中，林农逐渐认识到集体林地是农民共同拥有的财产，只有将林地的潜力释放出来，才能拓宽农民致富的空间，真正实现还山于民、还利于民、还权于民，使农民切实获得当家做主的权利，也为全面推行农村产权制度改革做出了有益尝试。

三　审慎推进宅基地确权，赋予农宅财产权利

农村宅基地属于集体所有的土地，是农民个人用作住宅基地而占有、利用的本集体所有的土地。过去，我国实行计划经济体制，农村经济发展水平低下，作为福利分配的宅基地制度对于保障农民当时的基本生活发挥了重要作用。但是，随着我国经济体制的发展变化，以往宅基地制度存在的弊端和问题愈益突出。

近年来，农民外出经商、务工、迁居进城数量增大，导致农村多数住房和宅基地长期处于闲置状态。加之政策限制与渠道有限，宅基地使用权

---

① "一袋"：指"林改明白袋"。袋中装有《关于深化集体林权制度改革的意见》《致全县林农朋友的公开信》《京山县林改 44 条》《村林改工作方案》等有关材料，发至每个林改户。
② "两刊"：各村主办的《集体林权制度改革专刊》和县（市）林改领导小组创办的《简报》。
③ "三会"：村党支部、村民代表一级及村民小组户主大会。会议严格做到通知一个不漏，签到一个不少，精神人人知晓，力求"三清楚、四明白"，即清楚林改的内涵、目的、意义，明白林改的范围、对象、方法和步骤。

禁止对外交易，农民无法将其闲置农宅进行合法交易。由此看来，农民的房屋所有权和宅基地使用权的财产权利残缺，农民缺乏对其农宅的处置权和变现选择权，从而闲置农宅成了农民沉睡的资产，无法进行市场化交易，宅基地的潜在经济价值也无法实现。

十八届三中全会指出要"赋予农民更多财产权利"。对此，正处于深化经济体制改革关键时期的京山市，将农村土地制度改革和土地要素的市场化问题视为深化经济体制改革中一项重要内容。具体来说，京山市在深化宅基地制度改革过程中，通过制定《宅基地使用权和集体建设用地使用权等级发证工作意见》，加快了宅基地使用权的登记确权工作，对农村宅基地、空闲地、超面积宅基地等情况进行了明确规定，对宅基地的范围、界限、权属性质、用途等情况进行实地考察、记录并经相邻各方认定，填写宅基地调查表，并绘制草图，为确权测量做好了准备。同时根据权属合法、界址清楚、面积准确的原则，依照《土地管理法》《土地调查条例》《不动产登记条例》等法律法规和相关标准开展工作，查清农村宅基地所在的每一宗土地和房屋的权属、界址、面积和用途等，形成了完善的地籍，确保了确权工作的公正公平。

京山市对农村宅基地进行房地一体确权登记发证，标志着农村不动产确权登记进入了一个新的阶段，赋予了农民更多的权利，让农民拥有了宅基地的相关财产权。

四　探索集体建设用地确权，盘活集体土地资源

确权颁证工作被视为新一轮农村土地改革和建设用地入市流转的基础性步骤。长期以来，我国大量农村集体经营性建设土地处于"休眠"状态，京山市也不例外。随着土地供求矛盾的日益尖锐，现有土地规划无法满足经济发展需求，但集体经营性建设土地的供需之间隔着制度的藩篱，即便一块土地一直闲置，但只要这块地属于集体建设用地，按规定，也不能从事非农建设。2014年底，中央印发了《关于农村土地征收、集体经营性建设用地入市、宅基地制度改革试点工作的意见》，明确指出要完善农村集体经营性建设用地产权制度，赋予农村集体经营性建设用地出让、租赁、入股权能。京山市先试先行，主动探索集体经营性建设用地入市，缓

解城乡建设用地不足问题，促进农村土地节约集约利用，有利于形成城乡统一的建设用地市场，为实现农村集体资产的股份抵押、担保、退出奠定了基础。

那么，集体建设用地具体是如何进行确权的呢？首先，明晰物权与股份化改造。无论是"三级"集体组织还是作为"集体"构成单元的"户"，其边界常常伴随着政治权力和利益集团的参与而不断变化，这使集体土地使用权的界定很难建立在稳定的法律制度之上。经过双重固化，集体建设用地使用权（股权）才得以明晰化和永续化。其次，参照国有用地做法进行确权。即通过有年限的、有偿出让或入股来设立集体建设用地使用权。最后，充分利用联建模式对地权创新的示范效应。如京山市马岭村为农户自住用地发放集体建设用地使用证，土地用途为住宅；为联建方使用的剩余集体建设用地发放集体建设用地使用证，土地用途为非住宅，允许流转。另外，明确界定经营性建设用地有利于缩小征地范围。即确权规范能明确界定经营性建设用地，可为缩小征地范围提供重要依据。以往，京山市农村集体建设用地利用率比较低，而实施此项改革后，集体建设用地得以有条件入市，缓解了供地压力，让农村集体建设用地价格更趋合理，同时有效带动了农村集体经济发展。

五　"四型共建"小农水，水利产权有章可循

小型农田水利设施是发展现代农业生产的重要基础设施。新中国成立初期，为解决农民温饱问题，京山市响应国家号召，发动和组织农民参与农田水利建设，大力兴修塘、堰、沟、小型渠道等小型水利工程。至改革开放以前，京山市小型农田水利工程建设与运行管理均由生产队集体负责。因此，在当时的计划经济体制下，农村小型水利设施的所有权主要为集体所有，"小农水"也与农地一样形成了"三级所有，队为基础"的产权结构，即人民公社、生产大队和生产队共同享有"小农水"的所有权，农田水利工程的使用、管护由生产队负责。

改革开放初期，随着农村土地家庭联产承包责任制的逐步推广，为促进农业生产发展，京山市尝试探索了小农水产权制度的改革，允许农民因时因地制宜，自主经营。2009年国家开始实施小型农田水利设施建设，一

批农村水利设施得以修建并投入运营。为了更好地发挥其使用功效，京山市积极探索有关小农水的产权制度改革，按照小型农田水利建设、管护机制不同，探索了小农水"自建自管自用型、自建自管共用型、共建共管共用型、公建公管共用型"的"四型共建"模式。2014 年 12 月，荆门市政府在京山市召开小型水利工程管理体制改革现场会，要求全市学习借鉴京山经验。将水利设施的使用权、经营权明晰到受益户后，农民管水用水的责任感得以增强，小型水利设施所发挥的综合效益得以提高，长期以来小农水"无人管"的问题得到根本性解决。2014 年，京山市孙桥镇总蓄水量从改革前年均不足 300 万立方米增蓄到春灌前的 1880 万立方米，其中塘堰坝增加蓄水 1200 万立方米，全县塘堰坝增加蓄水 5775 万立方米，有效解决了全年水稻生产用水。在当年七八月水稻用水的关键时期，各管护责任主体科学调节用水，根据田块实际定量放水，使有限蓄水发挥了最大效益，避免了盲目抢水造成的浪费。在保证抗旱灌溉用水的前提下，经营管理方还挖掘塘堰的多种经营潜力，提高了综合效益，有效解决了管护经费问题。

　　总体看来，京山市通过改革，充分调动了农民的积极性，解决了小农水"无人投、无人管、无收益"的问题。过去水利设施建设以村集体为主，不少村投入过大，至今还有债务。改革后由于责任主体和受益主体明确，自我投入、自我改造、自我管护的功能增强。妥善解决了灌溉与养殖用水的矛盾，受益农户可以在内部通过协商，自行协商、合理分配养殖与灌溉用水；而明晰使用权、经营权后，管水、用水变得有章可循，也为全面开展农村集体产权制度改革、盘活农村各类生产经营要素打下了坚实基础。

第三节　精稳有序：打造股份权能改革的京山样本

　　农村集体产权制度改革是巩固社会主义公有制、完善农村基本经营制度的必然要求，是维护农民合法权益、增加农民财产性收入的重大举措，而农村集体资产股份权能改革作为农村集体产权制度改革的关键，更是明晰农村集体资产权属、激活农村集体经营要素的关键一步。京山市通过清产核资摸清集体资产"家底"，开展清人分类确定集体经济组织成员范围，通过对集体资产进行分类确股量化到人，实现了农民对集体资产的按份所有，在此基础上鼓励和引导农民依股开展多种合作，为有效推进乡村振兴战略在京山落实铺实了道路。

2015 年京山市（县）被农业部等三部委确定为全国 29 个、湖北省唯一一个试点县，启动农村集体资产股份权能改革。此项改革旨在创新农村集体经济运行机制，保护农民集体资产权益，调动农民发展现代农业和建设社会主义新农村的积极性。京山市自全面启动以农村集体资产股份权能改革为核心的农村集体资产产权改革以来，已初步实现了"集体资产价值化、村民利益股份化、合作运行制度化、各方关系和谐化"的改革目标。"股权改革为农民，家家户户把股配，每年红利账上汇，心已醉!"京山市这段"草根三句半"，真实而朴素地反映了京山市参与股份权能改革的农民对农村集体资产股份权能改革的肯定。

一 清产核资，摸清集体资产"家底"

数据显示，目前我国农村集体经济组织拥有土地等资源性资产 66.9 亿亩，拥有各类账面资产共 2.86 万亿元，平均每个村庄拥有资产已经达到 500 万元，而在较为富裕的东部地区，多数村庄的资产已经接近千万元。但是广大农民群众只对自己家的宅基地和承包地比较清楚，而搞不清楚集体资产包括哪些内容。农民是村集体经济组织的成员，厘清集体资产是他们参与以农村集体资产股份权能改革为核心的农村集体产权制度改革的关键一步，而明确集体资产的内容是搞清楚集体资产这本"糊涂账"的基础。

《国务院关于稳步推进农村集体产权制度改革的意见》指出："农村集体资产包括农民集体所有的土地、森林、山岭、草原、荒地、滩涂等资源性资产，用于经营的房屋、建筑物、机器设备、工具器具、农业基础设施、集体投资兴办的企业及其所持有的其他经济组织的资产份额、无形资产等经营性资产，用于公共服务的教育、科技、文化、卫生、体育等方面的非经营性资产。"这三类资产是农村集体经济组织的主要财产，是农村发展的重要物质基础。开展集体资产清产核资，是顺利推进农村集体产权制度改革的基础和前提。对集体各类资产进行全面的清理核实，摸清集体

"家底"，其目的不仅在于为后续改革环节奠定基础，也有助于建立健全农村集体资产管理机制、防止集体资产流失。京山市经管局局长李敬东表示："清资产说来简单，但是由于农村集体经济发展多年，资产属性交错重叠，算清楚并不简单。"京山市在清理集体"三资"过程中，通过开展对集体资产的清查核实、产权界定、价值评估、公示审核和建立台账等五个步骤的工作，共核实全县村级集体资金 1.41 亿元、资产 8.88 亿元、土地资源 103 万亩。

对农村集体资产进行深入清查，彻彻底底"翻家底"，明明白白"算总账"，充分落实农民对于村级财务情况的知情权、监督权，进一步确认资产价值、明晰产权归属，堵塞"三资"管理漏洞，做到了从源头上防范资产风险。在清产核资过程中，通过制定《京山市农村集体资产清产核资工作方案》，京山市各改革试点村结合本村土地承包经营权确权登记颁证情况，对集体资金、集体经营性资源、集体经营性资产等"三资"进行了全面彻底的清理核实。具体而言，首先，通过清产核资全面摸清了集体三资的存量和管理使用状况；其次，通过界定所有权把应归集体所有的三资全部纳入了管理范围，理顺了产权关系；最后，通过建立台账及时反映三资开发利用和处置状况，实施了农村集体三资的动态化管理。其中，资产资源价值由清产核资专班参照市场价格合理重估确定，重估的资源价值须经集体经济组织成员代表大会的审核之后方能登记入账。最终，集体三资的清查审核结果还在村内进行了广泛的公示确认。为了实现农村集体资产管理的科学化，京山市还将集体三资信息全部纳入京山市农经信息化综合服务平台进行管理，实行动态数据监测与系统化管理，使农村集体资产得到有效保护。清产核资工作的开展为逐步建立起产权明晰、权责明确、民主监督和科学管理的农村集体资产管理体制和运行机制，确保集体资产的保值和增值，乃至为农村集体资产股份权能改革工作的顺利推进奠定了坚实的基础。

农村集体"三资"（资金、资产、资源）属于集体经济组织全体成员共有，是发展农村经济和实现农民共同富裕的重要物质基础。通过清产核资，一是维护了集体经济组织和农民群众的合法权益；二是有利于盘活农村集体存量资产，壮大农村集体经济实力，增强集体经济组织为集体成员服务的能力；三是有利于加强对农村集体三资的管理，促进农村经济经营制度的完善。新市镇城畈村村支书庹大明说："以前也搞村务公开，但还是有群众反映看不懂，也有人说闲话。改革后，老百姓既知道了'家底'，还能得到实惠，再也没人说怪话。现在，村干部们的心气顺了，干工作的劲头也更足了。"

二　清人分类，确定集体成员范围

在农村集体资产产权制度改革推进过程中，对于集体经济组织成员范围和资格的界定问题，也是一个重点问题。京山市各试点村在实施清人分类环节的过程中，始终坚持尊重历史、照顾现实、程序公开和群众认可的四项原则，以法律为依据，以户籍登记为基础，以村规民约为参考，以其他地方先进经验为借鉴，以民主评议定结果，确保成员身份的确认既要得到多数人认可，又要防止多数人侵犯少数人权益。京山市在确认集体经济组织成员身份的过程中遵循如下原则。

首先，尊重不同村庄成员构成的实际情况。考虑到不同村庄的经济发展水平、地理区位、人口流动情况的不同，界定成员身份时，根据各村庄的实际情况来开展，并非一刀切划定成员身份。其次，考虑成员对集体的贡献与历史上对集体履行义务的情况。集体资产是各个历史阶段集体成员劳动成果的累积，其成员资格界定应涵盖不同历史阶段中对集体做出过贡献的所有人员，成员享有的权利应与其对集体经济组织承担的义务相当。徐勇教授在对京山市股权改革工作的总结和指导中指出："股权改革是一场围绕着权利的改革，而权利与义务是相辅相成的两个因素，京山股改充分尊重并考察农民对集体历史贡献，这一原则是京山股改的一大亮点所在。"最后，身份界定方案应得到群众广泛认可。集体经济组织成员，首先应是本村的村民，他们对村集体发展最为了解，对于清理资产、界定身份、配置股权等，集体成员最有发言权。将决定权交给群众，由其充分协商、民主决定，是保障改革有效开展的前提。

京山市通过制定《京山市农村集体经济组织成员身份鉴定工作指导意见》，为各试点村开展清人分类工作提供了基本指引，各村结合《意见》精神，以是否具有所在村的户籍，农业合作化时期是否入社，一轮承包、二轮延包是否取得土地经营承包权，实行家庭联产承包责任制后是否缴纳农业税、特产税和"三提五统"等作为主要依据，按照"组建专班、制定方案、宣传发动、调查摸底、划定类别、公示结果、民主决策、成员登记、承担备案"的"九步程序"进行成员身份认定。截至目前，京山市356个村庄已全部完成清人分类工作，共确定集体经济组织成员43.76万人，涉及11.45万户。

界定清楚农村集体经济组织成员的身份，建立归属清晰的农村集体产权制度，对明晰农村集体产权的归属起着至关重要的作用。以"九步程序"为方法指导，京山市各村结合实际情况形成了"一村一策"。京山市通过清人分类确定了农村集体经济组织成员的资格，将村庄原始人口、迁入人口以及现居住的人口，根据其劳龄和贡献来确定享有集体财产的权利，满足了不同经济组织成员对集体财产的不同需求，公平、公正地将集体经济组织成员的利益根落到了实处。清人分类作为农村集体资产股份权能改革的基础环节，有利于明晰集体经济组织成员的身份，以实现成员对集体资产的"按份所有"。

集体经济组织成员身份的界定，是贯彻了《物权法》的切实要求，将集体资产归谁所有落到实处。长期以来我国农村实行集体所有制，而集体资产的所有权主体不明是阻碍农村经济发展的重要原因之一。权属不明，农民对集体资产就没有"拥有感"，对集体没有"归属感"，从而对集体发展持漠视、旁观态度。京山市通过清人分类明晰了集体经济组织成员的身份，为接下来的权能赋予奠定了基础。

三　精细配股，实现集体成员按份所有

在农村集体资产股份权能改革过程中，成员的股份配置可谓整个改革环节中的"重难点"。京山市各试点村结合自身实际，按照"尊重历史、照顾现实、权责对等、群众认可"四项原则，创设了节点配股法、层级配股法等配股方法，首创了虚拟股份的设置，使改革得以深入有效推进。

（一）分类量化股权，覆盖不同类型村庄

由于各个村庄的农村集体资产构成不尽相同，在股权量化工作上"一

刀切"的办法是行不通的。京山市在股权量化工作上，充分考量村庄的经济发展状况和资产构成状况，将全县范围内的村庄分为经营性资源主导型、经营性资产主导型、经营性资产和经营性资源兼具型及经营性双资皆匮乏型四类村庄，根据四类村庄的特点坚持因村施策、分类推进的股权量化方法，形成了配金额、配亩数、金额亩数同时配、配虚拟系数四类股权量化方法，实现了股权量化工作在不同类型村庄的全面覆盖。

1. 经营性资产化资金，股权配置配金额

对于城中村、园中村和城郊村等经济发展程度较高而且经营性资产较为丰富的村庄，京山市对其经营性资产采取一次性全部折股量化到人的办法。首先，通过清产核资将经营性资产进行清理核实和价值重估，以此核定出经营性资产的资产总额；其次，在清人分类的基础上，按照集体成员的范围确定股权配置总股份；最后，将核定出的经营性资产总额，按照股权配置总股份将资产量化到每一份股权上。

2. 经营性资源化面积，股权配置配亩数

针对经济发展潜力较大的"城郊村"，京山市采取将经营性资源按照面积量化给集体经济组织成员的方法。首先，京山市将村集体经营性资源，如土地、林地以及堰塘等进行总面积的核定。其次，在清人分类的基础上，根据集体经济组织成员的范围确定出股权总量。最后，根据所确定出的集体经济组织的股权总量，把核定出的经营性资源以面积的形式量化至每股。在五泉庙村，村集体共清理出经营性资源（山林）共16661亩，在清人分类的基础上共确定出1477股的股权总份额，平均每股配得山林11.3亩。

3. 经营性双资全具备，现金面积同时配

在经营性双资兼备的村庄的配股方案上，京山市采取经营性双资同时配的配置模式。京山市分别对集体的经营性资产和经营性资源进行资产清理和价值重估，核定出资产总额和面积总数之后，在股权配置过程中按照清人分类确定下来的股权总数，分别将经营性资产的资产总额和经营性资源的面积总数量化到每一份股权上。京源村是经营性资产和经营性资源兼备的村庄，该村经过清产核资，共核定可量化的经营性收入40万元，经营性资产21000元，可量化的经营性资源3597亩，将资产和资源配置到总股份为 1692 股的股权份额上，每股配得净资产 248.8 元，每股量化的资源面积为 2.13 亩。

4. 经营性双资皆匮乏，股权配置配系数

京山市采取配置分配系数的方法，来解决经营性双资全无的"空壳村"的配股难题。京山市根据组织成员为集体经济发展所做贡献的不同，为集体成员配置相应的股份系数，并以此作为未来集体分红的依据，避免在集体取得经营性资产和经营性资源后，在分红的时候出现纠纷和扯皮现象。白骨洞村目前村集体没有经营收入和经营性资产，仅有的经营性林地资源租赁期没有到，该村为避免林地租期期满后进行分红时出现扯皮和纠纷，便依托此次产权改革制定了股权分配系数。

（二）股权精设巧配，击破股权改革重难点

京山市在股权设置和股权配置工作上，鼓励全县范围内各村根据村庄实际情况，统筹"尊重历史、照顾现实、权责对等、群众认可"的配股原则，严格按照成员确认、资产量化、股权设置、股权配置和股权管理等步骤进行有序推进。坚决杜绝"一刀切、齐步走"，创新形成了层级配股法、节点配股法和创设虚拟股份等股权配置形式。

首先，在集体股的设置上，京山市在股权配置过程中，通过《京山市农村集体资产股权量化设置管理指导意见》的制定，规定可以只设个人股，也可以同时设集体股，但集体股占总股份的比例不得高于 30%。各村根据本村的实际情况，为解决村庄集体经济壮大资金投入问题、村庄公共服务支出问题和村庄历史遗留问题及配股纠纷问题，预留了不同比例的集体股。其次，在个人股的设置上，京山市采取两种模式：一是"基本股+农龄股"，根据成员在合作化时期、土地一轮承包和二轮延包时期对承包经营的贡献，家庭联产承包责任制后缴纳农业税、特产税和"三提五统"的贡献为依据进行股权配置，不同集体成员所配得股份数量依据自身对集体经济发展的贡献不同而有所差异。二是只设单一股种，根据清人分类对成员身份的界定，获得集体成员身份的实行"一人一股"，按照成员的农龄计算个人股和分时段配股。根据村庄的历史、人口、地理等不同情况，京山市又对个人股采取了不同的配股方式。

1. 层级配股法

为了充分保障农村集体产权归属清晰、不遗漏，京山市立足本市实际情况，在股权配置前，对全县范围内各村集体占有资产的状况做了充分的考量。股权配置在此基础上，根据集体资产在各村村、组两级的分布情况，采取与之相适应的方式。一方面，在集体资产只在村级分布的村庄，股权配置只在村级进行，实施"单层配股"模式；另一方面，对于集体资产在村、组两级都有分布的村庄，股权配置覆盖村组两级，采取"村级资产在村配，组级资产在组配，村级先配组级再配"的"双层配股"模式。以新市镇八里途村为例，该村作为城郊村，经营性资产丰富，集体经营性资产在村、组两级皆有分布。该村结合自身情况实行两级配股模式，集体成员均持有村组两个股权证。层级配股法根据资产在村级、村民小组一级的不同分布情况，按照治理层级进行股权配置，一方面保证了集体资产全面折股量化到集体成员而不遗漏；另一方面按照治理成绩划清了村、村民小组两级对集体资产的占有权、处置权和收益分配权，明晰了产权的归属。

2. 节点配股法

京山市在股权配置过程中的另一创举是节点配股法。一方面，节点配股法是指以历史上几次重大的农业改革时间点为节点，根据节点分时段进行股权配置。京山市根据不同历史时期农民对村集体发展做出的不同贡献，将新中国成立初期农业合作化运动起始节点、改革开放初期家庭联产承包责任制实施节点、21世纪初农业税费改革终结节点等农村重大改革历史事件作为配股节点，根据集体经济组织成员在不同历史时段对集体经济发展所做贡献的不同，在股权配置上为其配置相应的股份。另一方面，节点配股法适用于人口流动较为频繁的村庄，以移民搬迁进出的时间点为准，迁出户的股权配置"向前看"，根据迁出户在迁出前对集体经济发展所做贡献的大小来确定股权配置份额；迁入户的股权配置"向后数"，根据搬迁户户籍迁入本村的时间，计算其迁至本村以来对本村集体经济发展所做出的贡献，按照贡献的大小配予相应的股份。

3. 创设虚拟股份

京山市为了保证农村集体产权制度改革在全县范围内的全面推进，创设了虚拟股份，即"股权分配系数"来弥补股权量化和股权配置的盲区。对于全国都普遍存在的目前暂时没有集体经营性资产和集体经营性资源的"空壳村"，为使它们未来在取得集体经营性资产后顺利进行资产量化，发展股份合作经济，京山市在全省首创了设置集体成员资产量化系数的做法：先界定成员身份，再根据农（劳）龄等因素确定每个成员的资产分配系数，将来获得经营性资产、取得经营收益时，就按此次确定的系数量化资产、配置股份、分配收益。以此保障日后集体获得经营性资产和经营性资源后分红有据可依。"虚拟股份"的创设，使京山市的股权改革一扫资产折股量化的盲区——"空壳村"，实现了股权改革对不同资产构成村庄的全覆盖。

（三）静态管理股权，赋予四项股份权利

在股权管理上，京山市采取"量化到人，固化到户"的股权管理模式。实行"两不增、两不减"的静态管理办法，强调股权不随人口变动而调整，以户为单位向集体经济组织成员颁发股权证书，以此作为激励成员享受对集体资产的占有权、收益分配权、有偿退出权、继承权和抵押担保权的凭证。对于子女分户的情况，经过户内协商达成股份分割协议后，按照相关程序对原户的股份进行分割，收回原有股权证书并颁发新的股权证书。股权改革过程本身已经赋予了集体经济组织成员对于集体"三资"的占有权、收益分配权、有偿退出权、继承权等权能，股权的流动性已经得到了实现，要避免经常调整股权及其引发的种种矛盾，在股权管理上采取静态管理办法是最合适不过的。

四 开展两类四种股份合作，促进农村经济发展

京山市在规范集体资产管理的基础上，创新经营机制，按照"归属清晰、权责明确、保护严格、流转顺畅"的现代产权制度要求，引导试点村庄依不同村情发展多种形式的股份合作，促进了新型经营主体加快发展，盘活了闲置资产，增加了农民收入，壮大了集体经济。

（一）经营性资产股份合作

对于集体经营性资产较为丰富的城中村、城郊村、园中村，京山市采取将经营性资产一次性全部折股量化到人的办法，将集体经营性资产分配

给集体成员，组织建立经营性资产股份合作社统一运营，以此发展壮大非农产业和现代农业。如京山市城畈村作为经营性资产总量较大的城郊村，结合集体资产股份权能改革，成立了城畈经济股份合作社，对集体所占有的资产、资源进行统一经营。经合作社代表会议表决，2016 年年底，合作社对 2014~2016 年三年间的集体资产净收益进行了分红。经核算，可纳入分配的净收益有 707.2 万元，按合作社章程规定，提取 20%公积金、10%公益金后，集体股分红 35.36 万元，个人股分红 459.68 万元。

（二）经营性资源股份合作

那些集体经营性资源较为丰富的村庄，对经营性资源同样采取一次性全部折股量化到人的办法，将集体资源折股量化分配给农户，并建立经济股份合作社对集体经营性资源进行统一管理和运营。例如，京山市钱场镇荆条村等 3 个村的村集体和 321 户农户，分别以 250 亩集体堰塘和 5350 亩承包地入股，与盛老汉家庭农场共同组建盛老汉土地股份合作社，建设稻渔综合种养示范园，发展稻、龟、鳖、鱼、虾、蛙混合种养，亩均年收益在 2 万元以上。农户入股水田每亩折算 1 股，旱田和集体堰塘每亩折算 0.64 股，每股每年保底租金 600 斤中稻，年终再按股进行利润分红，村集体每年增收 12.5 万元。

（三）土地股份合作

京山市部分改革试点村庄结合已完成的承包地确权颁证工作，探索建立了农村土地股份合作社。具体而言，有一定集体经营性资产和资源的村庄，由村集体、农户、新型经营主体分别以集体土地使用权和资金、技术、设备等生产要素入股组建土地股份合作社，通过自主经营、联合经营、实体带动等形式发展现代化农业。如罗店镇的马岭村，该村一组、三组、四组和五组共 127 户村民，以 1683 亩承包地入股组建嘉佳福土地股份合作社，发展稻、鱼、虾复合型养殖合作，2016 年获得利润 280 多万元，拿出 67.3 万元分给入股农户。

在农村土地股份合作社组织建立过程中，京山市遵循以下三个基本原则。第一，坚持依法依规、合法经营原则。坚持稳定农村基本经营制度，以农村土地承包经营权为依据，依法取得独立的法人资格。第二，坚持农民自愿、公平公开原则。股份合作社的建立和运转要充分发挥集体成员的主体作用，实行入股农户民主议事、公开决议，以此保障入股农户的知情权、决策权、参与权和监督权。第三，坚持因地制宜、稳妥推进原则。选择一批村级领导班子强、群众基础好的村庄展开试点工作，各村根据实际情况，在先行试点取得经验的基础上，汲取经验稳步推进土地股份合作社的组建与发展。

（四）虚拟股份合作

对于经营性资产和经营性资源都比较匮乏的"空壳村"，京山市创设集体成员资产量化系数，通过清人分类界定集体经济组织成员身份，再根据集体成员的劳动贡献确定资产收益分配系数，为日后取得集体经营性资产和集体经营性资源后顺利进行资产量化、发展股份合作奠定基础。

第四节　活权拓能：集体产权制度改革的实践价值

农村集体产权制度改革不但是农村生产关系的历史性变革，在很大程度上破除了不适应农村生产力发展要求的传统产权制度，而且为改造农村经济组织和推动现代化农业产业发展起到了极其重要的作用。京山市深入推进以农村集体资产股份权能改革为核心的农村集体经济组织产权制度改革，凭借其精致改革举措在增加农民财产性收入、壮大集体经济发展、创新农村集体经济组织管理体系、激发农民公共事务参与活力、优化农村基层治理结构等方面取得了显著成效。

一　农村沉睡生产要素得以激活，集体、农民实现双赢

京山市通过产权改革的逐步深化和落实，在经济层面，使广大农民群众获得了集体资产的占有权和收益权，财产性收入水平得到显著提高。农村闲置的集体资产、资源被"唤醒"，成为推动集体经济发展的新生产要素，为集体经济总量的增长提供了资产活力。

（一）农民身份转变，财产性收入持续增加

京山市通过以农村集体资产股份权能改革为核心的产权制度改革，实现了集体资产从"人人共有"到"按份所有"的转变，农村集体经济组织成员也实现了从"村民"到"股东"的角色转变。改革后的集体成员在拥

有耕地、草地、林地等集体资产的承包权和经营权的基础上，还获得了集体收益分配权等财产权利。集体成员依据所分得的股权份额对集体经济发展收益进行分红，拓宽了财富增收的渠道。同时，在获得集体资产的股份后，集体成员凭借自己所获得的股权入股加入股份合作社，此时的农民既是股份合作社的员工参与劳动，又是股东对股份合作社进行投资。农民既作为员工领取工资，又作为股东参与分红，并从福利分红转为按股分红，真正实现了资本与劳动的联合。由此，农民不仅有工资性收入还有资本性收益，农民收入切实有效地获得了增加。以新市镇城畈村为例，经过改革，全村户均占有可量化经营性资产 22.76 万元，2014～2016 年户均分红7018 元。

（二）经营方式升级，新集体经济蓬勃发展

村级集体经济经营方式的转型升级主要是指村集体资源和资产的产权安排、产业组织形式和经营对象与范围这三个方面实现了由传统向现代的转变。京山市通过改革，创新了股份合作方式，引导村集体以集体资源入股，农民以自有资金和土地入股，在城中村、城郊村和园中村，分批、分类建立经济股份合作社，使农民真正成为集体资产的主人。并通过经营股份合作经济为入股农民进行分红，促进了农民由自主经营向合作经营的改变，有效促进了适度规模经营。截至目前，全县（市）共建立起了 21 个经济股份合作社和 30 个土地股份合作社。通过产权改革，京山市全县（市）范围内集体经济的经营方式开始向多样化转变，股份合作经营、农民专业合作社等经营方式使农村集体资产突破了单一的"集体所有、集体经营"的禁锢，经营范围不断扩大，村级集体经济经营方式的转型使农村集体产权进一步明晰，有效推动了农村经济的创新发展。

（三）形成系统做法，产权改革推进精稳有序

京山市在农村集体资产股份权能改革的推进过程中，按照城中村、城郊村、园中村、山区村、平原村等不同资源禀赋分类推进，探索出了可推广、可复制的"3342"工作法。即：清地确权、清产核资、清人分类"三清理"明晰底数。确定资产量化范围、民主决定股权设置、静态管理固化股权"三步走"固化股权（民主决定股权设置，即由群众投票选择"基本股""农龄股""贡献股""户股""人股"等配置股权；静态管理固化股权，即按照"生不增、死不减，进不增、出不减"的原则，管理成员股权）。通过股权占有、收益分配、有偿退出、股份继承"四规范"赋予权能。成立集体经济股份合作社和土地股份合作社"两合作"激活要素。通过模式化推动，京山市确保了改革精准发力、精准落地。

二　农村集体产权制度得以完善，产权权能得到落实

在制度层面，京山市通过以农村集体资产股份权能改革为核心的农村集体经济产权制度改革，明晰集体资产产权，丰富了集体成员收入分配形式，成立了多种形式的股份合作社，实现了集体产权制度的创新，建立起了按劳分配与按股分配相结合的集体资产收益分配机制、集体资产管理制衡机制和集体产权保护长效机制。

（一）明晰权属，构建"按份共有"的集体资产产权制度

农村集体产权制度改革的目的是明晰产权，京山市通过以农村集体资产股份权能改革为核心的农村集体经济组织产权制度改革，实现了集体资产人格化，解决了农村集体资产产权虚置的问题。农村资产所有制一改以往"人人共有"的所有制形式，转变为"按份共有"，集体资产由村民共有变为村民按份共享。对于集体资产的支配权、使用权，集体成员通过以所得集体资产股份入股的方式开展股份合作，将两项权利交予股份合作社代为行使，一改以往集体资产实际归少数村干部支配的局面。

（二）民主协商，形成"按股分红"的集体资产收益分配制度

通过产权改革，集体经济收益分配模式由单一的按劳分配变为按劳分配与按股分红相结合，分配制度发生了根本变化。京山市通过集体股份合作社的建立，依照合作制原则、以股份制的形式，将原来属于集体的财产全部量化到个人，让集体组织成员个人持有股权，合理进行集体资产收益的分配。集体组织成员一方面可以凭借集体资产的股权对集体经济收益"按股分红"，另一方面，也可参与股份合作社的劳动来"按劳分红"。

（三）"三会"监管，引入现代企业的集体资产管理制衡机制

通过产权改革，集体成员对集体资产的管理权由股份合作社代行，股

份合作社按照现代公司治理结构建立了"三会"制度，即股东代表大会、董事会、监事会，股东通过"三会"行使自己的"四权"（所有权、经营权、决策权、监督权），"三会"制度是"四权"权能实现的载体，农民群众成为集体经济的投资主体、决策主体和受益主体，成为集体经济名副其实的主人，集体资产管理机制发生了根本变化，对集体资产的管理权受到了有效制衡。

（四）系统保障，建立农村集体资产产权保护的长效机制

产权制度是社会主义市场经济的基石，保护产权是坚持社会主义基本经济制度的必然要求。京山市通过明晰产权主体、落实集体成员权利，使集体组织成员成为集体经济的主人，具有明确的参与、管理、监督集体资产的权限。通过探索股份合作，完善了股东代表大会、董事会、监事会三会制衡机制，为股民提供了正式的利益诉求表达途径，又能够将集体经济组织的相关解释和说明及时反馈给组织成员，建立起了农村集体产权保护的长效机制。

三　农村产权治理格局得以更新，治理体系实现优化

京山市通过产权改革，将村两委从集体经济管理职能中剥离出来，实现了基层治理结构的优化；通过赋予集体资产的四项权能给集体成员，激发了农民参与村庄公共事务的积极性；通过因村制宜设置不同比例的集体股，提高了村集体的公共服务能力；建立股份合作社实现了农民身份和集体经济组织成员资格的解绑，加速了城乡一体化进程的落实。

（一）尊重农民主体地位，激发农民参与活力

集体经济组织产权制度改革前，村集体资产名义上为全体成员共同所有，但每个成员占多少比例比较模糊，村民参与管理的意识不强。集体经济组织产权制度改革后，农民对于集体资产享有的占有关系得以明确，集体经济组织成员真正拥有了村级集体资产，以股东或社员身份，行使当家做主的权利，比集体经济组织产权制度改革前更加关心集体经济发展状况，积极为村级集体经济发展献言献策。改革充分调动了成员的积极性和创造性，村民参与村庄集体经济管理的意识明显提高。

（二） 逐步试行政经分设，理顺乡村管理体制

京山市通过股份权能改革，将村集体的经济管理职能从行政组织中剥离出来，由新成立的农村集体资产股份合作社对集体资产进行统一管理、运营，在盘活了集体闲置资产、壮大了农村集体经济实力的同时，也进一步理顺了乡村治理体系。村党支部、村委会、集体经济合作组织各行其责，既避免了村级公共权力的高度集中，引发权力寻租，又充分实现了权力制衡，维护了群众合法权益。目前，京山市各股改试点村庄正逐步探索政经分设，并逐步由账目分设转向账目、人员双分设，将村级集体经济管理职能从"村两委"中剥离开来。此外，集体成员对集体资产的关注度得到了极大的提高，集体经济能否发展，集体经营能否增收，成为衡量新成立的集体经济合作组织领头人工作能力与业绩的直接评判标准，职业经理人制度被逐步引入农村集体经济合作组织，也成为新时期农村社会互动共治的一股全新力量。

（三） 改善基层干部作风，实现干群关系调整

通过推进农村集体资产股份权能改革，村民变成股东，农村集体组织成员真正成为集体资产的主人，自主参与民主管理、民主决策、民主监督的意识不断增强。实行政经分设的同时，基层干部从复杂的集体经济事务中解脱出来，可以集中精力开展好农村公共服务工作，使基层村干部有能力、有精力"为民办事"。明晰的产权管理制度与透明的集体经济运行情况，也使基层群众对于村干部是否侵占公共财产的猜疑减少，干群关系更为和谐。

第三章

以现代性经营体制创新激活
农业发展内生动能

"小康不小康，关键看老乡"，"三农"问题作为全党工作重中之重，解决得如何，在很大程度上决定着全面建成社会主义现代化强国目标的实现进度。2017年中央"一号文件"提出要"优化农业产业体系、生产体系、经营体系，需要大力培育新型农业经营主体和服务主体"。十九大报告也做出了"构建现代农业产业体系、生产体系、经营体系，培育新型农业经营主体"的重要部署。可见新型农业经营体系的构建越来越受到党和国家的高度重视。如何构建和优化新型农业经营体系，培育农业农村发展新动能，成为开创农业现代化建设新局面的首要议题。近年来湖北省京山市农业经营主体达到1800多家，县市级以上龙头企业、家庭农场、专业合作社及种养项目已初具规模。

京山市向内挖潜，向外取经，以集体资产股份权能改革为发端，发展多种形式的适度规模经营，大力培育专业大户、家庭农场、专业合作社等新型农业经营主体，构建集约化、专业化、组织化、社会化相结合的新型农业经营体系。具体而言，即将农村产权制度改革作为突破口，通过合作化经营、股份化运作、市场化服务等现代性经济要素的嵌入，形成以"小农户、大服务"为特征的"绿丰模式"、以"散要素，统整合"为特征的

"马岭模式"、以"弱资源，强联结"为特征的"盛老汉模式"等多种新型农业合作经营模式，有效推动了家庭经营、集体经营、合作经营等多种经营方式协同创新发展，初步形成了极具当地特色的新型农村经营体系，完美回答了"种什么地、谁来种地、如何种地、种地如何有收益"等一系列农业发展难题，递交了一份构建新型农业经营体系的"京山答卷"。

第一节　传统农业经营困境亟待破解

农业经营与发展是农民的衣食之源、生存之本。在现代农业发展过程中，根深蒂固的传统农业难以形成坚实的经济基础，由此所导致的农业经营和乡村发展困境，已然成为21世纪中国走向现代化过程中面临的重要问题。湖北省京山市也难逃传统农业生产滞后性与分散化的困境，长期以来形成的传统小农经营弊病难以克服，使小农户处于"足温饱而难致富"的窘境，严重制约着农业经营与生产发展的前进步伐。

我国自20世纪80年代初期实施家庭联产承包责任制以来，虽然在很大程度上激发了农户自主经营与农业生产的积极性，但在农业规模化、产业化发展的趋势下，小农经营的弊端日显。在农业现代化发展进程中，农户生产经营呈现出"散、小、弱"的状态，耕地作为最主要的涉农资源呈现出分散经营、地块零散的问题，农田、农机、资金、农技等农业生产要素呈碎片化分布，使小农生产经营难以聚集要素"合力"，农业收入常陷入"天花板"困境。同时，在市场化的冲击下，小农经营难以适应市场多变与激烈的竞争，往往造成损失。分户经营使农民脱贫容易而致富难，温饱有余而富裕不足。京山市在农业发展中面临"种什么地、谁来种地、如何种地、种地如何有收益"四大难题，农业经营动力不足，发展举步维艰，"集约化、专业化、组织化、社会化"的新型农业经营体系成为当地农民共同的"京山梦"。

一　耕地细碎规模小，种什么地？

"为政之要，首在足食。"没有土地，焉能足食？耕地是我们赖以生存的基础和保障，耕地保护更是关系到国计民生的根本性问题。"我国人多地少的基本国情,决定了我们必须把关系十几亿人吃饭大事的耕地保护好,绝不能有闪失。要实行最严格的耕地保护制度,依法依规做好耕地占补平衡,规范有序推进农村土地流转,像保护大熊猫一样保护耕地。"这不仅仅是习近平总书记的殷殷嘱托和格外关注,更折射出保护耕地的紧迫感与危机感,将耕地"红线"变"绿线"迫在眉睫。

其中,耕地细碎化是现代农业发展的最大绊脚石。据农经调查统计,全国农户平均经营土地7.1亩,分为4.1块。2015年底,经营耕地10亩以下的农户数量仍然多达2.1亿户,占全部农户的79.6%。湖北省京山市也饱受耕地细碎化之苦,当地多低山丘陵,"地块多、分布散、机耕难、效益低",严重制约了农民的生产经营、土地流转、适度规模经营、农业产业化结构调整以及现代农业的发展。

京山市位于湖北省中部,地处鄂北岗地向江汉平原过渡地带,山地、丘陵、平原兼而有之,版图面积为3520平方公里,林地255万亩,水面31万亩。根据京山市土地资源利用变更调查资料,截至2009年底全县耕地总面积为97342.52公顷,占全县行政区划面积的29.12%,人均耕地面积由2005年0.15公顷减少到0.14公顷,全县人均耕地面积呈下降趋势,与此同时耕地的相对生产投入减少。京山市作为湖北省的农业大县,在全省农业建设与粮食安全战略中起着相当重要的作用。一方面受地理地形因素所限,京山市地处鄂中低山丘陵区向江汉平原的过渡地带,地势西北高,东南低,地貌类型多样,分别有低山、丘陵、岗地、平原四种,以山地丘陵为主,平原沟壑纵横,农户耕地分布零碎,呈现出"七山一水二分田"的格局,导致农业机械化程度和农机规模化程度不高。同时,当地的土质也对农业生产有很大影响,京山市成土母质复杂多样,土壤类型众多,县域内大部分土壤是森林覆盖的自然土壤,少数为冲积土壤,在其西北部山区,土层较薄,不宜耕植,中低产田占地面积很大,主要分布在京山市的北部和中部地区,土地生产能力不强,产量不稳不高。另一方面囿于历史背景,在新中国成立初期与20世纪70年代末,我国分别进行了土地改革,推行了家庭联产承包责任制。为公平公正地使农民获得土地权益,减少矛盾纠纷,在土地分配过程中因地力程度、生产力水平相差较大,所有田地先按原来生产队的方位、田地的肥沃与贫瘠、好田和差田分成不同的地块，然后每块都要均分，导致土地经营规模太小、太碎。许多农户一家仅几亩地，七零八落地在不同方位被分为几块甚至十几块。因此，土地经营分散零碎、插花种植，形不成真正的规模，农业经营呈现出"家家地不多，户户各干各"的状况，土地亟待"化零为整"。

针对田地细碎化局面，农民自身也进行了一些尝试。一些农户自发进行了小范围的耕地调整，互换耕作。但是基于每块耕地位置、大小各异的现实情况，可调换的幅度极小，而大范围调整则会涉及耕种条件等诸多因素的协调，必须借助政府的支持才能持续推进。

农田呈小块化分布，耕地后备资源有限，开发难度大，加之家庭承包责任制的实施在促进我国农业快速发展的同时，也形成了相当严重的土地细碎化经营，集中规模生产成了"空中楼阁"。土地的细碎化降低了农业劳动力和机械的生产效率，阻碍了适度规模经营和现代农业发展。面对人口持续增长而耕地集约利用水平相对下降的形势，京山市农业规模经营与土地整合任务势不容缓，耕地过度分割、经营狭小，已成为农业机械化、规模化、集约化和产业化的最大"瓶颈"，"种什么地"这一难题已经成为京山市现代农业发展道路上的拦路虎。

二 劳力质低量不足，谁来种地？

确保国家粮食安全，把中国人的饭碗牢牢端在自己手中，"有人种地"是重中之重。近年来，我国农村劳动力加快向非农产业和城镇转移，农业兼业化、农民老龄化、农村空心化日益严重，农业从业人口结构失衡，从事农业生产的劳动力平均年龄在 50 岁以上，"老人农业"现象已成为困扰中国农业发展的现实难题。"老人农业"即以老年人为主要的从事农业生产的劳动力。2015 年农业部百乡万户调查赴山西调查组走访了永济市、襄垣县 12 个乡镇 276 户农户，发现老人已经成为种地的主力军，其中 40 岁以下的农业经营者仅占 6.6%，50~60 岁的农民则占 42.7%。

习近平总书记指出："要解决好'谁来种地'问题，培养造就新型农民队伍，确保农业后继有人，要以解决好地怎么种为导向，加快构建新型农业经营体系。"十九大报告中也提及"构建现代农业产业体系、生产体系、经营体系，……培养造就一支懂农业、爱农村、爱农民的'三农'工作队伍"。可见建设高素质农业生产经营队伍，让农业成为有奔头的产业、让农民成为体面的职业、让农民有自豪感迫在眉睫。

京山市在农业发展中面临着"劳力质低量不足"的双重压力。一方面，农村缺劳力，农业发展力微。伴随城镇化、工业化的加快，农村劳动力大量转移，外出务工农民大量增加，每年全国农村有超过 1.5 亿的青壮劳动力外出就业，农村适用人才和新型农民大量短缺。据测算，城镇化率每年提高 1.3 个百分点，从事农业的劳动力占全社会从业人员的比重每年降低 1.2 个百分点，预计到 2020 年农村人口将降到 40% 以下，农业劳动力将降到 30% 以下。近年来，京山市劳动力大量外流，导致"人去村空"。劳动力转移直接导致了土地利用效率降低，农业生产成本提高，农业基础设施建设进展缓慢，农民培训难度加大。与此同时，越来越多的农村劳动力，特别是青壮年劳动力背井离乡谋求发展，留在农村从事农业的主要是"386199"部队，一些留守家中的老弱农民，无力对土地进行精耕细作。农村劳力呈低质化、妇女化、老龄化，致使农业经营"气血虚"，出现"弱者种地"现象，农村呈现出冷清和萧条的景象。

另一方面，农村缺人才，农业经营乏智。随着大批青年劳动力不断外流，奔向外地务工，农村留守人群中妇女、儿童、老人占了相当的比例，调查数据显示，留守农村的人口年龄结构不合理，整体年龄偏大，且文化程度偏低，初中以下的占 85%。

在农村劳力外流的同时，社会力量也难以投身与扎根农村，先进的农业技术与人才更是"进村无门"，再加上农民自身知识水平与文化程度普遍低于城市人口，缺乏现代技术与知识的帮助，使农村科技在农业经济发展中推广乏力，传统农业仅仅依靠着老祖宗传下来的"土办法"勉强维持生存。在京山市，农民过去一直依靠传统方法经营农业，缺少先进技术支持、专业农技服务，农业发展呈现出"农技没人教，知识进不来，农民学不会"的尴尬境地，农业难以驶向发展的高速公路，农业生产后继无人，农产品附加值不高，农业现代化进程缓慢，农村发展前景堪忧。在这样的背景下，要想进一步解放农村劳动生产力，增强农村经济的活力，一个重要的途径就是要在当地构建新型农业经营体系，让农民工愿意在家门口就业，变"候鸟式迁徙"为"钟摆式运动"，进而实现农业现代化这一宏伟梦想。

农村劳动力的质与量直接决定着现代农业的兴与衰，直接关系到农业经营的效益，劳动力文化程度偏低将会给农村经济发展带来很大的阻力。京山作为一个农业大县，农业现代化发展依然相对滞后，特别是农村空心化现象严重，劳资投入与物资投入力度跟不上，外流致使农村劳动力量少质低。"谁来种地"问题的纾解关乎新型农业经营体系的构建。

三　机械化水平不高，如何种地？

农机对农业生产起着关键性的作用，农业机械化是农业供给侧改革的重头戏，更是现代农业的重要物质基础和标志。虽然国家对农业机械发展进行大力扶持，但农机装备仍存在结构性不足问题，成为制约农业现代化实现的重要因素。农业是一个兼具很大自然风险和市场风险的产业，而为农服务的农业机械同样面临着一定的使用和经营风险。为推动农业机械化的快速发展，我国政府颁布了《农业机械化促进法》《农业机械安全监督管理条例》等法律条款，还印发了《国务院关于促进农业机械化和农机工业又好又快发展的意见》，旨在通过一系列政策举措，调动了广大农民购机、用机的积极性。尽管近年来我国农业机械化和农机工业得到了持续快速的发展，但是仍存在诸多的短板。《中国农村发展报告（2017）》总报告指出农业机械化亟待转型升级。自 2011 年以来，大中型农机具数量和机械作业费增速"双回落"，而且近年来小型拖拉机的绝对数量连年减少。这意味着，中国大中型农机具数量正在趋于饱和，农机作业市场竞争日益充分，农业机械运营面临转型压力。农业部农机化司科教处调研员王国占表示："目前，我国农机化的总体水平不是很高，尤其是经济作物生产机械化水平较低，农机装备结构不合理，不能满足现代农业发展的需要。"农机装备结构不合理，具体存在"三多三少"问题：产业集中度低，农机运营小企业多，规模以上企业少；农业机械总量大，小型机具多，大中型机具少；分散经营制约农业机械化发展，动力机械多，配套机械少。当前农机装备仍旧存在结构不合理、高端农机过度依赖进口、企业自主研发能力弱等弊端，极大制约着现代农业的发展。

农业机械化还面临着现实的挑战。随着农村劳动力的转移、人民生活质量的提高、农机服务组织的发展以及市场竞争的加强，对先进适用、高科技含量和大型农业机械的需求将不断增加，农业机械面临着现代化大潮的挑战：农业机械的主要内容已经从开发、引进和生产转型到农机技术的升级换代和现实应用。中国的平原仅占国土面积的12%，许多地处丘陵、山地、盆地区域的耕地并不适宜使用大型机械作业。而湖北省京山市亦是如此，许多地区的农民只能使用规模小、效率低、科技含量低的机械工具进行作业，这显然不是理想的机械化程度。我国农机技术水平总体质量不高，技术含量低，中小型机械多，科技含量高、可靠性强、操作方便的大型机械缺乏，这对于现代农业的发展形成了诸多阻力。农业机械化升级是现代化农业发展的重要体现，在农业发展的过程中，不断产生新的需求，也对农业机械的发展提出了更高的要求。各小农户之间拥有机械的消息闭塞，使农田耕种需求得不到及时纾解，对于农机的需求信息与供给消息无法进行良好的互动和传达。京山市农村各地农机零散分布，难以聚拢，也难以将农机集中统一进行管理和调配。机械供需信息彼此隔绝，时常造成"器械无处可用，农机手无事可做"的尴尬局面。因此囿于农业机械结构性不足与现实性困境双重压力，全面构建新型农业经营体系亟须回答"如何种地"问题。

四 传统经营难增效，种地如何有收益？

我国传统农业经营以"小而全""小而散"的农户家庭经营为主体，在农业发展上存在"重生产、轻服务""重政策优惠、轻制度建设"等倾向，农业竞争力不足，农业经营收益偏低。与此同时，工业产品价格相对增加，农业产品价格增长幅度不大，耕地生产投入产出比低，导致农业比较效益低下。另外因有些农民生产积极性不高，对地力培养重视不够，产生劳动惰性，抛荒现象经常发生，造成土地肥力日趋下滑。耕作缺效益，农业生产利润薄，传统农业耕作出力多、产出少、成本贵、售价贱，使农民费力不讨好，甚至连本钱都难以赚回。用罗店镇村民的话说就是"单户种植成本高，但收获低，老百姓是手工操作，很吃亏的"。

农户家庭经营存在较强的同质性，缺乏分工协作，加剧了我国农产品成本高、农业经营效益低和农业竞争力弱的问题，还容易加剧农户兼业化、农业经营副业化和农业劳动力老弱化的问题，导致以农为辅的兼业经营成为农业经营的主体形态，进而导致农业商品化出现退化，加剧农地撂荒和农机等设施设备闲置的问题，制约农业土地产出率、资源利用率和劳动生产率的提高，也容易导致农户的农业经营日益偏离农业发展的效率目标，弱化农户推进农业集约化和专业化的动力。《中国农村发展报告（2017）》总报告指出，高成本严重损害了农业竞争力。2005~2015年，中国三种粮食每亩总成本平均每年上涨9.7%，其中人工成本年均上涨11.0%，土地成本年均上涨13.5%，均远高于同期农林牧渔业增加值年均增长率（4.4%）和谷物生产价格指数年均上涨率（4.8%）。高生产成本推高了粮食价格，降低了农业经营收益，损害了农业竞争力。

在土地零散、劳动力不足、机械水平偏低的多重影响下，京山市饱受根深蒂固的传统农业经营影响，农业创新能力、抗风险能力和可持续发展能力难以提高，农业经营呈粗放化和弱组织化状态，农业专业化分工、社会化协作发展缓慢。农户家庭被推向农业产业链利益分配的边缘，制约农民增收，甚至导致农户在产品市场竞争和价格决定中日益陷入"被动接受"的地位，阻隔农业需求结构、要素投入结构和产业组织结构调整对农业结构战略性调整的促进作用，影响农业产业链、价值链的转型升级。

第二节　社会化服务助力家庭经营

培育新型农业经营主体，构建新型农业经营体系，"不只是简单地让几家几户的地连成片，浇地省钱"，而是在农村"多地同确"、资源"全产权化"的基础上，提高农业生产经营的集约化、专业化、组织化、社会化程度和机械化水平，以发展多种形式的农民新型合作组织为重点，以健全农业社会化服务体系为支撑，促进各类从事农业生产和服务的新型农业经营主体蓬勃兴起。在持续强化农业公益性服务体系建设的前提下，支持农民合作社、涉农企业、专业服务公司等社会化服务组织的运作，构建新型农业社会化服务体系。

湖北省京山市在家庭承包经营的基础上，因村制宜、分类探索，加快新型农业社会化综合服务组织建设，补充完善现有农业服务体系，将市场化服务、合作化经营、股份化运作等现代性经济要素引入乡村经济建设之中。在三权分置、确权登记的基础上，农户的承包权益得以保护，土地经营权能够放活，"覆盖全程、形式多样、综合配套、便捷高效"的社会化服务体系建立起来，农业生产要素得以高效流动、重新组合，在耕、种、收等各环节探索农技推广、农经管理、农机服务、农资供给改革，提供技术、信息、金融、保险、经纪等综合性服务，推进农业调结构、转方式，解决农业服务"最后一公里"问题，促进了现代农业发展，带动了农民增收。

一　以专业化组织整合小农分散要素

构建新型农业经营体系，离不开农业生产要素的流动和重新组合。毛泽东早在 20 世纪 40 年代，就对小农经营做出了指示："在农民群众方面，几千年来都是个体经济，一家一户就是一个生产单位，这种分散的个体生产，就是封建统治的经济基础，而使农民自己陷于永远的穷苦。"当代中国农村正在发生深刻变化，农户这个"细胞"也正在发生迅速的"裂变"。尽管当今的农户经营规模小，但他们已越来越深地进入或者卷入了一个开放的、流动的、分工的社会化体系中，与传统封闭的小农经济形态渐行渐远，进入社会化小农的阶段。"小农"的"社会化"，大大提升了农户适应现代社会的能力，同时也产生着内在的矛盾，需要以新的思路应对变化之中的农户及其需求。社会化服务整合了人、财、技、物等诸多要素，链接多方要素，提高了土地产出率，拓宽了农民增收渠道，使"小农"突围出来，融入了社会化大生产。

湖北省以公共服务机构为依托、以合作经济组织为基础、以龙头企业为骨干、以其他社会力量为补充的农业社会化服务体系初步建立。新型经营主体+社会化服务，带动了农业适度规模经营。全省乡镇公益性农业服务中心达 1100 多个，服务人员 14382 人。全省注册的农机专业合作社达 1874 家，拥有合作社员 8.9 万余人，作业服务面积 4219 万亩，服务农户 150 万户，全省农业机械化率高于全国平均水平。目前全省适度规模经营面积达 908 万亩，比 2010 年增长 235.2%，其中社会化服务带动的土地规模经营面积达 500 多万亩。京山市在 2014 年成为财政支持农业生产全程社会化服务试点县，获得中央财政资金 1000 万元。此次试点主要围绕桥米产业的产前、产中、产后开展系列化服务和重点单项服务，重点扶持农业生产全程社会化服务和机插、机防、机收及烘干等薄弱环节。通过整合各涉农要素，据全省农经年报统计数据，截至 2017 年底，全省农村承包耕地流转面积达 1663.4 万亩，占全省承包耕地总面积的 36.9%，超过全国平均水平 4 个百分点。

以农机专业合作社为龙头的服务组织开展技术承包、作业承包、代耕代收、租赁承包、跨区作业等形式的服务，较好地满足了广大农民的需要。以京山市罗店镇麻城村绿丰农机合作社为例，其对区域内涉农资源和生产要素进行有效利用和聚合，催生了土地、农机、涉农人员的集聚效应，为家庭经营的农业走向现代化提供了组织和社会支撑。第一是土地整合：合作社积极引导农民在自愿基础上，搞活土地经营权，通过农户经营权流转或以土地参与股份合作的形式加以重组，绿丰合作社借"地缘"之力整合了周边零散土地。目前绿丰合作社流转土地总面积约为 30000 亩，每亩的流转费用为 675 元/亩。第二是机械拢聚：合作社对散户和农场的农机器械进行统一的登记、管理和调配，截至 2017 年 6 月，共整合农机数量 530 台，以机械化提升农业服务力量。绿丰合作社每台插秧机合计日作业量为 1600 亩以上，2017 年农机作业服务面积达 3.6 万亩。第三是人力重启：合作社吸纳附近村庄农户与农机手入社，主要从事秸秆与秧苗的生产工作与耕种任务，截至目前带动就业 60 余人，每月人均收入在 3000 元以上。合作社将散户的农机器械登记整合，统一拢入合作社进行统一管理和调配，耕作收入由农机手的劳动多少决定，多劳多得，每盘秧苗的价格是 3 元。第四是资金融汇：传统小农农户认为"握在手里的钱才是实实在在的"，常任其搁置成为死资，单家单户持有资金数目小，流通性弱，无法进行灵活性运作和二次获益，京山市政府对贫困户发放的 10 万元扶贫贷款也难以发挥应有价值，最后打了水漂。京山市直接将扶贫贷款投资给企业，通过投资收益使贫困户获得基本保障。绿丰与政府、贫困户、扶贫办签协议，无论盈亏，即使当年收益很低也会保证每个贫困户得到 6000 块钱的收入。串珠成链的社会化服务较好地解决了务农人口老龄化、农田流转不畅、土地碎片化等问题。

二　以多维度服务延伸农业生产链条

为了提高农业产出效益，降低种养成本，实现耕、种、收等各环节的专业高效运作，农业越来越呼唤社会化服务的介入，特别是我国农业规模化、标准化、集约化程度的不断提高，对加速农业社会化服务体系的构建也形成了倒逼的推力。壮大农业社会化服务体系可以通过壮大集体经济实力，由农户所在的集体组织向农户提供生产经营服务，也可以由农户自愿联合，以农民专业合作、股份合作等形式提供自我服务；可以是通过市场机制购买的各种形式的农业社会化服务组织所提供的经营性服务，还可以是通过发展农业产业化经营，由"龙头企业"向农户提供的全程性的生产经营服务，当然更可以多种形式交叉复合、优势互补。在最初的"农户+公司"的农业产业化经营模式下，公司通过契约与农户建立联系，农户生产规定品种和产量的农产品，公司负责收购、加工与销售，以外部组织的规模收益克服小农经营规模不经济的弊端，一定程度上降低了农民进入市场的交易费用，维护了农民的部分利益。然而，农户始终处于产业化链条的"产中"位置，实力和地位无法与处于产前和产后的公司相抗衡，难以形成平等的利益共同体。合作社的主体（农户）存在显著的经营缺陷：非农兼业化、土地规模小、经营能力弱、对合作社的经济依附性不强，造成"农户+合作社"模式下农业产业化的总体水平不高，且处于相对不稳定状态。随着中国城乡一体化的深入推进，家庭农场成为解决"谁来种地"、实现土地规模经营、推进农业产业化和现代化发展的新型经营主体。家庭农场能较大程度地克服传统小规模农户经营的缺陷，为提升农业产业化经营水平提供了潜在的空间。"农户+家庭农场+合作社"模式是一种以合作社为依托，联合农业生产类型相同或相近的家庭农场组成利益共同体，开展农业专业化生产、企业化管理、社会化服务和产业化经营的组织形式，是在现行分散家庭经营制度和传统产业化经营模式基础上的制度创新。

以清晰的产权保障土地有序流转的土地制度，以市场机制为基础的农产品购销和价格体制，以及城乡一体化的快速推进和农村劳动力转移进程的加快，构成了中国"农户+家庭农场+合作社"模式形成和壮大的基本条件。互助合作、改变弱势地位的内在要求驱使农户联合起来成立农民专业合作社，通过"农户+合作社"模式将单个农户与其他经济主体之间的交易关系内化为合作社与其他经济主体的交易，由合作社组织农民有序生产。进行农资购买和农产品的加工销售，节约了农民进入市场的交易费用，增强了农民的市场话语权，使农民能分享农产品加工和流通环节的增值收益。合作社是实现农业产业化经营的最佳载体。为了防范风险和实现利润最大化目标，家庭农场之间或者家庭农场与其他利益主体之间的相互联结、互助合作显得尤为紧迫和重要。"农户+家庭农场+合作社"的农业产业化经营模式是一种以合作社为依托，农业生产类型相同或类似的家庭农场在自愿基础上组成利益共同体的制度安排，通过市场信息资源共享，农技农机统一安排使用，在农产品的产、加、销各个阶段为社员提供包括资金、技术、生产资料、销售渠道等在内的社会化服务，在很大程度上实现农业产业化经营。

无论是家庭农场，还是合作社都是在家庭承包经营制度的基础上发展而来的，既保留了家庭承包经营的传统优势，又吸纳了现代机械设备、先进技术、经营管理方式等现代农业生产要素。"农户+家庭农场+合作社"模式采用机械化替代人工劳作，运用现代信息技术建立标准化生产和产品质量可追溯体系。家庭农场经营单位的主体依然是家庭，家庭农场主兼具劳动者和经营者的双重身份。合作社是所有者与使用者的统一体，合作社的组织宗旨是保障农民利益。所以说，"家庭农场+合作社"模式是家庭承包经营制度基础上的制度创新。京山市重组人、机、地等农业资源，延伸产、销、护等服务内容，创新合作式、订单式、托管式、一体式等服务形式，推进了服务带动型规模经营。

合作式服务。京山市探索政府与社会化服务组织合作，采取"合作社+基地+农户""公共服务机构+专业服务公司+农户""农民专业合作社+基地+农户"等模式，将购买服务、定岗服务、派驻服务和委托服务等有机结合起来，增强了服务的针对性和实效性。

订单式服务。近年来，通过"点菜"或"套餐"从农业社会化服务组织那里购买各个环节的服务，已经成为有一定生产规模的农户完成农业生产的主要方式。这种新型生产方式的流行和农业服务组织的普及，不仅有效缓解了"谁来种地"的压力，也使我国农业朝着规模化、现代化的方向加速前进。以订单方式提供服务，按农民"口味""做饭配菜"，便捷高效地解决了农民在生产中遇到的"疑难杂症"。京山市绿丰农机合作社发展多种服务形式，针对农民群体的需求提供相应的服务内容，从生产、植保、收获、加工、销售各个环节入手，提供相应的订单式服务。合作社的订单式服务解决了农户单干时生产经营成本居高不下的问题，以育秧插秧生产环节为例，农户个体经营水稻该环节成本为700元/亩，合作化经营后成本被控制在400元/亩左右，一亩田便降低了300元成本。

托管式服务。为加快农业转型升级，京山市坚持主体多元化、服务专业化、运行市场化方向，大力培育发展主体多元、形式多样、竞争充分的社会化服务组织，创新服务模式，提高服务效率和水平，在实践中探索了类型多样的托管式服务。绿丰合作社完善"保姆式"全托管服务模式，开展耕、种、管、收、售等全程社会化服务；灵活推进"菜单式"环节托管服务，重点抓好代耕代种、储存销售或加工环节的规模化服务。在不改变土地承包权及经营权的条件下，服务组织与农户按照自愿有偿原则，签订《农田托管协议》，就生产某一环节或全过程商定服务价格和服务标准，由服务组织为农户提供良种、化肥、耕种、灌溉、防虫、除草、防病、收割、粮食存储购销等服务，实现农民打工和种地两不误。农业专业化服务组织在耕种、统一育供秧、播插、统防统治、收割等方面服务能力日渐增强，"片段式"服务与"全程化"服务齐头并进。农户的零散土地以流转或托管的形式进行聚拢经营、统一耕作，变"巴掌地"为规模经营的"黄金地"，迄今为止合作社共整合并经营土地30000多亩。

一体式服务。以京山市绿丰农机专业合作社为例，其按照统一品种、统一播种、统一施肥、统一田间管理、统一机械收获、统一销售"六统一"模式，积极探索覆盖产前、产中、产后全程的农业社会化服务。在种子种植、产品销售及物资供应上，采取统一购买、统一分配、统一经营、统一提供技术支持和培训的措施。这使农业发展更加系统化和专业化，并且最大化地降低了成本、提高了收入，提升了农民的生活水平，同时也得加入合作社的农户与日俱增。合作社成立以来，成员共获利润2000多万元。

发展农业生产性服务业更加有利于持续增加和优化农业社会化服务供给,从而有效引领并强力支撑现代农业发展。发展农业生产性服务业,更容易形成网络发展的农业服务供给格局和农业服务能力格局,促进农业与服务业融合发展,增进农业服务链对农业产业链转型升级的引领支撑能力。多重服务模式促进京山市形成了"小而专、专而协"的农业经营格局。农业经营体系的服务性质,为创新要素有效植入农业产业链提供了多元便捷的通道,为高效利民提供了更为新颖与周全的手段。

三 以综合型供给配套建构共赢机制

农民专业合作社以农民为主体,扎根于农村、依托于农业、服务于农民,农民专业合作社的系列服务,是政府公益性服务的延伸,在农业社会化服务中起着不可替代的重要作用。京山市服务机制多形式格局基本形成,各类社会化服务组织根据农民需要,结合各地实际不断探索创新服务机制。农业龙头企业采用合同制服务,提供种子、化肥等农资或提供技术培训辅导,签订收购产品协议;种养大户采取示范辐射式服务,积极为周边普通农户提供技术、信息等指导和种子种苗、机耕机收等服务。农民专业合作社通过将分散经营的农户组织起来,将众多农户融合成一个内在的利益共同体,提高了农业生产的组织化和社会化程度,实现了农业集约化经营,促进了农业生产由分散化向集约化转变,促进了农民有效增收。合作社为成员提供产前、产中、产后的各种服务,并根据市场要求,推进生产的区域化、规模化和标准化以及产品销售的品牌化,实现了农民抱团闯市场,共同抵御市场风险。合作社内部,通过将生产经营环节进一步细分,促进了农业生产社会分工不断发展和劳动生产率不断提高,再加上统一生产资料采购、统一生产品种、统一产品销售等措施,大大降低了产品成本,有效增加了农民收入。

京山市绿丰合作社根据生产经营活动的需要,成立了技术部、营销部、财务部。技术部负责农机使用技术的培训,病虫害的机防工作;营销部负责农机、配件等的销售工作。财务部负责合作社的收益核算和财务管理工作。与此同时合作社将专项服务与综合服务相结合,适应农户需求,不但提供农资、施肥、植保、机耕、机收、加工运输、农产品销售等专项服务，还提供技术、信息、金融、保险、经纪等综合性服务，且越来越多地从简单专项服务转向内容全面、形式多样的综合服务。

培训机制：当前，我国农民科学素质较低，严重影响并制约了农业的发展，致使农民收入增长缓慢。因此大力开展与普及农民教育培训工作刻不容缓，只有培养出大批掌握现代农业科学技术和知识的新型农民，才能达到农业增产增效和农民增收致富的双赢目标。技术培训与指导对于新时代农业与农民的转型发展刻不容缓，且应遵循规范化、标准化、程序化要求，提升实效。为保证生产和服务质量，京山市绿丰合作社提供农机维修、技术培训和相关信息咨询服务。除每年定期举办农机、农业技术培训班外，还专门聘请了5位农业、农机专家作为技术顾问，开展产业培训和服务指导。对农民进行的统一的技术培训主要有依托京山市农业局基层服务体系建设和阳光工程的两大培训项目，另外合作社每年都要举办农机农艺技术培训班，由农业局、农机局技术专家传授农机驾驶维修和农业新技术等知识，并提供统一的技术服务，对全体社员的生产实行全程技术服务指导，确保严格按照操作规程进行生产，提高工作效率。

维修保障：构建农机维修服务网络，是实现农业机械"优质、高效、安全"运行、推进现代农业健康稳步发展的重要保障。为此京山新绿丰农机专业合作社积极设立维修服务站，旨在为农户提供更为实惠便捷的机械维修服务。据京山市农户普遍反映，单户耕作时自家农机经常因为耕种当中的土质与障碍发生故障，送去维修经常需要花费巨额修理费用。为解决这项难题，京山市绿丰合作社整合了各散户的农机，统一进行调配与管理，设立了统一的维修站点与维修网络，为合作社成员提供第一时间的农机维修，降低了修理成本，促进了农业的集约化经营。

收益分红：利益分配与分红保障是促进农民群众积极参与合作社、进行农业经营的最为直接的动力与推力。京山市绿丰农机合作社随着自身的发展壮大，并考虑到合作社服务能力提升的需要，经过成员代表大会讨论通过，决定按交易量向其成员返利20%，其中10%作为风险金，5%作为合作社成员公积金，5%作为合作社成员公益金，在年终进行。合作社成立以来，共返利2000多万元。实行利润返还，既增加了入社农户的收入，又增强了合作社的凝聚力和吸引力，对以土地入社的成员还按照入社面积占总的经营面积的比例进行年终分红与收益分配，对于贫困户，也会给予每年至少 6000 元的收入保障他们的基本生活。

第三节　集约化生产带动集体经营

推进农业现代化健康快速发展，实现社会主义新农村的目标，"回归农业集体化"，不失为一项理智的选择。当然，市场经济条件下的"农业集体化"，绝不是 20 世纪 50 年代中后期至 70 年代中后期农业集体化的"回头路"，而是一种内涵深刻、形式鲜活、活力更强的"新型农业集体化"，即顺应新的时代需求，以村级组织为主体，以市场化融资投资为引擎，以产业化经营或专业合作社经营为依托，以发展农业生产力、降低农业成本、促进农业增效和农民增收为基本追求，以推进农业现代化建设为主攻目标，通过村集体的主导作用，以土地依法合理流转、农户（特别是农业专业户）互助合作联营、工业或服务业加盟农业等多种形式，自主经营性强又具有较强竞争力的可持续的"新型农业集体化"。

集体统筹经营相对于个体家庭经营而言，具有难以比拟的集中协调的优势，相应地也存在积极性难调动与效率难保障的弊端。因此，在实践中必须重视"领头雁"的作用，只有抓住集体经营之中的"关键少数"才能引领"最大多数"。大批在外创业的成功人士返乡领办农民合作社、家庭农场，借力现代化经营要素和管理经验，实现了集体经营形式下的集约化生产。

一　能人回村示范引领

集体统筹经营具有个体家庭经营难以比拟的集中协调的优势，但也不可避免地存在积极性与效率低下的弊端。为此，京山市罗店镇马岭村走出了"能人回村示范引领"之路，通过引进现代管理智慧，扬长避短，实现了集体经营形式下的集约化生产。

能人回村是新时代发展新型农业经营方式的一大新出路，外出创业能人观念新、头脑活、思路清，发展经济和带领群众致富的能力强，能人回乡投资农业可以拉长产业链，实现企业、村集体、农民三方共赢。湖北省在推进农村产业结构性战略性调整过程中，创新多元化农村产业融合主体培育机制，大力引进在城市受过现代产业训练之后重返农村的企业家、创业成功人士。"乡镇招商引资主要任务就是引进农业企业、引进'城归'。"湖北省政府秘书长别必雄说。创新村企一体发展机制，实施"能人当家"工程，引进外出创业成功的、当过老板的能人回村当"带头人"，打造了钟祥石牌镇彭墩村、胡集镇湖山村，京山罗店镇马岭村等一批村企共建、一体发展的典型。

能人们返乡创业、回村任职，为村支两委班子注入了新血液，有效改善了农村干部队伍的能力结构，引领了农村科学发展。首先，经济发展有方向，回村的经济能人利用自己的积蓄，为产业发展指明方向、注入发展金，为村民起到了示范带动作用。其次，基层组织有力量，能人回村担任村支两委干部，改善了村级班子的年龄、文化程度结构，服务群众、做群众工作的能力大大提高，充分调动了党员和群众的积极性，基层党组织的号召力、凝聚力、战斗力不断增强。最后，农业发展道路更宽广，能人回村带回资金、项目、技术、产业、信息等，依托本村本地资源，发挥路子广、关系多的优势，调整产业结构，转变发展思路，加快农村经济社会发展，拓宽了农民增收渠道。

在京山市，流传着一个"九马回槽"的故事。2011年初，罗店镇马岭村二组9名外出创业成功人士带着乡情、资金、头脑，回乡创设了马岭村的"幸福股份"，与村"两委"一道积极探索村民身份股东化、村民居住集中化、村民养老福利化、村务管理公司化之路，带领乡亲筑共富之梦。"九马回槽"的能人暨马岭村党支部书记张立说："经过5年的建设推进，'幸福马岭'新农村雏形基本形成，村民人均纯收入由2011年5985元快速增至2015年29650元。"马岭村的九位能人不仅在经济上主动起到了带头作用，也在管理上贡献了力量，回乡的"九马"要么有自己的公司，要么在大公司内部担任管理人员，市场经营经验丰富，这些都为马岭村的经济发展奠定了坚实的基础。回村的马岭能人大多处于生产的最前线，村支书张立回村前所在的永泰源商贸公司是专门生产销售泰和源老北京布鞋的。2008年北京奥运会期间，为了迎接中外游客，相关部门在中华世纪坛组织举办中华老字号展览。张立抓住这一机会，不但报名参展，还赶制了一只一米长的布鞋放在中华世纪坛展览，引来游客争相拍照。通过这一策划，泰和源老北京布鞋迅速在市场上火了起来，每天要向全国各地发货几万双。回村的能人有着丰富的生产、经营理念，他们的加入对于缺乏生机的农村经济发展来说，无疑是注入了一池活水。"要让农民知道，土地不是只能用来种田。"在马岭村村民的潜意识中，种田是唯一的生产途径。只有改变农民传统观念，利用现代化产业发展的思维认知，促进三产融合，才能使农村走向经济发展的康庄大道。

二　依托集体规模生产

党的十八届五中全会明确指出，要"加快转变农业发展方式，发展多种形式适度规模经营，发挥其在现代农业建设中的引领作用"。李克强总理曾强调，多种形式的适度规模经营不仅不会让农民土地流走，还将有力支撑农民收入的进一步提高，"农民的收入不仅来自土地流转、出租土地，也能入股合作社，还能在里面打工，真正实现了多个身份、多种收入"。在21世纪的中国农村，公司与合作社是当代新型农业经营比较普遍的载体。湖北省京山市通过设立公司、合作社等形式，带动村民集体参与公司经营及合作社运作，促进了农业的现代化发展与规模化经营。京山市马岭村作为偏远乡村，人均土地面积较大，其依托土地优势，融入资金组建了公司与合作社，带动全体村民广泛参与，使村民成为股东，深入推进了土地利用节约集约模式，进行技术、制度和管理创新，打破了传统农业的分散种养模式，形成了规模化的农业生产模式。

首先是二组挂牌成立公司：由在外企业家联合村民出资入股组建公司，村民变股东，风险共担，利益共享。二组村民有两种方式入股：一是现金入股，最多投资100万元，最少投资5000元，共筹集股金707万元；二是土地入股，村民自愿将364亩承包田经营权按每亩1万元折算成现金入股。两种方式共募集股金1071万元，193人成为股东。为打基础，投入再生产，约定头三年不分红，从第四年开始，每年分红不低于股金的5%，不高于10%。能人出任董事，主要是出于两方面的考虑：一是资源禀赋。以张立为首的经济能人掌握了大量社会资源，包括知识、技术、资本、民意基础以及关系资源等，这些社会资源是能人发挥其带动功能的基础，在发展过程中合理利用资源，可以达到事半功倍的效果。二是市场意识，经济能人能快速适应外部市场经济的发展要求，及时把握市场发展机会，在纷繁变化的市场竞争中发掘集体经济自身的比较优势，寻求新的经济增长点。2012年大年初一，马岭村三次召开民主议事会议，顺利通过实施方案，会议决定：二组成立农业科贸有限公司和专业合作社，实行集中经营。本着让少数人先富起来、先富带动后富的原则，5月6日，村"两委"召开二组村民代表大会，实行民主议事，决定成立马嘉岭农业科贸有限公司、种养专业合作社、农机专业合作社，村民自己做股东，带动马岭村经济发展。建设启动资金由9位能人先垫付。9月26日，村"两委"第二次召开二组村民代表大会，共议美丽乡村建设总体方案和实施细则，方案获高票通过。京山马嘉岭农业科贸有限公司挂牌成立，正式拉开了村企共建新农村的序幕。公司运行之初，9名大股东轮流值守负责日常事务，产业发展起来后，股东们集体推选出5人组成董事会，张立出任执行董事。执行董事为公司法定代表人，对公司股东会负责，由股东会选举产生。执行董事任期3年，任期届满，可连选连任，在任期届满前，股东会不得无故解除其职务。股东会会议由执行董事召集并主持，根据现实需要委托执行董事负责公司日常管理运作，遇村级基础设施建设、产业发展、市场营销等重大事项，由执行董事召集并主持召开股东大会进行集体决策。在农民的农田汇集到一起后，村干部经过外出考察、对比，确定试验种植具有"航天员专供大米"和"国家运动员专供大米"标志的CEB抗氧化有机营养米150亩，由中科院武汉分院提供技术专利，北京德润生物科技有限公司提供技术指导，亩产稻谷800余斤，出精米400余斤，每斤市价19.8元，每亩销售收入可达8000元以上，2016年推广至500亩。采用传统的农业生产方式，一亩水稻创收不足3000元，土地的集约化利用大大提高了农业生产的效率和效益。与此同时，马岭村打破青、草、鲢、鳙养殖传统模式，利用高岗洼地的2个自然冲，聘请中科院水生所专家指导养殖泥鳅200亩。据测算，经过6~7个月养殖，泥鳅可增重3~4倍，避开3~10月，进行反季节销售，价格在25~30元/公斤，每亩可创收1.5万元以上。泥鳅是化妆品原料，日韩市场前景广阔，目前马岭村已在积极联系外贸出口事宜。农田的集约化利用，提升了土地生产的贡献率和土地管理的约束力，缓解了用地矛盾。

其次是其余组联合成立合作社：马岭村共有五个村民小组，一组、三组、四组、五组有 127 户农户，以 1683 亩承包地入股组建了嘉佳福土地股份合作社，发展稻、鱼、虾复合种养和林下养殖，仅 2016 年就实现利润 280 多万元，分红 67.3 万元。京山马嘉岭农业科贸有限公司初建时，主要带动范围是村庄二组的村民，尽管有不少的余组村民主动加入公司之中，但是公司的带动能力有限，马岭村仍然有大量土地抛荒无人种、大量劳动力无处可去。村"两委"及班子成员，就如何全面拉动村庄经济增长、统筹五个小组共同发展花了不少心思。二组的成功，也令一组、三组、四组、五组村民心生向往。当时的村主任杨宝庭决定成立专业合作社，实行统一耕种、统一品种、统一销售、统一管理，先替农民耕种，再返利于农民。2015 年 4 月 15 号京山嘉佳福土地股份合作社正式成立，下辖马岭村一组、三组、四组、五组四个村民小组，总入社户数 127 户，总人口 521 人，总面积 1682.77 亩。村两委干部集思广益，结合当地实际，制定了"种、养、加"的合作社发展模式（"种"，即把现有的良田种上优质稻，实现一村一品规模化种植，进行科学管理，灵活销售；"养"，即把本合作社内大约 500 亩的水面利用起来，按水产特种养殖〔龙虾、甲鱼〕对外广招科技人才和引进资金，可与他人进行多种形式的合作；"加"，即合作社可依靠自己的产粮优势，办一个大米加工厂或集收购、加工、销售于一体的加工厂），以此实现土地不荒、劳力不闲；家家有产业、户户都增收。每个土地入股农户股民手头都有一本股权证，这个红色的小本上记录着股东姓名、身份证号、股金份额等。据了解，股权可以退出，也可以转让。合作社章程规定，万一出现极端情况，合作社破产了，会将土地退还给农民，同时会将资产折算按股返还给农民。

三　管理创新保障运转

为克服传统农业在经营管理水平方面的落后局面，新型农业经营主体在运营过程中需要设立组织进行规范与统一监管，需要设立内部约束与激励机制，使决策更为顺畅，管理更为系统。

首先，社代会群策议民事。新型农业经营主体成立后，京山市马岭村在合作社内部设立了合作社社员代表大会，全村上下每五户社员推选一人作为社员代表。社代会半年一议，商讨重大事项，杜绝"一言堂"，由股东"当家做主"，决策与管理合作社内部的重要事项，决议与社员息息相关的各项事宜，让每位合作社社员参与其中，做到公平、公正、公开，让每位村民获得当家做主的实在感与主人翁感，杜绝一人做主或者不正当操作，杜绝危害社员切身利益的行为出现。

其次，理事会规划谋发展。社员代表大会选举产生理事会（成员多为返乡经济能人），作为社代会的常设和执行机构，负责拟定规划和日常经营，为产业发展"稳好舵"。理事会由 6 名成员组成，每届任期三年，可以连选连任。理事会设理事长 1 名，由理事会内部选举产生，理事长是土地合作社的法定代表人。理事会实行社员代表大会领导下的理事长负责制，严格执行社员代表大会通过的决议，向社员代表大会报告工作。理事会的主要职责如下：（1）召集、主持社员代表大会，并向社员代表大会汇报工作；（2）执行社员代表大会的决议；（3）拟定本社的发展规划、资产经营计划和资产经营管理方案；（4）对重大投资项目进行可行性论证，提出投资决策方案；（5）制定本社发展财务管理制度、财务预算方案、收益分配方案；（6）负责日常社务工作，根据需要设置必要的内部管理机制，聘用相关的经营管理人员。马岭村严格按照章程对集体经济组织进行管理，为防"漏洞"，与集体经济组织有关的每一张发票至少 3 个人签字方能生效，单笔单项超过 1 万元，必须上报理事会。在理事长的带动下，理事会要定期制定合作社的发展规划，2016 年土地合作社规划以莲藕种植、虾稻鳖混养模式提高农田的经济效益，得到社员代表大会的通过后，开始向外引进技术管理人员，并及时跟进管理，按季度向社员代表大会汇报生产状况，使合作社的发展能够按照目标进行。

再次，监事会督促正航向。股民还选举出监事会，由 3 名成员组成，村民许德超担任监事长。监事会对社代会、理事会及工作人员进行监督，审查财务，保障组织和股东利益。在集体经济组织中设立监事会，是近年来社会组织改革发展的普遍做法，是促进社会组织健康发展的内在需要。马岭村的马嘉岭科贸有限公司由股东选举出 2 名监事会成员，负责监督公司的决议决策程序、财务工作，及高管人员和普通员工的工作进度，发现问题及时予以纠正并汇报股东大会。监事任期每届 3 年，任期届满，可连选连任，主要行使下列职权：（1）检查公司财务；（2）对执行董事、高级管理人员行使公司职务时违反法律、法规或者公司章程的行为进行监督，并提出罢免的建议；（3）当执行董事、高级管理人员的行为损害公司的利益时，要求执行董事、高级管理人员予以纠正；（4）提议召开临时股东会；（5）向股东会会议提出提案。监事列席股东会会议。公司执行董事、高级管理人员不得兼任公司监事。

最后，多元分红收益利村民。集体经济组织建立起来之后，实行"工资+奖金+分红"的多种利益分配机制，使农民获得了多样化的收入来源，让农民能真正从村庄的发展中受益。公司为不满 60 岁的马岭村村民安排工作岗位，愿意创业的，扶持 1 万元创业资金。秉持"两个三"原则，即村民在集体经济组织中就业，3 个月后觉得工作不合适，可以申请调岗，每人至多有 3 次调岗机会，如果还是不满意工作，公司则放弃对该村民的岗位安排。村民有多种工作选择，例如养羊、种地、做砖等。村庄建成黑山羊羊舍 13 栋，总面积 1 万平方米，养殖种羊 3000 余只，黑山羊市场需求量大，价格稳定，村民管理一头羊的报酬是 50 元/月，平均月工资在 1000~2000 元；种地的村民，公司按照 180 元/亩·半年支付管理费用，每位农户至少可以管理 100 亩菜地，月均收入在 3000 元以上；做砖的村民，按 0.5 元/块支付报酬，平均月收入在 2500 元左右。公司兴办工业项目 3 个，兴建涉农产业 4 个，提供就业岗位 100 多个。工资收入加上奖金和股份分红，马岭村民人均年纯收入由 2011 年 5985 元快速增长到 2015 年的 29460 元。

四　优化结构提质增效

2016 年中央一号文件强调要"推进农村三产深度融合，推进农业产业链整合和价值链提升，让农民共享产业融合发展的增值收益，培育农民增收新模式"。《中国农村发展报告（2017）》总报告指出，要加快供给侧结构性改革，提高农业竞争力和经营效益。这要从降低农业生产成本、调整农业产业结构、提升农产品品质、促进一二三产融合等方面发力。

马岭村通过延伸产业链条，拓展产业范围，促进产业功能转型，转变产业发展方式，运用新技术、新业态、新商业模式，带动了资源、要素、技术在农村的重组，达到了"三产融合"的产业空间布局效果。一是合理利用农业废料，建设特色工业园。马岭村发展了利用回收的农业废料建设秸秆饲料和秸秆生物质颗粒燃料项目，对接湖北志强秸秆饲料有限公司和南方草场项目，合理利用农业生产剩余的秸秆，收购周边农作物秸秆，进行深加工，生产牲畜用饲料和生物质燃料。秸秆的再次利用，减少了焚烧，优化了村庄环境，还可以带动周边剩余劳动力，助村民增收。二是大力发展传统种养，建设农业示范园。2015 年，马岭村大棚蔬菜种植面积扩大到 300 亩。规划发展蔬菜大棚 350 个，目前已建成投产标准冬暖式蔬菜大棚 5 个、钢架大棚 120 个、玻璃温室 1 栋。村庄公共食堂边上建起了有机蔬菜示范园，透明的恒温玻璃大棚内全是无土栽培的时令蔬菜，各种农业示范园吸纳就业 48 人，全部投产后年收入可达 525 万元。三是打造农家旅游项目，建设观光小花园。村庄对全村 5000 亩版图面积进行全域规划，按照旅游观光、休闲度假、采摘体验、娱乐拓展的标准，打造乡村观光旅游特色产业。依托陈家大堰改造，马岭村建成了游客集散中心和 500 亩坡地养生小木屋群和休闲步道等项目，吸引游客体验垂钓、摸虾、捉鱼、赏花、游湖等活动。

第四节　组织化联结助推合作经营

培育新型农业经营主体，加快形成立体式复合型现代农业经营体系，离不开对经营主体潜力的挖掘和激发。中国社会科学院 2017 年发布的《农村绿皮书》显示，目前我国的新型农业经营主体主要有五种类型：一是自我经营的家庭农业；二是合作经营的农民合作社；三是雇工经营的公司农业；四是新农民；五是农业产业化联合体。不过，这些新型经营主体还未形成现代农业的主要经营力量，因而潜力巨大。据农业部统计，目前，全国家庭农场已超过 87 万家，登记的农民合作社 188.8 万家，产业化经营组织 38.6 万个（其中龙头企业 12.9 万家），农业社会化服务组织超过 115 万个。中国社会科学院李国祥研究员表示："虽然各级农业龙头企业数量不断增多，规模不断壮大，但很多企业在自身利益与农民利益之间还难以很好地找平衡，这就会影响（它们）带动农民发展现代农业时的作用。"

京山市充分依托市场的力量，推进生产要素向新型农业经营主体优化配置，探索多种类型的合作形式，撬动更多社会资本投向农业，既扶优扶强，又不"垒大户"，既积极支持，又不搞"大呼隆"。京山市在推进股份合作经营的实践中，借助利益共谋、效益同享，以龙头企业的资本、技术优势为支点，联结农民、村庄等多方主体入股，实现了农业产业新业态的壮大，农村发展新动能得以培育。

一　三方资源相连，要素折股联合

创新农业农村体制机制，构建集约化、专业化、组织化、社会化相结合的新型农业经营体系，必须协调利用好耕地、水、劳动力等传统要素与资金、管理、技术等先进要素的关系，有效优化农业资源配置方式，提高农业综合生产能力。针对新型农业经营主体往往陷入"大户经营得利，农民增收乏力，村庄建设无力"发展瓶颈的现象，京山市钱场镇借力盛老汉家庭农场的发展优势，带动农民、村庄通过股份合作方式整合土地、资金、技术等生产资源要素，以股联合构建了"生产联盟"。

京山市在有效集聚资源的基础上，通过孵化起来的、扎根乡土的农民专业合作组织，将之前的"以产定销"变为"以销定产"，将之前的"粗放型"经营变为"集约型"经营，将之前的"零散化"生产变为"规模化"生产，使一家一户的小生产与千变万化的大市场高效对接，实现了农民富、农业强。首先，以农场聚"大资本"为"基本股"。特色产业发展离不开专业化农业经营主体的参与，荆门市京山市素有"龟鳖养殖第一县"之美誉，盛老汉家庭农场又是全国最大的乌龟和种鳖养殖地。盛老汉家庭农场凭借小农户无法比拟的资金参股入社，与农户、村庄抱团发展，引领合作社发展特色生态稻龟种养。目前，盛老汉土地股份合作社总股数为100000股，其中农户土地入股占4840股，荆条村集体堰塘入股占160股，盛老汉家庭农场以资金、技术、管理参股占95000股。其次，村庄集"闲水塘"成"附加股"。为充分利用村庄闲置资源，激活集体沉睡资源生产活力，荆条村整合本村160亩闲散堰塘入股盛老汉合作社，村集体也依靠自身的优势成为合作社一个股东，实现了自身效益的最大化。最后，农户以"小土地"参"后配股"。按照依法自愿有偿原则，京山市钱场镇荆条村、吴岭村、廖冲村共 321 户农户将自家承包地流转入股盛老汉土地股份合作社，变土地经营权为合作社股权，农田承包地化身为股本金。

除了既有的土地、资金股之外，盛老汉家庭农场还注入了前沿的、专业的技术支持。盛老汉家庭农场吸引行业专家指导产业发展，同中国科学院水生生物研究所等科研院所共建了"产学研合作基地""院士工作站"，累积合作社技术优势，将其运用在合作社生产之中。与此同时，盛老汉土地股份合作社作为种养类合作社，对劳动力有着较大的固定需求，凭借与入社村庄、股民形成用人对接机制，为具备劳动能力的留守老人、妇女提供力所能及的工作岗位，破解了起步阶段所面临的"用工荒"。合作社员工 90% 以上来自入社股民，固定工约 100 人，临时工约 100 人，用工需求基本得到满足。此外，入股合作后，农民都主动维护合作社产业，自觉关注作物生长情况，防止被盗受损，平时发现稻、龟生产问题都会及时报告技术员；每逢春夏汛期，村委会还积极组织入社农民定期巡逻，做好防汛减灾工作。

二　多元主体共商，优势互补共建

优化农业经营体系，推进农业供给侧结构性改革，促进不同主体之间的联合与合作是重中之重。培育新型农业经营主体，壮大农业产业化龙头企业，探索发展农业产业联合体，发挥其对相关产业的带动作用和辐射作用，离不开现代企业制度和科学民主决策的保驾护航。

为保障各方主体利益，实现合作社更好发展，盛老汉合作社在日常运营中，充分体现了民主协商原则，成立了社员代表大会、理事会与监事会，吸纳农场、村庄、农户三方股东代表共同协商参与合作社监督管理。一方面，合作社中每 10 名社员选举产生出一名社员代表，组成社员代表大会，社员代表任期三年，可连选连任，社员代表大会履行社员大会的全部职权，再由社员代表大会选举产生出理事会和监事会。另一方面，合作社定期召开"三会"或处理合作社事务时，充分实行民主协商，社员大会选举或者做出决议，须经本社成员表决权总数过半数通过，对修改本社章程等重大事项做出决议的，须经成员表决权总数 2/3 以上的票数通过。合作社的筹备组就股权设置、分红方案、组织机制等问题广泛入户听取股民的意见建议，并逐一反馈解决，最终入股协议签订率达 100%。

三　双重收益齐享，培育发展动能

增加农民收入是"三农"工作的中心任务。京山市探索农村土地所有权、承包权、经营权"三权分置"的创新性制度安排，使经营权能在更大范围内流转，提高了土地资源的利用效率，为实现土地规模化、集约化经营创造了条件，其根本目的就是使农户拥有的承包权最大限度地获得财产收益。

盛老汉合作社通过"保底分红+盈利分红"，让村民、村庄齐享双重收益，凝聚了发展共识，汇聚了发展动力；与此同时合作社也得以走农业产业化之路，"联"出了效益，"合"出了前景，朝着良性化、持续化的方向发展。一是集约生产效益增。借力土地流转，盛老汉合作社依靠外部智力支持，借助现代科技力量发展"稻龟共生"生态种养业，实现了土地单位效益的成倍提升。盛老汉的稻龟立体种养模式大获成功，保守计算亩均收入已达 2、3 万元。二是回馈村建上台阶。2016 年，荆条村村集体获得租金及分红 12.5 万元；与此同时盛老汉合作社每年直接捐赠资金支持荆条村基础设施建设，截至 2016 年底累计为该村投入美丽乡村建设资金 300 余万元。荆条村依靠捐赠资金的投入，道路硬化了、路灯安装了、村容变美了，一个宜居宜业的美丽乡村正在一步步呈现。三是农民鼓起钱袋子，通过盛老汉合作社的建立运营，农民增收新途径得以拓宽，增收新动能得以培育，增收新潜力得以挖掘。合作社按每年每亩 600 斤中稻谷折合当年市场价约 800 元左右作为农民的"保底分红"；年终赢利，股民进行按股分红。与此同时，流转土地的村民可以在盛老汉土地股份合作社打工，小工一天工资 90 元，工头 120 元。以 2016 年为例，入股村民每亩水田保底分红为 828 元，每股赢利分红为 138 元，合作社务工人员年收入平均为 3 万元，当地农民"财产性收入+股份性收入+劳动性收入"的收入体系新局面得以形成，农民的钱袋子真正鼓了起来。

第四章

以深入性社会治理变革实现
农村多元互动共治

现代农村产权制度与经营制度改革对乡村治理提出了新要求。作为国家治理的基石，乡村治理属于政府基层工作，也属于社会基础工作。党的十八届三中全会提出推进治理现代化，乡村治理现代化是国家治理现代化的重要组成部分，实现乡村有效治理就是要推进乡村治理体系与治理能力的现代化。尤其是，党的十九大报告提出实施"乡村振兴"战略。治理有效是乡村振兴的目标，也是乡村振兴的条件，即要通过有效治理来实现乡村治理。具体而言，就是要"加强农村基层基础工作，健全自治、法治、德治相结合的乡村治理体系。培养造就一支懂农业、爱农村、爱农民的'三农'工作队伍"。[①] 换句话说，推进乡村有效治理需要多元协作共治，注重将现代治理理念、手段和传统治理资源相结合，以自治消化矛盾，以法治定分止争，以德治春风化雨。同时，注重吸纳农村与城市的各类人才投身于乡村社会建设。

京山市深入贯彻全面深化改革的中央精神，通过推进农村产权制度与

---

① 引自 2017 年 10 月 18 日中共中央总书记习近平在中国共产党第十九次全国代表大会上所做的题为《决胜全面建成小康社会夺取新时代中国特色社会主义伟大胜利》的报告。

农业经营制度改革，盘活了农村资源要素与农业生产要素，生产关系的调整解放了生产力。与此相适应，也亟须探索乡村社会治理创新。京山市推动多元协作共治，发挥各方治理主体的治理优势，探索出"党治、自治、法治、德治"相融合的乡村有效治理新模式。一是通过加强党的建设，发挥党员先锋模范作用，引领乡村治理方向；二是通过找准自治单元，吸纳农民自觉有序参与，激活乡村治理力量；三是通过创新信访代理，疏通公众利益表达渠道，优化乡村治理体系；四是通过引入积分制度，建立乡村持续治理机制，提升乡村治理效能。京山市在乡村治理上的实践探索，为探索乡村有效治理与推进国家治理现代化，提供了很好的地方性经验。

第一节　加强党的建设，引领乡村治理方向

习近平指出："中国特色社会主义进入新时代，我们党一定要有新气象新作为。打铁必须自身硬。党要团结带领人民进行伟大斗争、推进伟大事业、实现伟大梦想，必须毫不动摇坚持和完善党的领导，毫不动摇把党建设得更加坚强有力。"[①] 中国共产党是实现中华民族伟大复兴的坚强领导核心。在创新乡村治理中，完善村党组织领导的村民自治有效实现形式，引领乡村治理方向，显得尤为必要。就乡村社会而言，加强党的建设主要体现为加强党的基层组织建设，以提高党的组织引领能力、服务引领能力和制度引领能力。

一　建好基层堡垒，强化组织引领

党的基层组织是党在社会基层组织中的战斗堡垒，它是党的全部工作和战斗力的基础。农村基层党组织处于农村基层社会的第一线，是党引领农村工作的重要基石。十九大报告也提出，要"推进党的基层组织设置和活动方式创新，加强基层党组织带头人队伍建设，扩大基层党组织覆盖面，着力解决一些基层党组织弱化、虚化、边缘化问题"。近年来，京山

---

① 引自 2017 年 10 月 18 日中共中央总书记习近平在中国共产党第十九次全国代表大会上所做的题为《决胜全面建成小康社会夺取新时代中国特色社会主义伟大胜利》的报告。

市通过吸引能人回村助力村党支部建设，在村民小组或自然湾设立党小组加强区域治理，以及发挥老党员的模范作用提升党员素质，有效提高了党的组织引领能力。

首先，选好村支书，加强带头人队伍建设。加强党的基层组织建设关键是要选好带头人。京山市以"城归工程"为引领，实行党支部"能人当家"，引回能人村支书386名，有效充实了村党支部的力量。受到"乡愁"力量的感染，他们回村后致力于村庄基础设施建设、项目资金回拢，完善农村公共服务，取得了很好的效果。例如，罗店镇马岭村的张立等9位能人回村，被当地人称为"九马回槽"。他们带回资金、项目和管理技术，在该村先后成立了京山马嘉岭农业科贸有限公司和京山嘉佳福土地股份合作社。张立回村后被村民选为马岭村党支部书记，通过加强村党支部组织建设引领村庄发展，把党的政治引领优势和自身先进的经营理念相结合，既为农民致富找到了新路径，又为扩大基层党组织的影响力找到了新动力。

其次，建好党小组，创新基层党组织设置。适宜的组织规模，对于提高党的组织治理能力至关重要。京山市积极探索基层组织设置创新，将村党支部向下延伸，在村民小组或自然湾建立了若干党小组，真正打通了党组织引领农村社会发展的"最后一公里"，有效提高了党的组织能力，充分激活了基层民主参与。目前，京山市以村民小组或自然湾落为依托，在全县（市）各行政村下面普遍建立起了党小组。党小组具有承上启下的独特组织优势，对上联结村党支部，对下联系党员和村民。同时，党小组具有适度的组织规模，能够很好地引领村民参与村庄活动。

最后，用好老党员，发挥党员先锋模范作用。党员是基层党组织延伸在乡村的神经触点，因此，提升党员素质，发挥好党员先锋作用是做好农村社会治理工作的有效方法。尤其是，当前农村中存在一批老党员，他们长期生活在农村，工作经验丰富，熟悉村情民意，与农民有着紧密的联系，且在群众心中有很高的威望。京山市依托这些乡村内生的力量，充分发挥老支书、老党员在调解矛盾纠纷、信访代理、组织文娱活动、培育文明新风等方面不可替代的作用，真正做实了党的基层建设，有效促进了村庄治理。

二 牢记宗旨意识，落实服务引领

要全面加强农村社会治理，基层党组织需要准确定位组织功能。2013年，习近平总书记在河北调研时曾强调："做好基层基础工作十分重要，只要每个基层党组织和每个共产党员都有强烈的宗旨意识和责任意识，……党的执政基础就会坚如磐石。"全心全意为人民服务是党的宗旨。因此，党员要牢记宗旨意识，发挥党员的服务引领功能。具体来说，就是要发挥党员在村庄经济发展、生态环境保护、乡风文明建设等方面的服务引领作用。

第一，引领村庄经济发展。落实党的服务引领作用，首要的是发挥党的发展引领功能。促进村民增收致富和村庄经济发展是其他工作的基础，通过发挥党引领村庄经济发展的作用，不仅可以解决存量问题，还能找到村庄发展的增量。如京山市新市镇城畈村村支书庹大明，主动申报农村集体资产股份权能改革试点，并成为全县（市）改革的样本。同时，在村党支部的引领下村庄成立了集体经济理财小组，调动了理事会成员的主动性，找到了本村经济新的增长点。目前，该村拥有制衣厂、纸箱厂等25家企业，商业门店89个，村庄年集体经济收入达到300多万元。这些也改变了农户务农或打工等单一收入模式，使他们实现了入股分红、土地租赁等多渠道增收，如2016年该村村民吴大瑞凭所持集体经济股份获得分红7400元。

第二，引领生态环境治理。"绿水青山就是金山银山。"生态治理是一项造福万代的持续性工作，但要处理好短期发展与永续发展之间的矛盾，则需要发挥党组织的服务引领功能。京山市在党组织的引领之下，生态环境治理取得了很好的效果。如为了实现"不烧一把火、不冒一处烟"的目标，京山市罗店镇明确各村支部书记为秸秆禁烧的第一责任人，各村党员牵头成立村秸秆禁烧巡查小组和应急分队，在秸秆禁烧的关键期做好生态环保工作。在解决村庄环保问题的同时，该地镇党委还想到了利用秸秆为村民致富的路子，将秸秆回收用于发展香菇养殖产业，减少了村庄生态环境的污染问题，也为农民致富增收提供了新的渠道。

第三，引领社会风尚建设。党的精神引领对于促进乡风文明建设具有重要作用。京山市在推进乡风文明建设过程中，通过党员引领成立

"红白理事会"，激活了群众的主体力量，培育了文明和谐的礼俗风尚。各村组建红白理事会均吸纳村里党员干部担任红白理事会成员，通过发挥老党员的社会威望，红白理事会也提供必要的支持，让移风易俗深入每一家农户，农村文明礼俗蔚然成风。同时，京山市积极创新党的思想宣传工作方法，如在农村党群活动中心文化墙上，绘制以传统美德故事为主要内容的宣传画；利用新媒体开展政策宣传和舆论引导，2017年组织新京山、京山生活、威联传媒等新媒体，开展"新媒体走进美丽乡村"活动，拍摄田园风光、摄制农家故事、宣传农村善事，赢得了网友们的广泛关注和点赞。

三　持续抓好党建，创新制度引领

只有好的制度设计才能确保党的引领作用持续发挥。京山市在探索基层党建工作的过程中，注重建立健全科学的绩效考评制度、严格的财务监督制度、规范的工作激励机制等，这成为党组织发挥引领作用的重要制度保障。

其一，创新绩效考评制度，规范村党支部运行。用科学标准和方法对党建工作进行考评，对于全面落实党建工作具有重要作用。通过增强考评制度的科学性与规范性，督促支部建设工作，有利于提高基层党建工作的质量。京山市不仅注重抓好对全县（市）村支书的教育培训工作，还将精准扶贫、美丽乡村建设等实际工作，巧妙融入基层党组织书记绩效考评体系，以督促基层党组织更好地履行职责。通过健全完善考评机制，京山市实现了党建对各项工作的引领作用。

其二，革新工作监督制度，严格财务资金使用。为了预防"村官巨腐"等问题，京山市严格工作监督制度，完善资金管理制度。例如，京山市将党员教育与推进股改工作相结合，激发党员模范带头、服务群众、助力治理的作用。同时，将农村"三资"管理、宅基地审批等村级事务权力纳入清单，划定18条任职底线，对扶贫资金的使用实行全方位、立体化的监管，严格落实股改中基层党组织资金的使用情况，将党建资金、经济收益、文化支出等都纳入"三资"管理平台，创新了财务监督制度，增强了基层财务管理制度的透明性。

其三，探索工作激励机制，助力党员发挥作用。有效的工作激励机制有利于调动党员的工作积极性，更是党员取得实质进步的"助推器"。适度的奖励有助于增强党员的荣誉感，激发党员主动服务群众的意识。为此，京山市将党内荣誉和个人绩效考核挂钩，将乡镇、村两级党组织书记的工作纳入县级千分量化考核系统，以日常会议、出勤率、工作完成情况、网络化工作等作为基准进行量化打分，将分数折合后适度给予奖励，达到了很好的工作激励效果。

第二节 做实湾落自治，激活乡村治理力量

基层群众自治制度是我国基本的政治制度之一，作为基层群众自治制度重要组成部分的村民自治制度，是群众性的自治制度，也是中国乡村治理的基本形式，在国家治理中发挥着基础性作用。村民自主参与治理是自治的应有内涵，如何激活乡村治理力量则成为一个社会命题。村民自治中的村民参与受到自治单元规模的影响，自治单元过大或过小都不能达到良好的参与效果。以往以行政村为单元的村民自治，由于地域规模过大，村干部难以联系村民，村民也难以有效参与村庄活动。因此，创新乡村治理与做实村民自治，除了原有行政村的层次，还需要构筑起多层次的合适规模的自治单元，以激活乡村治理力量。

长期以来，京山市因地处低山丘陵，受到村大、湾多、户散的限制，基层治理常常陷入"村事难管、湾事难理、邻事难调"的三难困境。为此，京山市政府积极探索创新乡村治理，凭借自然湾天然的治理禀赋，将自治重心下移到湾落单元，让村民自发选举产生湾长理事，通过湾长理事组织村民，促进了村民自主参与治理，有效落实了湾落自治。不过，湾落自治并不是撇开村委会搞"独立"，而是构建起行政村、自然湾和小家户三级自治单元，进而对村民自治进行补充和完善。以行政村为单元，统筹全村公共事务。以自然湾为单元，协商湾落自治事务。以小家户为单元，调解邻里私人事务。由此，三级治理力量被激活，形成了多主体互动参与的乡村治理格局。

一　做强行政村服务单元，统筹全村公共事务

传统的行政村单元由于承接的行政任务与公共服务太多，存在"行政化"倾向与自治"虚化"两个问题。京山市化短为长，注重发挥村委会便于整合上级与村内资源的优势，通过建立各类村级理事会，完善便民服务站，在行政村层面实现了全村公共服务事务的统筹处理。

首先，把握政策方向，整合多方资源。村两委是村庄发展的引领者，尤其是他们把握着政策方向，并具有整合村庄资源的优势，能够协调多元治理主体的行动。京山市充分发挥村两委的作用，规定各村定期组织党员、湾长和村民代表学习党的思想和最新政策，确保其能准确理解和把握最新政策。村委会也注重从实际出发，做好对本村发展的引导与统筹规划，选择一条科学的符合自身规律的发展道路。同时，在农村社会中，各方利益不同，村委会在协调各方利益、整合村庄资源上便显得尤为重要。如京山市在推行"四改五通"① 工作的过程中，通过村委会发动村民投工出力，取得了很好的效果。

其次，村级协商议事，吸纳多方意见。农村民主议事制度与村民自治相伴而生，是村民行使民主权利、维护自身利益的重要制度。通常情况下，村民议事的载体有两种，一是村民直接参与的村民大会，二是由村民代表参与的村民代表大会。近年来，京山市创新了村民议事机制，如每个月定期召开村务扩大会议，吸纳村干部、村民代表、老党员、老干部、村民等各方主体参加，通过稳定的村庄议事平台，充分听取民情民意，提高了村务决策的科学化水平。再如，京山市通过在各村设立专门的"村企理事会"，对接企业，推进了村庄的产业发展。

最后，改进便民服务，优化服务质量。村民自治的重要内涵之一就是服务群众。微小的服务便民工作不仅关系着村民的切身利益，还影响着村民对村干部的信任度，甚至影响村民参与村庄治理的积极性。京山市在各村设立村级"便民服务大厅"，提升村庄的公共服务能力。对于村民的医疗保险、社会保障等民生项目实行窗口化和网格化办理，对于一些村民不

---

① "四改"：改水、改厕、改圈、改厨；"五通"：通路、通电、通水、通信息、通沼气。

清楚的事务设立综合服务窗口，使其能在综合服务窗口得到一站式解决。这确保了每件事项都有专人负责办理，工作人员对村民所办理事务做到随时受理，归口办理，限时结办，及时反馈。村民在办事过程中，也可以对办理人员进行监督，这有力地提升了公共服务质量。同时，当地在便民服务中还注重引入现代信息技术，尽量让村民少跑路，使便民服务更加快速便捷。

二　做实自然湾议事单元，协商湾落自治事务

以往以行政村为村民自治单元的传统治理模式，因行政任务较重，在一定程度上限制了自治事务的开展，导致村民自治难以有效实现。2017 年中央一号文件提出，要"完善村党组织领导的村民自治有效实现形式，开展以村民小组、自然村为基本单元的村民自治试点工作"。京山市在农村综合改革中，将村民自治的单元聚焦于当地特有的自然湾落。自然湾因自然天成，地域规模较小，村民利益相关性高，便于对村民在一定范围内进行组织。由此，京山市将自治单元下移，探索出一条"湾落自治"的新路子，有效推动了村民自治的落实。

位于京山市高岭村的袁家湾是湾长理事的发源地。在 2006 年的时候，袁家湾为了解决出行困难问题，号召修建通湾公路，需要大家一起筹钱，但当时没有人出来牵头组织，导致修路工程无法进行。最后袁家湾村民就想出来一个办法，即一致决定推选群众威望高、人缘好的村民雷红平当选湾长。雷红平"上岗"之后就开始组织大家筹钱，进行一轮商讨之后，村民纷纷自发贡献力量参与到修路中来，经过大家努力，通湾公路修建成功，方便了村民的出行。高岭村的湾长理事制给全县（市）带来一个示范性的作用。基于此，京山市在全县（市）405 个行政村全部建立了湾长理事，总共有湾长 8106 名，在湾长的带动下湾落自治事务得到有效落实。

首先，设立湾落单元，选出湾长理事。村庄治理既需要找到合适的治理单元，也需要有一个好的带头人。京山市地处鄂中丘陵至江汉平原过渡带，拥有许多天然形成的自然湾落，具备地域相近、文化相连、利益相关、群众自愿的治理条件。其地理范围较小，村民居住相对集中，整个湾落以姓命名，长期演化形成了熟人社会，且同一湾落具有相似的公共利益

诉求，因而在利益上极具相关性。京山市凭借自然湾这一独特优势，在村委会的指导和监督之下，在自然湾以村民公推公选的方式产生湾长理事，选出来的湾长通常都是湾内威望高、品格好、能力强的乡贤能人。其任期与村委会干部相同，可以连选连任。湾长虽小却扮演着多重角色，他们既是村庄政策的传达员，也是湾落自治事务的组织人，还是矛盾纠纷的调解人。在农村治理体系中，湾落单元成为一个中间单元，向上沟通村委会，向下联结各家各户。有问题需要协商解决时，一般湾长理事先在各自然湾召开湾落会议，集中村民来进行商讨，在充分了解了村民的意愿之后，湾长再把村民的想法带到行政村，并在村民大会上进行讨论。在得到反馈后，湾长再在湾落中召开湾落会，将政策传达给村民。从而实现了村、湾、家三级单元和各级主体间的联动治理。

其次，搭建协商平台，组织自治事务。现代性社会个体性趋强，在涉及利益的事务上，一般个人都从有利于自己的角度出发进行博弈，这就难免出现利益难以调和的局面，导致公共事务难以得到齐心管理。因而需要建立协商的平台和机制，疏通村民的表达诉求，最大化地将意见进行统一。这种协商平台各地形式不一，京山市的湾落会便是其中一种。自然湾落一般有 10~30 家农户，彼此间利益相连、产业相关、地域相近，具备充分的议事条件与共同关切。京山市探索在全县（市）8106 个自然湾实施了"湾长理事制"，并由湾长理事牵头组织"湾落会"，湾内村民自愿参与讨论，主要处理湾落内部自治事务。湾内事务的发起、协商、筹资、监督都由村民决定，提升村民的自主意识，形成公共性治理模式。此外，京山市于每月 5 日，利用党员扩大会的契机，召开各湾落湾长的"碰头会"，湾长需要协助村干部将政策传达给村民，同时将收集到的湾情民意及时反馈给村两委，使民情民意能得到充分的表达。

最后，改善湾落服务，满足村民诉求。村民自治的实现，意味着公共服务能力的提升，公共服务的可感受性直接决定着村民的获得感和参与感，因而也决定着村民自治的实现程度。湾落事务的开展，湾落服务的提供和优化，无法由单个家庭来完成，需要靠相应的自治组织来实施。京山市通过推行湾长理事制度，由各湾湾长推动村民民主参与、民主决议、民主管理和民主监督，实现了村民自我服务。很多湾落通过湾长开展湾落事务联管、文明联创、服务联动、平安联建，改善了湾落的道路基础设施，建立了丰富村民生活的文化娱乐平台，建立了湾落立体治安防控体系，进一步美化了湾落环境，也推进了美丽乡村建设。

三　激活最末梢参与单元，处理家庭邻里事务

创新乡村治理需注重挖掘乡村社会传统的治理资源，让村民自主参与自治活动，发挥其在处理邻里纠纷、邻里互助等方面的作用。村民参与之所以必要，一是村民自治的有效实现需村民广泛参与。村民自治需以村民为本，满足村民需求，为村民提供高质量服务。因此，在拓展乡村服务、丰富乡村文化、美化乡村环境、加强乡村治安等方面，需要以村民的广泛参与为基础。二是村民参与是村民自治长效发展的内在动力。村民自治需要让村民能动起来，成为治理的主体，实现村民的自我参与、自我决策、自我管理、自我监督。若想使村民自治能在适合的土壤上扎根、开花、结果，关键就是要调动村民参与，以此为村民自治注入长效动力。

其一，组织邻户会议，吸纳村民参与。参与规模和参与距离是影响村民参与的两个重要变量，所以推动村民参与须具备相应条件。一般而言，居住相对越集中、人口规模越少、村民关系越密切，村民自治也就越有效。在乡村社会，邻里熟人具有互帮互助的传统习惯和现实需求。京山市充分发掘乡土熟人社会资源，通过组织邻户会，发动联户帮扶，激发了村民的参与热情，拓宽了村民的参与范围，使自治末梢得以深度延伸。邻户会由湾长牵头，不定期召开，因为事关切身利益，或是考虑到为人处事的面子，居住在一块的左邻右舍都会参加。通过该平台能很好地协调家庭内部、邻户之间的纠纷，及时解决邻里之间最急切的困难需求。

其二，创新调解方法，和谐邻里关系。当前，农村社会在发展过程中，社会基层矛盾呈现复杂化的趋势。不仅家庭内部有矛盾，邻户之间因农业生产、土地等也存在纠纷，此外，还存在村民与企业之间的矛盾等。建立良好的矛盾化解机制是维护农村和谐的保障。京山市注重发挥草根"和事佬"的作用。如2009年，高岭村五组雪花堰湾村民熊亨文，把九颗樟树苗栽到了邻居梁立太家前，为此两家发生纠纷。该湾湾长李明霞马上赶来说和，并组织湾内理事员张加明、刘仕国和小组信息员胡金斌等人来

调解，他们拿出两家的房屋土地使用证对照后，为两家划清了界限，并将相关法律讲给两家人听，最后熊亨文自愿将树苗移走，两家握手和好。这些乡村草根力量参与调解，及时排查邻里矛盾，将矛盾化解在源头，达到"小事不出湾，大事不出村"的效果，促进了乡村的和谐与文明。

其三，邻里互助服务，方便村民生活。做好农村服务是加强农村自治、服务村民、促进乡村和谐的有效途径。但不同的人群具有不同的服务需求，因此需要增强农村服务的针对性。京山市链接"五老"志愿者等主体，整合多样化资源，为不同的村民提供个性化的帮扶服务。如通过营造互帮互助的氛围，调动邻里之间互帮互助。同时，完善面向全体村民的便民服务，面向困难群体的救助服务，面向老年人、孤残儿童的福利性服务。目前，全县（市）已成立了邻里生产互助组 1566 个，开设便民店 1200 个，富裕户与贫困户结成帮扶对子 3633 个，成立了村湾托儿所 65 个。通过丰富邻里服务形式，让服务更加多样、精准，极大地方便了村民生活。

第三节　创新法治信访，优化乡村治理体系

社会有效治理需要完善的治理体系做保障。只有建立一个科学、灵活、高效的治理体系，才能有效提升现代治理水平。京山市以十八大以来习近平总书记系列重要讲话精神为指引，紧紧围绕市委、市政府"平安京山"和"法治京山"建设总要求，突出法治引领和问题导向，加强社会综合治理，全面推行信访代理。通过构筑全方位、多层次、立体化的信访代理体系，把信访调解工作队伍扩充到基层，把信访调解工作网络延伸到各领域，有效化解了矛盾纠纷，积极维护了群众合法权益，真正密切了干群关系，实现了基层社会的良性治理。

一　纵向层级代理，构筑治理梯度

京山市将自治单元下沉到自然湾一级以后，通过实行湾、村、镇、县层级信访代理模式，把 8106 名湾长选为信息代理员，并通过建立 386 个村级信访代理工作室，16 个镇级信访代理工作站，1 个县级群众信访代理工作中心（各级信访代理机构都达到"九有"标准，即有人员、有牌子、有

场所、有制度、有电脑等设备、有档案资料、有经费保障、有便民服务设施、有代理效果），形成了上下贯通、层级联动、梯度合理的信访代理工作网络（见图1）。由此疏通了群众信访之路，避免了干部与群众间的直接冲突，既降低了群众的信访成本，又减少了各级政府的工作成本，最终实现"小事不出湾、大事不出村、矛盾不上交"。

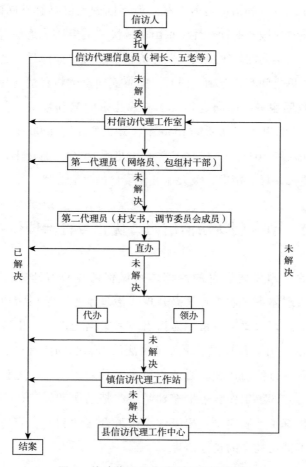

图1 信访代理逐级代理工作流程图

注："直办"指由第二代理员直接办理；"代办"指村支书代为办理；"领办"指村支书带领上访人找相关部门办理。

在最低一层，各湾落实行"湾长理事制"，湾长作为信访代理信息员与基层矛盾调解员，将湾内小纠纷及时化解在源头。人头熟、信息灵、情况清的湾长，在原则强、威望高、经验丰富的"五老"成员的协助下，与他们一同解决湾内事务，调处邻里纠纷。如作为林权改革试点的新市镇胜镜村，共涉及林地 26826 亩 54 湾 205 户。在试点改革中，部分湾民对政策不理解，再加上地块界限混乱等原因，造成湾民之间发生矛盾，准备集体上访。该村二组陡里畈湾长何恒方得知消息后，迅速组织老党员连夜挨家挨户上门做工作，耐心细致解答林改户的疑问，最后解开了湾民的思想疙瘩，使该组林改工作率先在全县（市）完成。湾长作为信访代理信息员，真正把信访接待窗口延伸到了群众家门口，筑牢了矛盾纠纷调处的第一道防线。

各村建立群众信访代理工作室，推举村党组织负责人兼任信访代理室主任，其他村干部兼任信访代理员，负责代理湾内处理未果的事件。通过实行信访代理制，"等群众上访"变为"替群众跑腿"，信访代理成为村干部义不容辞的责任。如新市镇高岭村三组村民李春华、邹文凤两家是邻居，因生活废水排放问题积怨很深。李、邹两家将问题反映到村里后，村支书王华斌、治保主任郑福华获悉后，免费为其请来京山市新市律师事务所的律师，到家里去为他们面对面调解。最后双方同意共建排水渠道，平摊建设费用，和平解决了矛盾。

各镇街设有信访代理工作站，站内设主任 1 名，由综治办主任兼任，5 名以上镇直相关部门领导和专兼职信访干部为代理员，主要处理村级解决未果的涉及政策、法律、诉讼等层面的疑难事项。镇级信访代理工作站引导群众按程序向有权处理的行政机关提出诉求，让群众"摸得着门""找得对人"，妥善解决了一些村级解决不了的难题。如曹武镇九里岗村儿童袁诗涵患白血病，医疗费高达 45 万元，求助无门，只得找到镇信访代理工作站。该镇党委副书记程维俊将情况向有关部门进行了反映，县（市）妇联联合县（市）慈善总会发起了募捐，京兰水泥集团等重点企业和义工联等社会组织纷纷捐助，筹集资金近 40 万元，挽救了孩子的生命。

京山市信访局设立群众信访代理工作中心，由信访局副局长负责。从全县（市）16 个信访量较大的部门抽调干部，负责全县（市）信访代理工作的协调调度，代理镇级无法处理需上级有关部门协调处理的有关事项。京山市自实行信访代理制以来，坚持落实信访责任，对一些久拖不决的疑难信访问题，由县（市）"四大家"领导亲自代理，县（市）群众信访代理工作中心受理的信访事项 30 日内没有办结的，由部门"一把手"亲自代理。如在 2015 年，该县丁某交通事故案件执行难问题，由于被执行人下落不明一度陷入僵局。时任京山县委书记周志红高度重视，要求各部门积极配合法院执行工作。县人民法院院长夏朝阳亲自代理此案，多次打电话反复劝导被执行人，并带领副院长、执行法官，与相关单位负责人分成两班连续工作，最终执行到位 20 万元，落实司法救助、民政救助 4 万元，使这起涉法涉诉信访案件得到圆满解决。

二　横向协作代理，提升治理速度

信访部门是党和政府联系群众的桥梁，沟通民情的窗口。因此，只有政府部门相互协作、通力配合才能发挥出其作为干群间"纽带"的作用，真正打开群众的"心结"。京山市通过实行县级联动化解机制，形成由主体责任单位牵头，与涉及的相关单位集中会商的代理形式，打通了部门间的"隔板"，为信访群众开辟了一条"绿色通道"，实现了"一站式接待、一条龙服务、一体化处理"。

一方面，明确部门职责，进行合理分工。近年来，随着改革的不断深入，社会利益主体越来越多元化，社会矛盾类型越来越多样化，导致信访矛盾呈现交织化和复杂化趋势，常常是有理的和无理的交织在一起，现实问题和历史问题纠缠在一起，信访事项往往具备种类交叉多、涉及范围广、牵扯部门多等特点。京山市最突出的信访问题主要有土地征用、房屋搬迁、邻里纠纷、股权改革、社会保障、三农问题、集体资产处置、环境污染、历史遗留问题和涉法涉诉事项等类型。针对不同信访事项，各分管部门划清主要责任，坚决分管到位。如新市镇高岭村二组有 59 户村民因为养猪污染了井水，吃水出现困难。镇政府接到农户要求解决吃水问题的代理诉求后，立刻与县（市）自来水公司这个分管单位沟通，很快为村民们接通了自来水。

另一方面，整合部门资源，实现协同办理。信访工作是一项复杂的系统工程，光靠信访部门一家是不行的。现实中，信访部门往往是"小马拉大车"，把群众信访问题都看成是信访部门的事。事实上大多数上访群众反映的是某几个部门、单位该解决而未解决的问题，这些问题最终还要靠这些部门和单位认真履行职责、相互协调来解决，主责部门只是起到综合协调和牵头带动的作用。只有各级各部门充分发挥调解作用，构建好"有权必有责、权责相一致"的责任体系，做到认识到位、责任到位、措施到位、配合到位，"失责必问、问责必严"的制度才能落到实处，从而形成基层属地抓、责任单位办、信访部门督的工作合力，最终让群众关心的信访问题及时得到解决。如东关社区有两户人家因宅基地问题发生纠纷，多年来一直未得到解决。信访代理员吴文俊上报了此事之后，土管局、信访局和司法局等部门共同努力，在短时间内就平息了多年未了的纠纷。

此外，如何高效地解决信访难题，替群众解忧？如何及时地反馈信访消息，替群众解惑？还需要发挥代理方式的协同作用。京山市通过直办、代办、领办等方式实现全程代理，坚持做到全天受理不断人、全程办理不断档、全面代理不断层，让群众更加省心、放心和舒心。

全程直办，就是指信访事项由信访代理员全权受理、直接办理、当面解决。如高岭村三组芦子洼冲沟渠密布，农户们经常因为放水先后顺序问题扯皮。三组代理员李春兵接到代理诉求后，直接召开湾里户主会进行调处，提出了整合沟渠，统一改堰，按亩出资，平时养殖，急时放水，风险共担，利益共享的解决办法，得到了大家一致同意，并顺利付诸实施，解决了这项多年未解决的老问题。全程代办，就是指不能当面解决的信访事项，由信访代理员主动替群众"跑腿"，逐级汇报，代为办理。如2014年凌云彩印厂征地，被征地农户要求解决生活出路问题。村信访代理员及时向镇领导反映，在镇政府协助下，安排失地农民到企业就业，并增加了补助费用，农民放心地交出了土地，企业的建设得以顺利开工。还有村里的医保、社保、农田灌溉等事情，都由组长、网格员收集信息，村级信访代理员代办。所谓全程领办，就是指由代理员带领大家解决纠纷。如四川、重庆等地百余位农民工因某建筑工地拖欠工资，没钱回家过年集体来县上访。县信访代理工作中心值班领导得知情况后，主动带领农民工代表到县住建局、县司法局等单位讨要薪水，经多方配合、现场办公，讨薪事件在3天内迅速得到解决。

三 交互综合代理，拓宽治理维度

只有拓展治理思路，创新治理方法，才能实现有效治理。京山市将创新信访代理工作方式作为推进现代化治理创新的切入口，通过革新代理技术、改进代理方式、更新信访流程等手段，筑牢基层矛盾的"防护网"，系牢群众利益的"安全绳"，拴牢信访部门的"责任链"。

第一，技术革新凸显法治理念。京山市依托现代化网络治理技术进行网络代理，下连县级网格化管理平台，上接省级阳光信访工作平台。创新了信访事项受理、交办、办结和反馈四个应用子系统。健全了网上信访代理评价机制、考核机制、激励机制。把网络系统看成信访工作的新平台，将"面对面"交流与"键对键"沟通有机结合，实时监督信访流程，及时回应访民诉求，让数据多跑路，让群众少跑腿，逐步把网上信访平台打造成信访代理的主渠道。通过技能培训，提升代理人员的政策水平、法律素养和业务能力等综合素质，提高登记录入率、及时受理率、按期办结率、群众满意率等工作效率。建立了高效、畅通、有序的信访新秩序，凸显了透明、规范、合理的法治新理念。

第二，方式改进体现法治思维。信访代理工作方式的改进是一个循序渐进、开拓创新的过程。2014 年，京山市在总结推广新市镇高岭村"全面代理、全员代理、全程代理"成功经验的基础上，进一步探索人大代表和司法律师参与信访代理工作，创造了"3+2"信访代理模式。在推广完善过程中，注重与创建基层服务型党组织相结合；与搭建便民、利民服务平台相结合；与平安村、和谐社区、文明单位创建工作相结合，形成社会治理的整体合力。还注重转变政府部门工作态度，变"被动接访"为"主动代理"；转变信访代理工作思路，变"事后维稳"为"源头化解"，将信访代理工作打造成提升社会法治水平的特色平台。这体现了崇尚法治、尊重法律，善于运用法律手段解决问题和推进工作的法治思维。

第三，流程更新彰显法治精神。一般情况下，信访代理员要严格按照"登记受理、调查处理、办理答复、上网归档"四项程序办理需向县（市）、镇反映的信访事项，做到"访无大小都有人代，事无巨细都有人理"。除此之外，京山市还开创性地建立了信访代理的"五步流程"。即

"进一个门"：引导信访人到信访代理工作中心（站、室）反映问题；"找一个人"：由信访人提出代理代办申请，提供有关材料给信访代理员；"签一个字"：信访人填写《信访代理委托申请表》，并承诺代理期间不自行信访、越级上访；"办一件事"：有权处理机关在受理之日起 30 日内办结，特殊情况顺延；"结一件案"：代理员填写《信访代理事项办结告知单》送达信访人，若信访人对处理意见不满意，代理员则引导其按照规定程序申请复查或复核。信访流程的简明化、动态化、规范化促进了信访代理工作的高效化、人性化、便捷化，让信访群众"进得了门、找得到人、办得了事"，不再让其吃"闭门羹"，遭遇"踢皮球"，彰显了依法治国、执法为民、公平正义、服务大局的社会主义民主法治精神。

四　法治信访代理，延伸治理深度

习近平指出："依法治国是党领导人民治理国家的基本方略，法治是治国理政的基本方式，要更加注重发挥法治在国家治理和社会管理中的重要作用。"京山市为了确保法治能在社会治理上发挥重要作用，以信访代理制为突破口，高度重视和充分运用法治思维和法治方式来处理信访问题，确保了京山市的法治发展始终在法治的轨道上有序进行。

首先，坚持信访为民。信访代理制度要求政府部门摒弃传统的角色定位，在关口前移、超前防范、标本兼治上下功夫，变"坐等上门"为"主动下访"，变"以我为主"为"以民为本"。要避免说得多、做得少，措施多、成效少，还要克服有心无力的疲软倾向。只有认真对待群众诉求，实现事事有回应、件件有着落，在回应百姓期待中多刷"存在感"，才能取信于民，解决好人民最关心最直接最现实的利益问题。京山市始终秉持信访为民的服务理念，把群众的表情和感受当作信访工作的"晴雨表"，切实做到民有所求、我有所应，民有所问、我有所答，民有所需、我有所为，用真诚架起干群之间的连心桥。通过完善利民机制、健全信访制度、落实代理职责实现了源头治理、综合治理和高效治理，形成了心由代理操、话由代理说、腿由代理跑、事由代理办的服务模式，以创新信访代理工作方式助力服务型政府建设，打造服务型政府形象。

其次，确保程序合法。京山市通过规范信访代理流程、明确部门职责、规定办案节点等方式不断完善信访代理制度，使之更符合法治化建设。具体表现为：健全首访责任制，督促各级部门真正把责任放在心上、扛在肩上、抓在手上，种好"责任田"；实施定期反馈制，促使信访群众充分了解案件处理过程，给群众吃"定心丸"；推行限时结案制，给受访部门施加压力，为提高办案速度设置"计时器"；落实跟踪回访制，将信访全流程置于群众的监督之下，增加信访"透明度"；创立村长坐班制，将矛盾及时化解在基层，把好治理"第一关"；实行考核奖惩制，对不能胜任代理工作、考评绩效差的代理员予以辞退，对工作表现突出、成效显著的信访代理员给予年终奖励，为他们开出"成绩单"；建立镇领导值班制，由镇领导出面处理信访案件，成为信访群众的"保护伞"。

近年来，京山市把信访工作同建设服务型党组织、推进便民服务相结合，不断完善利益表达机制、心理疏导机制、矛盾化解机制、诉求回应机制，把群众诉求听明白，把上访缘由问清楚，把政策法规讲透彻，把受理案件办到位，对群众深恶痛绝的事"零容忍"，对群众关切关注的事"零懈怠"，对群众急需办理的事"零拖延"，真正做到让人民群众满意，不断提升社会治理水平。

最后，政府带头守法。信访代理制作为京山市政府进行社会治理的重要"抓手"，它的充分落实一方面可以保障群众的合法权益，另一方面也可以规范政府行政。京山市通过构筑立体化信访代理工作体系，创新信访代理工作方式，明确信访部门职责分工，建立健全信访代理制度，形成了基层属地抓、责任单位办、信访部门督的工作合力，帮助政府部门打好了源头治理、统筹治理、分类治理这套"组合拳"，让政府替群众解好了无序上访、盲目上访、越级上访这套信访"综合题"，也倒逼政府秉公执法、带头守法、坚定护法，实现依法治理。

第四节　引入德治积分，提升乡村治理效能

创新社会治理需要引进新的治理技术与机制，并将其纳入制度化体系，为治理的长久性提供保障。积分制管理制度最初出现在企业，近年来，京山市创新性地将其引入社会治理，积极探索基层社会治理积分制管

理的有效路径与方法，对全县（市）积分制进行精细化设置。通过灵活积分设置，高效积分管理，多样积分兑换，京山市以积分带动了居民的参与，实现了社会治理的长效化。这种现代数据治理方式，将传统德治进行了量化，让群众行为具有导向性，依靠积分奖惩机制，规范群众行为，鼓励群众参与治理，激发了乡村治理活力，提升了乡村治理效能。

一　灵活积分设置，实行自主化治理

自主化治理，核心在于多元群体的参与，而满足不同群体的诉求，调动群众的参与热情，需要在治理技术上做到精细化和灵活化。积分制是一整套连贯、系统的制度化机制，涵盖积分制管理的各个过程，从积分对象到积分内容再到申报途径具有"固中有活"的特点。首先，积分对象具有多元性，不仅包括人，还包括家庭、单位和企业，依据不同主体需要灵活设置积分；其次，积分设置项目广泛，涵盖社会生活各个方面；最后，申报渠道采取传统跟现代相结合的方式，更符合年轻一代的个性。积分设置的差异性、精细化，将多元群体纳入考虑范围，在治理参与上增加了群众力量，推进了治理自主化的发展。

其一，积分对象多元化。针对农村和城市社区的不同情况，京山因地制宜设置积分对象。城市社区积分对象包括固定类和开放类两种。固定类是长期居住在社区或者为社区居民提供服务的主体，包括社区居民、家庭、单位、企业等。开放类积分对象包含两类人，一是在社区租住的流动人口，二是在外地居住的本社区居民。这两类人只要是做了好事，都可以参与本社区的积分。就农村地区而言，参与村庄社会治理的主体主要是村民、家庭和村干部。根据不同的参与方式设置相应的积分标准，积分内容及计分标准都参照县（市）里制定的标准，结合本村实际组织实施。差异化的积分标准考虑了不同主体的需求，有效扩大了积分覆盖面，使积分对象更加多元化。

其二，积分内容广泛化。积分设置要想有很强的操作性，就需要在内容设计上涵盖社会管理的各个领域。京山市结合当地实际，将积分内容分为四大类，涵盖社会治安、公益美德、村庄建设和奖励惩罚各个方面。社会治安类主要是对在维护他人合法权益、集体合法利益、社会秩序等方面有贡献的居民进行积分，以奖励其做出的贡献；设置公益美德类积分项目，主要是为了促进群众发扬传统美德，从而对自愿从事公益活动的居民进行鼓励；村庄建设类积分项目的设置主要是为了提高居民参与村庄集体事业建设的积极性；奖励惩罚是对奖分项和扣分项做出的细则规定，以增强积分管理的可操作性。通过扩大积分内容，确保积分"无死角"，人们的每一个良举都能够得到鼓励，每一个恶习都能够受到监督，人们的日常行为习惯得到了有效规约。

其三，积分申报便捷化。京山市依据城市社区和农村的不同特点，设立了多种积分申报渠道。从大的方面可分为两种，一是自行申报，二是代为申报。京山市依托网格化管理系统，在全县（市）各地设立了网格员，网格员负责积分的申报和登记。居民既可以直接找到网格员申报，也可以经其他人口头传达代为申报。由于部分村庄规模过大，村民可以通过网格员、湾长、老党员和老干部等多方主体进行申报。依据积分申报的载体，可以分为线上申报和线下申报。青年人群可以通过线上线下两条渠道进行申报，线上设立有 QQ、微信等多种方式；老年人就主要采取线下方式，也可以通过口头、电话、短信等方式进行申报。

二 高效积分管理，实行科学化治理

积分制管理以客观量化的标准对个体行为进行规范，这既是基层社会治理的机制性创新（从操作层面来说，它引进了现代数据管理技术），也是对治理技术的更新。积分数据治理具有规范性、动态性、科学性。规范性管理要求积分制的建立及申报流程有详细的规范，动态化管理要求积分数据能进行实时更新，科学性要求提高积分管理人员的专业化水平。

其一，搭建数据平台。积分管理是以数据的形式对人们的日常行为进行综合量化考核，这就需要搭建数据平台进行统计分析。京山市建立了积分制管理信息平台，在县（市）内设立综合信息系统，各城市社区和农村地区也建立有相应的子系统，使各地积分数据都能自动联通到镇、县（市）的积分管理系统，实现了积分管理的智能化。利用信息化系统便捷、直观的特点，便于对数据进行查询、核对、更新和统计，并最终将人们的积分分值进行量化与公示。

其二，制定积分细则。积分细则让积分管理更加规范。细则对每类积分内容进行了规定，在体现了规范性的同时，又可对重点事项设计多个分数，从而对个体行为进行有效引导。京山在制定积分细则时，先是政府下发了积分制管理实施意见。再在镇一级成立工作领导小组，并明确了各乡镇一级的积分分值标准，同时对社区和村一级进行指导。最后，各社区和行政村根据自己的情况，再细化和补充具体积分细则。三级逐层细化确保了积分细则的科学性。从细则内容来看，以个人为主体的积分量化分四大类，每一类别下面又分若干具体条目，每一条目分别设定有具体的分值，这些条目分值便是积分申报时的计分依据。

其三，严控积分流程。积分管理流程是积分制管理有效运行的关键。京山市通过严控积分流程，让积分制运行更加有效。京山市积分申报主要有两种方式，先由积分对象向网格员、老党员、居民组长、志愿者或居委会工作人员申报，经网格员采集、初审后，再在积分公示栏公示，接着由社区干部复审。复审通过后，由网格员录入积分管理系统。最后由专人填写奖分通知单或通过"行为银行存折"向居民展示（见图2）。

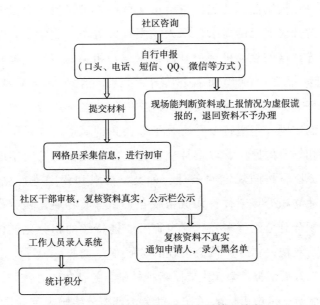

图2 新市镇东关社区积分制管理流程

在整个积分管理流程中，在积分登记环节容易出现居民谎报、网格员存私心等问题。在审核环节也容易出现网格员等初审主体不进行实地查看等问题，因而网格员以及各主体需要严格把好关。从网格员自身来说，首先，采集初审积分行为时，网格员要摸清行为发生时间、地点、事由，并收集相关证据，以确保积分真实性。其次，要通过定期培训，提升网格员素质，使其在工作中更加负责、客观。最后，要通过建立监督奖惩机制，对网格员进行有效约束。如此，便能提高群众对积分管理的信任度，吸纳更多群众参与进来。

三　多样积分兑换，实现协同化治理

党的十九大报告提出，要打造共建共治共享的社会治理格局。"加强社会治理制度建设，完善党委领导、政府负责、社会协同、公众参与、法治保障的社会治理体制，提高社会治理社会化、法治化、智能化、专业化水平。"京山市以积分治理为手段，利用其双向性、互动性、多元化的特点，通过积分兑换带动了政府、市场、社会和个体等参与主体的协同共治。

积分制得以持续的关键是积分能够有效兑换。为此，京山市建立了一套有效的积分兑换制度。首先，京山市从居民需求出发，大量开展居民需求调查，了解社区居民的需求，深入挖掘社区资源，制定了科学完整、内容丰富、多样链接的兑换机制；其次，制定好相关的积分兑换规则，保障其顺利运行。根据《京山市社区（村）社会治理积分奖励规定（试行）》：凡积极参与社会治理工作，所获积分排名靠前者，均有资格获得奖励。积分制奖励一是坚持公开、公平和公正的原则，二是坚持精神奖励与物质奖励相结合的原则，以精神奖励为主。三是坚持及时奖励与定期奖励相结合的原则，按照规定的条件、种类、权限和程序进行兑换。最后，京山市通过建立积分赢荣誉、积分得权益、积分奖物质、积分享折扣、积分换征信、积分兑分红等多元化、可循环、能持续的积分兑换体系，调动了人们的参与热情，增强了社会治理的协同性。

其一，积分赢荣誉。荣誉主要是精神鼓励，包括各级各类评星、评先表彰等活动，根据《京山市社区（村）社会治理积分奖励规定（试行）》：各地各部门在评星、评先表彰活动中，要尽量将指标向个人倾斜。县（市）一级评星、评先表彰，参与积分居民所占名额的比例应在20%以上；各镇（区）评星、评先表彰，参与积分居民所占名额的比例应在30%以上；社区

（村）评星、评先表彰，参与积分居民所占名额的比例应在 60% 以上。

其二，积分得权益。积分可以用来兑换政策性权益，如代养人员可优先入住养老院，其他人则可享受免费体检，优先选择实物配租公租房，优先被推荐就业或者担任社团负责人，优先使用社区活动场地或者设备等，积分也可作为各类先进单位（个人）考核评比依据。

其三，积分奖物质。物质奖励以居民日常生活用品为主，通常每人每次不超过 100 元。政府统一实施兑换服务，如以积分兑换特惠公交 IC 卡、电话充值卡、绿色通道就医卡等。另外，各地还由社区统筹实施兑换，其年费用控制在人均 1.5 元的标准以内。新市镇四岭村自开展积分制以来，向 200 户兑现 100 个积分，奖励物资合计 20000 余元。

其四，积分享折扣。京山市还鼓励各社区（村）利用资源优势，创新兑换模式，按有效可行原则制定兑换目录。如新市镇钟鼓楼社区，充分利用其商家多的优势，规定居民可以用积分兑换商家购物折扣。该社区借鉴微信营销的思路，建立了"鼓楼之家"微信公众号，目前其订阅用户已超过 200 人。居委会与社区内的商户达成协议，社区通过微信号为商家宣传，商家则实时推出积分换折扣的促销活动。由此，形成了"以社区为主导、群众为主体、商家为补充，用户积分、商家买单、社区受益的自循环"积分制管理运行模式。

其五，积分换征信。新市镇四岭村建立了信用征信体系，对积分高的家庭和个人，在贷款、就业、参军、就业等方面给予支持，为相关部门提供《村民信用评定等级报告》。目前，该村村委会已经帮助 5 名积分高的村民向银行申请了 20 余万元的创业贷款，并使他们在贷款利率、服务等方面享受了优惠政策。通过善行信用兑换，村民都越来越珍视自己的积分信用等级。

其六，积分兑分红。在京山市推进股份权能改革工作的过程中，新市镇东关社区则探索了用积分兑分红的方式，为积分靠前的居民兑换集体股红利，调动了村民参与社区治理的积极性。该社区结合当地实际，在村集体经济组织运行细则中做了如下规定。

1. 取村集体股份收益的 5‰ 作为积分制管理奖励分红，对村民积分前三名按 50%、30%、20% 进行奖励分配。

2. 对存在违法乱纪、不孝敬父母、不团结邻里等行为且积分靠后的村民，在股份制配给分红中，按村民个人所得分红的 3% 进行扣除，扣除部分纳入村集体经济。

3. 村民的积分由村权能改革领导小组进行审核，村民积分报备登记可由村民自我申报、居民小组长申报、村民代表申报、网格员代申报，每季度张榜公示。

通过以上各种积分兑现方法，京山市将积分治理与个人发展、社区治理和集体经济发展，以及政府工作相结合，有效整合了集体资源、市场资源及政策资源，实现了个人与社区、社会及政府等多方治理主体的协同治理。

四　设立积分制度，实现长效化治理

京山市将积分制管理引入社会治理，通过灵活积分设置、高效积分管理和多样积分兑换，增强了基层社会治理的自主性、科学性和协同性。积分制管理达到了多重效果，实现了善行变积分，积分变文明，让个人行为有"标尺"可量，也让集体精神有"纽带"可连，更让社会治理有"习惯"可延。积分治理作为一种长效机制，有效创新了社会基层治理。

首先，积分治理规范了个人言行。一是正面激励。京山市坚持"以奖励为主"的原则，积极引导居民的个人行为，为主动参与公共事务、维护治安等善举加分。二是反向约束。同时，京山市兼顾"以惩罚为辅"的原则，反向约束了公民的行为。积分制推行以来，基层群众对其认可度、参与度逐渐提升，居民主动参与化解矛盾纠纷、义务治安巡逻、平安宣传、社区（村庄）建设、村庄公共卫生维护、村庄环境美化等活动，积极正向的行为随处可见，积德行善的现象蔚然成风，达到了"以善行兑积分，以积分促美德"的效果。

其次，积分治理增强了集体意识。一是参与主体更丰富。积分制管理为居民提供了参与社区治理的载体，将个人、家庭、商户、企业、单位等联结起来，达到了"人人能参与"的效果。二是参与态度更积极。随着积分制的推广，居民对社区事务的参与态度更加主动，改变了以往人们对集体事务不关心、不热心的情况，实现了由被动参与变为主动参与，达到了"人人想参与"的效果。三是参与程度更深入。京山市通过推行积分制管理，提高了社区群众的参与能力。居民由以往参与捡垃圾、种花草等小事，深入到参与村庄公益、社区建设等大事，真正达到了"人人会参与"的效果。

最后，积分治理创新了社会治理。京山市通过引入积分制这一有效的治理技术，创新了制度设计，形成了长效性的治理机制。一是引入数据治理。积分管理转变了传统的考核与奖励方式，通过对"数据化"指标的运用，实现了对善行积分的采集、量化与评比。二是人性化治理。京山市的积分制度以"人性化"原则，充分考虑到群众实际需求，创新出多种积分兑换形式，实现了多方共赢。三是常态化治理。积分管理制度的深入推广，有效培养了群众的程序意识、契约意识和规则意识，提高了个人的社会价值判断能力，营造了良好的治理环境，形成了良性循环的治理效果。

第五章

以全域性农村生态治理营造
宜居文明乡村风貌

党的十九大报告提出实施"乡村振兴"战略，建设宜居乡村，弘扬文明乡风是其重要内涵之一。所谓生态宜居，核心是绿色发展，也就是要恢复和提升农村生态，让农村的生态优势变成农村发展的宝贵资本。所谓乡风文明，也就是要传承、保护、发展乡村优秀的农耕文明，同时培育、引导农民树立现代价值观和法治意识，提升农民精神风貌，提高乡村社会文明程度。

改革开放以来，国家通过几轮扶贫开发和社会主义新农村建设，"三农"工作取得了显著成就，农业生产得到很大发展，农村面貌得到很大改善，农民群众得到很大实惠。但是，从一定程度上来说，受区位条件限制，乡村振兴仍然面临诸多困境。以往的发展存在不均衡开发、对资源超强利用和要素投入过度消耗等弊端，乡村社会仍面临着农村贫困人口偏多、公共服务难落地和资源环境压力大等难题。地处鄂中的京山市既是革命老区，也属于插花贫困地区，农村发展同样面临着增收难题、服务难题和发展难题。近年来，京山市围绕"农民增收、农业增效、农村增绿"的发展目标，全力推进贫困治理，探索出了政策资金股权化、绿色产业扶贫、金融扶贫等经验，在"美丽乡村"建设中，走出了一条打造"田园综合体"的新路子，有效实现了乡村宜居，促进了乡风文明，乡村建设成效显著。

第一节　区位条件限制，乡村振兴受困

京山市地处鄂中丘陵至江汉平原的过渡地带，以低山、丘陵地形为主，且多为森林覆盖，境内水库众多、堰塘密布，兼具山区、林区、湖区的地理特征。该地的区位条件相对封闭，历史上发生过绿林起义，也是近代新四军鄂豫挺进纵队司令部和中共鄂豫边区委员会所在地，既属于革命老区，也属于插花贫困地区。囿于历史、自然、交通、经济等因素的限制，该地农村发展仍然相对滞后，面临着农民持续增收乏力、基础设施建设薄弱、资源环境压力趋紧等难题，亟须通过开展精准扶贫和"美丽乡村"建设，为农村发展注入新的动能。

一　增收难题：脱贫致富任务紧迫

农民收入是农民经济利益的集中体现，增加农民收入是我国"三农"工作的重要内容。在农民工就业趋紧、农产品价格低迷的宏观形势下，如何让农村贫困人口摆脱贫困，如何为农民持续增收找到新动力？这成为一个新的政策着力点。尤其是，在革命老区、民族地区、边疆地区等偏远区域，基础设施和社会事业发展滞后，生态环境脆弱，自然灾害频发，贫困人口占比和贫困发生率高，人均可支配收入低，集体经济薄弱，脱贫任务更重。荆门市京山市从区位上属于插花贫困地区，受小农经济条件局限、农村市场不够发达，以及农民自身经营能力差等因素的限制，农民面临增收的难题，仍然有一部分人未能脱贫。

（一）插花贫困的区位限制

近年来，荆门市农业农村经济加快发展，农民收入水平始终位居全省前列，整体上已经摆脱了贫困。但是，抛开总体概念，具体对不同地区和不同人口进行考察和分析可发现，总体高水平发展与部分地区、部分人群相对落后和贫困的矛盾仍然突出存在。从2009年建档立卡的贫困人口看，贫困人口占村人口30%的村有167个，占村人口50%的村有24个。在两类村庄中，年收入为1196元以下的贫困人口有21.3万人，1197~1500元的人口有11万人。2012年，湖北省政府确定荆门市贫困乡镇和重点老区乡镇20个，占全市乡镇总数的 30%。贫困村（"十二五"期间）100 个，占总村数的 7.2%，建档立卡的贫困人口 313899 人，贫困发生率为 15.92%。可以看出，荆门既是农村经济发达地区，同时也是全省较大的插花贫困地区。

如表 1 所示，2017 年京山市计划出列贫困村 16 个，脱贫人口 9028 人，为荆门市脱贫任务最重的县（市）。同时，京山市作为荆门市存量脱贫任务较大的三个县（市）之一，其贫困人口多分散于山区、库区、老区和低湖地区，呈现出插花贫困面大、线多、点分散的特点。2014 年，全县共有 5 个重点村被纳入省级整村推进扶持计划，分别是新市镇八字门村、罗店镇马店村、永隆镇刘家榨村、绿林镇吴集村和坪坝镇程畈村。据统计显示，京山市有 405 个村，农户 11.6 万户，农业人口 44.5 万人。此次建档立卡，识别贫困村 61 个，贫困户 16179 户，贫困人口 41655 人，分别占全县总村数的 15%，总农户数的 15.4%，农业人口数的 9.4%；在识别的贫困户中，低保户有 10696 户，五保户有 1042 户；在识别的贫困人口人中，低保人口有 16781 人，五保人口有 1184 人。

表 1　湖北省 2017 年脱贫计划

单位：个，人

市（州）、县（市、区）	存量脱贫攻坚任务		2017 年脱贫计划	
	贫困村	贫困人口数	贫困村出列数	脱贫人口数
全省合计	2776	2874527	1013	891667
荆门市	131	90658	46	29975
漳河新区	3	961	1	435
东宝区	12	9505	6	4304
屈家岭管理区		1691		766
掇刀区	5	2104	3	952
京山市	40	19939	16	9028
沙洋县	25	29674	8	7614
钟祥市	46	26784	12	6876

数据来源：湖北省扶贫办官网，发布时间 2017 年 5 月 31 日。

总体来看，荆门市农村贫困问题呈现出几个方面的特征：一是贫困人口数量较大。按国家新的贫困标准（1196 元/年），该市 2009 年建档立卡的贫困人口有 21.3 万人，其中有能力脱贫的贫困人口 15.9 万人，无能力脱贫已实施五保和低保的贫困人口 5.4 万人。同时，临近贫困线人均收入在 1500 元以下极易返贫的低收入人口还有 11.6 万人，扶贫开发工作的对象更广，任务更加艰巨。二是贫富收入差距继续拉大。据统计，2010 年底，该市重点贫困地区农民人均收入与全市农民收入水平相比，收入差距由 2005 年的 1500 元扩大到 2600 元，贫困人口的收入与当地镇、村人均收入差距扩大更为明显，一般为 1~2 倍。扶贫开发也从过去的制定减贫战略转为设定除贫目标，从解决温饱转为缩小差距，扶贫开发工作面临新的挑战。三是新的贫困现象不断涌现。在插花贫困地区的扶贫工作取得明显成效的同时，新的贫困现象也在显现。如有的贫困村由于受到指标或其他人为因素的限制，没有被纳入扶持范围，自然得不到政策扶持，时间久了与周边村差距拉大，边缘化现象已经显现。

（二）农民收入增速下滑

现在我国农民收入主要来自四个方面：一是家庭经营性务农收入；二是外出工资性收入；三是包括农业补贴、农村社保在内的转移性收入；四是财产性收入。随着经济发展和社会环境的变化，在经济下行压力加大、产业结构调整加快、农产品价格低迷的大背景下，农民增收越发艰难。根据 2016 年公布的数据，农民人均可支配收入实际增长 6.7%，但增幅比上年同期下降 1.6 个百分点。这表明，农民收入绝对量在不断增长，但是增长幅度不断下滑。究其缘由，主要表现在家庭和外部条件两个方面。

从家庭内部来看，影响农民增收的因素主要有：第一，土地束缚了农民。土地是农民的最大财富，而传统的种地方式很难致富，很多农民甚至"守地而贫"。该富未富的症结不在土地，而是没把土地和市场进行有效结合，农民未能充分参与和分享市场发展带来的增值收益。同时，耕地面积的多少也直接影响农户的收入。统计数据显示，京山市确权到户的耕地面积有 81.82 万亩，农业总人口为 43.8 万人，人均占有耕地面积 1.87 亩，小块零碎的土地难以形成规模效应。第二，农民市场观念淡薄。传统一家一户的小农生产模式，基本只能自给自足，农业种植和养殖没有形成规模，农产品的经济价值不高。加之缺乏现代开放意识、商品意识和竞争意识，导致这些地区市场不够发达，农民参与市场竞争的能力弱，小农观念阻碍着农村经济的发展。另外，传统农民基本以农业种植为主，生产内容较为单一，生产成本高、效益低，农业科技的应用和推广能力较为低下，导致他们难以脱贫致富，收入增长缓慢。第三，个体家庭功能有限，难以抵御内外部风险。一方面，年老、疾病、残疾等因素是造成农民持续贫困的重要原因。如果家庭长年有重病患者，则一人得病，全家受拖累。尽管国家实施了农村大病医疗保险等社会保障制度，但那些真正贫困的家庭，仍然是小病拖，大病扛。另一方面，有的家庭是因教致贫，部分贫困户子女处于教育阶段，教育开支大，造成了阶段性的家庭贫困。京山市坪坝镇和平村村支书晏权炎说道："村里的贫困户大多数是因病、因残等原因致贫，往往一个劳力（要）养活一家人。（而农民往往）普遍年龄大、学历低、无资金、无技术，想要摘掉贫困帽子很难。"

从外部形势来看，农民增收面临下列压力：其一，农民工就业形势趋紧。农村人力资本供给发生深刻变化，农民工就业不稳定因素增加，近年来外出农民工数量增长率下降，导致农民工资性收入增幅预期下降，农民收入增速已呈现放缓趋势。而贫困户中多老、弱、病、残等弱势人员，他们外出务工更缺乏竞争优势，务工很难成为他们摆脱贫困的门路。其二，农产品价格低迷。近年来，粮食和肉类等主要农产品供给价格处于下行状态，价格走弱对农民收入的影响会逐步显现。其三，适应宏观经济结构调整、去产能的需要，惠农政策由原来的普惠式向现在的导向式转变，农民的转移净收入增长空间也很有限。

二 服务难题：公共设施条件有限

党的十八大报告提出，要"坚持把国家基础设施建设和社会事业发展重点放在农村，深入推进新农村建设和扶贫开发，全面改善农村生产生活条件"。2017 年中央一号文件也提到，要"补齐农业农村短板，夯实农村共享发展基础"。长期以来，受经济条件等方面原因的限制，农村基础设施条件较为薄弱，公共服务难以有效落地，给农民生活造成了不便与困扰。

京山市有一部分地处山区、丘陵的贫困村，其基础设施建设相对滞后。主要表现为：一是水利设施落后。一些贫困村的排灌设施还是集体时期修建的，排灌能力弱，维护费用高。当地人称之为"旱包子、水袋子"。农田抗旱防洪成本高，一般正常年景下每亩农田的排灌费用要达到70元左右。二是村组交通不便。目前，仍有一些村庄的村组公路等级低、路况差，存在公路通村不通组、断头路、自然湾多泥土路等问题。交通不便制约着村庄发展，阻碍农民生产生活物资的配送，也存在极大安全隐患。三是村庄的文娱设施缺乏。有的村没有独立的文化广场，群众的休闲、文娱生活没有文化阵地。京山市的行政村面积普遍偏大，如高岭村下辖了18个自然湾，距离较远的农户到村委会十分不便。

　　农村基础设施建设落后，公共服务难以落地。这既受到个体家庭能力的影响，也受农村集体经济条件的限制。在京山农村地区，家庭是基本的生产生活单位，但很多公共设施建设或公益事业，并不是一家一户所能办好的，需要集体行动或互相协作。由于家庭间相互独立，无法自我提供公共服务，面临水、电、路、网、气等基础设施建设，治安、环保、文娱活动等公共活动时，家庭都无法独立完成，需要寻求外部力量的联合。在一些偏远农村，信息相对闭塞，其村庄基础设施建设更为落后，与较发达的村相比差距较大。进行村庄基础设施建设，往往还需要一个有力的带头人。然而，很多自然湾落缺少带头人，村庄地广人稀，村干部的工作难度也很大，工作报酬又少，以至于他们很难有精力带头进行村庄公共建设。

　　同时，村庄基础设施建设与村集体经济实力也密切相关。很多村庄集体经济薄弱，造成基础设施建设后劲不足。有的村集体资产少，或者没有集体收入，甚至负债累累，很难组织村民进行公共建设。就京山市来说，大部分村庄的集体经济比较薄弱。一方面，农村集体经营性资产比重偏低。2014年底，全县农村集体经济组织总资产为7.82亿元，每村平均193.1万元，总资产中货币资金0.91亿元、应收款1.82亿元，固定资产4.97亿元，长期投资0.12亿元，固定资产和应收款项占总资产的86.8%。应收款项主要是农户历年欠款和其他经济组织欠款，目前受政策的制约难以收回。固定资产主要为房屋（办公用房）、道路、桥梁、农田水利设施等，除部分城中村、城郊村和园中村外，大部分村没有经营性固定资产。另一方面，集体经济收入渠道单一。2014年全县集体经济总收入7613.5

万元，其中经营收入 316.21 万元，发包及上交收入 2367.28 万元，投资收益 84.18 万元，补助收入 3085.93 万元，其他收入 1759.95 万元，分别占经济总收入的 4.2%、1.1%、31.1%、40.5% 和 23.1%。村级收入主要靠发包村集体的资产、资源和转移支付等财政补助收入，两项占到总收入的 71.6%，直接经营收入占很小的比重。

三 发展难题：资源环境压力趋紧

绿色是农村的本色。随着农村经济社会的发展，农民整体上对资源消耗的支付能力大幅提高，传统拼资源拼投入的粗放式发展方式，使农业资源长期透支、过度开发，在提高农民生活水平的同时，也使农村的资源环境压力进一步趋紧，制约着农村的绿色健康永续发展。京山市的农村地区也面临着资源环境压力趋紧的发展难题。

一是生产生活方式不当，导致环境污染加剧。一方面，农业生产垃圾污染严重。在广大农村地区，农作物秸秆、畜禽粪便等未得到有效处理和科学利用，造成了水源污染和空气污染。近年来，化肥农药的使用数量增加，使用方法不当，造成了农业的面源污染。同时，农业生态脆弱，易受病虫灾害影响，这进一步加大了过量施用化肥和农药的恶性循环。另一方面，农户生活垃圾污染严重。由于农村垃圾清扫的长效机制不顺，传统垃圾清运模式不适应实际情况，村民个人良好的卫生习惯未养成，社会和农户参与意识不强等因素影响，京山农村地区仍然存在"垃圾围村"的现象，尤其是城乡结合部和农村偏远地带垃圾清运非常困难。如京山市钱场镇虽然投入了垃圾清运车和垃圾桶，但各村由于缺乏转运工具或距离压缩站太远，仍然存在清理垃圾不及时、生活垃圾大多截留在村道边垃圾桶内堆积的问题。

二是资源闲散低效利用，加剧了环境消耗压力。当前，农村普遍存在生产资源散碎难聚、农事服务供给乏力、农业发展荏弱难前等问题，农户生产经营呈现出"散、小、弱"的状态，致使农业发展难以提质增效。京山市多低山丘陵，传统农业以家庭稻作生产为主，农田小而零散，加之农村青壮年进城务工导致部分土地闲荒，农业生产呈现出"家家地不多，户户各干各"的状况，难以形成生产规模效应。加之，农户个人所持的资金有限，农机供需信息彼此隔绝，个体家庭抵御风险能力较弱，而现代农业发展资金投入大，技术要求高，收益见效慢，资源的闲散化制约着现代农业发展。此外，传统粗放的发展方式导致了资源的低效利用，也加剧了农村的资源压力。农村常规能源利用比例快速上升，存量大、可再生的生物质能被遗弃，资源消耗压力日趋严峻。如京山市的矿山开采一直存在点多面广、规模小、无证开采、越界开采等突出问题。2013 年以前全县的矿山数量达 200 多家，矿山开采形成的废弃采坑遍布新市、永兴、宋河、钱场、雁门口等十多个乡镇。矿山的无序开采、掠夺性经营，致使资源被浪费，环境被破坏，税费流失，事故多发，制约着当地农村的健康绿色发展。

第二节　精准贫困治理，改善人居环境

贫困与贫困治理是中国命题，也是全球议题。"消除贫困、实现共同富裕，是社会主义制度的本质要求。"[①] 近年来，中国探索推进了精准贫困治理。京山市深入贯彻中央精神，总结过去贫困治理经验，全力打好精准脱贫攻坚战，取得了很好的效果。具体而言，京山市通过加强政策扶贫，兜住脱贫底线；通过绿色产业扶贫，激发脱贫外力；通过创新金融扶贫，聚合脱贫外力。走出一条特色减贫之路，为探寻贫困治理的内在规律提供了很好的经验。

一　加强政策扶贫，兜住脱贫底线

扶贫是一项系统性工程，需要强有力的政策保障。尤其是，那些因学致贫、因病致贫等涉及教育、医疗等政府服务的公共问题，以及那些由于丧失劳动能力、无法通过自身的发展实现脱贫的贫困人口，需要政府强化政策兜底，建立良好的社会保障体系，实现政策性脱贫。

落实教育扶贫。在农村地区，代际贫困是致贫的重要原因之一，而有效阻断代际贫困需要完善教育政策。十九大报告也提出，扶贫必扶智，教育扶贫则是扶智的根本之策。在推进教育扶贫工作的过程中，京山市全面

---

① 引自《中国农村扶贫开发纲要（2011–2020 年）》。

落实《湖北省教育精准扶贫行动计划（2015-2019）》，确保贫困地区学龄人口全部入学、困难学生全程资助、薄弱学校全面达标、教育培训全员覆盖、智力扶持全力支撑、均衡发展全域实现。认真落实"9+3"扶贫和雨露计划政策，教育局主动同扶贫部门做好对接，认真开展雨露计划申报，核实贫困学生资助对象 3752 人，雨露计划网上已申报核实 83 人，所有资助政策将不折不扣落实到位。

做好健康扶贫。因病致贫和因病返贫是脱贫攻坚的"硬骨头"。为了确保农村贫困人口看得起病、看得好病，从根本上遏制因病致贫与返贫问题，京山市积极推进健康扶贫工作，将其覆盖所有农村建档立卡贫困群众，探索建立"基本医保+大病保险+医疗救助+补充保险"四位一体的健康扶贫模式。2017 年，京山市贫困人口在县直新农合定点医疗机构住院费的报销比例提高了 5 个百分点，贫困人口大病保险起付线由 8000 元降至 5000 元。同时，做好低保政策兜底。京山通过提高农村低保、五保对象的兜底保障水平，建立健全低保、五保供养动态调整机制，将符合条件的对象全部纳入了低保救助和五保保障范围。2017 年，全县农村低保保障标准提高到 4500 元/年，农村五保对象的供养标准由每人每年 5000 元提高到 7020 元，而且农村低保、五保及优抚对象免费参合政策已全部落实到位。此外，全县 61 个贫困村的标准化卫生室建设全部达标，正在加快推进镇敬老院、贫困村老年人照料中心等项目建设。

二　绿色产业扶贫，激发脱贫内力

精准扶贫要解决好"怎么扶"的问题，增强脱贫的内生性动力，形成持久的增收效果，这是做好贫困治理的关键。中央提出"五个一批"扶贫工程，首要的就是发展生产脱贫一批。在探索产业脱贫的过程中，京山市准确把握生态文明建设规律，秉承"绿色发展"的理念，通过发展特色种养业、乡村旅游业，推进光伏扶贫，培育农村电商、完善物流产业等措施，将产业扶贫与绿色发展相结合，融合经济效益与生态效益，激发了农村社会的内生发展动力。

发展特色种养业。京山市通过培育新型农业经营主体、健全社会化服务机制、培育特色产业生产基地，优化利益联结机制，引导贫困村和贫困户调整产业结构,发展特色种养业。通过近年来的持续探索,目前京山已形成了三大特色种养业模式。一是发展有机种植业。通过测土配方施肥、作物秸秆还田、增种绿肥,减少农药施用量,大力培育优质稻,增加有机桥米和富硒米种植面积,打造高品质的粮食生产。二是培育名优养殖业。至目前,京山市建立了 20 多个农业高效模式示范点,如钱场镇的"香稻嘉鱼"、石龙镇的藕鳅共生、孙桥镇的林下养鸡、绿林镇的"种养加循环经济"等一批新业态农业发展模式破茧而出。三是建设产业观光园。2017年,京山市建成以国家二类保护树种"盆景之王"对节白蜡为主的珍稀树种产业园 3800 亩、油茶板块基地 8 万亩、茶花旅游观光园 3000 亩。总体而言,京山市通过发展绿色产业,让农民找到了可持续的脱贫致富路径,同时提升了脱贫致富的内生动力。

探索发展乡村旅游。旅游扶贫是贫困地区治理贫困的有效方式,有利于发挥乡村自然生态与传统农耕文化的优势,而且以乡村休闲旅游为纽带,有利于推进城乡融合共享式发展。京山市编制了乡村旅游扶贫规划,探索以发展乡村旅游推动贫困治理。即以乡村旅游扶贫为重点,整合旅游扶贫大道沿线资源和相关产业要素,实现乡村旅游与红色旅游、生态旅游、历史文化旅游等的融合发展,通过带动村民参与旅游经营、提供接待服务、出售土特产品、提取土地租金、实行入股分红等途径,确定了在2020 年实现"一镇十五村一百五十户"[①] 脱贫的目标。同时,京山市以"旅游+"为载体,着力培育新业态,推进旅游业与传统农业、特色水产业、现代林业以及特色种养业等其他产业的融合发展,以形成多业共生的脱贫攻坚大格局。目前,已经形成了新市镇水峡口茶花源,钱场镇立农孔雀观赏园、盛老汉稻田公园,孙桥镇薰衣草百合庄园、"小狗抓鸡"特色农庄,绿林镇百果采摘园等各具特色的乡村休闲旅游示范点。

创新光伏扶贫工程。光伏扶贫是推进特色产业扶贫、壮大村集体经济的一项重要举措。同时,将光伏发电与精准扶贫结合起来,也体现了生态发展理念。2016 年,京山市在 61 个贫困村实现光伏扶贫产业全覆盖,总

---

① 一镇,绿林旅游镇整镇脱贫摘帽;十五村,规划中核准的 15 个旅游扶贫示范村;一百五十户,拟定引导 150 个建档立卡贫困户发展为旅游脱贫示范户,实现销号。

投资 2200 万元。由京山县政府牵头，各职能部门共同参与，通过整合移民、新能源、扶贫、农业、工作队等各方面的帮扶资金（如县移民局 980 万元，县农业局安排 500 万元，工作队帮扶 5 万元以上）实施光伏电站建设。截止到目前，绿林镇六房村、高枧村、全力村，新市镇熊滩村、八字门村，坪坝镇和平村，曹武镇白泉村，钱场镇洪庙村，这 8 个村共有 8 座光伏电站已建成投产。

发展农村电商及物流业。京山市积极开展电子商务进农村，创建电商扶贫模式。京山市政府办公室印发了《京山市电子商务进农村工作实施方案》，通过开展电子商务进农村综合示范县创建，做实做强全县（市）电子商务发展体系。当地通过建设县域电子商务产业服务基地，构建电子商务服务体系，积极对接淘宝、京东等电商平台，开通"特色中国京山馆"，指导各地开展电商扶贫工作。其中，坪坝、绿林、杨集、三阳等乡镇已开展电商扶贫试点。同时，京山市支持金瑞物流等企业在贫困村设立服务网点，支持贫困村发展农超对接、直供直销、连锁经营等新型流通服务业，解决农产品销售难问题。至 2017 年初，已上线特色农产品 220 个，"村掌柜" 106 家，"邮掌柜" 220 家，15 辆货运班车进村，带动了 1160 户贫困户脱贫致富。

三　创新金融扶贫，聚合脱贫外力

近年来，京山市政府通过与农村商业银行合作，积极推动金融扶贫工作。截至 2017 年 3 月，京山市农村商业银行共计发放扶贫贷款 5259 万元。其中，贫困户 423 户，贷款 2685 万元。新型农业经营主体 43 个，贷款 2574 万元，带动贫困户 235 户。通过发挥金融杠杆的作用，京山市破解了农村产业发展中的融资难题，实现了贫困户、企业、银行与政府四方面的合作共赢。

（一）政府资金撬动银行小额信贷

京山市于 2015 年启动金融扶贫信贷工作，出台了《京山市创新扶贫小额信贷工作实施方案》，与京山市农商行签订协议，由政府出资 3000 万元，作为扶贫小额信贷风险保证金，推出"助农贷""中国农谷惠农创业贷""小额贷款保证保险"等金融扶贫创新产品，给予建档立卡贫困户"10 万元以内、3 年期限、无担保、免抵押、全贴息"贷款，并规定带动 5 户以上的新型农村经营主体可申请最高 30 万元、2 年期贴息贷款。同时，中国人民银行京山支行在全县（市）61个贫困村成立了金融精准扶贫工作站，为脱贫攻坚提供全方位的金融服务。

（二）入股新型农业主体带动脱贫

为了充分发挥资本要素的撬动作用，贫困户申请到小额贷款以后，政府倡导他们将所贷资金入股新型农业经营主体，贫困户再从中得到保底分红，由此实现多方共赢。

第一，小额信贷入股涉农企业。涉农龙头企业具有成熟的市场判断力，强劲的带动能力，较高的生产效率和风险抵抗力。引入涉农龙头企业参与扶贫，不仅能够带动贫困户脱贫，对带动整村、整镇的经济发展、脱贫致富也有重要的作用。京山永兴食品公司与绿林镇进行合作，绿林镇整合资金近400万元，永兴公司按照现代化生产标准重新改造了9个袋料香菇集中摆放点和2个集中生产车间，按照户均2000袋的种植规模，为有劳动力的贫困户提供成品种植菌棒，签订购销合同，负责技术指导，以保底价回收产品，贫困户获收益后返还菌棒成本，328户贫困户每户每年可增收2万元。同时，吸收200名困难群众务工，人均年收入超过2万元。湖北万万农副食品实业有限公司采取"公司+贫困户"模式，在获得1000万元产业扶贫贷款后，大力发展订单式生产，带动杨集等3个乡镇发展袋料香菇种植，帮助53户贫困户季节性就业，每户每年增收7000元。

第二，小额信贷入股专业合作社。农民专业合作社是发展现代农业、带动农户增加收入的有效组织形式，合作社集新型经营主体与传统农户于一身，融生产与服务为一体，在带动农民增收、创新农业经营方式、推动农村社会化服务等方面发挥了巨大作用。通过组织贫困户建立农民专业合作社，实现互助发展，或者引导贫困户加入农民专业合作社，实现带动脱贫，能够切实促进贫困户增收。京山市将有劳动能力、有技术、无资金的贫困户组织起来，互助式发展"一高三新"农业，解决了贫困户无钱创业、生产分散、销售无门等问题。石龙镇蒲折村由村党支部书记牵头，组织全村42户贫困户抱团成立了双富水稻种植专业合作社，按照"按户连片耕种"的沙洋模式，与非贫困户农田进行等面积置换，将所有贫困户承包耕地调整连片，建立高效种植基地687亩。其中，整合专项扶贫资金和小额信贷80万元，开发稻虾连作基地200亩，亩均增收3000元；水稻种植基地采取统一购买种子、肥料、农药，统一销售模式，全程机械化操作，每亩可节约成本 150 元。仅此两项，贫困户每年可户均增收 1.7 万元。例如，2016 年 4 月，坪坝镇的陈谷成回乡兴办京山夫子庙畜禽养殖专业合作社，共吸收 8 个有劳动能力的贫困人口入社务工，每人每月工资 2100元，带动每户年增收 25200 元；并在 10 户贫困户寄养山羊 200 只，每只羊按 200 元纯利进行分红，户均增收 4000 元。2017 年，该合作社还为坪坝镇 120 户贫困户每户提供 4 只小羊，山羊养成后按市场价格回收，带动了更多贫困户脱贫致富。

第三，小额信贷入股家庭农场。发展家庭农场是提高农业集约化经营水平的重要途径。家庭农场既保留了农户经营农业的优势，符合农业生产特点的要求，同时可以克服小农户的弊端，是新型职业农民培育的必要条件和现代农业组织的基础。因而培育家庭农场是实现农业振兴的重要方向，利用扶贫资金助力家庭农场的培育，并由此带动贫困户脱贫，能够实现贫困户、家庭农场以及现代农业发展三方面共赢。京山绿丰家庭农场成立于 2014 年 4 月，是一家集粮食种植、秸秆基质工厂化育秧、农业全程社会化服务、农作物秸秆回收再利用生产食用菌及食用菌废料加工有机菌肥等于一体的现代家庭农场，是 "政府引导、企业运作、农户参与" 运营机制的成功典范，曾被评为 "荆门市首批示范家庭农场"，2015 年又被评为 "湖北省示范家庭农场"。在政府的引导下，绿丰家庭农场积极履行社会责任，助力脱贫攻坚，与贫困户、扶贫办签订协议，接受 20 户贫困户的贷款入股，为每户提供 6000 元/年的保底分红。如果农场产生更大效益，贫困户还能获得额外分红。贫困户如果愿意在农场务工，还能获得工资收入。这样，家庭农场获得了发展资金，贫困户获得了保底收入，政府推进了扶贫进度，实现了互利共赢，协同发展。

（三）保险参与扶贫形成风险分担

有效化解扶贫产业发展存在的风险，有效解决贫困户 "不敢干" 和银行 "不敢贷" 的问题，是金融扶贫政策能够有效落实的关键。贫困地区发展产业面临着自然、市场双重约束，多数属于种养业，不仅自然灾害风险易发、多发，市场波动风险也特别突出。京山市为有效规避发展扶贫产业的风险，打消贫困户和承贷银行的顾虑，通过政府基金拉动、财政贴息助力、金融结合保险，集结各方资源、发挥各方优势，协作互动、各尽所能，构建了利益共享、风险共担的大扶贫格局。市政府与人保财险京山支公司签订协议，以精准识别"回头看"的存量数为基数，精准测算，汇总研究分析，彻底算清政府投资、群众受益、保险机构运营、金融机构收益"四笔账"，确定每户按参保200元（其中100元保产业，100元保人身伤害），保额为20万元的标准，对全市所有贷款贫困户人身、家庭财产、扶贫产业实行三项保险。2017年，全市总保费达300万元，总保险金额达30亿元。在风险发生时确保了贫困户收入不减少、公司利益不损失、银行贷款不落空、扶贫效果不受挫。

第三节　建设美丽乡村，变革农村风貌

近年来，京山市通过全面深化农村改革和深入推进精准扶贫，有效促进了农民致富增收，这也促使人们进行了更多的思考，如何依托"美丽乡村"建设，改善村居环境，以实现生态宜居、乡风文明。建设"美丽乡村"是建设"美丽中国"的基础，也是落实"乡村振兴"战略的抓手。在推进美丽乡村建设的过程中，京山市主要从三个方面着手，一是人居环境改善，打造宜居乡村；二是基础设施建设，带来便捷生活；三是乡风文明培育，提升精神面貌。

一　人居环境改善，打造宜居乡村

住有所居是基础性民生工程。改善农村人居环境，特别是改善贫困地区的农村人居环境，事关群众的切身利益。京山市通过推进易地搬迁、危房改造，完善配套管理，打造宜居乡村。

扶贫搬迁和危房改造。易地扶贫搬迁和危房改造是改善农村人居环境的切入点。京山市坚定不移地贯彻落实中央和省、市精准扶贫方略，严格按照省市决策部署，坚持把易地扶贫搬迁作为脱贫攻坚的重中之重，统筹规划，聚焦精准，严守政策，高位推进，动员广大干部群众，举全县（市）之力，全面推进易地扶贫搬迁工作。

具体来看，一是精准对接，科学规划。京山市与湖北省住建厅精准对

接，科学编制了京山市 61 个贫困村的发展规划、宜居村庄建设和住房改造计划。2016~2018 年全县（市）计划改造危房户 3606 户，其中 61 个贫困村改造 1753 户。二是简化程序，专题调度。京山市成立了易地扶贫搬迁工作领导小组，3 次召开易地扶贫搬迁工作专题调度会、审核会、培训会。以京山京诚投资集团为载体，组建了投融资平台。编制了全县（市）"十三五"易地扶贫搬迁总体规划、实施方案和 2016 年工作计划。按照"要件齐全、简化程序"和"五个到县"的要求，开辟绿色通道，按比例提前下拨了 2289.1 万元启动资金，推进易地搬迁工程顺利实施。2016~2018 年全县（市）计划搬迁贫困户 3383 户 8877 人，主要采取集镇安置和中心村安置的方式，总投资 6.776 亿元，新建集中安置点 143 个，其中 2016 年建设安置点 51 个，搬迁 947 户 2351 人。三是精准锁定搬迁对象。京山市通过推行细化政策、宣讲政策、群众申请、公示评议、整理汇总"五步工作法"，取得了良好效果，前后两次受到省易迁办通报表扬。

完善配套管理，实现村容整洁。村容整洁是美丽乡村建设最基本的要求和最直接的体现，京山市通过一系列措施，有效推进了村容整洁工作，并通过构建长效机制，完善配套管理，使村容整洁得到了长期保持与维护。第一，加强宣传，增强意识。京山市通过普及生态文明知识，增强村民环保意识，以及建设清洁家园、提高生活质量的自觉性、积极性。第二，开展活动，有效推进。京山市开展了以"四归五清"为主题的清洁家园活动，即杂草归院、垃圾归点、畜禽归舍、污水归池；清垃圾杂物、清乱搭乱建、清乱堆乱放、清污水淤泥、清各种路障。第三，加大投入，配置设施。通过配置垃圾桶、垃圾池，并聘请保洁员为村容整洁提供保障。第四，制定规约，实现长效。通过村规民约实现规范化，并以积分制保证相关规范的长效落实。

例如，孙桥镇沙岭湾村配置垃圾桶 50 个，垃圾池 1 个，聘保洁员 5 个，通过制定村规民约，推行垃圾的户分类、村收集、镇转运模式，并常年开展以"一建三改"和"四归五清"① 为主要内容的清洁家园活动。共

---

① "一建三改"：建沼气池、改厨、改厕、改圈。"四归五清"：柴草归园、垃圾归点、畜禽归圈、污水归池，清理垃圾杂物、清理污水乱流、清理乱搭乱建、清理乱停乱放、清理道路障碍物。

投入资金 69 万元，建沼气池 300 口，使 75% 的农户用上了清洁能源，近 200 户村民配套进行了"三改"。全村柴草归园户达到 80%，全年归点深埋或清运到集中点的垃圾达 2000 余立方米，农用薄膜回收综合利用率基本达到 100%。沙岭湾村里还大力开展庭院绿化，按谁开发谁受益原则，引导村民对湾子林进行大规模改造，清杂灌、除荆棘，栽植新型树种 6 万余株，营造出绿树环绕、花木掩映的秀美家园。

二 基础设施建设，带来便捷生活

目前，我国农村的发展大大落后于城市，农村基础设施建设更是普遍落后于城市。农村基础设施是支撑农村经济社会发展的物质基础，进一步加强农村基础设施建设，对于补齐农村"短板"，对于改造传统农业，实现农村产业的转型升级，把现代文明引入农村，改变农民的生存状态，实现美丽宜居乡村建设具有深远的意义。

京山市整合各类资金资源，强化农村基础设施建设。一是加强道路建设。京山市通过加强道路建设，实现了 61 个贫困村全部通水泥路，已完成集中安置的居民点亦全部通水泥路；贫困村村组以及农户之间通砂石路；基本消灭断头路。目前在继续推进 61 个贫困村的"村村通客车"建设。二是大力实施农村安全饮水工程，采取新建水厂、管网延伸、打水井、引山泉、建水窖等措施，优先解决贫困村的饮水安全问题；优先将贫困村农田水利工程设施建设纳入中央和省级申报计划，用好"一事一议"资金，加强农田水利基本建设。三是实施贫困村农网升级改造工程，解决了 61 个贫困村和所有贫困户的生产生活用电问题。四是加快贫困村通网工程建设，实现了 61 个贫困村通信网、宽带网和广播电视网的全覆盖。

以孙桥镇沙岭湾村为例，该村通过建立争取"县扶持、镇奖补、村一事一议、户自筹、工作组和社会捐资"等 5 种投入的机制，最大化争取资金，改善基础设施，建设宜居家园。

一是完善路网。争取国家项目资金 86 万元、自筹资金 129 万元，硬化通村公路 2.2 公里，通组公路 4 公里，铺设通户水泥路 7.8 公里，路肩铺沙石 6.2 公里，形成了村与镇相通、组与组相连、湾与湾相接、田间能行车的路网，极大地方便了村民出行和大小机械作业。同时，在路边安装路灯 60 盏，投资 20 万元。每到夜晚，走在山村的小路上，灯光闪烁，如同在城市的街道夜行。二是立面改造。争取项目资金 260 多万元，村户自筹 35 万元，对通村循环路两边的 260 户民居统一进行了屋顶压脊、屋面压脊、外墙刷白和线条装饰。在门前配套安装栅栏，栽植绿化树，形成了独特美丽的民居风格。三是硬化沟渠。争取国家农田水利建设资金 240 万元，硬化干渠 27000 米、田间水渠 2000 米，新建泵站 5 处，全村有效灌溉面积增加到 2500 亩。四是改造塘堰。借"三万"活动东风，对 5 个组的 15 口碟子堰、牯牛坑进行了深挖扩改加固，蓄水量提高了 5.7 万方。五是建设高产农田。投入 270 多万元，改造沿柳林河两岸农田 1000 亩。投资 230 万元，硬化水泥晒场 340 块，面积达 3600 平方米。六是实施电力增容。争取农网改造项目资金对 9 处变压器进行了增容改造，电容量由 400 千瓦增到 850 千瓦，解决了村民生产生活用电不足的问题。七是推行网络进村。积极争取电信部门支持，宽带入户 97 户，通户率达 24%，村民鼠标一点，各类致富信息皆在眼前。

三　乡风文明培育，提升精神面貌

乡风文明是新农村建设的重要内容，是建设社会主义新农村的必然要求，是市场经济发展的需要，是农村稳定发展的基础。美丽乡村建设不仅要打造外在美，更要提升内在美。京山市在推进美丽乡村建设过程中，推动乡风文明的发展，提升村民素质，为美丽乡村注入了文化魂。

第一，加强宣传，干部引领。社会主义文明新风的树立离不开宣传引导，只有引导农民从意识上积极转变，从思想上支持拥护，才会使他们产生普遍切实的行为自觉。京山市利用特色文化，以农村房屋墙体、主干道墙壁为载体，以美丽乡村、移风易俗为主题，绘制了以社会主义核心价值观、中华传统美德、"美丽乡村，文明家园"等为内容的手绘文化墙，既扮靓了乡村的"颜值"，又使村民在潜移默化中接受了核心价值观、传统美德的教育，推动了乡风文明建设。通过开展村企结对、部门联村、企业冠名、能人捐助等活动，筹措"文化墙"建设资金，探索了各种共建新模式。有针对性地选择人口聚集、交通便利、群众参与热情高的村湾打造样板点。文化墙宣传内容围绕中华孝道、社会主义核心价值观等主题，以图文并茂的形式展现出来。在呈现先进文化、文明新风等共性的基础上，以言简意赅的标语、朗朗上口的歌谣、通俗易懂的顺口溜体现出个性特质。

在京山市新市镇小焕岭小张湾村，技师绘制了文化墙。不论是"为爱南山青翠色，东篱别染一枝花"的田园风光图，还是"边区小延安——红色小焕岭"的红色文化墙，都让大家感到亲切自然、百看不厌。新市镇党委、政府结合美丽乡村建设，在文化浸润上下功夫，通过绘制文化墙，用通俗的语言、形象的画面生动诠释了社会主义核心价值观、传统文化、乡风民俗、社会道德、文明礼仪等内容，新颖、多彩的"文化墙"走进千家万户，既美化了周边环境，又在潜移默化中推动了乡风文明。同时，党员干部的先进性引领，能够为群众树立行为典范和人格典范，更能够引发群众学习和践行的自觉与热情。2014年5月，湖北省纪委印发了《关于党员干部操办婚丧喜庆事宜监督检查办法》，针对全省党员干部大办婚丧喜庆事宜问题做出了明确规定，要求党员干部坚持节俭办一切婚丧喜庆事宜，带头移风易俗，倡导文明新风。曹武镇纪委书记汪迎军说："现在村干部和党员不但能做到模范遵守纪律，还能引导群众破除固有的陋习。这就是以党风带民风的生动实践。"

第二，建立理事会。为调动农民的参与意识，京山市通过"党引民治"，既加强了党员的示范引领作用，又加强了对群众性自治组织的培育。各村设置湾长理事，以自然湾为依托，由本湾群众公推一位威信高、有办事能力的村民任湾长，领办关系到湾内群众切身利益的事，主持和组织红白喜事等的办理，举办有利于文明新风培育的文化娱乐活动，推动了移风易俗在广大农村向纵深发展，促进了社会治理能力和治理体系建设。

婚丧嫁娶，是农村老百姓生活中的大事。随着农村经济的快速发展，农民物质生活越来越丰厚，办理婚丧嫁娶的规模也越来越大，铺张浪费现象越来越严重，成为农民的一项沉重的经济负担。为摒弃大操大办陋习，树立勤俭节约新风，京山市大部分村成立了专门的红白理事会。红白理事会以村支"两委干部"和老党员、老干部为主要成员，根据本村实际制定红白理事会章程，规范管理农村婚丧嫁娶事项。绿林镇在全镇15个村（居）建立"红白理事会"，成立了以党员、村支两委、村民代表为主要成员的领导小组，制定"红白理事会"章程，规范管理农村婚丧嫁娶事项。

制度规定，凡是办理婚丧嫁娶事项的村民，都要填写申请表上报村级"红白理事会"，理事会按照事项标准审批，理事成员按照制度要求严格监督办事全过程。党员干部操办红白事须同时报镇纪委备案审批，严格控制宴请人数。成立"红白理事会"，开展"破除陈规陋习，倡导文明风尚"活动，改变了以往农村办事大操大办、大吃大喝的不良风气，实现了办事节俭化、办事文明化、办事和谐化，形成了农村办事勤俭节约、健康文明的良好风尚，为新农村和谐、稳定发展以及乡风文明建设发挥了积极作用。

第三，制定规约，积分落实。把美丽乡村建设、乡风文明培育纳入村规民约，既提高了效力，又促进了常态化、长效化，巩固了乡风文明建设成果，使乡风文明建设进入良性循环。

京山市通过制定村规民约，由村民委员会负责执行，村民代表大会负责监督，引入积分制管理，将乡风文明培育纳入社会信用体系，建立"善行银行"，引导村民通过遵守规约，践行文明行为，储蓄"文明积分"，为乡风文明培育寻找到了有效的落实机制，并通过"十星级文明户创建"树立文明典范，提高了村民的荣誉感和进取心。孙桥镇四岭村将积分制引入村级基层治理以及乡风文明建设中来。在施行过程中，四岭村不仅在制度层面细化了一百多种积分项目，做到积分量化，更通过积分兑换的奖励机制，允许村民兑换对等现金、应有荣誉（具体涉及送锦旗、发证书等）等奖励，在物质方面与精神层面给予村民不同程度的奖励。在积分兑换奖励机制中，允许村民用积分兑换锦旗等涉及村民精神层面的奖励，满足了村民对于自身尊严寻求、价值实现和荣誉追求的内在需求，从根本上和源头上推动了村民自发参与到村庄文明的建设中来。一位工作人员形象地介绍："积分制用量化的分数衡量抽象的道德，把村民的日常行为变为家庭积分，让村民参与道德建设有'镜子'可照，有'尺子'可量，以此激励村民自我教育，自我管理，从点滴小事做起，积极主动地提升整个社会的道德文明程度。"

第四节　打造生态田园，实现宜居宜业

乡村振兴是一项以"产业兴旺、生态宜居、乡风文明、治理有效、生活富裕"为总要求的系统性工程。2017 年中央一号文件也指出要"支持有

条件的乡村建设以农民合作社为主要载体、让农民充分参与和受益，集循环农业、创意农业、农事体验于一体的田园综合体"。"田园综合体"概念赋予了农业农村发展新的内涵，也为村庄建设找到了新思路。如何以集体经济发展带动农村田园综合体建设，探索乡村振兴之路，值得关注和探讨。在这一方面，京山市罗店镇马岭村聚焦"田园生产、田园生活、田园生态"三位一体的建设模式，通过土地产权制度改革，促进三产融合发展；通过经济收益反哺村建，提升村庄公共服务；通过党建引领群众参与，带活农村基层治理，打造出了田园综合体建设的"马岭范本"。

一　资源整合，凝聚要素

为补齐传统农业"小、弱、散"短板，马岭村以产业发展为切入点，通过整合资金资源，建立现代经营制度，促进农业转型升级，带动产业发展，为田园综合体建设打下了经济基础。

一是能人回村，引领田园规划。村庄发展需要一个好的领头人，就能力素质要求而言，领头人既要能带领村民致富发展，也要有责任心和公益心，能够得到村民的信任和认可。马岭村9位经济能人回乡创业，谋划村庄发展，因他们多姓马，村民称其为"九马回槽"。他们回村后引入现代发展理念，首先谋划编制了《马嘉岭美丽乡村建设规划》，为村庄发展描绘了蓝图。接着，又先后成立了马嘉岭农业科贸有限公司和京山泰康源土地股份合作社。同时，通过设立社员代表大会、理事会、监事会，健全组织结构，为产业发展"保驾护航"。

二是股权入股，盘活农村资源。马岭村通过发挥村庄经济能人的管理优势，通过入股的方式，整合土地、资金等多种要素，将原来闲散的资源整合起来，带动村集体经济组织发展。以马嘉岭农业科贸有限公司为例，村民可采取两种方式入股。既可以现金入股，最多投资100万元，最少投资5000元（通过几位返村能人带动，共筹集了股金707万元），也可以土地入股（村民自愿将承包地按每亩1万元折算成现金入股，最后共整合了364亩承包地，由公司统一进行经营）。其后，按照入股份额分配红利。为了打好基础、投入再生产，大家一致约定从第四年开始分红，红利不低于股金的5%，不高于10%。由此，村民变为股东，风险共担，利益共享。

三是吸纳就业，增加村民收入。在新型农业经营主体中，当地村民可以就近实现就业。如马嘉岭农业科贸有限公司为不满 60 岁的马岭村村民安排工作岗位，愿意创业的，给予 1 万元创业扶持资金。村民有多种工作就业选择。如养羊、种地、做砖、种菜等，村民管理一头羊的报酬是 50 元/月，平均月工资在 1000～2000 元。种地的村民，公司按照 180 元/亩·半年的标准支付管理费用，每位农户至少可以管理 100 亩菜地，月均收入在 3000 元以上。做砖的村民，按 0.5 元/块支付报酬，平均月收入在 2500 元左右。此外，公司兴办工业项目 3 个，兴建涉农产业 4 个，提供就业岗位 100 多个。从收入结构来看，村民的工资性收入加奖金，再加股份分红，人均年纯收入由 2011 年 5985 元增长到了 2015 年的 29460 元。

二 产业融合，带动发展

只有引入现代化管理方式与经营手段，才能真正带动集体经济组织的发展。马岭村探索现代化运营手段，利用科技手段和新的管理模式提高生产集约化程度，发展有机蔬菜、生态水产、循环养殖等多元化种养，打造大品牌，提高市场竞争力。

1. 合作社规模经营，进行集约化管理

马岭村推进土地利用集约模式，通过技术创新，打破传统农业的分散种植模式，形成规模化农业生产。京山泰康源土地股份合作社将农田汇集到一起后，理事会经过外出考察、对比，确定试验种植 100 亩具有"航天员专供大米"和"国家运动员专供大米"标志的 CEB 抗氧化有机营养米。该品种水稻亩产稻谷 800 余斤，出精米 400 余斤，每斤市价 19.8 元，每亩销售收入可达 8000 元，2016 年种植面积扩大至 500 亩。由此可见，土地的集约化管理大大提高了农业生产的效率和效益。同时，合作社聘请了中科院水生所专家进行指导，打破青、草、鲢、鳙养殖传统模式，利用高岗洼地的 2 个自然冲，养殖泥鳅 200 亩，每亩可创收 1.5 万元。可见，农田的集约化利用，极大提升了土地生产率。

2. 公司三产融合，探索多元经营方式

马岭村探索推进农村三产融合，延伸农业产业链，转变产业发展方式。具体来说，一是建设农业示范园。2015 年，马岭村大棚蔬菜种植面积

扩大到 300 亩，规划发展蔬菜大棚 350 个，建成投产标准冬暖式蔬菜大棚
5 个、钢架大棚 120 个、玻璃温室 1 栋。二是建设特色工业园。马岭村利
用回收的农业废料，承办饲料厂和生物燃料厂，建造了颇具特色的环保工
业园区。如通过回收农作物秸秆，进行深加工，生产饲料和生物质燃料。
三是建设观光旅游花园。村庄按照旅游观光、休闲度假的标准，打造乡村
观光旅游特色产业。如通过养生小木屋群、休闲步道等项目，吸引游客体
验垂钓、赏花与游湖。

　　3. 有效对接市场，打造农业特色品牌

　　品牌化是有效对接市场的必由之路。只有打造出独特的产品品牌，才
能更好地促进集体经济发展。为此，马岭村先后注册了"泰康源""马嘉
领"等农产品品牌，并在网上以"私人订制"的方式销售村里的黑山羊、
营养米等农产品，还与湖北奥体中心等多家单位和企业签订了长期供货合
约。通过打造绿色、优质的品牌化农产品，大大提升了农产品的附加值，
实现了"溢出效应"，也促进了村集体经济的发展。

三　公共建设，共享福利

　　在产业发展的基础上，马岭村着手村庄福利建设。村集体以住房改造
为切入点，统一规划村庄建设，并通过基础设施建设，使村庄面貌焕然一
新。在集体经济分红中建立孝心股，建立休养所免费供养老人，解决了村
庄养老难题。

　　其一，改善人居环境。在充分尊重村民居住习惯和住房意愿的前提
下，引导村民实行多样化集中居住。一是遵循拆一还一原则，公司统一规
划建设标准化住宅社区（每户 130 平方米），村民抓阄免费分配入住，公
司按每平方米 100 元标准补贴装修费用，村民自行进行室内装修。同时，
每户免费赠送一间 15~20 平方米的车库；二是自愿建设入住独栋楼房的，
村民提前递交申请，然后公司按统一规划设计的建筑风格施工，由公司负
责建筑，不用村民操心费力。至 2016 年底，共有 127 户村民住进新房。村
民聚居区规划整齐，环境优美。屋内布局科学，厅、卧、厨、卫、阳台，
水、电一应俱全。相较原来，居住条件得到了极大改善。

　　其二，完善基础设施。在村集体经济实力增强以后，马岭村以村民需

求为导向，成立了以村党支部书记为组长、主任为副组长、村两委干部和村民为成员的工作领导小组，大力推进村庄基础设施建设。该村坚持绿色生态的原则，围绕村道硬化、垃圾处理、改水改厕、污水处理、清洁庭院等内容，深入推进村容村貌建设。2015 年，通过一事一议项目，村委会牵头完成了六个项目建设：一是建设了 4800 平方米的文化广场；二是建设了进村牌楼；三是建设了社区公共厕所；四是进行了公共场地硬化；五是建设了街心公园绿化；六是配套进行了蔬菜基地 1 公里道路硬化。村庄基础设施建设的加强，为村民带来了更多的生活便利。

其三，推进养老福利。面临人口老龄化的普遍社会趋势，马岭村也亟须解决"养老难"的问题。一是"孝心股"兜底养老。该村从集体经济的收益中抽取 5% 的资金，设立孝心股，将 60 周岁以上的男性村民、55 周岁以上的女性村民全部集中起来供养，管吃、管住、管医疗，帮助老人安享晚年。部分身体健康的老人还可以去公司干一些力所能及的散活，比如扫地、看大门，挣一点零花钱。二是"休养所"免费入住。该村修建了 60 间老年公寓，村中老人可以免费入住。老人平时可以在休养所居住，也可以回到子女身边居住。休养所带有小花园，内部还设有棋牌室、聊天室，供老人进行文娱活动。三是"敬老观"集中关照。马岭村对老人实行"三统一、三集中"服务：即食宿统一安排、基本医疗费用统一负担、一人一份商业保险统一购买。同时，还会集中组织文娱活动，在端午、中秋、重阳等节日提供文艺表演、健康体检、生日祝福、心理疏导等服务，真正实现了"老有所依，老有所乐"。

四　乡村治理，同担共建

在经济发展、基础设施建设提质之后，马岭村开始谋求治理能力的提升。马岭村以党建为切入点，通过政经分离，厘清党组织、村委会、集体经济组织三者之间的关系，以及推进制度化治理，创新了基层治理模式，有效推进了田园综合体建设。

一是强化党组织引领。马岭村党组织吸收经济能人加入，革新班子成员的思想观念，发挥了农村党组织的引领作用。与此同时，推进党建区域化，促进资源整合和共识形成。马岭村先后吸引马想生、马志强、聂少兵等多位经济能人成为党员，从培训指导、先进示范、重点培养等方面提高其党性修养，并通过发挥他们的帮传带作用，增强了党组织的服务引领能力。另外，该村在巩固和强化单位党建的基础上，整合区域内各类资源，统筹推进区域化党建。一是联合周围的村庄党支部。马岭村与大明村、马店村、梅李村、许坝村、天子村 5 个村联合打造了"1+5"村庄集群模式，通过区域化党建共享资源，共同促进村庄经济发展。二是在党组织的带领下，利用企业优势为村庄解决就业、公共设施建设等问题，实现村庄与企业良性互动。马岭村区域党组织的设立，改变了传统党组织的单向结构，转而发掘出区域党组织统筹协调组织关系、利益的能力，在拉近党群关系的同时最大限度地利用了区域内资源。

二是探索政经分离，做实村民自治。为了解决以往党组织、自治组织、经济组织及社会组织混合在一起，"几块牌子，一套人马"的现象，马岭村理顺了集体经济组织和村委会、党支部之间的关系，三套人员体系相互独立，党支部成员要服从党组织的安排，自治组织人员要服从村委会的管理章程。在集体经济组织中，公司成员受到股东代表大会的约束，合作社成员受到村民代表大会的约束。由此，形成了党组织回归党建、自治组织专做服务、经济组织主抓经济的治理格局。以此为基础，该村开始探索账本分设，确保经济明晰。村集体、合作社和公司的三本账目分开管理，并在集体经济组织内设立监事会，专门监督其财务运行状况。此外，监事会的监督和村集体账目的定期公示，增加了村民对村庄的信任感。

三是实行制度化治理。近年来，京山市将积分制管理引入社会治理领域，马岭村以此为契机，通过推进积分管理，细化村规民约指标，提高了村庄治理的制度化水平。首先，细化积分标准。积分制从美德实践、个人进取、环境爱护、平安建设四个方面来细化考察指标，积分按月结算，按季公榜。其次，规范积分评比。为保障积分制能顺利实施，该村动员村民参与，采用村民自评、组长核实、村两委签字"三级联动"的方式，确保积分评比的规范性。最后，巧设积分兑换。年终结算时，村民可利用积分兑换实物奖品、荣誉证书，而对表现不良的村民，村委会会酌情搁置其在村中的公益性工作。正反双向规约，有效引导了村民日常行为。积分制度与村规民约的结合，激活了村民的参与意识和能力，也促进了村庄善治。

第六章

以深层次行政体制改革增进基层
人民群众福祉

京山市农村产权制度改革的有序进行，使农村农业经营模式也发生了巨大的变化，各类新型农业经营主体如雨后春笋般涌现出来，农村经济得到迅速发展。与此同时，随着城乡人民生活水平不断提高，社会对政府公共服务的供给能力和行政效率都提出了新的要求，建设服务型政府成为一段时期以来我国政府行政体制改革的核心目标，其中，简政放权是全面深化改革的"先手棋"和构建服务型政府的"当头炮"。党的十八届三中全会指出："要优化政府组织结构，加快转变政府职能，增强政府公信力和执行力，建设服务型政府。"党的十九大报告更明确提出："深化机构和行政体制改革。统筹考虑各类机构设置，科学配置党政部门及内设机构权力、明确职责。……转变政府职能，深化简政放权，创新监管方式，增强政府公信力和执行力，建设人民满意的服务型政府。"这都对当前基层政府提出了转变政府职能的要求，而"简政放权，优化服务"就是实现政府职能转变和推动全面深化改革的必由之路。对此，京山市以"简政放权，优化服务"为指导思想，以全面深化改革为目标，在社会救助、公共检验检测服务、社会综治维稳三大领域展开行政体制改革，通过深层次行政体制改革有效增进了基层人民群众福祉，取得了良好的社会成效。

第一节　"一门受理"重塑救助服务结构

2015 年，京山市成为湖北省社会救助"一门受理、协同办理"机制建设试点单位，通过整合社会救助资源、规范救助程序、构建社会救助信息共享平台等举措，打破了过去社会救助管理部门各成一体、力量分散的局面，重新构造的新的社会救助体系和救助流程，将社会救助集中到一个中心，使"一门受理"窗口将成为分流求助信息的中转平台。"一门受理"的"门"成为连接和集合各个部门的"门"，实现了政府和群众、救助部门和救助者、各级地方政府的有效连接，构建了政府主导、统筹有力、保障全面、运转高效的社会救助工作新机制，全面提升了社会救助综合服务水平，打通了社会救助服务的"最后一公里"。

时任京山县委书记的周志红明确提出了社会救助改革要实现"全省当标杆、全国有影响"的工作目标。在实际推动"一门受理"改革过程中，达到了救助工作的"四零四最"，即服务零距离，沟通零障碍，办事零差错，群众零投诉；社会救助办事流程最短，办事速度最快，办事效率最高，办事评价最好。实现了社会救助工作"标准化、规范化、信息化、网络化"管理，形成了"纵向贯通、横向衔接、部门联动、立体覆盖"的社会救助格局，让全县（市）困难群众真正享受到高效、快捷、优质的服务，确保困难群众"求助有门、受助及时"。

一　整合救助资源，革新救助体系

长期以来，我国社会救助制度碎片化、救助分散化、渠道不规范、衔接不紧密、对象不精准，导致了漏助、错助、救助不到位等诸多问题，社会救助格局亟待调整。京山市通过"一门受理，协同办理"窗口，整合连通涉助部门的职能，为"碎片化"的救助资源注入"黏合剂"，弱化部门、层级壁垒，简化事务流程，对各救助部门起到整合、制衡、监督的作用，实现了救助部门"九龙治水"到"一龙管水"的转变，从分块处理、各自为战向综合调度、协同处理、多级联动转变。救助资源的整合使涉助部门之间的交流合作更加方便，在较大程度上避免了部门之间相互推诿现象，提高了服务水平，倒逼后台不断提高运行效率，不断压缩办理时限。同时，群众申请救助时不用再东奔西走，实现了"让群众少跑一趟路、少跨一个门槛、少走一道程序"，让群众从"求人办事"转变为"享受服务"，为群众解绊，让救助审批提速。

（一）内引外牵：救助体系改革的出发点

2014年国务院颁布的《社会救助暂行办法》明确指出，县级以上人民政府应当将社会救助纳入国民经济和社会发展规划，建立健全政府领导、民政部门牵头、有关部门配合、社会力量参与的社会救助工作协调机制。荆门市根据《社会救助暂行办法》及《湖北省社会救助实施办法》相关规定，着力推进"一门受理、协同办理"机制建设，为困难群众提供优质、高效、快捷的社会救助服务，并将京山市选为试点县（市）。

长期以来，我国社会救助"点多、线长、面宽、事杂"，体制机制障碍、统筹协调缺乏、力量分散不均等原因导致救助资源"碎片化"现象严重，社会救助长期处于"九龙治水而水不治"的尴尬困境。多个涉助部门各自为政，部门之间缺乏完备的沟通协调机制，在实际救助工作中易出现职责不清、推诿扯皮、效率低下等问题，由此引发了多头救助、重复救助和遗漏救助等制度漏洞，且救助工作人员的自由裁量权缺乏制度约束，易导致权力滥用，诸多因素阻碍了救助资源的有效利用。

社会救助服务是底层民生的兜底网，需要救助的对象通常都是社会最弱势的群体，而我国的救助政策纷繁复杂，救助项目繁多、要求各不相同，且分散在各个救助部门之中。困难群众往往因不通晓救助政策、不清楚求助部门、不知道办事程序，"摸不着门，跑断了腿"，甚至错失了与自己家庭情况相符的救助。而且部分特困群体，可能会有多方面的救助需求，为了获取救助经常会"多次跑、多头找"，较高的时间成本可能会使救助者错过最佳的救助时机。

（二）联动救助：构筑社会"大救助"格局

2015年4月京山市组建社会救助管理服务中心，负责全市救助工作的综合协调、业务统筹、政策咨询、督查指导、救助事务受理、信息平台的建设管理及全县居民家庭经济情况核对等工作。中心整合了民政、住建、教育、卫计、人社、司法等15个部门的社会救助资源，办理8类18项救助项目，开启了"一门受理"的社会救助服务。县（市）、乡镇两级采取"一套队伍，两块牌子"的方式，依托县（市）救助局、镇（区）政务大厅或服务中心，加挂"社会救助服务中心"的牌子，统一设立社会救助"一门受理"服务窗口，统筹协调相关业务部门，统一受理低保、医疗救助、临时救助、住房救助、特困人员供养、受灾人员救助等救助申请和申请人难以确定管理部门的救助申请；村级依托便民服务中心，增设社会救助全程代办窗口。三级服务平台均做到了"三统一，三到位"，即统一单位标牌，统一工作流程，统一制度上墙；窗口设立到位，人员配备到位，部门配合到位。由此建立了化解困难群众急难问题的"绿色通道"，敞开了救助之门，确保困难群众"求助有门、受助及时"。

首先，京山市形成了以市级救助中心为中枢、乡镇救助窗口为纽带、村级代办窗口为基础的三级主体受理平台。市、镇、村均可受理，群众可根据自身的情况和便捷程度来选择求助途径。受理之后能够在本级直接办理的就直接办理，不能办理的三级主体可根据实际情况，相互之间进行纵向转送或者交办。京山市对于三级主体的责任和义务进行了明确规定，市级救助中心主要是统筹做好本行政区域内的社会救助管理工作；镇级救助中心承办有关社会救助的申请受理、调查审核的事项；村级代办窗口主要是做好协助、代办救助的工作，以村联络员为依托将救助触角下伸，建立对"急难"对象的主动发现机制，便于及时了解掌握居民的生活情况，及时发现群众的问题。联络员帮助困难群众提出救助申请并协助落实，实现了将政府救助与受众求助结合起来，建一个求助互助的双向通道，确保救助工作及时、准确、无遗漏，打通了社会救助的"最后一公里"。

其次，市镇两大救助中心作为社会救助的全权代理，负责统筹协调涉助部门的救助服务，通过将救助的关口前移，实现"进一扇门，解所有困"；完善"8+1"工作体系，通过梳理民政、教育、人社、住建、卫计5个部门的救助项目，明确各部门职责；借助"人工+商密网"的信息传递方式，畅通市、镇两级服务中心及各社会救助部门和社会组织的联系网络，根据救助项目的分类结果横向转送、转办、转介困难群众的求助至相应的救助部门。

最后，加强落实救助事项办理结果反馈。社会救助服务中心对社会救助申请事项进行跟踪督办，各职能部门积极配合，及时办理转办事项，做到即时救助与限时办理相结合，能现场办理的给予即时办理，不能现场办理的转办单位必须在一个工作周期即七天之内将核查和办理情况告知申请人和社会救助服务窗口。对符合申请办理条件的，承办单位应在规定的办理时限内办结转办事项，并将办理结果反馈到社会救助服务窗口。对不符合条件的，承办单位应主动向申请人做好政策解释工作，并将理由和结果反馈给社会救助服务窗口。

（三）多重保障助力改革推进

为了确保"一门受理"社会救助改革的顺利推行，京山市多举措、全方位强化保障措施。

首先，完善制度保障，促进工作协调。"一门受理"能否释放最大效力，关键要看各部门能否形成合力。京山市建立起了由民政部门牵头、涉助部门配合、社会力量参与的社会救助协调机制。进一步明确部门职责分工、在各相关单位和各行政村设立了联络员，协调转办程序等相关事宜，做到有专人负责受理或转办工作，确保困难群众提出的诉求得到及时的答复和解决；建立社会救助部门定期会商制度，原则上每年召开一次联席会议例会，各成员单位及时处理社会救助工作中需要跨部门协调解决的问题，针对基层群众反映普遍的问题，以及群众反响强烈、社会影响较大的个案，互通信息、相互配合、定期研究、共同协商，形成合力，充分发挥联席会议的作用，打破过去社会救助管理部门各成一体、力量分散和整合不够等束缚，提高了整体救助效率。

其次，加强经费投入，保障人员配备。京山市完善社会救助资金、物资保障机制，将社会救助资金和社会救助工作经费纳入财政预算。调整支出结构，每年落实"一门受理，协同办理"工作经费30万元，并明确规定资金的使用方式，对经费实行专项管理，分账核算，专款专用，任何单位或者个人不得挤占挪用，确保工作经费落到实处。在人员配备方面，县（市）救助中心增加两个在编人员专职从事"一门受理"工作，并且在县级每个救助部门设立1名联络员专职负责对接工作；在镇级层面，采取了镇政府公务员、设置公益岗位、"以钱养事"三种形式来保障人员；在村一级，由2名村干部承担与社会救助有关的工作。此外各镇区分网格组建了由网格员、信息员共 165 人组成的社会救助信息员队伍。

最后，强化监督考评问责，保证统管监督。京山市民政局及其社会救助管理部门加强对社会救助工作的监督检查，完善相关监督管理制度。定期向各级相关部门通报社会救助事项办理情况，对社会救助工作开展情况进行督促检查和跟踪问效，定期组织专项检查，及时发现和解决工作中存在的问题。建立健全社会救助责任追究制度，层层传导压力，使问责成为常态。对政策落实不力，在实施救助审核审批过程中滥用职权、徇私舞弊、失职渎职的责任人员，依纪依法追究责任。同时，将"一门受理、协同办理"工作纳入年底考核范围，每年进行考评验收。

"一门受理"救助改革突破了部门藩篱，将政府救助的职能部门聚集于救助服务中心。一方面，方便了各项救助业务的沟通与合作，从而优化救助环节，压缩救助部门相互之间的交流成本，强化社会救助的部门协作，提高了救助效能；另一方面，多个部门的资源集中使用，实现了救助方式由互不沟通、各自施救的分散救助向集中管理、统筹救助转变。救助中心可以提供综合的救助服务，凡是符合救助条件的，一次申请可以享受到多种救助，各部门集中受理救助申请也可以避免出现重复救助的情况。同时，通过打破救助原有的条块管理、层级分权的内部架构，将复杂运作内部消化，京山市为群众提供了一个简洁的"救助界面"，方便困难群众寻求帮助，确保群众的求助事项"转得出去，办得到位"。群众纷纷表示"有求助需求再也不像之前一样摸不到门，也不用县里乡里、部门之间来回跑，只用到救助中心，所有的困难就都解决了"。

二　融合信息数据　打破信息孤岛

长期以来，我国社会救助相关部门各自为政，不敢交换、不愿交换部门信息，缺乏"大数据思维"，把自己掌握的丰富信息锁在柜中、束之高阁，或是缺乏迈开步子的勇气，诸多因素成为推行部门之间信息共享的藩篱，甚至部分单位内部信息都难以通畅。因此我国救助部门长期处于数据割据下的"信息孤岛"中，涉助部门面临信息不畅、整合缓慢、共享困难等问题。各部门各起炉灶，建各式各样的数据中心、信息中心，标准不一、重复建设，分割和垄断了救助数据资源，势必造成资源浪费，制约涉助部门的救助水平、救助效率和应急响应能力，不仅让政府的社会救助水平受到制约，也让百姓深受其苦。

因此，京山市以精准施救、公平施救、高效施救为目标，将信息技术与救助服务深度融合，惠及群众，立足"一门式"政务服务改革，搭建了社会救助信息平台系统，开启了大数据惠民的探索之旅。大数据应用是社会救助服务管理信息化建设的重要组成部分，为智慧救助摊开了一张美好蓝图。其中，各部门数据资源协同共享、业务系统互联互通是关键和难点。"一门办理"既整合了救助资源，又打通了救助信息的传递渠道，加快推进了部门间的信息共享和业务协同。主要实现了以下两点转变。

第一，优化救助信息传递方式，方便群众办事。一门式改革将通过搭建救助服务综合管理平台，借助信息技术破除部门壁垒，实现救助信息的互联互通，弱化求助过程的行政色彩，打通各级各类救助服务渠道、业务流程和救助数据传递，形成"大渠道""大平台""大数据"救助格局。同时，通过跨部门业务协同、系统关联、信息共享，破解各部门信息系统割据状态下交流的高成本和低效率的问题，使群众办事基本消除部门概念和层级关系。

第二，提高救助精准度，规范救助工作。京山市运用信息技术改造革新救助方式，通过各部门救助信息的互联互通、资源共享，实现跨部门、跨层级、跨区域救助信息的一体化。一方面，让凭经验决策变成历史。京山市通过对群众受助过程中留下的资料信息的沉淀和整理，形成了社会救助的"大数据"，为政府提供可信的数据参考，也为有针对性地进行社会救助提供科学依据，找到了社会救助的"源代码"。由此实现了救助精准决策，科学确定需要救助的人群，使整合后的社会救助资源发挥了更为精准的救助效益。另一方面，清除了救助人员自由裁量权下的"灰色地带"，更全面地掌握了被救助对象的综合信息。部门之间信息共享之后，京山市建立了社会救助家庭经济状况信息核对平台，通过数据的相互佐证、核对、比对，避免了重复救助、多头救助、过度救助和遗漏救助，能在第一时间根据救助对象的情况变化做到有进有出，确保救助的针对性、准确性和实效性，让救助资金用在刀刃上，使救助对象始终围绕"最困难的人"进行，实现了社会救助对象的准确、高效、公正认定。

三 聚合社会力量 实现多元共救

我国社会救助量大面宽、点多线长，受助人群基数较大，而与之相对的是有限的救助资源，由此导致了政府之手难以伸向每一个需要社会救助的角落。一般来看，政府的政策性救助重点在于救急、救难，个别特困群体、特殊家庭即使享受了政策范围内能享受的全部救助，也仍然无法解决其面临的长期生存压力，因而单靠政府承担社会弱势困难群体的救助显得力不从心。因此，政府救助与社会力量救助并举是社会救助的应有之义，社会力量的参与是社会救助制度可持续发展的有效途径。

我国《社会救助暂行办法》指出，国家鼓励、支持社会力量参与社会救助，社会救助管理部门及相关机构应当建立社会力量参与社会救助的机制和渠道，提供社会救助项目、需求信息，为社会力量参与社会救助创造条件、提供便利；政府还可通过委托、承包、采购等方式，把适合的社会救助服务转移给社会力量承担；社会力量参与社会救助，按照国家有关规定享受财政补贴、税收优惠、费用减免等政策。因此，在社会救助方面，政府要由原来单一的管理执行者角色积极向社会化救助的倡导者、参与者、实施者、服务者等多重角色转换，整合社会资源，多方位搭建救助平台，走政府引导、社会参与、群众受益的社会化救助的道路；社会组织要扮演好参与者、服务者、建议者等的角色，坚持致力于公益的理念，为社会弱势群体提供多样化、专业化的社会救助服务。

京山市一方面强化政府在社会救助中的主导地位，不断加大财政投入，增强政府兜底的"内生力"；另一方面加大宣传力度，动员社会力量广泛参与，积极探索救助服务社会化，广开社会救助渠道，鼓励和引导社会力量进入"一门受理"的大平台。对于政策性救助资金依然无法满足的特困户，尝试将其转介给县（市）里的慈善总会和义工联，让慈善机构、爱心企业和爱心人士积极参与社会救助，充分发挥其提供多样专业化帮扶服务的优势，多渠道、多层次壮大救助资金，调动各方力量，汇聚救助合力，有效整合社会资源，实现了社会救助由政府尽力到社会全力的转变，让困难人群得到更多帮助。

京山市温泉新区舒家台村村民孙泽旭，一家 5 口人，其中 4 人均因疾病、残障问题长年就医，还有一个在读初中的孙子。家中耕种的 10 亩旱地和 1.32 亩水田的收入完全无法支撑这个多残家庭。县（市）救助中心了解到其情况，通过调查审核，为其办理了全额低保，且按政策规定上浮 20%（低保对象有残疾等障碍），每月达 2500 元；同时，还通过政府救助、医院垫付、大病保险等方式减少其看病的负担。同虽然一家人按期领取残疾人补贴，但政府所提供的的这些救助仍不能完全解决这个家庭的持续发展问题。通过救助中心转介，义工联为其提供了稳定帮扶，还为其提供了在家加工手工艺品的工作机会，这些举措使孙泽旭一家获得了更多的救助资源，全家生活的贫困程度得到了有效的缓解。

第二节　"一门办理"推动质检服务升级

京山作为知名的鱼米之乡，以国宝桥米为代表的农业产品声名远扬，农产品市场化水平较高，加之近年来，全市工业化水平不断提高，如何建设与农业、工业产品生产研发相配套的服务保障体系，成为京山市面临的又一时代命题。近年来，为了进一步实现"创新京山，服务为民"的理念，使公共检验检测服务质量与当地经济发展水平相适应，从 2013 年开始，京山市着手筹备了公共检验检测中心"进一家门，检百样货"的改革试点工作，通过整合职能、合并机构、聚合资源，实现了公共检验检测的"一门办理"，提高了县域的公共检验检测水平。检验检测"一门办理"打破了过去公共检验检测部门职能分散、功能不足的局面，重新构建了新的公共检验检测服务体系，规范了公共检验检测服务流程，把公共检验检测职能集中在一个平台上，使公共检验检测中心成了公共检验检测服务的供应源头。京山市公共检验检测中心的"一门办理"，实现了县域公共检验检测水平的提升，实现了政府、市场、社会的多方共赢，构建了政府简政放权、优化服务的新格局。

京山市围绕"利企业、惠民生、保安全、促发展"的质检改革目标，坚持"政府购买服务、企业免费检测、民生共享平安"的理念，对内打通县域涉检部门权力隔板，助检验机构"重组提质"；对外搭建政企学研合作共建桥梁，助检验能力"焕新提效"；创新探索专业服务市场运营道路，助检验事业"升级提档"，使"进一家门、检百样货"成为现实，为企业增红利，为社会供福利，为群众添便利，形成了以资源整合、简政放权引领公共检测服务水平提升、推动政府职能转型升级的京山样本。

一　创新整合，功能性重组

检验检测贯穿于产品研发、生产、流通等各个环节。随着社会的进步和发展，人们对使用产品的质量、生活健康水平、生产生活的安全性、社会环境保护等方面要求不断提高，对检验检测的市场需求与日俱增。然而，当前我国检验检测认证机构尚处于发展初期，缺乏政府统一有效的监管，规模普遍偏小，布局分散，重复建设严重，体制机制僵化，行业壁垒较多，条块分割明显，服务品牌匮乏，国际化程度不高，难以适应完善现代市场体系和转变政府职能的要求，迫切需要通过整合做强做大，提升核心竞争力，激发市场活力。

（一）上承下接：公共检验检测改革的动因

2014 年，中央编办、国家质检总局在《关于整合检验检测、认证机构的实施意见》中明确指出："检验检测认证是现代服务业的重要组成部分，对于加强质量安全、促进产业发展、维护群众利益等具有重要作用。各地区、各有关部门要充分认识整合检验检测认证机构的重要性和紧迫性，把这项工作放在突出位置，加大工作力度，推动检验检测认证高技术服务业快速发展，为加快转变经济发展方式、促进提质增效升级提供有力支撑。"京山市秉承"创新为民、服务为民"的政府服务理念，率先在湖北省开展了公共检验检测机构改革试点工作。

然而长期以来，我国公共检验检测服务存在资源分散、效能不高的"五多五少"问题，"检测机构多，开展业务少；政府投入多，群众受惠少；政府管得多，市场运作少；在编人员多，技术人员少；出具报告多，权威报告少"一直是政府亟待解决的难题。截至 2014 年，京山市全市 12 家公共检测机构，只有 7 家有效开展业务；在编 124 人，专业技术人员只有 29 人；每年出具的检测报告中，具有权威性、法律效力的不到 30%。京山市政府迫切需要通过行政体制改革，推动政府"放管服"的进程，实现政府职能从管理向服务转变。

可以说，公共检验检测是基层公共服务的重要一环，需要公共检验检测服务的主要是政府执法部门、企业和群众，而我国的公共检验检测职能过去主要分散在各个执法部门，检验能力参差不齐，检验项目各有侧重，执法部门往往因检验检测机构的水平不足，难以高效执法；企业往往因送检样本涉及多个部门而"跑断了腿"，甚至如此还拿不到一份权威的检验报告，难以满足企业的需求；而群众往往因不懂政策，不清楚部门职能，不知道办事程序，"摸不着门"。这些都使我国公共检验检测机构面临必须改革提效的局面。

（二）功能性重组：重塑公共检验检测体系

在多重因素的驱动下，2014 年 1 月，京山根据《国务院机构改革和职能转变方案》（国办发〔2013〕22 号）、《国务院关于地方改革完善食品药品监督管理体制的指导意见》（国发〔2013〕18 号）、《湖北省人民政府关于改革完善食品药品监督管理体制的指导意见》（鄂政发〔2013〕36 号）精神，制定了《京山县公共检验检测中心建设方案》（京政办〔2014〕6 号），开启了京山市公共检验检测中心的组建工作。

为更好地实现公共检验检测资源的功能性重组，京山市政府在市东郊的八里途经济开发区投资 2400 万元，兴建了一座总面积 8000 平方米的综合大楼，其中实验室面积 5000 平方米，然后以"业务相近，功能相同，优势互补"为原则，将质监、农业、卫生计生、食药监、水务、畜牧、粮食、水产 8 个部门中涉及检验检测的 9 个技术机构进行裁撤，整合入"京山市公共检验检测中心"，同时加挂"京山市食品药品检验中心""湖北京山国家粮食质量监测站""京山市农产品质量安全监测中心""京山市水质检测中心"等牌子，原单位设置保持不变。

与此同时，市政府通过集中编制，一方面将被整合部门中原来从事检验检测工作且具有事业编制的专业技术人员调剂到公共检验检测中心任职，不足的面向高等院校和社会公开招考。截至 2017 年初，中心核定编制 67 人，时有人员 57 人，其中专业技术人员 49 人，工程师以上 8 人，增强了中心的人才储备。另一方面，按照不低于省级实验室的标准，将分属 8 个部门的 246 台（件）适用设施设备进行整合，在所有权不变的情况下，将使用权全部划转中心，由中心统一规划使用，同时整合各涉检部门资金，按一定比例分配给市公共检验检测中心，为中心购置先进检测设备。2015 年，京山通过财政列支 500 万元，为中心购置设备 47 台（套），有效提升了中心的硬件设施建设水平。

在机构任务设置上，在保证除检验检测之外的其他职能在原单位的情况下，京山市将全部的检验检测职能都整合在市公共检验检测中心，并按照检验检测内容重构为四大板块。

1. 食品药品质量检验

将京山市产品质量监督检验所（质监局）、京山市疾病预防控制中心（卫生局）、京山市食品药品监督检验所（食药监局）、京山市水质监测中心（水务局）4 家检测机构负责的食品、药品检验检测职能整合在一起，组成食品药品质量检验职能板块。

2. 农产品（粮食）质量检验

将京山市粮食质量监督检验站（粮食局）、京山市农产品质量安全检测中心（农业局）、京山市动物卫生监督所（畜牧兽医局）3 家检测机构负责的农产品、粮食检验检测职能整合在一起，组成农产品（粮食）质量检验职能板块。

3. 工业产品质量监督检验

在产品质量监督检验所现有的工业产品检验项目基础上，将其负责的工业产品质量检验职能与规划建设中的"湖北省瓦楞纸品包装机械产品质量监督检验中心""湖北省铸件产品质量监督检验中心"两个省级中心的工业产品质量检验职能整合在一起，形成工业产品质量监督检验职能板块。

4. 计量检定测试

以法定计量检定技术机构（计量检定测试所）为框架，通过扩项增加检定范围和项目，将其重构为能承担全市社会公用标准、强检计量器具检定等方面工作的计量检定测试职能板块。

通过机构的整合和职能的重构，京山市政府在原有涉检部门的基础上，建立了统一的县域公共检验检测中心，为公共检验检测服务"一门办理"的落地奠定了物质基础。京山市公共检验检测"一门办理"改革，一方面，通过政府购买公共服务的形式，主动承担了商业检验费用，降低了企业的成本。截至 2017 年，中心共计让利企业和社会共计 2000 万元，其中仅为国宝桥米公司就检测大米 460 批次，为其节省检验检测费用 24 万多元。另一方面，集中便捷的服务有效解决了送检者"无门检、多门检；多头跑、来回跑"的问题，做到了"进一家门、检百样货"，实现了送检者由"不愿检"到主动"要求检"的转变。京山市盛昌龟业原种场技术员潘卫平说："过去我们销售的时候需要检测，不是找农业局就是找水产局，难得找到人，现在好了，找县公共检验检测中心就行了。"

二 聚能增效，专业化检测

长期以来，涉及检验检测的政府职能部门因人才设备配置不均导致的力量分散、效能不高问题饱受诟病。一是检验检测能力不足，使政府执法面临取证困难的局面，难以应对现代社会对政府工作效率的要求；二是检验报告权威不足，使企业的产品难以取信社会，削弱了企业的市场竞争能力，加大了企业的市场竞争难度；三是检验检测服务流程的复杂，使企业和社会往往陷入"求检无门"的困境，面对复杂的检验检测系统，企业和社会往往不知道该求助哪个部门，为公共服务的落地形成了阻碍，不符合政府职能转型的内在要求。

（一）理顺运行机制：明晰公共检验检测服务办理流程

中心建成后，京山市政府通过财政购买服务的方式，健全工作机制，完善工作流程，发展壮大公共检验检测中心。

首先，京山市政府在中心成立初期通过财政每年列支 1000 万元用于购买检验检测服务，将由市场主体承担的各职能部门监督抽查的检验检测费用、向社会提供的商业检测服务费用，由个人承担的计量器、计价器和民用"三表"（水表、电表、气表）等社会公益性检测和强制性鉴定费用等，全部纳入政府购买服务范畴，为中心运行提供资金，保障公共检验检测中心的市场机制运作。

其次，公共检验检测中心成立后，实行管办分离，仍然保留原单位牌子，行政管理、市场监管、信息发布、不合格产品后处理等职能仍保留在原单位，便于与上级部门对口衔接和行使相关监督执法职能，中心仅为原单位提供技术支持，避免了政府陷入"既当裁判员，又当运动员"的困境，增强了公共检验检测中心报告的权威性。

最后，核定检验检测服务流程。公共检验检测中心根据检验检测服务的申请主体，将检验检测服务分为两大类。其一，政府的质检任务采用计划制，由各职能部门在年初向县（市）政府提交质检计划，经县（市）政府审核同意后报送公共检验检测中心，中心根据计划数按月给各部门分配检验检测指标。各职能部门只需每月向中心提交送检样品，就可以拿到检验报告。如遇特殊紧急的情况即送即检，同时由送样部门报县（市）政府备案。其二，市场主体及社会群众委托的检验检测申请则由委托方直接将样品送至中心大厅登记送检，中心检测后为其提供检验报告。

通过理顺运行机制，公共检验检测中心明晰了公共检验检测服务的申请流程，探索建立了中心行政管理、技术保障、质量监控、信息网络和客户服务等标准规范的运行管理体系，平稳实现了中心与相关单位的管理对接、工作协调、利益保障等方面的过渡，进一步优化了行业主管部门司职监管执法、检测机构专职提供技术保障的工作运行机制，提高了公共检验检测中心的运行效率，加强了县（市）公共检验检测中心认证服务的权威性，形成了京山市公共检验检测服务"一门办理"的新格局。

（二）活用保障机制：提升公共检验检测服务水平

为了确保公共检验检测服务"一门办理"改革的顺利推进，京山市采取多重机制保障公共检验检测中心的高效运行，以提升县域公共检验检测服务水平。

首先，完善制度保障，促进运行高效。中心以"用制度管人，按制度办事"的原则，加强内部制度化管理，推动中心规范有序运行。一是修订了内部管理制度，包括日常考勤、请销假、值班及保洁、公车管理、公务接待、日常采购等制度，进一步加强了日常管理。二是制定了财务管理制度，包括收入、支出、资产管理，有效地规范了单位的财务行为，加强了单位财务管理，提高了资金使用效益。三是制定了设备、药品采购制度。成立内部询价小组，规范采购程序，促进了采购行为公开、有序进行。四是推进了信息化管理制度。按照"货比三家、服务优质、操作便捷"的原则，中心购买了北京新杰信息有限公司的程序软件，利用软件来安排和监测产品检验检测流程，目前该软件已经过试验和调试，将有效解决工作推透、进展不快、责任落实不到位等问题。

其次，建立人才管培机制。一方面，通过工作纪实、绩效考核、奖惩挂钩等方式建立技术人才激励机制，激发技术人员的积极性、主动性和创造性；另一方面，建立人才培养机制，有计划地安排人员外出学习培训和邀请专家进门指导。据统计，2016年京山市公共检验检测中心技术部共组织20人次外出学习，并邀请多位行业专家亲临中心指导。

最后，建立对外合作机制。一方面，通过检验检测项目合作主动争取省质检院、武汉市质检院等技术机构支持，同时与武汉大学质量研究院、华中农业大学等签订合作协议，实现资源共享，填补技术空白，解决人才培训、技术攻关的难题；另一方面，与本地上市公司京山轻机深入对接，共建国家级包装机械检验检测中心和湖北省精密铸件产品监督检验中心。

通过运用多种机制，京山市公共检验检测服务水平得到了很大提高。改变了过去单个设备只承担少量检验指标而形成的设备利用率不高、大量资产闲置等状况，将通用设备利用率提高了30%以上，降低了公共资源建设运营成本，提高了检验检测效率，提升了公共检验检测服务质量。例如，2016年县公共检验检测中心检验检测各类产品14760批次，比2015年提高45.5%；检测项目涵盖378类产品、581个参数，比整合前分别提高122.5%和96%，检验服务范围也有了明显提升；截至2017年，中心为周边县市提供产品检验1407个批次，较整合前，服务辐射范围也有所提升。

三 转型改制，企业化运作

虽然京山市公共检验检测"一门办理"的改革已取得一定的成效，但京山市并没有满足于此，为了贯彻湖北省人民政府办公厅《关于加强检验检测公共服务平台建设的意见》提出的"加快检验检测体制机制创新，……设立具有独立法人地位的第三方检验检测机构；坚持政事分开、事企分开和管办分离，逐步推进具备条件的检验检测机构与主管部门脱钩，创新管理体制，完善法人治理结构，推动经营性检验检测技术机构转企改制，支持条件成熟的检验检测技术机构或其剥离的经营性业务组建市场主体参与检验检测公共服务"的精神，京山市积极探索检验检测机构的市场化运营模式。

一是转企改制，助推市场化运行。京山市政府计划撤销公共检验检测中心下设的食品药品检验所、农产品检验所、工业产品检验所和计量检定测试所，组建国有独资公司——大洪山检验检测公司，让大洪山检验检测公司作为独立法人自主经营、自负盈亏。同时，积极寻求与国内外知名大型检验检测机构合作，希望公司最终由其托管经营或实行股份制改造，实现公共检验检测服务的市场化运作。

二是政企共建，打造专业化平台。京山市政府与京山轻机进行股份制合作，共建了国家瓦楞纸品包装机械检验检测中心。通过以设备和资金入股，按出资比例确定股份，由京山轻机进行经营和管理，实行经营自主、盈亏自负，收益按照股份比例分配，实现专业化检验检测服务的市场化运作。

京山市政府通过整合公共检验检测部门资源，创新简政放权模式，提升了政府效率，推进了政府职能转移。

一是提升了政府效率。通过裁撤整合检验检测机构，建立统一的公共检验检测平台，切实解决了政府重复投入、检测资源浪费的问题，避免了过去政府部门"既当运动员，又当裁判员"的尴尬局面，政府公共服务效率得以显著提升。食监局新市分局局长吴志刚感慨道："过去我们一直想加强监督管理，但技术和设备一直跟不上，有心无力，现在好了，有了公共检验检测中心的技术支持，工作提速，底气十足。"

二是推进了政府职能转型。一方面，通过调剂人员解决了过去机构精简后，人员难安置的问题，降低了政府职能转型的难度；另一方面，通过政府包办—政事分开—转企改制三步走的方式，逐步推进公共检验检测服务市场化经营，进一步理顺市场与政府的关系，实现了政府职能转移的平稳过渡。

三是为政府"一门执法"的改革奠定了基础。公共检验检测中心的落成，一方面，通过整合资源，提升了县域公共检验检测能力，为"一门执法"改革提供了技术基础；另一方面，通过管办分离，推进了政府行政体制改革，实现了政府简政放权优化服务的目标，为"一门执法"改革提供了可借鉴的经验。

第三节 "一门统筹"强化治理主体协调

近年来，我国社会治理呈现出社会矛盾多发、信访问题突出、社会治安困难、基层基础薄弱、队伍监管缺位等特点，给人民群众的生命健康和财产安全带来了巨大损失，严重影响社会和谐，影响改革发展稳定，对经济社会的持续发展构成重大威胁。习近平总书记指出，要主动适应新形势，增强风险意识，坚持多方参与、合作共享、风险共担，坚持科技引领、法治保障、文化支撑，创新理念思路、体制机制、方法手段，推进公共安全工作精细化、信息化、法治化，不断提高维护公共安全能力水平，有效防范、化解、管控各类风险，努力建设平安中国。

对此，京山市紧紧围绕"五位一体""四个全面"的战略布局，高举"平安京山"大旗，以争创"全省优秀平安县"为目标，以破解难题补短板为重点，以信息化建设为驱动，将社会治理和综治工作纳入智慧京山顶层设计，创新"中心+网格化+信息化"的平安新格局，提出了"三联通四整合五联动"的工作模式。在推进建设中，坚持整合为上，把整合资源贯穿中心建设全过程，形成纵到底、横到边的共建共享网络体系，全力打造平安荆门升级版，使中心真正成为维护社会稳定的一道防线、化解矛盾纠纷的一座桥梁、心系群众的一条纽带。

一 平台聚力 组建区域性枢纽门户

习近平总书记曾指出："要推进平安乡镇、平安村庄建设，加强农村社会治安工作，推进县乡村三级综治中心建设，构建农村立体化社会治安防控体系。"另外，加强基层综治中心建设也是党的十八届三中全会和"十三五"规划提出的一项重要任务。因此，推动省级及以下综治中心建设是在新形势下不断推进国家治理体系和治理能力现代化的必然要求，是整合社会治理资源、创新社会治理方式、提升复杂社会条件下综治组织实战能力的重要支撑性工程，应以此深入推进平安建设，实现国家的长治久安和人民安居乐业。

京山市认真贯彻落实中央决策部署，将社会治理纳入"智慧京山"建设体系，以"力量整合、职责明确、程序规范、运转有序、工作高效"为目标，采取"整合治理资源和力量、理顺关系、健全机构、虚拟与阵地结合"的方式，着力推进市、镇、村三级综治中心立体化建设，采用一体化指挥、实体化运行、信息化保障深度融合的模式，聚合信访接待、矛盾调处、情报研判、指挥调度、维稳处突、法律服务、平安创建等功能，建设一体化的工作平台，为群众提供一站式、精细化、动态化服务管理，进一步夯实了社区综治维稳工作的基础和力量，充分发挥了社会治理工作维护稳定、化解矛盾、服务民生等方面的重要作用。

通过市、乡、村三级综治中心全覆盖，各级综治中心通过统筹整合社会治理资源和力量，形成有机整体，提升了综治中心的实战能力，并协调相关部门，通过派员进驻或网络可视化办公等形式共同为群众提供了全面、优质、高效的社会治安相关公共管理服务。各级综治中心通过综治信息系统、综治视联网和电话、网络等手段实现上下级联络、信息报送和指挥，有效提高了各级综治中心的快速反应能力，形成了党委领导、政府主导、综治协调、相关部门齐抓共管、社会力量积极参与的良好局面，社会治安综合治理水平显著提升。

在县级层面，京山市组建了区域性枢纽平台——市综治中心，实现了对各类矛盾纠纷、信访问题"一个平台受理、一个平台分流、一个平台反馈、一个平台考核"。首先，采取"三联通、四整合、五联动"的运行模式。"三联通"即核心部门一室联通、专人入驻；重点单位一线联通、专人值守；其他单位一网联通、网上办公，实现了综治信息化系统、视联网和公共视频监控网"三网合一"。"四整合"即整合市行政服务中心、市网格化管理监督指挥中心、市群众来信来访接待中心和各部门资源，由此形成了"矛盾联调、治安联防、平安联创、问题联治、管理联抓"的"五联动"工作机制。其次，平台的组织设置为"一办三室一窗口"。"一办"为中心办公室，负责协调中心各功能室之间的工作。"三室"包括专班工作调度室、监控研判室以及矛盾纠纷调处室。其中专班工作调度室的主要职责为搜集汇总信息、解决问题、跟踪督办各转办工作和各单位的工作进展，并对成员单位进行监督考评；监控研判室建立"鼠标巡逻制"，借助网格化与公安局的视频监控系统，起到实时监控社会治安状况的作用，并对社会治安形势进行分析研判；矛盾纠纷调处室负责受理、研判跨区域或涉稳的重大矛盾纠纷，由综治、维稳、公安、质监等 24 个部门指定专人，采取一事一议的方式入驻。"一窗口"为信访中心设立的涉法涉诉信访接待窗口，作为连接综治中心与信访中心的信息平台，有效地实现了"诉访分离"。

在镇级层面，京山市新市镇于 2017 年成立新市镇综治中心，推行全新综合治理模式，作为全镇的信息民情收集中心、矛盾纠纷调处中心、群防群治指挥中心、和谐稳定维护中心的综合体。设立"一厅一办三室"，分别为群众接待厅、综治办、矛盾纠纷调处室、监控研判室、视联网工作室。其中群众接待厅中分设综治、信访、民政、司法、人社等多个部门窗口，各单位合署办公、协同共治，实现了"一站式管理，一条龙服务"，全面推行一个窗口服务群众、一个平台受理反馈、一个流程调处到底、一个机制考核落实的"四个一"运行模式。在全镇建立起流畅的综治工作组织指挥—及时处置—反馈意见—科学决策的工作机制。

在村级层面，新市镇四岭村长期以来存在凝聚力弱化、治安防范能力薄弱、治安形势复杂等诸多社会治理问题，隐藏着不稳定因素。为此，四岭村因势而谋，通过组建综治中心，设立"一厅一办六室"，即群众服务大厅、综治办、驻村警务室、信访代理室、法务室、治安监控室、矛盾纠纷调处室、视联网工作室。将传统手段与现代科技充分融合，标本兼治，强化"事务联管、服务联动、美德联创、治安联建"，深化"法治建设、信息化建设、文明建设、平安创建"，全力打造"法制型、智慧型、文化型、和谐型"乡村，实现了乡村的立体化、精细化治理，走出了农村平安创建的新路子。

另外，京山市以村（社区）自治组织为依托，在全县（市）的村（社区）试点推行法务室创建工作，通过整合司法干警、村（社区）两委干部、法务工作志愿者等多方资源和力量，构建了一个融普法、调解、社区矫正、法律援助和法律服务等为一体的司法行政服务网络体系，将司法行政服务职能向基层延伸，取得了明显效果，打通了司法服务"最后一公里"。目前，全市已有 296 个村（社区）开始建立法务室。法务室建成以来，共制发"法务联系卡"3 万多张，印发相关宣传资料近 7 万份；受理各类矛盾纠纷 1376 件，调处成功 1349 件，调解成功率达 98% 以上，涉案总金额 1741.3 万元。在全市办理的 259 件法律援助案件中，法务室协助办理了 174 件，还间接协调指导办理公证、咨询等各类法律事项 1011 件。在社区矫正方面，法务室先后协助管理社区矫正人员 192 人，无一例重新犯罪；将刑释解教的 322 人纳入了帮教、监管，没有出现脱管、漏管现象。

二　技术添力 构筑信息化治理体系

随着互联网信息技术的发展，信息技术在国家管理和社会治理中的作用逐渐凸显，社会治理模式正在从单向管理转向双向互动，从线下转向线上线下融合，从单纯的政府监管向更加注重社会协同治理转变。因此，要顺应时代发展趋势，把现代科技运用作为社会治理现代化的大战略、大引擎，推动社会治理工作实现跨越式发展。2015 年 9 月，全国社会治安防控体系建设工作会议提出，要加强基层综治中心建设，并通过现代信息技术，将服务管理资源沿网格延伸，提高相关部门服务群众、化解矛盾、维护稳定的水平。

京山市以网格化管理、"智慧京山"为抓手，以综治信息化建设为统领，依靠信息技术，整合资源，创新开展社会治理工作，建成了城区、镇街道、村社区三级综治中心，每个中心以网格化管理信息系统、综治视联网系统为支撑，将视频监控、城市管理、微信互动等功能整合起来，统一调度、扁平指挥，形成"纵向贯通、横向集成、安全可靠"的信息平台。围绕"社情全掌握、事件全处理、管理全覆盖、服务全方位"的工作目标，使各级综治中心真正成为指挥决策中心，使社会治理逐步实现精细化、信息化、系统化、长效化、立体化、便民化，把信息化建设成果转化为平安建设的核心战斗力，提升社会治理智能化水平，使社会服务和城市管理由"乱"变"治"，为京山市平安建设和社会治理提供新的增长点，以基层"小网格"托起社会"大民生"。

通过网格化信息平台的建设，京山市掀起了一场社会"治理革命"。

第一，通过信息化平台更好地服务群众，提高社会治理工作效率和管理水平。系统运用先进的信息技术和现代管理理念，全面整合综治、维稳、公安、信访、民政、计生等多个职能部门的各类管理服务资源，构建区域性、网络化、社会化、信息化的社会综合管理服务平台，建成资源共享、联动共管、动态跟踪、全面覆盖、高效快捷、科学管理社会和服务民生的信息化管理体系，实现跨层级、跨地域、跨系统、跨部门、跨业务的协同管理和服务，为社会治理插上了腾飞的翅膀。京山市数字化城管平台实现了数字城市虚拟立体呈现，为城市管理快速定位、高效运转奠定了基础。2016 年 12 月 17 日，城管监督员在轻机大道巡查时发现，富水花园出门处地下自来水外流，立即通过城管通将案件上报至市网格化平台，网格指挥中心及时将案件派遣至市自来水公司，大约 40 分钟水管阀门得到修复。城市管理从传统的人工调度走向了智能调度。截至目前，全市上报城管案（事）件 26356 件，处置率达 98.8%，办结率达 91.2%。

第二，加快推进社会服务与城市管理精细化，从源头上解决实际问题。京山市积极探索、大力推广网格化，将城市管理、社会治安、社会服务纳入网格化体系，实施精细化管理。将全市划分为 113 个城市社区网格和 1650 个农村网格，按照"一格一员"配备网格员，网格员坚持走访入户、收集信息、了解民情、转达民意、宣传政策、代办服务。市民政局、公安局、卫计局等 17 个市直部门共 101 项行政审批和公共服务事项下沉至村（社区）办理，基本做到"小事不出网格、大事不出镇区"。综治中心是社会治理的"大脑中枢"，那遍布城区的网格员和监控视频就是一双双犀利的"鹰眼"，实现社会服务的便捷化、城市管理的精细化，其目的是从源头上发现社会问题、了解群众需求，实现由"粗放式"管理到"精细化"服务的转变。截至目前，京山市共办理民生事项 73258 件，化解矛盾纠纷 46220 件。

第三，利用高新科技实现社会治理资源的整合，建立社会问题的精准防控处置机制。京山市通过建设全市一体化的大数据信息中心，扎实推进综治信息系统、综治视联网建设，促进了综治专业数据、政府部门管理数据、公共服务机构业务数据、互联网数据的集成共享。利用互联网扁平化、交互式、快捷性优势，打破地区、部门的信息割据，推进了政府决策科学化、社会治理精准化、公共服务高效化、问题处理协同化，用信息化手段更好感知社会态势、畅通沟通渠道、辅助决策施政，充分发挥科技创新的力量，实现对各类安全风险的自动识别、动态预警，推动了社会治理的智能化。

京山市新市镇四岭村为了深入创建平安乡村，运用"互联网＋地网"的技术，采用"1+8"的功能构架，构建了"一个平台，八大应用"的立体化防控体系。一个平台即"智慧平安乡村云平台"，所有的设备信号、传感信号均可自动汇聚到云平台，实现联网联动，全局掌控，并与网格化对接，充分利用好原有的资源和投入。八大应用分别为十户联防、视频监控布防、重点人群守护、财产防盗、家庭防护报警、移动平安通 APP、电子巡更系统、社会治安保险。利用新型信息技术四岭村构建起守护四岭平安和谐的天罗地网。另外，廖承枫社区警务室也通过现代化手段，如"萤石云技术"、视频监控、电子围栏、人流量预测分析等，改变传统"脚板"加"笔头"的工作方法，探索了集预防、打击、管控、维稳于一体的社区立体化治安防控体系。

三　监督提力，创新实效性考核机制

2012 年以前，京山市综治办是一个半务虚型的机构，工作只涉及统筹协调社会治安、群防群治等内容。随着综治办的工作领域不断拓宽，工作任务不断增多，工作压力不断加大，综治办人少事多、社会治理和部门管理缺位的问题逐渐凸显。由此导致了综治办粗放式的管理模式，各部门责权不清，考评粗泛，约束力不强，合力不足，造成社会治理效能低下，综治工作出现了"综而不合、合而不治、治而不改"的局面。

为了改变现状，京山市探索实行"三全三创三化"的综治绩效管理考评，以网格化平台为载体，以个性化考评为手段，将管理权限下放到社区，通过信息系统实现管理的精细化、流程化、跟踪化，考评的个性化、日常化、累积化，形成对部门履职情况的有效监督，推动部门主动行政、依法行政，形成了齐头并进、齐抓共管、齐心协力共创平安的新格局。

首先，构建"三全"的管理格局。主要侧重于管理，着力解决工作缺位的问题。即管理网络全覆盖，利用网格化信息平台，建立了覆盖全市所有 16 个镇（区）、332 个单位、30 个社区和 10 个工作专班的综治管理网络，并设立了三级管理平台；工作任务全覆盖，梳理归类确定社会治理的重点项目，按照"有职能、能够管、管得住"的原则，设置了"各不相

同，各有侧重"的个性化考评项目（目前，京山市平安创建、寄递物流、易肇事肇祸精神障碍患者救治救助等60多项社会治理任务全部按主责与次责纳入了部门考评）；工作责任全覆盖，一是以信息化为抓手，压实工作责任，二是以考评为抓手，压实主管责任。

其次，确立"三创"的考评基调。主要侧重于考评，着力解决考评不科学、不公平的问题。围绕"考得全"，创优考评项目。以补短板为重点设置共性指标，以聚合力为重点设置个性指标，以提效能为重点设置日常指标。围绕"考得准"，创优考评方式。实行日常考评与集中考评相结合、网上考评与网下考评相结合、专班评分与部门互评相结合。围绕"考得公"，创优考评结构。精细划分考评对象，并分类进行评价。

最后，打造"三化"的数据体系。侧重于运用信息化和大数据，提升管理和考评的效能。实现了绩效考评数据汇总自动化、结果分析智能化、信息数据共享化。京山市工作的效率大幅提升，以往需要三个人花一周时间完成的工作，现在只需要一个人用三天的时间就可以完成。

四 保障助力、提供多方位机制支持

京山市市委、市政府高度重视平安建设和社会治理工作，将推进综治中心建设看作创新社会治理方式、深化平安京山建设的重要基础性工程。按照中央、省、市关于全面深化平安建设的总体部署，不断加强组织领导和工作保障机制，严格保障措施，把中心建设管理作为今后一个时期的重要工作任务来抓，集中人力、财力、物力，保障综治中心建设运行维护等工作顺利开展。推进综治中心建设运行落地生根、开花结果，打造京山综治工作特色品牌。

一是经费保障到位。根据工作需要，安排专项工作经费，市、镇（区）两级综治工作经费按人均2元的标准全额纳入财政预算，增加网格化管理、涉法涉诉、城区治安巡逻经费1000多万元。为综治维稳工作的开展提供了有力的经济支撑。

二是制度保障到位。根据综治维稳工作机制要求的变化，按照分级的责任，统一的标准模式，结合各村（社区）、各单位的特点，制定了各项综治维稳制度，采取层层签订工作责任状的方法，促进工作落实。另外，

京山市对政法综治工作大力倾斜，为综治工作实施黄牌警告、一票否决和查究领导责任做坚强后盾，并且对市委政法委 90% 的干部，乡镇 80% 的综治干部进行了提拔与重用。使综治部门真评真否，增强了社会治理活力。市委市政府推动了"平安京山"建设向更高水平、更高层次发展。

三是强化宣传发动，凝聚社会共识。京山市主办了以"六五普法进万家、平安建设靠大家"为主题的社区文化节，配合综治成果展，深入 16 个镇（区）进行巡回演出、巡回宣传，参与群众 10 万余人；印制《平安京山》报 20 万份，免费赠阅到每家每户；利用电视、广播、网站、横幅、标语、宣传单、电子显示屏铺天盖地式地进行宣传，使群众对平安建设的知晓率、参与率明显提升。

四是注重方式方法创新。平安建设的弱点在基层，活力点也在基层。京山市针对基层资源少、保障弱、力量小的问题，培育各类植根基层并发展壮大的创安模式，先后打造了湾长理事、信访代理、廖承枫警务室等全省有影响的创安品牌，探索总结了"湾长领衔创无案、科技防范创无案、村企共建创无案、门洞关照创无案、星级评选创无案"的"五创"无案村居模式。创新机制为综治工作提供了保障。

结　论

党的十八大以来，京山市围绕"三农"领域工作开展了系统性改革探索，改革发展卓有成效。可以说，京山市以系统改革路径引领乡村振兴的实践为当前我国实施"乡村振兴"战略提供了有益的地方经验。改革永远无止境，改革一直在路上，京山深改实践也将围绕新的现实问题一直深入推进下去。当然，及时梳理并总结盘点京山改革的意义与价值、思路及特点、问题与不足，对于今后一个时期继续深化农村各领域改革，乃至指导其他地区开展相关改革都有着重要意义。

一　京山深改的意义与价值

（一）京山深改是充分回应中央命题的地方答卷

党的十八大以来，全面深化改革风气日浓，改革的顶层设计日渐成形，十八届三中全会通过了《中共中央关于全面深化改革若干重大问题的决定》（以下简称《决定》），对全面深化改革的意义和指导思想进行了明确，对经济、社会和政治等重点领域的改革进行了战略性部署，提出了顶层设计与摸着石头过河相结合的改革路径，强调中央整体推进与基层实践探索的互动，坚持党的领导和群众的首创精神的合力，这些重要的论述也为地方实践探索和群众的自发创造开辟了新的道路。习近平总书记指出：

"改革是由问题倒逼而产生，又在不断解决问题中得以深化。"因此，改革的关键不仅在于科学的顶层设计，更在于不断在社会实践中针对社会突出存在的矛盾问题开展系统性改革。2013 年以来，京山市通过全面深化各领域改革，提交了一份充分回应中央命题的地方答卷。

京山市积极对标中央要求的各项改革任务，各领域改革都有着明确改革目标，改革有着明确的方向性与针对性。如《决定》指出："完善产权保护制度，……健全归属清晰、权责明确、保护严格、流转顺畅的现代产权制度。"这一改革要求为京山市推进农村产权制度改革指引了明确的改革方向。近年来，京山市通过深化农村土地产权制度改革，通过对承包地、宅基地、林地、集体建设用地等各类农村土地进行确权颁证，充分明晰了农村各类土地资源要素的产权权属，并赋予了其较为完善的产权权能。而京山改革的亮点之一——农村集体资产股份权能改革——的推进，充分激活了闲置的集体资产、资源，相关改革试点任务得以圆满完成。又如，《决定》指出："加快构建新型农业经营体系。坚持家庭经营在农业中的基础性地位，推进家庭经营、集体经营、合作经营、企业经营等共同发展的农业经营方式创新。"对此，京山市立足前期农村土地产权制度改革成果，加快推进农业领域供给侧改革，以市场化服务对接家庭经营，以培育新型农村经济合作组织开展集体经营，以创造股份联结机制推进合作经营，以推动土地等生产要素合理流转发展企业、大户经营。近年来，京山市通过鼓励与引导农村发展合作经济，扶持发展规模化、专业化、现代化经营，在加快新型农业经营体系建设方面也走在了时代前列。

纵观京山市所推进的各项改革，无一不是在党和国家给出的命题框架内通过实践给出了答案。自上而下的改革任务部署与自下而上的改革实践成果充分对接，一个个时代改革命题在京山得以有效作答。京山的改革实践不仅有效促进了京山当地经济社会各项事业的发展，更为解决当前我国广大农村地区普遍面临的诸多难题给出了解决路径。

（二）京山深改是有效实践乡村振兴战略的路径探索

党的十九大报告中指出，中国特色社会主义已经进入新时代，社会主要矛盾已经从"人民日益增长的物质文化需要同落后的社会生产之间的矛盾"转化为"人民日益增长的美好生活需要和不平衡不充分的发展之间的矛盾"。这段对于新时代面临新矛盾的描述，是一个极其准确而重要的论断。可以说，当前国家发展中存在的最明显的不平衡，就是城乡之间的不平衡，最严重的不充分就是农村发展的不充分。如何引领乡村振兴，补齐农业现代化这条短腿，弥补农村现代化这一薄弱环节，让广大农民共享现代化的成果，需要各地在改革实践中贡献智慧。而党的十九大提出实施"乡村振兴"战略规划，恰逢其时地为今后一个时期我国"三农"事业发展指明了方向。

习近平总书记强调："农业农村农民问题是关系国计民生的根本性问题，必须始终把解决好'三农'问题作为全党工作重中之重。要坚持农业农村优先发展，按照产业兴旺、生态宜居、乡风文明、治理有效、生活富裕的总要求，建立健全城乡融合发展体制机制和政策体系，加快推进农业农村现代化。"京山市在历史上就是闻名全国的农业大县，面对近年来乡村逐渐衰败凋敝的发展现实，如何通过系统改革实现乡村振兴，考验着京山人的改革智慧。

对此，京山市通过深化涉农各领域改革，开辟出一条以链条式系统改革路径引领"乡村振兴"的新路子。具体而言，即以产权制度改革发动，赋予农民更多财产权益；以经营体制创新驱动，激活农业发展内生动能；以美丽乡村建设推动，改善农村生产生活环境；以和谐乡风缔造联动，弘扬社会公共道德风尚；以社会治理改革拉动，创新基层社会治理体系，有效推动农村产业兴旺、生态宜居、乡风文明、治理有效、生活富裕。可以说，通过激活农村综合改革链条，京山市充分发挥涉农各领域改革的联动效应，为加快推进农业农村现代化、促进城乡社会融合发展、实现"乡村振兴"战略提供了有益的地方经验。

（三）京山深改是有效推进试点式治理的典型案例

京山市在深化各领域改革过程中形成了一系列改革方法论，其中，以试点牵引改革发展的"试点式治理"方式值得关注。当前，我国已进入改革深水区和攻坚期，改革稍有不慎，便会使一些处于隐蔽状态的社会问题与潜在风险暴露出来，这就需要各级政府在推进全面深化改革的过程中积极而有序、蹄疾而步稳。保障改革有序推进，合理有序推动改革试点工作是必不可少的环节，京山市各领域改革的顺利推进也离不开改革试点工作的有效开展，可以说，试点工作不仅是改革政策是否有效的试金石，更是优化调整改革方案、矫正改革实施路径的方向盘。

在京山市各项改革实践过程中，股份权能改革的试点实践值得深入研究。一般而言，村集体所占有的集体经营性资产、资源规模会受到历史因素、现实自然条件、相对区位等多方面因素的影响。为了充分调动不同类型村庄农民参与农村集体资产股份权能改革，京山市在推进改革试点过程中，因村制宜、分类施策，通过试点工作探寻适合不同程度集体资产占有水平村庄的改革模式。2015年，京山在全县选取了10个改革试点村推进农村集体资产股份权能改革，这10个村既有靠近城区、园区，集体经营性资产规模较大的城郊村、园中村，也有位于平原地区，集体经营性土地资源较为丰富的纯农村。除此之外，首批试点还特意选取了部分集体经营性资产、资源均相对匮乏的空壳村、负债村。通过分类指导不同类型村庄开展改革试点，京山市掌握了县域不同类型村庄改革所面临的不同问题，并通过试点找到了破解这些问题的解决方案。特别是京山市在推进空壳村、负债村的股改试点过程中，创新性地提出了"虚拟股份"的概念，通过设置集体成员资产量化系数，有效解决了此类村庄村民参与改革动力不强的问题，"虚拟股份"的设置也调动了村民合力发展集体经济的积极性，激励群众早日将"虚拟股份"转化为"实际分红"。

长期以来，基层群众往往认为改革试点是尚不完善的政策在实践中进行的试验，试点风险往往大于收益。而在京山市，由于改革试点工作部署缜密得当，改革试点方案针对性强，因而敢于"先吃螃蟹"的改革试点村大都得到了更好的发展先机。因此近年来，京山市很多村居争做各项改革的试点，基层勇于改革的氛围相当浓厚。如新市镇城畈村原本不属于县级首批股改试点村，但该村村委书记庹大明说："国家推进的农村改革出发点是为了农民，当我听说要开展股份权能改革试点的消息后，就主动联系了县经管局和乡镇党委有关领导，主动报名承担改革任务。"可以说，政策有指引、县域有部署、集体有能力、群众有所需让一项项改革试点工作在京山的大地上落地生根，一项项改革创新经验也根植于改革试点沃土破土萌芽，为全面推进涉农各领域改革打下了坚实基础。

（四） 京山深改是改革理念与实践探索的深度融合

京山深改是一场涉及农村各个领域的综合性改革，在改革之初，京山市有关领导便树立了明确的改革理念，即破除现阶段阻碍"三农"各项事业发展的制度阻梗，通过改革建立起具有现代性的农村产权制度、农业经营体系、农村社会基层管理体系。这些改革理念的确立为京山深化农村改革、推进乡村振兴战略实施指明了方向。在改革深入的过程中，京山市还通过借才引智，邀请从事农村领域研究的专家学者进行指导，以更深入、系统地推进各领域改革。

2017 年，京山县人民政府与华中师范大学中国农村研究院达成合作，以长江学者徐勇教授、邓大才教授为首的研究团队深入京山当地，开展了一系列实地调研活动，总结梳理一个时期以来京山深改的经验做法，并为当地改革试点工作的下一步推进提供了理论指导。在有关专家学者的帮助下，京山市有关农村综合改革，特别是有关农村集体资产股份权能改革的改革路径、方法得到了进一步优化创新。

一场改革能够发挥应有的效益，不仅离不开系统的改革路径、完善的制度设定，更离不开扎实的落实推进。京山市在形成全面的改革理念与系统的改革方法的基础上，各级、各部门真抓实干，搞调研、抓改革、促落实。特别是京山市将相关改革任务的完成情况纳入各部门、各层级主要领导干部的考评体系当中，以监督考评作为倒逼改革实践的有效途径，真正将改革理念落实到农村改革的各个战场，实现了改革理念与实践探索的深度融合。

二　京山深改的思路与特点

（一） 京山深改充分运用了系统性改革理念

党的十八届三中全会指出："注重改革的系统性、整体性、协同性。"作为决定当代中国命运的关键一招，全面深化改革是事关党和国家事业发展全局的重大战略部署，这场改革不仅仅是某个领域、某个方面的单项改革，更是一场深刻而全面的社会变革，是"牵一发而动全身"的系统工程。任何一项改革举措都可能对其他改革产生影响，同时又需要其他改革协同配合。特别是党的十八大以来，涉农领域改革比以往更全面、更深入，这就要求改革必须坚持全局观念，加强顶层设计和摸着石头过河相结合，整体推进和重点突破相结合，更加注重各项改革的系统性、整体性、协同性，以更好地形成改革合力。

近年来，京山市深化涉农各领域改革，改革一步跟一步，一环扣一环，系统改革、接续改革的改革理念得以充分落实。从深入推进"五地同确"的农村"全产权化"改革，到围绕产权清晰的农村土地要素探索不同形式的现代农业经营方式，这一改革的先后手不仅明确了农村各类土地资源的权属，更有效激活了市场，激活了要素，激活了主体，大大增强了农业农村的内生发展动力，同时也为推进农业供给侧结构性改革，加快培育农业农村发展新动能奠定了坚实的基础。在农业产业不断兴旺、农民不断致富增收的同时，我国还面临着长期城乡二元体制带来的城乡基础设施建设、社会文化发展不均衡问题。京山市运用系统改革思维，在推进农村产权制度改革、农业经营制度改革的同时，注重解决农村全面可持续发展的问题，通过建立不同形式的利益联结机制，将村民自身生活状况与村集体乃至整个农村的社会发展水平挂钩，通过社会治理领域的一系列改革，为农民参与乡村治理提供了平台，为村民参与乡村建设发展提供了机遇。农村村容村貌持续美化，社会文化不断繁荣，文明程度不断提高，真正走出了一条以产权制度改革发动、以经营制度变革驱动、以社会治理改革推动、以社会建设改革联动的系统性、整体性、协同性改革路径，改革路线清晰明确、层层递进，改革成效逐层显现、全面开花。

（二）京山深改充分结合了现代化发展要素

京山深改的另一大特点在于改革过程充分吸收了各类现代性的发展要素。首先，京山市在全面深化农村产权制度改革的过程中，十分注重现代性农村产权制度的构建与完善。党的十九大报告指出："经济体制改革必须以完善产权制度和要素市场化配置为重点，实现产权有效激励、要素自由流动……"产权制度是社会主义市场经济体制的基石，是社会主义市场经济体制的基础性制度，稳固明晰的产权制度不仅有利于保障市场秩序，使各种类型产权得到清晰界定、顺畅流转和严格保护，更可以有效激活市场主体的活力和创造力，增强经济发展的持久动力。京山市在推进改革的过程中，十分重视产权这一现代性生产要素的价值。京山深改的起点在于

"五地同确"的农村产权制度改革，这一充分体现产权价值的涉农领域"全产权化"改革为后续实现各种形式的新型农业经营提供了坚实保障。值得一提的是，京山市在推进农村集体资产股份权能改革试点过程中，将原本"原则上村民共有，实际上人人无权"的农村集体资产进行了清理确权，让每一位集体经济组织成员充分实现了对于集体资产权益的享有。明晰的产权归属、充分的权能赋予极大激发了农民群众参与集体经济发展的积极性与主动性，一大批新型集体经济合作组织应运而生。在集体经济规模扩大的同时，农民群众切实享受到了集体发展带来的股份分红等财产性收益。

其次，京山市在全面推进农业经营制度的改革过程中，十分注重运用市场这一现代化发展要素解决各类农业生产要素的供给与配置问题。党的十九大报告明确指出："（要）构建现代农业产业体系、生产体系、经营体系，完善农业支持保护制度，发展多种形式适度规模经营，培育新型农业经营主体，健全农业社会化服务体系，实现小农户和现代农业发展有机衔接。"京山市在推进新型农业经营主体培育过程中，通过因村制宜、分类探索，将合作化经营、股份化运作、市场化服务等现代性经济要素引入乡村，形成了以"小农户、大服务"为特征的"绿丰模式"、以"村企共建、互借互补"为特征的"盛老汉模式"、以"村企一体，合股经营"为特征的"马岭模式"等多种新型农业合作经营模式，有效推动了家庭经营、集体经营、合作经营、企业经营多种农业经营方式协同创新发展，县域农业发展水平得以借"市"升级。

（三）京山深改充分尊重了人民群众的主体地位

"民可近，不可下；民惟邦本，本固邦宁。"习近平总书记多次强调，要让人民群众有更多的获得感，"让改革发展成果惠及更多群众，让人民生活更加幸福美满"。纵观京山市所推进的各领域改革，人民群众自始至终都是改革的出发点与落脚点，充分尊重群众意愿、广泛调动群众参与、有效保障群众权益、切实增进群众福祉成为贯穿京山市各项改革的一条基本原则。在农村集体资产股份权能改革试点过程中，充分尊重人民群众主体地位这一原则得以充分显现。在股改推进实施过程中，京山市各试点村居通过各种形式广泛开展政策宣传，引导村民参与到改革过程中来。在群众关切的村集体经济组织成员身份确定上，京山市经管局在制定《农村集体经济组织成员身份界定指导意见》给予指导的基础上，充分还权于群众，对于群众争议较大的外嫁女、迁入户等特殊群体是否纳入集体经济组织成员范围这一问题，由各村群众自行商议表决，而非制定"一刀切"的界定方案。充分的群众议定，使原本极容易产生矛盾的"清人分类"工作得以顺利推进。而在堪称股改"重难点"的股权配置环节，京山市充分尊重人民群众主体意愿，制定了"尊重历史、照顾现实、权责对等、群众认可"的十六字工作原则，引导各村依据本村实际情况，由群众充分议定形成股权配置方案。各村按照这一原则充分探索不同村情条件下的股权配置形式，探索出了"节点配股法""贡献配股法""村组两级配股法"等不同配股方案，充分保障了群众利益。此类通过群众议定形成的多样化、系统化股权配置模式，也为我国其他地区开展农村集体资产股份权能改革提供了宝贵的经验支持。

除此以外，京山市在所开展的一系列社会基层治理改革实践中，同样十分重视人民群众的主体地位，如探索实施"湾长理事制"，通过划小自治单元，明确自治主体，激活基层村民自治；通过实行"信访代理制"实现群众矛盾化解前移，群众合理诉求得以高效回应落实；通过实行"善行积分制"激发村民共同参与，有效实现了以农村社会管理服务"微互动"推动农村基层治理能力"大提升"。党的十九大报告指出，要"加强农村基层基础工作，健全自治、法治、德治相结合的乡村治理体系"。京山市所推行的一系列涉及社会治理领域的改革创新举措，让人民群众参与到社会治理中来，充分实现了自治落地、法治下乡、德治惠民，形成了社会多元主体互动共治的新局面，有效提升了基层社会治理能力与治理体系的现代化。

（四）京山深改是一场政府的自我革命

党的十八届三中全会通过的《中共中央关于全面深化改革若干重大问题的决定》提出了加快转变政府职能、深化行政体制改革、推进公共治理体系和治理能力现代化的目标任务。可以说，简政放权是构建服务型政府的核心，也是全面深化改革的"先手棋"和转变政府职能的"当头炮"。然而，如何提高简政放权的"含金量"，切实确保改革"蹄疾而步稳"，考验着各级政府的执政智慧和改革决心。

对此，京山市先试先行，以构建服务型政府作为深化行政体制改革的总体目标，通过系统性深化改革路径，深化简政放权，践行着一场政府深层次的自我革命。自 2013 年以来，京山市政府通过制定政府工作部门权责清单、市场准入负面清单、部门专项资金管理清单和公共服务事项清单"四个清单"，推动社会治理网、城市管理网、公共服务网"三网融合"，构建社会治理点对点的平台支撑，使公共服务资源得以优化聚集，公共服务能力得以提档升级。除此之外，京山市还通过开展多个重点领域的"放管服"改革试验，进一步释放改革红利。如当地通过整合社会公共服务资源，实现了社会救助"一门受理"、公共检验检测"一门办理"，不仅有效缓解了群众办事难题，还形成了一系列可复制、可推广的行政体制改革方案。总体上看，京山市行政服务体制改革成效显著，有效转变了政府职能，充分激发了市场活力，切实增进了群众福祉。为企业"松绑"，为群众"解绊"，"放管服"改革京山模式逐步成形。

三　对于京山深改的进一步探讨

1. 农业社会化服务体系有待进一步完善

京山市通过深化农村产权制度改革、农村经营体系改革，目前已经形成了较为完备的复合农业经营体系。但目前来看，当地小农户家庭生产仍面临诸多问题，农业社会化服务水平仍需进一步提升。下一阶段改革过程中，应重点考虑如何整合农业社会化服务资源，形成较有规模的农业社会化服务公司或经营主体，为小农户经营提供水平更高、选择更为多元的社会化服务。

2. 政经分设后的农村基层治理体系亟待完善

京山市在推进实施农村集体产权制度改革过程中探索了农村政经分设，但从实际运行效果来看，实现真正意义上的农村政经分设还需时日。因此，在下一阶段改革过程中，当地应进一步探索形成现代化农村基层治理体系，实现农村党支部发挥引领作用、村委会发挥社会服务功能、村集体合作组织发挥集体经济经营功能的基层互动治理局面，三者职能相互独立又相互补充，使新时期农村社会管理领域新"三驾马车"并驾齐驱。

3. 改革运作机制的制度化有待进一步加强

制度化是保障改革长期稳定运行的有效举措，从当前京山市各项改革事业来看，人的因素还占相当大比重。一是负责改革工作的各部门领导人在改革推进过程中起到了极其重要的作用，但一旦从事相关改革的领导人发生职位调动，一定程度上会影响着改革的继续深入推进，甚至可能出现"人走政息"的后果。二是乡土能人在改革过程中起到了极为重要的作用，但这种对能人的依赖使改革缺乏稳定性和连续性，长此以往将会限制村庄集体经济的持续发展。因此，形成机制化、制度化的改革运作机制是今后一个时期京山市深入推进各项改革必须解决的问题。

个案篇

精稳有序：城畈股改何以领跑在前

——基于对湖北省京山市城畈村农村集体资产股份权能改革的个案调查

长期以来，我国农村集体资产管理中存在"产权归属不清、经营权责不明、集体收益难分"等亟待破解的难题。为破解该系列难题，2016年，国务院《关于稳步推进农村集体产权制度改革的意见》指出，要"不断深化农村集体产权制度改革，……切实维护农民合法权益"，同时《意见》强调，改革应主要在有经营性资产的村镇，特别是城中村、城郊村和经济发达村开展，为股改指明了方向。湖北省京山市作为全国29个股份权能改革试点之一，在探索股份权能改革方面做出了重大努力，其中，城畈村的改革颇具特色。城畈村地处京山市新市镇，距市中心1.6公里，村中共有22886人，是一个经营性资产较为丰富的典型城郊村。该村东北临近京山火车站，城区主干道轻机大道穿境而过，交通运输十分便捷；西临京华农贸中心，市场位置占优，多项地理优势助力其成为集体经济增收的"潜力股"。立足潜在优势，如何实现由"潜力股"到"绩优股"的转变成为村集体亟待探索的新课题。2016年，城畈村"主动请缨"，成为京山农村集体资产股份权能的首批试点村，先试先行闯出了一条股改道路。股改过程中，该村以充分彻底的前期筹备、精细有序的举措落实、创新灵活的机制建设、惠村利社的成效落地，走出了一条精稳有序的股改新道路，破解了改革试点推进过程中所遇到的一系列难题，打造了农村集体资产股份权能改革的成功样本，为深化农村集体资产股份权能改革做出了有益探索，形成了农村集体资产股份权能改革的"城畈样板"。

一　股改缘由：内生外引合力齐驱

（一）困境：集体资产管理乱象丛生

与全国大多数农村一样，股改前的城畈村在发展集体经济过程中，面临着集体资产经营管理不善的问题，具体来说，表现为集体资产经营效益不容乐观、产权归属模糊不清、成员身份难以界定、收益分配无章可循。这些问题的存在严重阻碍了集体经济的发展壮大，制约了农民群众的致富增收。

1. 集体资产管理紊乱

城畈村集体资产权属不清、管理无序问题由来已久。一方面，模糊的产权边界以及习惯性的错误认知，使集体资产在名义上为"集体所有"，实则"人人无份"。村民代表袁国祥认为："集体资产长期以来由村委会打理，至于管理、运营情况到底如何，我们一概不知。这么多年来，大家总认为集体资产等同于村委会的资产，跟寻常百姓似乎没有太大的关联性。"另一方面，在财务设置上，村委会与集体财务采取"一本账"的管理方式，并未分设村委财务收支与集体资产财务收支"两条线"，导致财务账目混乱、收支细则不详、账目公开不力等乱象。对此，村民们心存芥蒂，均希望尽快实现财务独立分设，以便让群众知晓集体资产的收入、支出、效益等情况。

2. 集体资产经营低效

地处城郊的城畈村，集体占有着总量较大的门店、库房、厂房等经营性资产，这些资产本可借助优越的区位优势，产生较高的经济效益，但是，由于集体资产未能充分实现市场化运营，村集体收入一直不高。针对该现状，村会计张文波讲道："过去，这些空闲的场地一直处于搁置状态，村集体也未能发现其潜在价值。现如今，把这些场地清理出来，投入市场中使用，还能产生租金收入。"此外，集体资产经营不规范也是导致经营低效的重要原因，在股改之前，两委干部掌握着集体资产的经营管理权，在厂房出租上代表出租方，村民及外来者则为承租方。倘若村民与村干部私交关系良好，村民则可通过请吃饭、喝酒、娱乐等方式强化人情联络，促使村干部优先将门店、库房租让给自己，造成了村集体经营活动只由村干部个人"拍脑袋"决定的困局，导致集体资产经营效率大打折扣。

3. 集体成员身份不明

长期以来，村民们均认为集体财产属于公共资产，但是问及"公共资产"中是否包含"个人一份"时，村民们对于自身资格认定的态度显得模棱两可。村民郭义明说："正常情况下，集体资产经营情况需要接受大众监督，经营结果不理想，应该加以指出，可是我不知道个人是否有资格去提出监督意见。"可见，村民们并不确定自己是否具备集体经济组织成员资格，是否属于集体经济组织的一员，是否拥有监督集体资产运营情况的权利。另外，城畈村在城乡一体化进程中，人员流动频率高，外出务工人数多，外嫁女、外来户、空挂户较为普遍，导致成员身份愈发模糊。农户张文波表示："长期以来，村中人员构成情况复杂，村委从未对集体成员身份进行界定，我们只觉得老户应该有资格，新户就不确定了。"

4. 集体收益分配不公

经过十多年的经济发展，城畈村取得了一定的发展成果。截至目前，城畈村拥有制衣厂、纸箱厂等企业共 25 家；商业门店 89 个，价值约为 2459.6 万元。随着集体资产总量不断增加，村民分享经营成果的欲望水涨船高。不过，极其渴望分红的村民，也未能如愿地将集体经营收益的现金流引入自己的"腰包"中。集体资产收益尚未进行分配，也未用于村庄基础设施建设，对此，许多群众不禁唏嘘："虽然集体积累了一定收益，但是百姓并没有得到实质的好处！集体收入留着干什么，用在何处，我们全然不知道。"此外，村中不曾制定集体资产收益分配方案，对于如何分配、分配给谁、谁来分配等问题从来没有进行过详尽探讨，集体资产收益分配始终处于"真空"状态。

（二）动力：股改破冰需求刻不容缓

习近平总书记指出，"改革是由问题倒逼出来的"，大势要改，人心思改，不能不改。面对村中集体资产管理、运营、收益、分配中存在的"症结"，城畈村村民以强烈的主人翁意识，渴望寻求办法，破解当前困局。这也催生了内在的改革动力。

1. 集体：发展集体经济，势在必行

发展壮大村级集体经济，既是城畈村集体工作的重点，也是村民的共同期待。村两委立足集体经营性资产比较丰富，但效益不尽如人意的现状，努力探索有效发展道路，以求做大集体经济"蛋糕"。为实现发展集体经济的目标，城畈村村集体在庹大明村书记的带领下，做了一些有益的探索。庹大明书记说道："我们城畈村村民包括干部，最大的优秀品质就是踏实肯干，敢于求索。"秉持着"实干家"的精神，村两委干部积极投入探索发展集体经济道路的工作中，通过对村中厂房、门店、库房盘点后进行出租，将村中制衣厂、纸箱厂等企业外包经营，在最大程度降低经营风险的同时，有效地促进了集体经济的发展。村民对于村委此举，也表示大力支持，农户易治山说："村干部为了发展集体经济做了很多努力，集体经济发展情况相比之前有所好转，但效益产出仍待加强。发展好集体经济，这不仅是村干部的责任，也是整个村庄村民的期望。只有集体经济搞上去了，村民生活水平才能提上去。"改变集体资产经营低效现状，实现集体经济高效发展的愿望，凝聚了干群共识，为开展股改提供了动力。

2. 村委：规范资产管理，迫在眉睫

妥善解决集体资产归谁所有、由谁管理、如何管理的问题，是保障集体经济有效发展的必要条件。只有破除集体资产管理中的"症结"，才能高质做好集体经济这一块"蛋糕"。为此，城畈村存在的集体资产产权不明晰、财务混乱、管理失范等问题成了倒逼改革的推动力。村民张文波担任村会计多年，对于村中集体资产的管理情况有着较为深入的了解。在他看来，集体资产管理不规范问题由来已久，突出体现为集体资产与村委财务混为一本账。"集体资产管理账目混乱，不但不利于集体经济发展，甚至助长了一些基层干部不良作风的形成。群众均要求对财务明细进行公开，以促进规范管理。"张文波说道，"（须）尽快搞好集体资产财务管理制度，实现收支有度，管理有效，才能更好地发展集体经济。"

3. 村民：分享经营成果，众所期盼

"发展集体经济，共享经营成果"，凝聚着每一城畈村村民的美好期望。村民们迫切希望通过明确集体成员身份，尽早分享经济发展成果。村民陈克芬认为："集体资产经营这么多年，也实现了一定的收益，如今大家也应该分点好处了。成果不分享，大家也不乐意。"同时，部分农户认为只有将收益装进自己的"钱袋子"，才能着实让人舒心，村民潘陶就说："集体收益都是归属大家的，谁有组织成员身份资格就应该分得一份。收益一直由村委保管着虽好，可是只有分到了百姓手里，那才叫踏实。"党员干部对于群众的心声也做出了回应，村书记庹大明指出："近年来，每年都有老同志、老党员、村民代表提出，要让群众享受集体经济发展的成果。"

如何破解"蛋糕难做大、蛋糕难做好、蛋糕难分配"的困局，成为城畈村两委领导班子苦于求索的问题。此刻，城畈村正在等待、寻求着一个机会。

（三）契机：京山股改试点应时而生

2014年11月22日，农业部、中农办、国家林业局印发了《积极发展农民股份合作赋予农民对集体资产股份权能改革试点方案》（以下简称《方案》），《方案》指出，要"坚持和完善农村基本经营制度，以保护农村集体经济组织及其成员合法权益为核心，以赋予农民更多财产权利为重点，积极探索集体所有制的有效实现形式，不断壮大集体经济实力，不断增加农民的财产性收入"。根据《方案》要求，各省份将围绕保障农民集体经济组织成员权利，积极发展农民股份合作，赋予农民对集体资产股份占有、收益、有偿退出及抵押、担保、继承权等方面开展试点工作。湖北省京山市作为全国29个改革试点之一，将依照《方案》指示，进行股份权能改革，这为城畈村破解当前困局提供了千载难逢的机会。

2015年，京山县选择了首批十余个改革试点村，但在这头一批中并没有城畈村。庹大明得知试点改革村名单后，先后找到县经管局与新市镇领导，"主动请缨"参与第一批股改试点工作。县经管局李敬东局长对此记忆犹新："当时计划的首批试点里面没有城畈村，但是庹书记自己学习了政策，认为股份权能改革于村于民都是件好事，就找到局里来主动申请改革试点的指标。经综合衡量后，我们考虑到城畈班子队伍能力强，集体经营性资产总量大，是个开展试点的好地方，就按照相关规定，也将城畈划入了首批示范村之中。"

面对改革良机，城畈村敢为人先，依据规定主动申请改革试点，勇当股改"排头兵"。村书记庹大明表示，村干部基于现实考量，经深思熟虑，立足于以下原因，做出申请股改的决定。其一，城畈村符合改革条件要求。城畈村地处城郊，经营性资产丰富，近些年来集体资产经营成效初显，改革基础较为优越。其二，村干部改革决心大、群众改革呼声高。庹大明书记说："其他村村干部因不懂股份权能改革这一新鲜玩意，害怕工作难开展，生怕改革效果不理想，所以均是被动参与改革，被政策推着走，群众股改意愿也不强烈，缺乏改革内在动力。但我们村情况不一样，群众都希望通过改革来解决问题，村干部也希望为老百姓干出点实事来，所以我们村上下一心，参与主动申报。"

"上级有政策，村庄有能力，群众有呼应"成为城畈村破局开路、砥砺奋进的股改动力。城畈村顺应股份权能改革趋势大潮，实事求是直面村庄发展难题，积极响应群众诉求，在广袤的荆楚大地上开启了一场具有标杆示范意义的改革！

二　周全准备：上下齐心筹谋共建

凡事预则立，不预则废。为打赢股改攻坚战，城畈村自 2015 年 9 月起正式投入组织筹备工作中。从干部到群众，千丝万缕拧成"一股绳"，致力于做足股改前期准备工作。首先，干部深入学习领会政策精神，熟知股改工作程序内容，把握股改路径方向；其次，两委班子多渠道多方式传递股改政策，使村民理解股改、接受股改、参与股改、拥护股改；最后，吸纳村中"五老"乡贤，会聚村庄精英能人，组建股改工作专班，凝心聚力服务改革、推进改革。

（一）村干部当先锋，争做股改政策"土专家"

农村集体资产股份权能改革作为一项新生事物，对于摸着石头过河推进改革试点的城畈村而言，既是一次机遇，也是一次挑战。对于主导此次改革的村干部来说，彻底理解改革的目的、原则与方法是前期筹备的重点，对此，两委干部达成共识，主动学习股改文件政策与先进经验，并注重从实践探索中求取"真经"。

1. 吃透文件，领会精神

京山市在推进农村集体产权股份权能改革试点之初，先后召开多次理论学习会议及研讨班，保障村一级干部能够对农村集体资产股份权能改革的各项任务和具体做法有充分的了解。县（市）经管局多次召开股份权能改革工作会议，主要针对《中共中央国务院关于稳步推进农村集体产权制度改革的意见》《京山县农村集体经济组织成员身份界定工作指导意见》等政策文件进行深入学习。同时，为进一步"吃透"股改政策，城畈村还组织两委干部举办学习研讨会，解读文本、提出认识、交流心得，强化对股改的认识。

2. 实践考察，获取经验

改革需要以实践来丈量猜想，所谓"纸上得来终觉浅，觉知此事要躬行"。京山市经管局多次组织改革试点村干部赴外地，向已开展同类改革的地市村庄进行学习考察，了解相关工作经验，增强试点村干部对股改的认识。2015年12月9日，在县经管局的统一安排下，城畈村郭义明、张文波、陈章华三位村干部陪同乡财管所李先权副所长一起到重庆沙坪坝区童家桥村考察，学习借鉴当地股改先进做法。外出考察回村后，12月14日下午，郭义明一行向村两委报告了重庆考察学习情况，以促进大家对先进经验的认识。同时，以庹大明书记为代表的村委领导班子曾多次赴北京、云南、南京等地，学习当地股改特色做法，吸取试点工作经验。庹大明表示："村委干部跑了全国多个股改优秀试点，切身感受了别人是怎么开展具体工作、落实精神指示的。其中，一些特色做法对于我村开展股改工作具有很大的启发。"通过实地取经，村干部进一步加强了对股改政策的把握，汲取了他村股改的先进经验，认识到了其他试点工作中的不足，为本村开展股份权能改革提供了借鉴。经多形式、全方位的学习，村干部几乎人人熟谙股改理论政策，成为股改工作中的"土专家"，这也为后期开展各项工作打下了坚实的业务基础。

（二）多形式广宣传，培养股改工作"明白人"

股份权能改革试点工作是涉及全体群众根本利益的大事，只有广泛引导群众知晓股改内容、参与股改过程、投身村庄发展，才能保障群众利益，彻底扎实推进改革。为此，城畈村结合具体实际，精心组织，创新宣传方式，开展了内容丰富、形式多样、针对性强的股改政策宣传活动，以实现股改政策人人皆知。

1. 宣传内容丰富："政策经验全都有"

首先，为了加深群众对股改政策的认知程度，城畈村通过召开"农村集体资产股份权能改革试点工作学习会议"，邀请村庄老党员、老干部、老教师及村中经济能人等"农村精英"，从宏观层面，就中央关于股份权能改革的精神指示、十八届五中全会提出的完善农村产权权能的要求、"十三五"规划纲要关于完善集体经济组织成员认定办法等内容进行讲解，实现了对理论水平高、群众威信高的"乡贤"群体思想的统一，促进了股改政策宣传工作以"点"带"面"。

其次，村两委通过组织开展"股份权能改革政策宣传日"活动，现场向群众讲解村集体股份权能改革的落实方案，就改革的过程、改革的难点、改革的成效等内容进行逐一介绍，使广大百姓了解股改工作。

最后，为进一步调动群众参与股改工作的热情，村两委积极组织召开交流会，解析外出学习考察得来的"他山之石"，以农村集体资产股份合作制改革的浙江实践、宁波鄞州区农村集体经济组织成员资格界定和股权管理的经验做法等案例为依托，分享全国其他试点先进的股改经验，介绍优秀改革试点取得的股改良效，增强群众对股改的感性认识及参与积极性。

2. 宣传渠道多元："线上线下齐宣传"

为进一步扩大股改政策的知晓范围，增强村民主动了解股改的意识，城畈村采用了"线下+线上"双管齐下的宣传方式。对此，农户戴启龙表示："为了让大家都了解股改，村中通过会议形式强化大家的认知。县干部一个月下村十多次，协同村干部，进行股改政策的细致解读，村民在会议上与干部相互学习、交流，也就逐渐熟知股改了。"除了以会议形式进行股改政策普及外，城畈村还通过设立海报宣传专栏、悬挂股改横幅、传唱三句半等形式，助力备战股改良好氛围的形成，促使村民在潜移默化中强化对股改工作的认同。与此同时，村干部还采取了"兜底"式的宣传方法，对于一些年长不便来参会、内心抵触改革、对股改不在意及因特殊情况缺席会议的农户，村干部主动入户宣讲，替农户答疑解惑，以扫除村中股改政策盲区。

为更好地开展股改政策宣传工作，城畈村组织建立了多个QQ交流群，并针对四个村民小组分别建立了微信交流群，有效地搭建起了网络宣传平台。一方面，村委可充分利用网络媒介便捷、快速的信息传递优势，及时传送股改政策和文件信息，使村民第一时间了解股改动向；另一方面，依托网络交流平台，村干部可实时在线对群众进行答疑解惑，促进了干群之间良性互动，强化了群众对政策的深入了解，取得了良好的政策宣传效果。胡兰华认为："我们有问题、有疑惑都直接在线上询问村干部，他们在线给予解答，这样既方便又高效。"

3. 宣传效果到位："政策宣传送到家"

让群众深入了解政策，确保股改顺利推行是宣传工作的根本目的。针对群众反映普遍的相关问题以及村民私下讨论存在的疑惑，股改领导工作小组汇编了《城畈村集体资产股改政策问答》小册子，并免费向村民发放，以实现答疑解惑。"光是《城畈村集体资产股改政策问答》的小册子就印了几千份，每户人家都保证拥有一份。"村书记庹大明表示，"之前很多群众对股改政策了解并不深入，为此，我们将政策传送到农户家里，现在不仅村干部知晓政策，农户也均悉知了。"农户郭辉说道："在城畈村，没有哪家哪户不知道股改政策，你随口问一个老人家，（他）也能够对股改道出个一二来。"另外，村民对于股改的态度也实现了较大幅度转变，从早前对股改政策一无所知，到现在人人皆急着询问"能不能享受股权，能享受多少股权"。可见，随着政策宣传的逐步深入，村民对于改革的认识程度、参与热情也逐步提高了。

（三）村委建组织，成立股改工作专班

充裕的人力资源配置，完整的人员组织结构，对于扎实推进股改工作的开展尤为重要。

在县（市）经管局与新市镇镇政府的指导下，城畈村根据本村实际与股改工作要求，成立了城畈村农村集体资产股份权能改革试点领导小组和工作专班，负责股改工作的具体落实。

1. 队伍建设：领导小组+两清专班

（1）城畈村改革试点领导小组

城畈村股改领导小组共由7人构成，其中设组长一人，由庹大明担任，负责股改整体推进的统筹协调工作；设副组长两人，分别由周萌、王飞担任，于日常协助组长开展股改工作；另有领导小组成员4人，负责具体落实股改政策。其人员构成具体如下：

组　长：庹大明；

副组长：周萌、王飞；

成　员：戴启龙、张文波、郭义明、刘英宏。

（2）城畈村清人分类工作专班

清人分类专班主要负责集体经济组织人员的身份界定工作，该专班总共由7人组成，其中王飞为总负责人，另有成员6人，其人员构成具体如下：

组长：王飞；

组员：张文波、戴启龙、王路、潘陶、张鹏、郭辉。

（3）城畈村清产核资工作专班

清产核资专班主要对村中的资金、资源、资产情况进行摸底核查、登记备案。清产核资专班由5人组成，由周萌担任清产核资工作总负责人，其人员构成具体如下：

组长：周萌；

组员：郭义明、刘英宏、吴新国、陈章华。

2. 举才纳贤："用五老聚能人，专人专干效率高"

孙中山有言，"人既尽其才，则百事俱举"。股改工作的推进首先依赖一个强有力的工作专班队伍，找准人、用对人、用好人是促成工作顺利开展的保障。村支书庹大明表示："股改工作涉及方方面面，工作内容相对复杂，这就需要依靠村里的老同志、老干部、老教师和村里能人共同开展工作。专班中的人员，既要有懂财务的，也要有能写会画的，还要有喜欢操心集体事情的，甚至喜欢跟村里干部争论的。大家的心都往一处想，劲往一处使，才能有效推进改革，才能让绝大多数老百姓都满意。"

3. 利益均保："新户老户的利益都需要照顾到"

城畈村地处城郊，人口流动比率高，人员结构更为复杂，外嫁女、外来户、空挂户相对较多，若想妥善顾及每位村民的利益，确保专班人员结构的合理性尤为重要。这就要求专班队伍必须吸纳代表不同群体利益的村民，使专班内部形成相互制衡，以确保股改政策的制定、落实不偏不倚。

"不管是新户还是老户，只要属于城畈村村民，他们的利益都应该得到保护。不能因为你老户多，新户少，就不顾新户的利益，所以专班中也一定要有新户代表，做工作要'一碗水端平'。"庹书记说道。

2015年年底，历时3个月的精心准备，城畈村有条不紊地完成了干部政策培训、宣传发动群众、组建工作专班等前期筹备工作，为股份权能改革政策的落地奠定了坚实的基础。

三　工作开展：精细有序扎实推进

2016年1月1日，新年伊始，万象更新。经前期周全筹备，城畈村将以清人分类、清产核资"两清"工作为突破口，着手落实具体改革举措。自此，股改工作进入有条不紊的实际运行阶段。

（一）精确清产核资，明晰产权归属

城畈村从2016年1月至3月，开展了为期3个月的清产核资工作。清产核资工作坚持在村党支部领导下，由清产核资专班自行评估，以低于市场价格、真实体现资产分布状况、公益性资产只登记原值不重新评估价值为原则，实现精确摸清村庄有什么、有多少、归谁有的家底状况。

1. 明确清产核资目标

结合清产核资专班建议，经村民代表大会讨论，领导工作小组明确了清产核资的目标。

第一，清产核资专班通过资产清查工作，摸清村庄"家底"，以利于全面了解本村三资的存量、结构、分布、运行效益等情况。清产核资专班组长周萌介绍："通过清查核实资产，进一步明确本村资产总量、债权债务构成，从而明晰资产权属。"在此基础上，清产核资工作小组提出建议，促成资产结构调整，优化资源配置，为村庄发展战略目标的实现提供经济条件。

第二，通过资产清查工作，明确村中资产管理人员职能分工，厘清责任归属，以利于集中解决村庄长期遗留的资产不良、账目混乱等问题，使村庄甩掉历史包袱，夯实资产，确保资产的保值增值，为今后资产运营效益考评提供科学有力的保障。

以上目标的设立，既立足于解决当前村中集体资产管理无序、账目设置混乱、经营效率低下的问题，又着眼于促进村集体资产长效运营的目

标，从而为进一步理顺和明确产权关系，全面加强村庄资产基础管理，建立更加科学的资产管理制度，推动村庄资产整体经营水平的提高打下了坚实基础。

2. 清查三资具体内容

依据《农业部关于进一步加强农村集体资金资产资源管理指导的意见》，城畈村主要对村中现有的资金、资源和资产进行全面清查。

其一，清产核资专班以确定的基准日为准，对村集体所有的货币资金进行盘点，主要包括现金和银行存款等，以确定资金数额。

其二，对村组集体投资兴建的房屋、建筑物、机器、设备等固定资产，水利、交通、文化、教育等基础公益设施以及农业资产、材料物资、债权等其他资产进行核算。

其三，对法律法规规定并从属于集体所有的土地、林地、山岭、草地、荒地、滩涂、水面等自然资源，通过实地盘点察看，进行现状登记。

该村资产以集体经营性资产为主，具体包括库房、门店、小区剩余房等。针对以上资产项，清产核资工作专班逐一实地查看以落实权属，对于盘盈资产评估作价后登记入账，对于盘亏资产追查原因以明确责任，属于个人原因造成的，追查个人原因，应追究责任而无法落实的，经村民会议或村民代表大会通过并报乡（镇）审批后予以核销。除此之外，针对村中占比较小的林地、土地资源，清产核资工作专班均通过实地勘察、丈量、评估，按清产核资原则对资源进行合理估值，从而实现了对集体经营性资产的彻底清查。

3. 落实清产核资步骤

城畈村的清产核资工作由清产核资专班进行落实，工作开展遵照一定先后顺序，以稳扎稳打推进精确核查资产。

如图1所示，城畈村清产核资工作的开展体现出了循序渐进、科学合理、公开民主的特征。

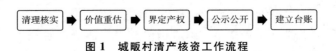

图 1　城畈村清产核资工作流程

　　第一，清理核实。清产核资专班主要对村集体所有的资金、资产、资源进行全面清理，核实并划分经营性资产、非经营性资产和资源性资产三大类别。具体而言，该村资产以具有租赁性质的库房、门店、厂房等集体经营性资产为主；以办公楼、城畈社区广场为主的非经营性资产及以土地、林地为主的资源性资产占比均较低。以对土地资源的核实为例，清产核资工作专班首先以村民小组为单位，对家庭承包地以外的土地逐丘逐块地进行实地查看丈量，确定每丘每块土地的位置、名称、用途、"四至"和面积，并填写《城畈村集体非家庭承包土地资源清理登记表》。

　　第二，价值重估。为体现价值重估的精确性、合理性、科学性，清产核资工作专班依据市价，对不同性质的资产采取不同的估值方式。对新增的资产重新估价，对已灭失资产和不良资产按规定程序予以核销，对违法违规流失的资产依法依规追缴。通过清理与处置股改之前模糊不清的资产，核准各项资产净额。对于村中固定资产的估值具体详见表1。

表1　城畈村固定资产价值评估表

序号	类型	评估方法	价值
1	门面	参照周边市场价格，经集体讨论评估	2459.6万元
2	利民小区剩余房	①顶楼及楼中楼按《城畈社区农村村民安置分配方案》中所定标准价格下浮20%； ②顶楼下（含车库、储藏间）按《城畈社区农村村民安置分配方案》中所定标准价格下浮10%； ③考虑办理出让和销售的费用，每平方米再评降400元	3716万元
3	租赁企业房屋	按《京山市"两镇两区"房屋动迁补偿参考标准》中的拆迁补偿价评估。钢构和车间、仓库在9米以上的，按框架结构补偿标准评估	3319.56万元
4	土地	①规划内：工业用地15万元/亩，商住用地25万元/亩，已缴出让金的商住用地50万元/亩； ②未规划土地按政府征用价格3.5万元/亩	6166.6万元
5	公益性资产	只登记项目及原值，不评估现值，也不计入评估资产总额（办公楼、城畈广场、城畈陵园、新市四小等）	账面价值107万元（不在总资产之内）

第三，界定产权。清产核资工作专班按本村村域范围对集体资产依法进行所有权归属登记。对于有争议的集体资产，通过历史查证、人为作证、协商界定给予确权。郭义明说道："产权界定涉及多方利益，极易产生利益纠纷，针对不同争执，我们核查小组既要以人证、物证保障界定工作有据可依，又要善于沟通，晓之以理动之以情。"

第四，公示公开。清产核资专班对集体清理核实的资产结果，向全体村民公示公开，公示期为一个月，接受群众监督，对有异议的地方，群众可向清产核资组长及组员提出反馈意见，清产核资专班专门组织群众座谈，征求意见，并根据群众反馈的意见进行复核，纠正差错，最终由农户签字确认后，予以通过。

第五，建立台账。在彻底清理核实村中资产情况后，结合城畈村资产管理需要，清产核资工作专班建立了城畈村集体三资台账，记录资产的动态变化情况，供集体成员日常查阅、监督。资产台账内容具体包括：资产的名称、类别、数量、单位、购建时间、预计使用年限、原始价值、折旧额、净值等。

4. 坐实清产核资结果

经过长期调查摸底，经清产核资专班及各方协同努力，城畈村完成了对资产的清理评估工作，并进行了为期一个月的张榜公示。截至 2016 年 6 月 30 日，城畈村集体经济组织总资产为 16766.35 万元，其中，经营性资产 15690.5 万元，公益性资产 1075.85 万元；经营性资产中，固定资产 15661.87 万元，流动资产 28.63 万元。

通过清产核资工作，工作专班在摸清"家底"的同时，也理清了集体资产的权属关系，为下步工作的开展做足了铺垫。"只有把资产清出来了，才知道到底有多少家底，到底归谁所有。"庹书记说道，"集体资产结果没出来，不知道家底是否厚实，后续的工作就没有动力，群众的参与热情也不高。现在有了这个公开的成果，后面工作的开展也就有了基础。"

（二）精准清人分类，明确集体成员身份

清人分类是股份权能改革中最为复杂、最为重要的一个环节，诚如庹大明书记所说："股份权能改革如果把清人分类做好了，改革也就完成了80%。"因此，为啃下清人分类这块"硬骨头"，城畈村严格遵守工作原则，科学采用六步工作法，灵活应用民主议定机制，确保清人分类工作有序落实。

1. 秉持清人分类原则

依据中央及各级政府（省、市、县）有关集体资产产权制度创新改革的有关政策和指导意见，城畈村借鉴典型经验，结合本村实际，本着"人员清晰、分类科学、界定准确"的原则，做到尊重历史、照顾现实、保证人员清理登记不漏不重，确保清人分类公平、公正、合理、合法。长期的工作实践，使庹书记对于工作原则的把握拥有了深刻的见解："开展工作，要一个标准不走样，一把尺子量到底。工作中，村干部容易感情用事，缺乏原则性。例如，往往把救助、补助的政策给与自己关系良好的朋友。倘若把工作原则立下，严格遵照标准办事，政策执行就不会变样了。否则，像清人工作这么烦琐，缺乏准则是搞不好的。"

2. 规范界定成员身份

2016 年 1 月 1 日至 4 月 30 日，城畈村清人分类工作专班，耗时三个月对集体经济组织成员身份资格进行了界定。清人分类工作的开展，按照规定的工作流程稳步推进，其流程如图 2 所示。

图 2　城畈村清人分类工作流程

（1）调查摸底，登记造册。清人分类工作专班对户籍在本村且种有责任田的所有人员进行全面清理登记。清查工作以户籍为基本依据，确定村内所有人员身份，并且统一表格样式，实行一户一表。统计结果显示，全社区共 6539 户，22886 人。通过统计户籍在村人员，可以更加直观地区分常住人口、空挂人口和其他类型人口。

（2）因实而异，划分类别。城畈村以调查摸底登记情况为基础，结合本村实际，依据"两委"和清人分类工作专班的指导意见，经过专班人员共同商讨，对本村集体经济组织成员资格认定。清人专班负责人王飞表示："为了最大范围保障村民利益，我们把人员分为两类，具体两类里边再细分各种情况。"

第一类：1982 年 12 月 31 日前户口在本村，且农村土地第一轮承包时分有责任田的在册人员。目前全村共有 202 户 1065 人，具体包含以下三种情况：1981 年 12 月 31 日前出生，且 1982 年农村土地第一轮承包时分有责任田的在册人员；1982 年 1 月 1 日至 1982 年 12 月 31 日（过度年）出生的子女和接入的媳妇；1981 年年满 16 周岁，即 1967 年 12 月 31 日前出生的人员。

第二类：1983 年元月 1 日至 2000 年 12 月 31 日，户籍在本村且交过农业税或三提五统的人员。具体表现为以下几种情况：其一，参加 1982 年分田到户的接入媳妇及其子女（中途迁出本村，并终止旅行本村义务的人员，登记年限至迁出本村时间止）；其二，姑娘嫁出本村，并终止履行本村义务的，登记年限至嫁出本村时间为止，凡未单独立户和交农业提留的视为嫁出本村（以结婚证日期为准，不能提供结婚证明的，以其长子〔女〕出生年度的上一年计算）；其三，本村已婚招赘女性（姑娘已出嫁，但在本村单独立户并种有承包田且履行村义务）的配偶和子女；其四，1982 年分田以后新迁入户，户口在本村且种有承包田，交过农业税和三提五统的人员，按每亩每人在本村实际尽义务的年限进行登记，不足 1 亩的按 1 亩计算。

以上登记符合条件的有一年算一年，不足半年算半年，超过半年算一年，已死亡人员，登记年限至死亡之日止。

（3）公正透明，公示结果。登记造册完成后，工作专班又逐户逐人核对了信息资料，并进行公示。公示的方式主要包括三种，一种为入户公示，村干部把结果传递到户，让户主或是其家属进行核对；另一种以自然湾为单位张榜公示，公示期为一个月；再有一种则是借助村务公开栏进行公示，公示期也为一个月。多渠道公开公示，确保了每一个村民均知晓结果，以便及时发现清人过程中存在的问题并及时妥善加以处理，充分保障群众利益。访谈中易治山、陈克芬等农户普遍认为："此次清人分类过程民主、科学，结果公开、透明，公示合理、到位。"

（4）遵循民意，民主决策。清人分类专班在充分吸收群众反馈意见的基础上，召开村组干部、党员和村民代表会议，由群众讨论通过方案，并将清人分类登记表进行了逐户签字确认。数据显示，符合清人分类方案并予以登记的人员全村共 655 户 1815 人（含 1982 年分田时在册人员），清人分类登记表全村农户确认签字率达 98% 以上。据庹书记描述，签字率之所以未能达到 100%，原因在于其 2% 的村民多为外出务工人员，无法进行现场确认签字。

（5）身份登记，动态跟踪。城畈村集体经济组织成员身份一经认定，其成员基本信息即被登录记载在成员名册中。农村集体经济组织成员名册的具体内容包括了成员性别、身份证号、本人户口所在地、现居住地等情况。当成员身份发生变动时，所在集体经济组织应当及时对成员名册的相关内容进行更新。

（6）成员备案，规范管理。登记在花名册上的集体经济组织成员基本信息，需要上报县级主管部门备案以供参考。在成员身份发生变动时，村集体应当及时报县级主管部门，并对相关备案内容进行更新。此举目的在于从县一级加强对人员变动的监管，规范对人员的管理。

3. 民主议定破解疑难

根据规定，在人员清理过程中，由人员界定引起的争议和纠纷，主要通过以下方式进行处理解决。首先，由城畈村股份权能改革领导小组和工作专班进行解释和调解；调解无效，则交由该组户代表进行票决；最后，根据票决结果进行张榜公示，无异议后相关人员签字确认通过。"最难的是清人分类。"张文波说，"外嫁的、入赘的、转干回乡的，全需要逐一登记。针对这些问题，开了上百次村民会议加以讨论，遇到实在扯不清楚的问题，就交由户代表票决，然后张榜公示，无异议后签字确认成员资格。"张文波还特别强调，关于成员身份界定的基准日，城畈村就是民议出来的。

最初村民对基准日的确定颇有争议，为高效定出基准时间，便决定由各村组分别组织召开组会定出本组满意的时间。随后，各组再将所确定的"合理时间"提交到村代会，在村代会上各代表进行争论。通过在村民代表大会上反复协商，将选择权交还农民，最终"争论"出的大家认同的时间，被确定为基准日期。同样，对于清人分类工作中尚未考虑周全的事宜，清人分类工作专班都提出方案，最终让村民代表大会讨论决定。

（三）精细配置股份，保障成员合理权益

城畈村在完成清人清资的基础上，开始准备下一阶段的股权配置工作。即将已清理核实的集体经营性资产转换成股份资本，按清理确认的本村人数进行股权配置。

1. 三步折股量化到人

规范的操作流程是确保股权配置工作有序落地的重要保障。城畈村的股份配置工作，主要遵循如图 3 所示的三个步骤。

图 3　城畈村配股工作流程

首先，确定量化资产数额。即确定经清查核实、价值评估、成员确认的集体经营性资产数额。张会计说："这个步骤就好比在确认这块蛋糕有多大，有多少分量，能值多少钱。"根据清产核资工作专班的清产核实，全村可量化经营性资产有 15690 万元，其中集体股占可量化经营性资产的 5%，为 784.5 万元；个人股占可量化经营性资产的 95%，为 14905.5 万元。

其次，明确参与量化人员范围。城畈村通过召开农村集体经济组织成员代表大会，商讨确定享有集体资产股份量化资格的人员范围。该环节主要在于确认谁有资格分得蛋糕。经核实，全村共有 1815 人具备集体经济组织成员的身份。

最后，确定每位股东享有的集体资产股份份额。即按照一定的量化标准，将集体经营性资产的价值总额落实到人，明确每位股东持有的集体资产股份价值。根据清人分类工作方案和股权配置方案，全村共有股民 1815 人，共配置股权 49116.5 股，其中基本股 26563 股，农龄股 22553.5 股。每股可量化经营性资产 3034 元。

2. 节点配股设置股份

为充分保障各方利益，城畈村坚持"尊重历史，照顾现实，权责对等"原则，经民主议定选取历史上重大时间节点，创新配股方式，采用"节点配股法"设置股份。具体来说，城畈村将中华人民共和国成立初期农业合作化运动起始节点、改革开放初期家庭联产承包责任制实施节点、

21 世纪初农业税费改革终结节点等农村重大改革历史事件时间作为配股节点，依据农户在特定历史阶段所做贡献大小，实行差异化配置基本股和劳龄股。

基本股的设置占个人股总额的 51.06%，具体情况如下。

（1）根据清人分类方案，1981 年 12 月 31 日前出生，且种有 1982 年农村土地第一轮承包时所分责任田的在册人员，可配置基本股，基本股份额按每人 20 股计算。

（2）1982 年 1 月 1 日至 1982 年 12 月 31 日（过渡年）出生的子女和嫁入的媳妇，可配置基本股。基本股份额按每人 10 股计算。

（3）凡 1982 年年满 16 周岁，即 1967 年 12 月 31 日前出生的人员视为劳动力，每个劳动力另配基本股 5 股（过渡年人员不在其列）。

农龄股占个人股份总额的 48.94%，具体配股方法如下。

根据清人分类工作方案，1983 年 1 月 1 日至 2000 年 12 月 31 日，户口在本村且种有责任田，并履行村民义务的所有人员，均可配置农龄股。农龄股的份额按其清人分类登记的年限每人每年 1 股计算。

例一：聂红英，1960 年出生，持有股份 43 股，具体配股构成如下：基本股 25 股（20+5）+农龄股 18 股。因其生于 1960，属于 1981 年前出生的在册人员，可获基本股 20 股，加之 1982 年时已为 22 岁劳动力，故另配基本股 5 股。除此，外加 18 股劳龄股，所以总共为 43 股。

例二：聂俊俊，1980 年出生，持有股份 38 股，具体配股构成如下：基本股 20 股+农龄股 18。因其生于 1980，属于 1981 年前出生的在册人员，可获基本股 20 股；1982 年时未满 16 周岁，故没有 5 股基本股。除此，外加 18 股劳龄股，所以总共为 38 股。

例三：张路，1987 年 11 月出生，持有股份 13.5 股，具体配股构成如下：1987 出生，晚于 1981 年，不具备配有基本股资格；主要配以农龄股，一年一股，因其为 11 月出生，不足半年算半年，配得 0.5 股，故加总为 13.5 股。

3. 静态管理固化股权

针对各家各户配有的股份，城畈村采取静态化的股权管理方式。"量化到人、固化到户"，原则上实行"两不增、两不减"，即：生不增、死不减，进不增、出不减，不随人口增减变动而调整股权。股份持有人对该股份享有所有权，可以继承、赠送、内部转让，但不得退股抽回现金。暂不允许村集体以外的单位或个人来村认股，不得以提取现金的形式退股。"静态股权管理方式具有其优越性。它能够保障成员利益，防控外人进行股权收购，避免集体股权流失困局。同时，股权管理起来比较方便，不用每年都耗时耗力进行重新配股，从而节约管理成本。"庹书记说道。

（四）组建股份合作社，力促资产高效运营

自 2016 年 9 月起，城畈村改革工作领导小组，通过依据法律和政策要求制定《股份合作社章程》、召开首次股东大会审议通过《股份合作社章程》、将审议和选举结果报请新市镇审核、股份合作社登记注册和挂牌四个步骤，成立了"京山市城畈经济股份合作社"（以下简称"城畈经济股份合作社"）。

城畈经济股份合作社在原村集体经济组织基础上，通过产权制度创新而设立。该合作社以集体资产为纽带，以股东为成员，是一个具有法人地位的经济实体。城畈经济股份合作社同时也是一个实行财产按份共有、独立核算，自主经营、自负盈亏，共同积累、共同发展，按股分红、民主管理的经济组织。

1. 建章建制，成立机构

2016 年 9 月 18 日，城畈村经济股份合作社召开首次股东大会，审议通过了《股份合作社章程》、清人清资结果、股份配置方案，同时选举产生了股东代表、理事会和监事会成员，并召开首届理事会、监事会会议，选举产生了理事长、监事长，从而架设了股份合作社人员组织架构。

理事会、监事会成员候选人的产生均遵循一定程序。首先，在广泛征求集体经济组织成员意见的基础上，由股东户代表会议、村"两委"班子成员、改革工作专班会议进行等额推荐；其次，差额报请新市镇人民政府审查同意后，确定为正式候选人。最后，张榜公示 10 天，无异议方能通过。为理清职能关系、避免利益输送，城畈村有关规定指出，理事会成员与监事会成员不得交叉任职，理事会成员的配偶、直系亲属不得作为监事会成员候选人。

如图 4 所示：本届理事会成员由 7 人组成，其中设理事长 1 人、副理事长 2 人、理事 4 人；理事会成员由股东大会或股东代表会议通过差额直选产生，任期 3 年，可连选连任。

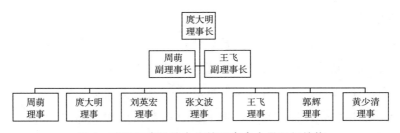

图 4　城畈经济股份合作社理事会人员组织结构

理事会作为该合作社的常务决策和管理机构，具体负责集体经济各项工作的落实。理事会的成立，使集体经济运行更加秩序化、产出更加高效化，可促进集体经济运营步入正轨。城畈村在成立村理事会之后，不仅从规章层面对理事职责做出明确说明，也特别强调了理事会的现实作用。

一是锚定组织职责，保障股份合作社的有序运转。理事会肩负起组织召开股东大会、股东代表会议，报告日常工作情况，执行股东大会、股东代表会议决议的任务，并履行股东大会、股东代表会议赋予的其他职责，以维持组织正常运转。同时，理事会通过拟订本社章程，修改草案，确保合作社运行有章可循；另外，还接受、答复、处理监事会或股东、代表提出的有关质询和建议，不断改进工作，促进城畈经济股份合作社的合理化运营。

二是规划经济发展，维护集体经济组织成员的权益。理事会通过起草股份合作社经济发展规划、业务经营计划，指导集体经济发展，实现对集体所有资源的合理配置；通过签订承（发）包合同，监督、督促承（发）包者履行合同，降低资产外包经营的风险，维护集体经济组织成员的合法权益。

三是进行财务监管，提升集体经济组织的财产安全性。理事会按照"村账乡管，村务公开"的原则，负责本村集体经济组织资金、资产的管理，每季度公开一次以接受成员监督，遇重大资金来往和工程建设项目则及时公开。在资金使用上，理事会依照财务管理细则，起草财务预决算、收益分配和亏损弥补等方案，提交股东代表会议审议，使资金使用更为规范。科学、规范的财务管理制度，一改之前"一本糊涂账"的财务管理局面，从根源上规避了财务乱象，防止了集体资产的流失，提高了组织财产的安全度。

四是规范人事任用，强化人员任用的合理性及对股东行为的约束。理事会提名本社经营管理人员及所属经济实体负责人人选，决定聘任或解聘本社其他工作人员，使人员任用制度化，一改先前人员任用的随意性，保障了人员任用的合理性；并且，理事会有权对违反本章程和村规民约的股东按规定进行经济处罚，通过将经济处罚与村规民约相结合，来约束股东行为，加强对股东的管理。

如图 5 所示，城畈经济股份合作社监事会由 5 人组成，其中设监事长1 人、监事 4 人。监事会主要对全体股东负责，并且对董事会行使独立、法定、专门的监督权利。

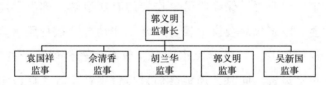

图 5 城畈经济股份合作社监事会人员组织结构

监事会的具体工作职能如下。

第一，财务审计监督。监事会具有财务预决算初审权、财务开支监督权和不合理开支否决权，需要对城畈村集体资产经营管理的财务活动进行监督检查，并于每月月底对财务收支的原始凭证进行审核。

第二，经营管理监督。监事会理应检查监督集体资产的经营、招投标、出租、流转等各项经济活动及合同的签订和履行情况，并及时向股东大会或股东代表会做监事工作报告。

第三，监事会还需履行以下职能：提议并在必要时，按《城畈经济股份合作社章程》第二十五条规定召开临时股东代表会议；列席理事会会议，反映本组织成员对集体资产经营管理的意见和建议等。

监事会通过履行以上职责，对理事会进行监督、制约和防护。按照我国法律、财经法规，以及《城畈经济股份合作社章程》有关规定，监事会需要对财政、财务收支和各项经济活动的真实性、合法性、效益性进行监督检查，从而抑制"寻租腐败""公款私用"等违法、违规事件的发生，确保城畈村集体经济活动在合法、有效的轨道上运行，为集体经济组织成员的利益保驾护航。

2. 把握宗旨，规范运营

（1）明确的合作社定位

城畈经济股份合作社以发展壮大集体经济、巩固集体基业、提高经济效益、为股东赢得红利为目的。同时，通过发展集体经济，实现以物质文明建设促进精神文明、政治文明建设，着力打造和谐、稳定的新城畈。"评价改革绩效，不单指提高经济收入，还要改善村居环境，加强基础设施建设，转变村庄社会风气。"村支书庹大明如是说。

（2）合理的股本金构成

经过清产核资工作专班对村中所有三资核查评估，村民代表大会讨论表决，截至 2016 年 6 月 30 日，城畈村集体经济组织总资产为 16766.35 万元，其中：经营性资产 15690.5 万元，公益性资产 1075.85 万元，在经营性资产中，固定资产 15661.87 万元，流动资产 28.63 万元，可量化给股东的股本金为 15690.5 万元。以上资金构成了城畈经济股份合作社的股本金，为股份合作社的运转提供了基础和保障。

（3）科学的利润分配比

城畈村为规范经营所得利润使用情况，对税后利润的提取比例、用途顺序均做了明确规定。城畈经济股份合作社可供分配的税后利润，按以下比例和顺序进行分配。首先，用于弥补上年亏损，具体而言，主要是针对厂房经营不力引起的损失，动用税后利润加以弥补。其次，提取 20% 的公积金用于扩大再生产。例如，追加投入、添置设备、雇用劳动力等。最后，提取 10% 的公益金用于公益事业支出。据统计，城畈村的集体公益金主要用于提供养老费用和养老保险支出，当前共计支出养老费用 800 万元。

3. 有序运作，效能显现

城畈经济股份合作社的成立，为本村集体资产股份权能改革增添了活力。通过搭建平台、制度化运作，明确了权责关系，规范了资产运营，促进了农民增收，多方面全维度凸显了股份合作社的效能。

一方面，明确权利义务，强化了村民的主人翁地位。城畈经济股份合作社以章程形式明确规定了股东可以按股分红的权利和应尽的义务，把集体经济的利益和股东个人的利益更加紧密地联系在一起，使股东真正成为集体经济的主人，激发了村民参与集体事务的积极性。正如农户陈克芬讲道："以前不关注集体的事，觉得和自己没有关系，但现在持有股份了，关系到分红，涉及自身利益，对此尤其需要操心了。"

另一方面，理顺分配关系，建立了分配机制。城畈经济股份合作社以章程形式明确了收益分配的程序和办法。通过设立理事会对集体资产进行管理、投资、经营，设立监事会对集体资金使用情况进行规范审查，有效解决了以往集体资金使用和管理由少数人说了算，缺乏财富积累、分配机制的弊端，使集体经济这个农民心中常年的"模糊账"，变成了一本"明白账"。

（五）优化管理机制，提升组织管理效率

股改作为一项系统性工程，其推进过程面临着一系列错综复杂的问题，因此，采取科学、灵活、有效的应对方法尤显必要。诚如张文波会计所言："没有一点法子，面对如此复杂琐碎的问题，个人很难高效加以解决。问题解决不了，长期搁置，人心不聚，改革就举步维艰。"依法、及时、高效地化解各种矛盾纠纷、疑难问题，需要立足本土文化，汲取地方经验，采取有效管控手段。

1. 协商议定机制："大事小事，群众说了算"

城畈村充分发扬群众的民主参与意识，建立协商议定机制，促村民"当家做主"。城畈村的股改过程，通过召开"户—组—村"三级会议，充分利用民主议定程序来讨论解决群众关切的股改议题，实现了"群众问题群众决"。即先召开户主会对疑难问题进行商讨，如若未能解决，再移交村民小组组会商议，最后将商议结果提交村民代表大会决议，经95%村民代表签字同意后视为有效。

四组村民鞠慧玲，过去分田之后就将土地出租，随后外出经商。本次配股，按规定只分得基本股，没有农龄股。该农户因此认为自身受到了不公正的对待，对此十分不满，天天缠着村委及理事会闹事。对此，理事长庹大明充分发挥群众的力量，依托群众进行决策，实现群众事，群众说了算。"我们干部只是'仓库保管员'，没有决定发货的权力。这个事情得四组53户来讨论决定。你可以去走访串联，说服大家做表决。如果90%以上农户议定认为给你配劳龄股是合理的，就再将提议交由村民代表大会讨论，倘若通过了，我们就给你配股。"最终，小组会商讨决定未能通过鞠慧玲的请求，从此以后，她个人心服口服，不再闹事。

2. 村规约束机制："作为股东你必须遵守村规民约"

村规民约对于规范村民行为、维护村庄秩序起着重要作用。但是，如何让村规民约发挥其规范村民行为的功效，是较为普遍性的难题。对此，城畈村股改领导班子协同理事会商议，决定将落实股份分红与遵守村规民约相结合，基于村民行为考察，以分红为激励，培养村民自觉维护村庄秩序的良好意识。

章程规定，股东必须遵守村规民约，针对不遵守的情况，理事会将施以暂扣分红的处罚，以此来规范村民行为。"我们村山林面积小，只有200亩左右。为保护有限林地资源，村规民约规定，村民不得将逝者埋葬在山地中。但实际中，农民偏好将先辈埋葬在土地里。如若长此以往，子子孙孙都按照该方式埋葬逝者，必将导致有限土地不断被侵占。村民孙长勇就违约强行埋葬家中逝者。因为他的行为违反了规定，所以按规定不能把集体资产收益分红分配给他。对此，为确保自身利益，清明时节孙长勇按要求在合理区位重新安葬了先辈。该行为符合村规民约规定，于是理事会就把分红还给他。通过这个事情，大家就知道村规民约规定内容与自己切身利益息息相关，规范自己行为也是在为自己谋福利。"庹书记如是说。

3. 分红激励机制："分红收益凝聚了我们的共识"

利益驱动凝聚着村民的共识，引导着集体经济组织成员的行为，激发了村集体发展经济的动力。集体经济发展效益不但体现了理事会治理绩效，而且与每个村民的收益息息相关。理事会肩负着进一步壮大集体经济、增加成员收益分红的重担；集体经济组织成员，则皆希望获取更多分红以满足自身需求。不过，无论是理事会还是集体经济组织成员，两者都有共同目标，即希望通过凝聚全村村民力量，实现集体经济高质运营，继而实现收益分红最大化。基于此共识，一方面，以利益为纽带，理事会与集体经济组织成员密切了相互联系，促进了个人对集体认同，凝聚了集体共识；另一方面，二者上下齐心、聚众合力，为村集体经济的可持续发展提供了人力支持、动力保障。"干部一心谋划让集体经济出效益，村民千方百计想着多分红。干部工作勤快了，村民配合度也就高了。"村民黄少雄说道，"股改提高了群众的获得感，让村民都意识到自己属于集体的一分子。个人服从集体的计划和安排，不给集体添堵，也就相当于给自己谋利益。"

四　成效落地：惠农利社激发活力

立国之道，唯在富民；立社之道，重在活力。通过推进农村集体资产股份权能改革，城畈村初步实现了农民对集体资产由"共同共有"到"按份共有"的转变，创新了集体经济运行机制，增加了农民财产性收入，促进了农村社会的和谐稳定，为激发农村社会发展活力、推进城乡一体化发展提供了机制保障。

（一）盘活资产，扩大集体经济效益

城畈经济股份合作社通过建立起现代企业制度，形成了与市场经济相适应的运行机制，唤醒了沉睡的资金，提高了产权要素的流动效率，为盘活集体资产、促进集体经济效益产出打下了坚实基础。城畈村依托集体经济股份合作社，发展具有成本少、风险小、收益稳特性的资本经营、资产出租、承包经营的租赁型经济，立足经营性资产总量较大的突出优势，将集体门店、库房、厂房等经营性资产，以招标形式对外出租，使闲置资源重获收益价值，有力实现了经营创收，确保了集体的长效收益。"城畈经济股份合作社实现当年挂牌、当年收益、当年分红。"庹书记说道，"2014年至2016年，城畈股份经济合作社运营的集体资产不断发展壮大，3年间累计收益红利460万元。"可见，城畈村以稳健模式发展集体经济，通过持续"滚雪球"式运营，实现了集体经济量的增长、质的提升。

（二）保障权益，拓宽农民增收渠道

习近平总书记指出："要坚持把实现好、维护好、发展好最广大人民群众的根本利益作为推进改革的出发点和落脚点，让发展成果更多更公平惠及全体人民，唯有如此改革才能大有作为。"城畈村集体资产股份权能改革，以明晰集体资产产权边界为前提，规范赋予了农民占有权、收益权、有偿退出权、继承权等权能，使其能够依据权能分享股金红利，最大程度保障了村民利益。通过给农民群众发放股权证书，证实农民的股民身份，让他们在务工收入、养老保险和农业补贴之外，又增加了一个收入渠道。农民开始享有分红收益，财产性收入稳步提高，农民增收的长效机制初步建立。

2016 年 9 月，城畈股份合作社股东大会审议并表决通过了首次收益分配方案，决定对 2014~2016 年的 460 万元收益进行分红，按章分配给 1815 名股东。集体资产折股量化，村民人人有份。收益分配方案公布后，村民吴大瑞欣喜地说："我家拥有股份 239 股，占集体资产份额 73.92 万元，此次可分红 2.22 万元。""这本股权证发到手，证明集体资产中有我一份。权益看得见、实惠发到手，踏实！"初冬时节，在城畈社区广场上，一组村民袁国祥对集体分红行为表现出了极度的兴奋，他一手举着火红的股权证，一手领到全家 5 口人共 1.56 万余元集体经济股份分红，久久沉浸在分享改革红利的喜悦中。面对股改带来的增收，京山市还广为流传着简单易懂的三句半："股权改革为农民，家家户户把股配，每年红利账上汇，心已醉！"

（三）政经分离，激发村域发展活力

城畈村在进行集体产权制度改革、组建股份合作经济组织的过程中，深入探索剥离村"两委"把控集体资产经营管理职能之道，厘清了基层管理组织与经济发展组织之间的边界，明确了两者职能，初步实现了政经分设，避免了资产侵吞乱象，奠定了城畈村长治久安的基础。当前，城畈村村民自治组织和城畈集体经济组织已实现运作分离，形成了村委会专心服务，合作社主抓经济，基层组织各归其位、各司其职的新格局。另外，政经分离还体现在财务账目分设上，城畈村村民自治组织和城畈股份合作社已实现账簿分设，通过开设社区自治组织行政专户和集体经济组织专户，

实现财务核算分离，从根源上规避了财务混淆的局面。"政经分开是为了让专人去做专事，让村干部从经济管理中脱离出来，专心为老百姓搞行政服务；账目分设是为了让账目更明确，也让老百姓更加放心，不再担心干部乱用账。"同时，庹大明书记指出："政经分离后，合作社组织会自己想办法寻找新的经济增长点，发展壮大经济；村委会会尽心竭力做好服务，提高服务满意度。最终形成一帮人专门负责行政服务，一帮人专门负责壮大经济（的局面）。"

（四）转变风气，促进乡村和谐建设

通过"还权赋能"式的农村集体资产产权制度改革，城畈村建立起了新型农村集体经济运行、管理机制。农民可按份共有集体资产，享有集体资产收益，参与、监督、管理集体经济组织，从而有效解决了农村社会长期存在的资产处置不明、财务管理混乱、收益分配不清等问题，维护了乡村社会稳定，促进了和谐乡村建设。同时，股份权能改革促使农民成了令人称羡、拥有新型资产的"股民"，实现了其双重身份性质的叠加。随着农村集体经济组织创收能力的不断提升，村民经济收入因之不断增多，个体"获得感"也不断增强，促进了村民对村集体的认同，强化了村集体的凝聚力。"以前也搞村务公开，但仍有群众反映看不懂，爱说闲话，不配合村干部工作。"庹大明书记说道，"股改之后，老百姓既知道了家底，得到了实惠，也理解了干部的工作，再也没人说闲话了。如今，群众认同集体安排了，村干部们的心气顺了，干工作的劲头也更足了。"城畈村股份权能改革工作的开展，使群众享受了改革红利，凝聚了集体共识，为和谐乡村建设营造了良好的氛围。

（五）创新机制，保障改革持久有效

制度建设带有根本性、全局性、稳定性和长期性的特征。城畈村股份权能改着力于制度建设，以制度管权，按制度办事，靠制度管人，用制度保障改革长效推进。城畈股份经济合作社依据国家有关法律、法规及政策规定，修订了股份合作社财务管理制度、股份合作社审计制度、村集体经济组织会计制度，完善了合作社内部监督管理机制，并且，对股份合作社的财务实行账务、资金委托"双代管"制度，通过制度建设促进财务规范运作、人员规范操作、资金规范运营。同时，理事会、监事会巧施机制，

从善管理，以协商机制汇聚民意民智，破解日常工作中的疑难与争议；以村规约束机制引导村民遵规守法，促进文明乡风形成；以分红激励机制强化村民集体观念，增强村集体凝聚力，为改革红利持续释放提供了制度基础。改革的关键在于制度设计，更在于机制创新。城畈村股改以一系列制度设计，实现了为改革保驾护航、使改革成效落地有声、使改革红利更为持久地惠及于民。

五 个案总结：经验价值与思考

从前期以政策培训为先导的周全筹备，到股改举措环环相扣式的推进，再到股改成果的有效落地，均充分体现了城畈村股改精细扎实、彻底有序的特征。城畈村也在推进改革中形成了一套独具特色的做法，可以简单归纳为"系统全面推进+精细攻坚克难+灵活巧用机制"。

（一）经验：以精稳有序做法促股改落实

1. 树立整体布局观，统筹协调推进改革

农村集体资产股份权能改革作为一项复杂的系统工程，"牵涉广、领域泛，矛盾多、积弊久，阻力大、破题难"，因此，更需注重并增强改革的系统性，实现总揽全局的目标。城畈股改在正确把握中央精神方向的基础上，以系统性带动股改全面协同共进。从规划上注重改革的系统性，树立整体布局观念，将各方面、各环节的问题置于改革总进程之中，实现关照全面。城畈村股改立足于"让改革政策落地、让股改成果惠民"的全局观念，通过精细设置股改流程，以人员培训、政策宣传、专班组建做全前期准备；以分类估值解清查难题、民主议定破清人瓶颈、节点配股创股权模式落实改革流程；以完善民主协商、村规激励、利益驱动机制保障成果落地，实现了有整体、有层次、有重点的改革推进。

2. 巧施节点配股法，力破股权配置难题

全面推动股改应抓住重点，积极稳妥推进重要领域和关键环节的改革。城畈村在统筹规划，总揽全局的基础上，着力于啃下股改中存在的一些"硬骨头"，以确保改革的稳慎有序推行。股权配置既是股份权能改革的重要环节，又是最为复杂的环节。科学合理的股权配置，有利于破解配股限制，顺利推进股份权能改革的开展。城畈村坚持"尊重历史，照顾现实，权责对等"的原则，选取"三大历史节点"，依据个人在不同历史阶段上对集体经济发展所做贡献的程度，结合现实劳龄状况，在股权配置上践行"按劳分配"原则，采取"农龄股+劳龄股"的配股模式，区别于简单的"一人一股"配股操作，使成员所持股权有所差异，以此保障成员权益，激励成员为村集体发展壮大贡献活力。城畈村公平合理的精确配股，从源头规避了配股"一刀切"易引发的矛盾纠纷，为改革的顺利推进提供了保障。

3. 逐步赋予完整权能，确保农民财产权益

《中共中央关于全面深化改革若干重大问题的决定》强调要"保障农民集体经济组织成员权利，积极发展农民股份合作，赋予农民对集体资产股份占有、收益、有偿退出及抵押、担保、继承权"。可见，农村集体资产股份权能改革重在赋予集体经济组织成员对于集体资产、资源的占有、收益、有偿退出、继承等合法权能。城畈村上承国家政策，下接村中实情，逐步分阶段赋予农民完整权能，截至当前已经赋予成员四项权能。首先，规范赋予股份占有权，将股权"量化到人、固化到户"；其次，赋予收益分配权，严格按照村集体经济组织会计制度和组织章程分配集体经济收益分红；再次，赋予有偿退出权，对有偿退出的原则、方式、程序及重大事项进行了详尽规定；最后，赋予股份继承权，对股份继承的多种情形、股份分割要求和非成员继承股份等进行了明确界定。此外，城畈村通过实施股权"静态管理"，充分确保了农民所享有权能"可量化""可估值"，为下一阶段探索股权流转交易、抵押担保等工作奠定了坚实的基础。

4. 放权还权于村民集体，民事民议达共识

诚如徐勇教授所言，"协商民主的治理是一种新的治理机制，政府搭一个协商民主的平台，通过理性讨论使百姓发生思想变化，最后公民自身做出解决难题的方案"。[①] 伴随着农村股份权能改革的推进，农村社会的深层次矛盾逐渐凸显，自上而下的传统治理机制难以应对，越来越多的问题需要依靠发挥群众的民主参与意识，通过民主协商议定，达成共同认可的

---

① 徐勇：《找回自治：对村民自治有效实现形式的探索》，《华中师范大学学报》（人文社会科学版）2014 年第 4 期。

解决方案。城畈村在股改工作推进过程中，针对股改过程方案的制定，一方面，召开村、组、户三级会议，充分吸纳村民不同意见建议，形成决策方案，并将选择权、决策权真正交还于民，实现"群众的事情群众议、群众的事情群众定、群众的事情群众办"；另一方面，对清人分类、股权配置等重大问题，进行协商表态、民主决议，最大程度地凝聚农民共识，实现解决问题不留死角，为股改后续工作顺利开展奠定基础。

（二）不足：股改推进过程中的现实难题

1. 经营收益分红不充分，成员改革动力待提高

集体经济组织经营创收力不足制约着收益分红状况。中共中央《国务院关于稳步推进农村集体产权制度改革的意见》指出："农村集体产权制度改革是切实维护农民合法权益、增加农民财产性收入的重大举措。"以促进资产的保值增值实现农民增收是股改的重要目标。城畈村以股份合作社为平台，通过发展租赁型经济，以稳妥的方式实现了盘活集体资产，壮大集体经济，促进农民增收。但收益与风险呈正相关关系，低风险也意味着低收入。2016年城畈村集体资产经营创收300万元，尚不能满足村民的需求和期待。有群众反映："当前集体资产经营创收能力还不足，三年累计分红一次性发放总量上看似有一些，但按年均来说还是比较少。"因此，股改在保证农民增收的基础上，还需着力解决让村民腰包鼓起来的问题，以实质增收坚定村民股改的信心。

2. 配套法律建设不健全，顶层制度设计待完善

集体经济组织的相关配套法规制度建设有待完善。由于集体资产股份权能改革尚处于试点阶段，集体经济股份合作社在一定程度上仍属于新兴事物，国家目前尚无相关配套制度保障其运营。一方面，当前城畈经济股份合作社的规模和入社原则与现行法律对于股份有限公司和农民合作社的定位均有不符，使集体经济股份合作社尚无明确的法律主体地位，不能以法人资格登记注册并参与市场运作，对合作社后续有效运营产生障碍；另一方面，国家尚未出台税收办法来规范对集体经济股份合作社的纳税。据村民普遍反映，当前税种类别繁多、上缴金额较大，需缴纳包括增值税、房产税、印花税等在内的21%的税收，加之村民获得分红亦须缴纳20%的个人所得税，综合税费负担达到30%以上，既影响了集体经济组织的收入，又使农民收入严重缩水。不少村民说道："好不容易分得的红利，可是大部分都用于纳税了。税收比重过高，亟须调整以适应现实情况。"为此，应尽快着手于顶层设计，通过法律建设，科学合理规范地制定税收细则。

3. 政经分离程度不够高，组织独立运作水平待提高

"政经分离"探索推进较慢，分离程度有待提高。按照国家"政经分离"的试点方案要求和目的，"政经分离"旨在将自治职能与经济职能相分离，党组织的"一把手"和村（居）委会成员不能担任经济社社长一职，若要竞选经济社社长，必须先辞去党内职务或（和）村（居）委会委员职务。① 城畈村已基本实现了城畈经济股份合作社与村两委分离，并在财务上实现了实质化运作，具体表现在财务账目的分设、账目资金的"双代管制"上。但当前，城畈村在人员分离、设置上不够规范，仍存在村干部在合作社内部交叉任职的情况。孟德斯鸠关于权力制约的基本原理做了如下阐述："一切有权力的人都容易滥用权力，这是万古不变的一条经验，要防止滥用权力，就必须以权力约束权力。"② 人员交叉任职的实质是经济职能与政治职能尚未实现彻底分离。权力缺乏制约容易导致个人在集体经济组织运营中的独断专行。面对巨大利益，在缺少监督的情况下，一些村干部在参与集体资产经营管理过程中，容易出现侵吞集体资产等现象，影响农村长治久安。

（三）思考：进一步深化股改的对策建议

城畈集体资产股份权能改革实践，既有中央的顶层设计，又有基层的积极探索；既借力他山之石，又勇于创新求索。城畈股改走出了一条精稳有序、成效惠村利社的股改道路，极大地丰富了农村股权的实现形式，但仍需在实践中进一步完善。

1. 创新集体经营方式以发展壮大集体经济

2014 年中央一号文件指出："（要）充分发挥农村基本经营制度的优越性，着力构建集约化、专业化、组织化、社会化相结合的新型农业经营

---

① 邓永超、张兴杰：《政经分离增强村民自治活力的路径优化》，《农村经济》2013 年第 7 期。
② 〔法〕孟德斯鸠：《论法的精神》，商务印书馆，1961。

体系，进一步解放和发展农村社会生产力。"农村集体经营方式创新直接关系到农村集体经济的发展壮大，进而会影响股份收益分红以及农民参与集体资产股份权能改革的热情。为此，一方面，要完善村庄基础设施建设，为发展经济提供保障。党的十八届六中全会明确指出要引导社会资金更多投向实体经济和基础设施建设薄弱领域。而农村基础设施发展滞后，如道路、水利等建设不足，会在一定程度上影响和制约集体经济的发展。为此，针对一些历史发展底子薄、债务多的村庄，政府应积极引导资金、技术、资源等向村级流动，为农村集体经济发展创造良好的外部条件，奠定集体经济的发展基础。另一方面，要利用本地资源发展集体经济。可结合村庄自身地理、产品及产业优势等，以农村集体经济组织为经营主体，合理开发村内的土地、森林、旅游等资源，发展现代设施农业、乡村旅游等产业。如生态条件优良的村庄可开发度假村、生态观光旅游等项目，平原地带的村庄可适度开发农产品种植、加工等项目，以此来带动村民就业，实现个人与集体经济双增收，通过壮大集体经济实力提高农村股改的积极性和持久力。

2. 加强顶层设计确保集体经济股份合作社有序运转

"改革的顶层设计中需要注意运用法制方式，用法制方式凝聚改革共识，用法律方式推进改革。"[1] 集体经济股份合作社的有效运转，依赖于法律建设基础上的制度设计。一是出台认定集体经济组织身份的法律法规。一方面，配套制定农村集体经济组织法，从法律层面赋予农村集体经济组织以独立法人资格，明确其在市场中的身份；另一方面，确立农村集体经济组织的资格认定条件及标准，明确组织形式、职能、定位和管理办法，规范集体经济组织的资格认定和取消、登记、变更等程序。二是出台关于成员身份界定的指导性文件。针对改革村在清人分类、股份配置等关键环节仍存在不规范的矛盾隐患，建议在充分发挥村级民主的基础上，各地方政府出台指导性文件，对改革的重点环节做出规范，明确如对已出嫁但未离开本村的外嫁女、新生儿、新迁户等身份的界定，避免基层在改革过程中陷入"无理可依"的尴尬境地，阻碍改革进程。三是给予集体经济组织

---

① 陈金钊：《法制与改革的关系及顶层制度设计》，《法学》2014 年第 8 期。

税收优惠等政策扶持。针对改革后，农村集体经济股份合作社和成员税负明显增加的问题，建议出台相关法规政策，减免农村集体经济组织土地使用税、耕地占用税、教育附加等税费；对个人所得税，参照城镇职工个人所得税征收办法，合理设定起征点，以此来提高和保障改革带来的红利，调动农民参与改革的积极性。

3. 进一步探索政经分设有效形式以促进组织各归其位

政经分设是激发村级服务力、提升经济发展活力的现实路径。面对城畈村当前实现账目分设，但人员未分离的状况，一方面，需要厘清村社关系，健全集体经济组织管理制度，理顺集体经济组织与村两委的关系。在人员任用上，建议吸纳村民代表、非在职干部等担任理事会成员，避免村两委干部在集体经济组织中交叉任职；在职能设置上，要确保村级自治职能和经济职能分离。另一方面，要强化内部约束，优化集体经济组织监管职能。农村集体经济组织所设理事会与监事会成员需各司其职，不可重复任职。因此，应加强和完善监事会选举制度，严格遵循选举规则，明确理事会成员、财务人员及其直系亲属不得参加同级监事会，保障监事会能够独立行使其审计、监督权利，完善其自身架构和职能。

产业驱动：田园综合体建设的
"马岭答卷"

—— 基于对湖北省京山市马岭新村的调查与启示

（执笔人：杨琪　指导人：张航）

党的十九大报告中首次提出，实施乡村振兴战略"要坚持农业农村优先发展，按照产业兴旺、生态宜居、乡风文明、治理有效、生活富裕的总要求，建立健全城乡融合发展体制机制和政策体系，加快推进农业农村现代化"。然而在地方实践中，相当一部分村庄由于交通基础设施落后，村级招商引资吸引力小，集体经济收入渠道不畅，乡村发展振兴之路阻力重重。2017年中央一号文件指出，要"支持有条件的乡村建设以农民合作社为主要载体、让农民充分参与和受益，集循环农业、创意农业、农事体验于一体的田园综合体"。田园综合体概念赋予了农业发展新的内涵，也为村庄建设找到了新方向、新思路。如何以集体经济发展带动农村田园综合体建设，探索乡村振兴之路，重现农村的生机与活力，值得关注和探讨。

马岭村位于湖北省京山市罗店镇东南部，距京山市城54公里。全村下辖五个村民小组，共192户736人。村庄地貌以丘陵为主，村民世代以种植水稻、小麦、油菜为生。在一家一户小农生产方式下，马岭村经济发展一度十分落后，农民生活水平难以提高；而集体经济发展也因缺乏土地资源与必要的项目、资金支持，长期处于停滞状态，村集体也因此负债累累。当地青壮年劳动力大多外出务工，村庄多是留守儿童、妇女、老人，村庄建设缺乏人才支撑；孱弱的集体也使村庄难以统筹公共基础设施建设和村民福利保障事业。可以说，这也是现阶段京山市一些村庄普遍面临的问题。

2012 年以来，马岭村在返乡创业的马秋生、马想生、张立等人带领下，通过组建成立马嘉岭农业科贸有限公司与京山嘉佳福土地股份合作社两个集体经济组织，以能人带动促成土地规模经营，以股份合作促进集体经济发展，以三产融合促使农业产业升级，在壮大集体经济的基础上，合理安排使用集体收益兴办村庄公共设施，发展村庄公益事业，利用发展红利反哺村庄建设。同时在这一过程中，马岭村不断探索农村基层治理新路径、新方法，通过开展"区域化党建"，带动了周边村民共同富裕；通过实施"善行积分制"，规范了当地村民的公共参与；通过推进"政经分开"，完善了农村基层治理架构。经过一系列改革，马岭村新产业、新业态蓬勃发展，集体经济逐步壮大，农民收入显著提高，村居环境得以改善，乡风风貌提质升级，真正实现了"田园生产、田园生活、田园生态"的有机统一。可以说，马岭村有关田园综合体的探索丰富了田园综合体建设的内涵与实践。

一 马岭田园综合体建设背景：村庄发展举步难行

马岭村因东汉年间养殖马匹渐渐兴盛，得名马岭，在历史上一直较为繁盛。但进入 21 世纪，偏僻的地理区位和山地丘陵地形大大限制了马岭村的发展，村庄处于"资源分散、生产单一、发展无序"的困境。具体而言，改革前马岭村经济发展面临的主要问题是：土地分散，农业生产低效；劳力外出，村庄建设"空壳"；设施老旧，公共服务低质；党建涣散，经济发展滞缓。老旧的住房、村民贫瘠的文化生活让回乡的"乡村精英"们难以适应，家乡贫穷落后的面貌让他们意识到"一人富不算富"，只有带动村集体共同致富，才能重现家乡的"光彩"，这便是马岭村田园综合体建设的背景。

（一）积贫积弱，村庄发展无力可依

1. 土地分散，家庭经营低效

马岭村有土地 5000 亩，其中耕地 1490 亩、旱坡地 2380 亩、水面 1130 亩。沿袭历史，京山市在 1951～1953 年开展了土地改革运动，马岭村打破空间界限，按照肥瘦、远近等不同指标对土地进行平均分配；1981 年家庭联产承包责任制在京山市推行，马岭村农户大多是直接承包了自己土改时分得的土地。以家庭为单位的土地分散经营模式以其灵活的机制帮助农民解决了温饱问题，但在市场经济的冲击之下，家庭分散经营的缺陷日益凸显：传统农业生产受自然因素影响大，产品供给稳定性差，农民处于市场的劣势地位；与此同时，分散经营难以吸收投资，也难以及时将科学技术成果转化到生产中。马克思曾指出："小块土地所有制按其性质来说就排斥社会劳动生产力的发展、劳动的社会形式、资本的社会积累、大规模的畜牧和科学的不断扩大应用。"[1] 马岭村以家庭为单位的土地经营模式逐渐跟不上时代发展，农业种植结构单一，农民多数"靠天吃饭"，经济发展面临挑战。

2. 劳力不足，农业生产无力

农业生产劳苦利薄，不少村民外出务工，进城寻找就业机会，造成农村大量青壮年劳动力流失；村民考虑到子女受教育问题，倾于向城镇转移，进一步加速了农村劳动力流失；由于农村地区对人才的吸引力远远落后于城镇，马岭村的大学生群体毕业后往往投身城镇，寻求更好的发展，村庄的高素质劳动力也转移到了城市中。部分村民积累了一定资本之后定居城市，还有一部分则如"大雁迁徙"，辗转于城市和乡村之间。

"大量劳动力的外出务工使中国农村遭受到了严重的人力资本流失，导致农业从业人员老龄化。"[2] 合理的、适度的农村劳动力转移对于提高农村收入水平、缩小城乡差距具有重要作用；但过多的劳动力外出，则不利于农村经济发展。马岭村现有劳动力多是中年、老年人，缺乏现代化的农

---

[1] 《资本论》，人民出版社，2004，第 910 页。

[2] 钱文荣、郑黎义：《劳动力外出务工对农户农业生产的影响——研究现状与展望》，《中国农村观察》2011 年第 1 期。

作物种植技术和农用机械使用技能，一定程度上制约了农业的发展。村庄的留守老人年事已高，农业生产无力可依。

3. 面貌滞后，基础设施老旧

基础设施是农村经济发展的硬环境，是农村生产生活的基础和保障。长期以来，我国基础设施建设投资向城市倾斜，农村区域的基础设施建设投资主要依靠村庄自筹、集体经济支持或者农户自己积累。而马岭村囿于集体经济力量薄弱，在建设公共设施方面力量甚微，如马岭村的村委会大楼修建于 20 世纪 90 年代，一直到 2012 年村两委干部都还在两层的红色小砖房内办公，村委会场地老旧、设施不齐，难以服务村民。而村户间的道路由村委会统一修建，村委会经费有限只承担了路面硬化工作，由于养护不到位，道路破损严重。因为没有建设专门的排污管道和沉降池，农民的生产生活污水直接通过沟渠排放到河里，"河里面倒了很多垃圾，水都臭了"，水资源被污染，村容村貌受到影响。不少村民向村委会反映村庄的基础设施问题，但由于没有资金支持，村委会无力解决。由此可见加快集体经济的发展，改善村庄基础设施建设迫在眉睫。

4. 党建涣散，党员带动有限

马岭村的党建问题体现在三个方面：首先，集体经济基础薄弱导致党建缺乏物质基础，村庄财政预算中并未列出用于党建的专项资金，党组织无法展开拳脚开展各类党建活动，也难以帮助群众解决燃眉之需。其次，党组织引导经济发展的能力较弱，党员杨宝国在集体经济组织建设起来之前，和妻子用传统方法种植作物、耕种田地谋生活，"累死累活一年挣不到一万块"。党员本身的经济状况不容乐观，不能及时掌握新的生产技术，不能帮助农民对接市场，无法真正带动村民致富。再次，马岭村党员老化严重，干部队伍中缺乏新鲜血液，党员年龄大，精力有限，身体状况不佳，个别老党员思想封闭，观念落后，不能及时帮助群众解决问题，在群众中的号召力不强。村委会大楼内部设有党员服务中心，但是前来咨询的村民寥寥无几。

（二）直接矛盾，"游子"回村难以适应

2011 年底，马岭村的"游子"们回乡过春节，从京山市城驱车一个多小时回到家乡，村庄的荒凉让"游子"们陷入了沉思。老旧的瓦房、破败的墙体和黄泥马路刺激着"游子"们的内心，家乡的落后让他们共同感慨："自己的家乡何时才能变得和城市社区一样？"

1. 住房老旧，"下雨天墙壁都要渗水"

马岭村住房大多是砖瓦结构，有的还保持着院落形态，老房年久失修，墙体在日晒雨淋下，剥落严重，部分旧房有倒塌危险；很多老房的内墙上都有水渍，下雨天雨水直接从墙壁的缝隙中漏下来，下暴雨甚至要用盆接水。村民马爱国说："村庄房屋结构有些过时，厕所修建在外面，冬天晚上要冒着严寒到室外上洗手间，十分不方便。"此外，村庄的房屋分布比较分散，有的老房还建在山坡上，四周都没有住户，找人很不方便。总体而言，马岭村老房存在安全隐患，房屋结构不合理且村民居住较分散，不利于统一管理。外出务工者回到家乡，本来是想体验家乡的温暖，但是家乡的荒凉，让"游子"们难以适应。

针对住房条件差的大难题，村民们管不了：一是没有闲钱修房，二是没有劳动力建房。村两委不想管：村庄长期处于负债境地，无法帮助村民修缮房屋。"回村的时候一看，这些房子根本不行，我们建设家乡的直接目的，就是要把大家的房子修起来，修好。"经济能人马秋生说道。

2. 道路泥泞，"回家一车子全是泥巴"

道路畅通是农村产业兴旺的生命线。而在马岭村，村委会资金不足，导致路面养护不到位，也没有引起村民重视，路面逐渐破损，水泥马路上有大大的裂缝，有些地方甚至已经完全变成了泥地。不少村民在外务工挣了钱，买了车，欢欢喜喜开回家，然而"村里到处坑坑洼洼，下雨天全是泥巴，有些地方还打滑，车子开不动，好心情一下子就被破坏掉了"，"晴天不飞土，雨天不粘泥，春有花，夏有荫，秋有果，冬有青，这就是我们想要达到的目标"。从道路修整开始，马岭村迈开了乡村建设的重要一步。

3. 文化贫瘠，"除了种田就是看电视"

当前城市文化娱乐生活丰富、高度发达，我国农村的农民文化娱乐生活明显滞后于时代的步伐。马岭村经济发展水平低，无法统筹公共事业建设，文化娱乐事业建设更是无从谈起。2012年以前，村内只有一个老的图书室能够供村民查阅资料，但马岭村的青壮年劳动力常年不在村，留守老人受教育水平较低，读书并非他们喜闻乐见的休闲方式。村庄没有修建文化广场，也没有健身设施，村民们日出而作，日落而归，除了从事日常的农事生产之外，回到家里基本没有文娱活动。"干完农活回来，大家顶多就聚集到一起聊天、看电视，很乏味。"村民马春兰说道。村庄没有娱乐设施，村民也没有娱乐性活动，农村的文化建设任务相当艰巨。

二　田园综合体建设探索：产业建设拓路

要"按照城乡经济社会发展一体化的要求推动改革和发展，使农业成为有效率的产业，使农民成为能致富的职业，加快我国农业现代化的进程"。[①] 当前我国经济发展进入新常态，马岭村在经济发展的探索过程中，一方面要对第一、第二、第三产业的发展方式提出"质"的要求，承担农民增收和农业发展的重任；另一方面，在农业供给侧改革的大背景下，要突破传统农业固化的困境。马岭村以产业发展为切入点，筹措资金、资源，搭建了新型管理架构规范集体经济组织的运行。通过现代化运营，村庄经济建设卓有成效，为田园综合体建设打下了经济基础。

（一）能人回村，改革思路先行

集体经济是由各个利益主体共同参与的经济形式，更需要领头人相应的带动，对领头人的要求也更高。一是要求领头人的能力强，能够带领集体成员共同发展；二是要求领头人有责任心和公益心，甚至自我牺牲精神，能够获得集体成员的共同认可。[②] 传统农村产业经营规模小，效益低，不少地方探索新的集体经济实现形式，提高产业开放化程度，相应地对管理者也提出了更高的要求。2012 年，马岭村二组 9 位老板回乡过年，引入现代产业发展理念，与村民共同商议通过了村庄的发展方案。

1. 心系故乡，"九马回槽"扎根村建

作为马嘉岭公司法人代表的马秋生，2004 年在成都从经营建材起步，到 2008 年开办了自己的工厂生产扣条、踢脚线等产品，现年销售额达 1000万元 马志强是马嘉岭公司的总经理，他在北京注册了自己的公司，从事

---

① 陈锡文：《构建新型农业经营体系刻不容缓》，《求是》2013 年第 22 期。

② 徐勇、赵德健：《创新集体：对集体经济有效实现形式的探索》，《华中师范大学学报》（人文社会科学版）2015 年第 1 期。

踢脚线、地垫的销售，年销售额逾 2000 万元。马想生在上海市注册了上海超颐凡工贸有限公司，主要生产、销售木门等建材产品，经过近十年的打拼，现年纯收入在百万元以上。马岭村的另一位能人张立，在北京做布鞋生意，年薪在 50 万元上下。聂少兵、马爱国、马爱中等，也都从事建材销售行业，经营着自己的公司。

2011 年底，经济能人们回村，看到家乡的黄泥马路、破旧瓦房与城市的巨大差距，游子们终于意识到，"一人富不算富，一组富也不算富，只有带动全村共同致富，乡愁才能有依托"。"人都有梦想，我给自己定个目标，用 5 年把梦想变成现实。"张立说。9 位马岭经济能人，怀揣着一腔赤诚，义无反顾扎根于村庄建设中。"听说老板们要回来建设家乡，很多村民既欣喜又不敢相信。在与老板们约定回村开会的日子，很多村民都跑到村口等着。"村民马春兰回忆道。因九位经济能人多为马姓，村民将他们建设家乡之举称为"九马回槽"。

2. 共商思路，引入现代产业观念

经济能人总结自己在企业工作或者创办公司时的产业发展理念，为村庄谋划发展思路。2010 年底，"九马"回村聚首，9 位能人都拿出了自己的建设思路，构想出初步蓝图之后，再综合村两委干部的意见，对方案进行了进一步完善。2011 年 5 月 6 日，9 位能人再次回到家乡。在村两委干部的召集下马岭村二组召开了第一次全体组民代表大会，在会上宣布了马岭村二组的新村建设方案，并广泛征求村民建议。第二天，村民们在新村规划的文本上按下了手印。2012 年的大年初一，二组村民代表大会再次召开，正式确定了《关于首期建设马岭二组美丽乡村的初步设想》这一发展规划。

能人们通过与村两委干部、村民共商共议，在新村规划中引入了大量现代化的发展理念。"要让农民知道，土地不是只能用来种田，我们要通过村庄规划，建设一个更加美丽的马岭。"新村规划着力于通过新的理念促进三产融合，帮助马岭村走向发展的康庄大道。

3. 发动群众，擘画村庄发展蓝图

"带领大家共同富裕才是我们的心愿，我们的最终目标是要把马岭打造成湖北省第一村，让老百姓生活得更加幸福开心。"按照村民代表大会通过的村庄规划图的要求，马岭村委托"中工武大设计研究有限公司"按照"环境优美、产业发展，旅游开发、文化繁荣"的定位对村庄进行规划设计，多位城乡规划专家参与修订编制了《马嘉岭美丽乡村建设规划》，绘制了用地布局、明清湾修建、住宅形式、灌溉饮水工程、雨水污水工程、电力工程、电信工程、沼气管网、道路、绿地等多系列规划图纸，锁定乡村建设目标，按时间节点挂图实施。规划的制定充分征求村民意见，得到了村民的一致通过，马岭村正准备全面革新。

（二）组织设立，打破运转瓶颈

习近平总书记在十九大报告中指出，要"深化农村集体产权制度改革，保障农民财产权益，壮大集体经济"。相对于个体经济，集体经济一是能够获得个体发展无法比拟的条件和基础，标志就是收益；二是其集体成员能够共同发展，标志是共同。① 努力探索发展农村集体经济有效途径、全面消除集体经济薄弱点是当务之急。为此，马岭村挂牌成立公司和合作社，积极发挥村庄经济能人的管理优势，整合土地、资金等多种要素，同时合理利用政府的项目扶持资金，带动集体经济组织的发展。

1. 公司+合作社，设立两个经济主体

（1）二组挂牌成立公司

2012 年大年初一，马岭村召开二组村民代表大会，顺利通过待实施方案，会议决定：二组成立农业科贸有限公司，实行集中经营。5 月 6 日，村两委召开二组村民代表大会，开展民主议事，拟成立马嘉岭农业科贸有限公司，村民自己做股东，带动马岭村经济发展。9 月 26 日，京山马嘉岭农业科贸有限公司挂牌成立，正式拉开了村企共建的序幕。

（2）余组联合成立合作社

马岭村共有五个村民小组，公司初建时的主要成员是二组村民，其余几组的村民较少参与到集体经济组织中。二组产业的起步，令一、三、四、五组村民心生向往，时任村主任的杨宝庭期望带动余组村民共同发展，提出成立专业合作社，实行统一耕种、统一品种、统一销售、统一管

---

① 徐勇、赵德健：《创新集体：对集体经济有效实现形式的探索》，《华中师范大学学报》（人文社会科学版）2015 年第 1 期。

理，先替农民耕种，再返利于农民。

2015 年 4 月 15 日京山嘉佳福土地股份合作社正式成立，辐射马岭村一组、三组、四组、五组四个村民小组，总入社户数 127 户，总人口 521 人，总面积 1682.77 亩。村两委干部集思广益，结合当地实际，制定了"种、养、加"的合作社发展模式。具体而言，"种"：将现有的良田种优质稻，实现一村一品规模化种植，进行科学管理，灵活销售；"养"：把本合作社内大约 500 多亩的水面充分利用起来，养殖龙虾、甲鱼，对外招科技人才，引进资金，可与他人进行多种形式的合作；"加"：合作社可依靠自己的产粮优势，办一个大米加工厂或收购一个集加工和销售于一体的加工厂。集体经济组织的设立，实现了村庄土地不荒、劳力不闲，家家有产业、户户都增收。

2. 管理+资金，能人示范带动

农村集体经济的产生和发展离不开能人的带动，而带动潜能和道德感是决定能人带动效能的主要因素。农村集体经济实现形式是否有效关键在于能否挖掘和产生"强带动—强道德"型的能人。[①]

一方面，马岭村的经济能人发挥着重要带动作用。回乡的"九马"要么有自己的公司，要么在大公司内部任管理职务，市场经营经验丰富。他们将自己的储蓄注入公司发展之中（见表 1），起到示范作用，带动了村民投资。与此同时经济能人们还将自己在企业工作时学习到的管理知识灵活运用到了村庄集体经济中，帮助完善公司管理的规章制度，使公司能够朝着现代化企业的方向发展。

另一方面，马岭村的经济能人拥有强烈的道德感。在公司建立之初，9 位老板每月轮流回村值班，并约定前三年，九人不拿报酬、不参与分红。为方便管理，大家一致推举办事干练的张立为执行董事，带领公司发展。起初，张立还没有辞去北京布鞋厂的经理工作，经常自费往返于北京、京山两地，兼顾布鞋厂的工作和家乡公司的发展。之后为了保障公司的运作，张立辞去了自己年薪 50 万元的经理工作，全心全意投入马岭村公司的

① 黄振华：《能人带动：集体经济有效实现形式的重要条件》，《华中师范大学学报》（人文社会科学版）2015 年第 1 期。

发展之中。其间他还用自己的积蓄购买了一辆中高档汽车，专门用于奔走京山市，处理公司发展的事情。"采得百花成蜜后，为谁辛苦为谁甜"，2015 年春节，张立路过一农户家，在门口聊天的十几个村民突然起立，为他送上热烈的掌声。他感叹道："为家乡父老做点事并得到他们的认可，我感受到强烈的幸福感和归属感，这是金钱无法衡量的，也是在外打拼所无法感受到的！"

表 1　马岭村九大股东出资情况

股东姓名	出资方式	出资额（万元）	出资比例（%）	出资时间
马秋生	货币	250	25	2012 年 3 月 19 日
张　立	货币	150	15	2012 年 3 月 19 日
马志强	货币	150	15	2012 年 3 月 19 日
马想生	货币	100	10	2012 年 3 月 19 日
聂少兵	货币	100	10	2012 年 3 月 19 日
马爱国	货币	80	8	2012 年 3 月 19 日
马爱中	货币	60	6	2012 年 3 月 19 日
马迎碧	货币	60	6	2012 年 3 月 19 日
马兰香	货币	50	5	2012 年 3 月 19 日
合计	货币	1000	100	2012 年 3 月 19 日

3. 土地+资金，村民成为公司股东

经济能人联合村民出资入股组建集体经济组织，村民变股东，风险共担，利益共享。以二组所在的公司为例，村民可采取两种方式入股：现金入股，最多投资 100 万元，最少投资 5000 元，共筹集股金 707 万元；土地入股，村民自愿将承包田经营权按每亩 1 万元折算成现金入股，共计 364 亩承包田。两种方式共募集股金 1071 万元，193 人成为股东。为打好基础，稳定再生产，公司约定头三年不分红，从第四年开始，每年分红不低于股金的 5%，不高于 10%。

每位以土地入股的股民手头都有一本股权证，这个红色小本上记录着股东的姓名、身份证号、股金份额等信息，股权可以退出也可以转让。公司章程规定，如果公司破产了，土地可退还给农民，同时将资产按股折算返还给农民。

部分村民在公司初建时对公司持怀疑态度，没有入股。二组村民马海军家在 2012 年有 6 亩地，公司成立之初，他不愿意入股，几年后看到公司发展势头好，多次找到公司要求参股。公司征求股东意见，多数人认为，现在公司发展了，土地入股不能再享受 4 年前的股值，要入只能对半折算。因股东提出新意见，马海军等村民中途土地入股的事就搁下了。"无论是制度上，还是操作上，都是公开公正的，我们放心。"公司的决策充分尊重股东意见，保护股东利益，村民们终于吃下了定心丸。

4. 项目扶持，政府注入资金

在村庄为产业建设资金发愁时，游子们再次筹集到 308 万元捐款，产业发展得以起步。为进一步促进马岭村的集体经济发展，京山市因势利导，以村级公益事业建设"一事一议"财政奖补专项资金为平台，整合各部门涉农资金投入马岭村的产业发展配套中。京山市财政、国土、林业、住建、环保、电力、水务等部门共整合涉农专项资金 1000 多万元，整修村庄的水、电、路，加强了产业配套设施的建设。与此同时，马岭村还将政府的部分专项资金用于集体经济发展之中，促进了产业结构的优化升级。

（三）机制保障，搭建管理架构

就我国农业当前的实际情况而言，农业生产的组织化、社会化程度还比较低。[①] 党的十八大报告特别强调了要构建集约化、专业化、组织化、社会化相结合的新型农业经营体系。新型农业经济主体建设要符合时代要求，经济组织运转的专业性和规范性需要加强。马岭村村民所选择的集体经济组织形式是"公司+土地合作社"，通过股民代表大会和社员代表大会的决定，公司设立了董事会、监事会，合作社设立了理事会，本着"民投资、民管理、民受益"的原则，建立起现代化的管理组织，保障了集体经济组织的规范化运行。

1. 股东推选理事会，规划合作社发展

土地股份合作社由社员代表大会选举产生理事会，作为合作社的常设机构，规划合作社的发展。理事会由 6 名成员组成，每届任期三年，可以

---

① 陈锡文：《构建新型农业经营体系，加快发展现代农业步伐》，《经济研究》2013 年第 2 期。

连选连任。理事会设理事长 1 名，由理事会内部选举产生，理事长是土地合作社的法定代表人。理事会实行社员代表大会领导下的理事长负责制，严格执行社员代表大会通过的决议，并定期向社员代表大会报告工作。理事会的主要职责如下：①召集、主持社员代表大会，并向社员代表大会汇报工作；②执行社员代表大会的决议；③拟订本社的发展规划、资产经营计划和资产经营管理方案；④对重大投资项目进行可行性论证，提出投资决策方案；⑤制定本社发展的财务管理制度、财务预算方案、收益分配方案；⑥负责日常社务工作，根据需要设置必要的内部管理机制，聘用相关的经营管理人员。其中理事长行使以下职权：①主持社员代表大会和召集主持理事会会议；②组织实施理事会形成的决议，并向理事会汇报。理事会会议每个季度召开一次，2/3 以上理事出席方可举行，理事会实行一人一票制，半数通过决议方可有效。

马岭村严格按照章程对集体经济组织进行管理，为防财务"漏洞"，社员代表大会规定，与集体经济组织有关的发票至少 3 个人签字方能生效，单笔单项金额超过 1 万元的，必须上报理事会。理事会经讨论提出了 2016 年土地合作社的产业规划：发展莲藕种植、虾稻鳖混养生产模式。社员代表大会通过后，合作社开始引进技术管理人员。在进行产业规划的同时，理事会也及时跟进，依季度向社员代表大会汇报生产状况，使合作社能够按照既定规划发展。

2. 能人任职董事会，负责公司经营

马岭村选经济能人出任公司董事，主要是出于两方面的考虑：一是资源禀赋，以张立为首的经济能人掌握知识、技术、资本等大量社会资源，这些社会资源是能人发挥其带动作用的基础，在制定公司发展的过程中合理利用资源，可以达到事半功倍的效果；二是市场意识，经济能人能快速适应市场经济的发展要求，及时把握发展机会，在纷繁变化的市场竞争中发掘集体经济自身的优势，寻求新的经济增长点。

公司运行之初，股东会的 9 名成员轮流值守负责日常事务，产业发展起来后，股东们推选 5 人组成董事会，张立出任执行董事。执行董事为公司法定代表人，对公司股东会负责，由股东会选举产生；执行董事任期 3 年，可连选连任，执行董事在任期届满前，股东会不得无故解除其职务。

遇到村级基础设施建设、产业发展、市场营销等重大事项时，执行董事召集并主持股东大会进行集体决策。

3. 独立运作监事会，监督经济组织

在集体经济组织中设立监事会，是近年社会组织改革发展的产物，也是促进社会组织健康发展的内在需要。根据马嘉岭农业科贸有限公司相关规定，公司股东选举出 2 名监事会成员，其中，村民许德超担任监事长。监事会负责监督公司的决议决策程序；对社代会、理事会及工作人员的工作进行监督；审查财务，发现问题及时予以纠正并汇报股东大会，以此保障组织和股东利益。监事会每届任期 3 年，可连选连任，主要行使下列职权：①检查公司财务；②对执行董事、高级管理人员行使公司职务时违反法律、法规或者公司章程的行为进行监督，并提出罢免的建议；③当执行董事、高级管理人员的行为损害公司的利益时，要求执行董事、高级管理人员予以纠正；④提议召开临时股东会；⑤向股东会会议提出提案。监事列席股东会会议。公司执行董事、高级管理人员不得兼任公司监事。

（四）产业发展，探索现代化运营

公司和合作社在产业发展之初采取的是传统的管理经营模式，在此种模式下，生产效率低下，市场竞争力也不强。公司董事会意识到只有引入现代化的管理方式与运营手段，才能真正带动集体经济组织的发展。马岭村探索现代化运营手段，利用科技手段和新的管理模式提高生产集约化程度，发展有机蔬菜、生态水产、循环养殖等多元化种养，打造大品牌，提高了市场竞争力。

1. 合作社规模经营，进行集约化管理

马岭村推进土地利用集约模式，通过技术创新，打破传统农业的分散种植模式，形成规模化农业生产。合作社将农民的农田汇集到一起后，理事会经过外出考察、对比，确定试验种植 100 亩具有"航天员专供大米"和"国家运动员专供大米"标志的 CEB 抗氧化有机营养米。该品种由中科院武汉分院提供专利技术，北京德润生生物科技有限公司进行技术指导。水稻亩产稻谷 800 余斤，出精米 400 余斤，每斤市价 19.8 元，每亩销售收入可达 8000 元，2016 年种植面积扩大至 500 亩。由此可见，土地的集约化管理大大提高了农业生产的效率和效益。

与此同时，合作社聘请了中科院水生所专家进行指导，打破青、草、鲢、鳙养殖传统模式，利用高岗洼地的 2 个自然冲，养殖泥鳅 200 亩。据测算，新型养殖方法能避开 3~10 月份泥鳅上市高峰期，经过 6~7 个月养殖，泥鳅可增重 3~4 倍，价格在 25~30 元/斤，每亩可创收 1.5 万元。此外泥鳅还是化妆品原料，日韩市场前景广阔，合作社已在积极联系外贸出口事宜。农田的集约化利用，提升了土地生产的贡献率和土地管理的约束力，缓解了用地矛盾。

2. 公司三产融合，探索多元经营方式

2015 年中央一号文件首次提出要通过"推进农村一二三产业融合发展"的途径来促进农民增收。2016 年中央一号文件再次强调，要推进农村三产深度融合，实现农业产业链整合和价值链提升，培育农民增收新模式。马岭村积极响应号召，通过延伸产业链条，转变产业发展方式，以"三产融合"为抓手，带动村庄资源、要素重组，达到了优化马岭村产业空间布局的效果。具体做法是发展特色农业和生态农业，开发有机食品，发展健康养生文化产业园，在第一、第二产业发展起来的基础上，探索体验式旅游。

大力发展传统种养，建设农业示范园。2015 年，马岭村大棚蔬菜种植面积扩大到 300 亩，规划发展蔬菜大棚 350 个，目前已建成投产标准冬暖式蔬菜大棚 5 个、钢架大棚 120 个、玻璃温室 1 栋。村庄公共食堂边上建起了蔬菜示范园，塑料大棚内种植时令果蔬如草莓、樱桃，各种农业示范园吸纳就业 48 人，全部投产后年收入可达 525 万元。

合理利用农业废料，建设特色工业园。马岭村利用回收的农业废料，承办饲料厂和生物燃料厂，建造了独具特色的环保工业园区。公司对接湖北志强秸秆饲料有限公司和南方草场项目，收购周边农作物秸秆，进行深加工，生产饲料和生物质燃料。秸秆的二次利用，减少了焚烧，优化了村庄环境，还可以带动周边剩余劳动力就业，助村民增收。

打造农家旅游项目，建设观光小花园。依托陈家大堰改造，马岭村建成了游客集散中心、500 亩坡地养生小木屋群、休闲步道等项目，吸引游客体验垂钓、摸虾、捉鱼、赏花游湖等活动。村庄按照旅游观光、休闲度假的标准，打造乡村观光旅游特色产业，开发农业景观功能，让村庄融入京山市生态旅游的"O"形圈中。

3. 充分对接市场，打造农业特色品牌

大量的事实证明，集体经济的快速成功，往往源于经营者对一些重要市场机会的识别和把握，谁把握了这些市场机会，谁就能够实现跨越式的发展。[1] 集体经济作为微观经营主体，只有与宏观市场经济体制相对接，才能建构起集体经济的有效实现形式，进而促进集体经济更好发展。为此合作社注册了"泰康源""马嘉岭"等品牌，并在网上以"私人订制"的方式销售村里的黑山羊、营养米等产品。现一斤营养米售价近 20 元，黑山羊更是供不应求，合作社与湖北奥体中心等多家单位和企业签订了长期供货合约。有机种植、电商促销等模式的推行，深化了集体经济组织的品牌发展之路。

（五）成果分配，共享发展红利

通过现代化的管理与运营，短短几年内，马岭村经济得到了巨大发展，农民的收入从人均不足 6000 元，增加到人均近 3 万元；集体经济组织的实力不断加强，有了一定的市场竞争力和影响力；村庄不仅还清了债务，还建立了村庄"小金库"。集体经济发展红利广惠"三农"，在给村民带来实惠的同时，也为马岭发展提供了不竭动力。

1. 工资+奖金+分红，村民钱包鼓起来

"农民钱袋了鼓起来没有"是检验农村经济发展的重要指标，集体经济组织建立起来之后，村民能够从工资、奖金、股份分红三个渠道获取收入，农民真正从村庄的发展中受益。公司兴办工业项目 3 个，兴建涉农产业 4 个，提供就业岗位 100 多个。公司为不满 60 岁的马岭村村民安排工作，按照"两个三"的原则进行工作调配，村民在集体经济组织中就业，3 个月后若觉得工作不合适，可以申请调岗，每人至多有 3 次调岗机会，这给了村民充分的选择空间。若三次换岗之后还是不满意，公司则放弃对该村民的岗位安排。村民有多种工作选择，例如养羊、种地、做砖、种

---

① 黄振华：《能人带动：集体经济有效实现形式的重要条件》，《华中师范大学学报》（人文社会科学版）2015 年第 1 期。

菜。村庄建成黑山羊羊舍 13 栋，养殖种羊 3000 余只，村民管理一只羊的报酬是 50 元/月，一人可管理多只羊，月平均工资在 1000~2000 元；种地的村民，公司按照 360 元/亩·年支付管理费用，每位农户至少可以管理 100 亩菜地，月均收入在 3000 元以上；做砖的村民，按 0.5 元/块支付报酬，月平均收入在 2500 元左右。工资加上奖金和股份分红，马岭村人均年纯收入由 2011 年 5985 元快速增长到 2015 年的 29460 元。

与此同时，产业销售渠道的拓宽，也使不少村民受益。"众筹、农电商这些新玩意都引进来了。"马庆军夫妇，妻子开网店卖土鸡蛋，一天有 2000 多元钱的销售额；丈夫承包 5 个大棚种西瓜，夫妻年收入超过 10 万元。在入股之前，村民马学年与妻子共同耕种 9.5 亩土地，一年辛苦劳作只有 1 万多元的收入，以 9.5 亩承包地入股合作社后，丈夫到了休养所工作。夫妻俩 2016 年不仅得到了 4750 元入股分红，还有工资收入，该年度纯收入达 2.8 万元。

2. 三年不分红，新型农业主体壮大

公司成立伊始，9 位能人就相互约定，三年不拿集体的工资，三年不分红；在村民以土地、资金等多种要素入股之后，成为股东的村民们也相互达成协议，公司发展的前三年不分配红利，以便留存资金用以集体发展。从第四年开始，每年分红不低于股金的 5%，不高于 10%。2015 年即公司成立第四年，其固定资产从之前的 1071 万元增长到 2800 万元，年收入达 1400 万元，纯利润达到 280 多万元。

公司不断发展，合作社的影响力也在扩大。合作社成立伊始，生产资金筹措遇到障碍，社民们主动拿出资金，帮助合作社联系植保公司，经过科学规划和严格管理，合作社种植的农作物产量和品质都得到了极大提升。合作社合理分配利润，蓄力发展，截止到 2016 年底，已有逾百万元的生产储蓄金，入社的村民也都得到了每亩土地 400 元的分红。集体经济组织的力量不断壮大，村庄发展势头向好。

3. 留足公积金、公益金，村庄集体收入增加

为造福村民，合作社提取 15% 的公积金、公益金，用于村庄建设；公司也提取了经营利润的 5% 作为幸福股份，用于完善村庄的公共设施等项目。截止到 2016 年，村庄不仅还清了 96 万元的负债，还积累了超过 30 万

元的村庄储蓄。村集体利用增加的收入，修建起了四层高的服务大楼，专门设置了党员活动中心和一站式服务大厅，极大地帮助了村民解决生产生活困难。"村委会去年花 10 万元将荒山回收，今年将把村集体的堰塘回收。"村委会的许会计说道。集体经济组织的发展，为村庄运行提供了坚实的资金基础，村两委干部在服务群众的过程中可以"放开手脚"，由资金不足产生的顾虑得以打消，村庄的"腰杆"更直了！

三 田园综合体建设推进：经济发展反哺村建

早在产业发展之初，村两委和经济能人就主动帮助村民解决住房问题，经过细致认真的工作，村民住进了新居，村庄布局得到重新规划。集体经济组织发展起来后，村庄一方面通过设置"孝心股"，建起"休养所"，兜底村民养老；另一方面，通过公共基础设施建设，改善了村庄面貌。村庄筹建公共福利，改善基础设施，田园综合体建设得以稳步推进。

（一）住房统建社区化

面对高昂的修缮费用，村民们只能"望房兴叹"。村集体截止到 2012 年尚有 96 万元欠款没有还清，也无法帮助村民规划建设住房。鉴于此，村干部和经济能人从动员开始，听取农民的意见，规划楼房和别墅建设，使农民按照"拆一还一"的原则住进新住宅，同时村委会制订"十年计划"，争取十年内让村民都住上独栋别墅。

1. 充分动员，"换房规划"问计于民

住房统建的第一步，就是充分动员群众"换房"，村干部和 9 位能人亲自带头入户，倾听农民的"换房"需求。大部分农民听到"以旧房换新房"，觉得有些难以置信；但也有几户居民在外打工存了些钱，近几年新修了住房，听到要换房，情绪比较抵触。"特别是二组，有一户居民房子浇完水泥才五个月，他们家就不愿意换房。"村委的许会计说道。针对实践过程中遇到的种种困难，村干部和能人们聚集在一起开会，最后决定以"分任务"的形式落实群众工作，从自己的亲戚朋友切入，详细说明村庄的建房规划与老房不拆给村庄带来的阻碍，晓之以理，动之以情，让群众充分信任村干部，积极配合村委会的工作。

经过动员，村民逐渐接受了住房规划，开始主动提出自己对房屋的户型、功能等要求，村干部和能人们认真聆听，细心记录，把村民们的要求充分考虑进去，经过多次讨论与意见征集，和村民就住房规划达成了一致意见。

2. 增减挂钩，"统归统建"合理布局

经村民大会同意，二组的老旧房屋被全部推倒，村委会委托专业公司规划新村建设，在建设用地总量不增加、耕地面积不减少的前提下，集约使用建设用地，建成新住宅区。二组已建民居 2.4 万平方米，截止到 2016年底有 127 户村民住进新房。马岭村的单元楼拔地而起，30 栋别墅惊艳亮相，村民聚居区内规划整齐，环境优美，一改往日村民住房零散分布的状况；房屋内科学布局了厅、卧、厨、卫、阳台，水、电一应俱全。通过增减挂钩，拆除农民旧房，统建新房，村庄布局得到优化。

3. 修建楼房，"拆一还一"免费入住

在换房意愿和居住习惯得到充分尊重的前提下，大部分村民集中居住在了村委会的住宅统建区域。2012 年 9 月，在马岭村新房落成、老房拆除期间，村民通过借住在亲戚朋友家里的方式进行过渡。有村民反映想把房子装修好一点，村干部们得知他们的诉求后，召集能人们开讨论会决定，按照一平方米 100 元的标准给农民装修补贴，每套住房标准面积为 130 平方米，每户农民得到 13000 元装修补贴。

"原来我们认为大家选楼时候会不要一楼，五楼，结果很多人要一楼。"面对村民分房时候的不同需求，村干部采取抓阄方法，用车库进行调节。马岭村统一修建的住宿区车库面积为 10~20 平方米，村民抓阄抓到 1~3 楼的不给予车库补贴，4 楼补贴 10 平方米车库的价钱，5 楼补贴 15 平方米车库的价钱。例如，房子抓阄抓到 4 楼，公司给补贴 10 平方米车库价钱，按照 800 元/平方米的标准，总共补贴 8000 元；如果抓阄抓到 1 楼，就让住户出 5 平方米车库的价钱，按标准算是 4000 元。经过调整，农民都住进了自己想要的楼层。针对不愿意居住楼房的村民，村委会还为每户划定了 100 平方米的宅基地，按照统一风格修建别墅，村民只要出资 25 万元，即可住上精品别墅。"我们就是想群众所想，群众没有想到的我们也帮忙想到了，所以我们的工作进行得很顺利。"经济能人张立自豪地说道。

4. 依次推进，"十年计划"住上别墅

马岭村在处理村民"换房"需求的过程中，充分考虑了农民的利益，针对少数村民暂时没有能力负担"别墅"费用的情况，村干部也给出了规划。居民"上楼房"只是暂时的安排，集体经济刚刚成长起来，力量还不强大，"最终我们会实现家家户户住上别墅"，村干部们制订了"十年计划"，在十年内以集体经济组织为载体，充分积累资金，逐步实现村民从楼房到别墅的过渡。农民集中居住，方便了村庄统一提供基础公共设施，节约了建设成本，提高了资源的利用效率；农民居住条件的改善，最直接的效果就是农民在村庄就可以享受到"城里人"的生活品质。

（二）村民养老福利化

随着现代医疗技术水平的提高，经济水平的发展，老年人口稳步增长，我国早在2000年便步入了老龄社会。"农村居民的养老、医疗保障制度很不健全，保障水平比较低，老龄服务的制度安排基本处于空白，农村老年人面临着严峻的养老形势。"[1] 马岭村大量劳动力向外输出，更加剧了村庄的"空巢"现象，"年逾70岁的老人佝偻着背脊在田间劳作"是马岭村的现实状况，老人"没人养、没人管，坐在苍茫的暮色中守望"，这样的现状触动着每位马岭人的心弦。

1. "孝心股"兜底养老

村庄养老事业启动刻不容缓，但村民的经济收入有限，村干部商议后决定利用集体经济的收益统筹村民养老。马嘉岭公司从利润中抽取5%，专设了孝心股份，将60周岁以上的男性村民、55周岁以上的女性村民全部集中起来供养，管吃、管住、管医疗，帮助老人安享晚年。部分身体健康的老人还可以去公司干一些力所能及的散活，比如扫地、看大门，挣一点零花钱。家里的老人有了养老保障，也极大减轻了村民的养老负担。

2. "休养所"免费入住

从马岭村整洁的住宅区穿过，路过一个小花园，便到了马岭村的村民

---

[1] 杨清哲：《人口老龄化背景下中国农村老年人养老保障问题研究》，吉林大学博士学位论文，2013。

休养所。休养所是一整套门字形建筑，内部有老年公寓 60 间，占地 2100 平方米，村庄老人免费入住，现今已有 36 位老人住进休养所。老年公寓按照一室一厅一卫的结构设计，前面有公共阳台晾晒衣服，老人平时可以在休养所居住，也可以回到子女身边居住。休养所建设有小花园，内部还设有棋牌室、聊天室，供老人进行文娱活动。

为更好地服务修养所内的老人，村庄还从"孝心股"中抽出资金，聘请了 1 位所长，1 位炊事员。炊事员的工资为 2500 元/月，购买食材的资金另外从"孝心股"上划出。二组村民马学年是休养所的所长，他负责几十位老人的生活起居，每月工资 2000 元。谈及马岭村的养老实践，马学年直言："休养所免费养老，咱们村的老人真是享福！"

3. "敬老观"集中关照

马岭村对老人实行"三统一、三集中"服务：食宿统一安排、基本医疗费用统一负担、一人一份商业保险统一购买；集中组织文化体育活动；集中开展志愿者联谊活动，端午、中秋、重阳等节日提供文艺表演、健康体检、生日祝福、心理疏导等服务；集中引导亲情交流，建 QQ 群视频交流，定期联系在外务工子女与老人视频，让老人安心、子女放心。"敬老爱老"观念深植于村民心中，马岭村实现了"老有所依，老有所乐"。

马岭村 84 岁老人孟胜英因 5 个子女均不在身边，日常生活无人照料，时有不便。2015 年住进村庄的休养所以后，孟胜英老人的饮食、医疗都有人管理了，平时也能参加许多文娱多动，老人感叹道："现在生活好了，不愁没人照应，还经常有志愿者来陪陪我们，感觉很满足。"

（三）村庄风光田园化

从 2012 年开始，马岭村以"生态马岭、幸福家园"为目标打造乡村田园风光，重点解决道路建设、庭院绿化、污水改造问题；在基础设施完善的同时，将村庄的卫生工作外包，把提高村民生活品质摆到了重要议事日程上来；发展乡村旅游，建设生态产业园区，将马岭村的特色项目融入京山旅游"O"形圈中。经过大力建设与发展，马岭村先后获得"湖北省宜居村庄""湖北省休闲农业示范点"等荣誉称号。村庄的基础设施建设不断完善，乡村旅游逐步推进，乡村田园风光初现。

1. 村庄基础设施升级

农村基础设施供给已经开始进入城乡统筹阶段，环境设施的区域配置存在差异，不同区域村庄对基础设施建设的需求存在差异，公共基础设施运营、更新、维护所需的机制要素需要引起重视。[①] 村庄基础设施与公共服务是农村社会经济系统的重要组成部分，其建设应该与农村社会经济发展水平相协调。马岭村的集体经济组织发展起来后，村庄开始大力投入基础设施建设：水泥路、路灯、宽带、污水处理厂等公共基础设施全部配套到位；老年人休养所、文体广场等公益设施竣工并投入使用。村庄成立了以支部书记为组长，主任为副组长、村两委干部和公司员工为成员的工作领导小组，并召开全体党员和村民代表大会，进一步统一思想认识，完成了以下建设：

（1）投资40万元完成了蔬菜大棚基地配套道路余下1.4公里的硬化；（2）投资10万元建设了蔬菜大棚基地林荫大道1000米；（3）投资6万元建设了三、五组泵站；（4）投资15万元进行了进村道路工厂到休养所路两边的绿化1000米；（5）修建污水处理池两个，埋设污水管道近8000米；（6）修建公共卫生间150平方米，建设党员群众服务中心1200平方米，文化广场5800平方米。

建设工程的细化分类提高了工作的科学性，项目责任到人也增强了基础设施建设的实效性。村庄基础设施建设的加强，使村民享受到了更多的便利，村庄也朝着更加健康的方向发展。

2. 村庄生态环境增质

马岭村之前也设置有垃圾处理箱，但由于资金不到位，没有专人负责，环境改善效果不明显。马岭村把村庄的卫生整治提上议程，村委会统一将村庄卫生外包，其中公共场所卫生费用全部由村委会支付，住宿区卫生费用由村委会出资12万、村民出资4万共同承担，具体到每户居民是按

---

① 温胜芳、王海侠、蔡秀云：《村庄基础设施与公共服务的转变及需求——基于"百村千户"调查》，《经济研究参考》2015年第28期。

0.3 元/平方米·月的标准收取卫生费用。与此同时，村庄整治水坝，建立管道集中处理污水，村庄卫生状况得到大大改善。

马岭村有 400 多亩荒山，一直无人管理，草木稀疏，快"秃了顶"。公司 9 位股东认为，这是一块"沉睡"的资源，应当将其"唤醒"，他们利用自身的人脉，帮村里引进了武汉一家园林企业，将荒山 30 年的林权流转了出去，村里不收租金，要求企业将荒山全部绿化。经过村委会、村民、企业的共同努力，马岭的村容村貌焕然一新。

3. 田园旅游计划筹建

近年来，乡村旅游已成为国内旅游的一大亮点，虽然发展时间很短，但已开始呈现多层次、综合化、品牌化的发展趋势。马岭村紧紧跟上时代的发展步伐，将农业链条做深、做透，对村组 5000 亩土地进行全域规划，利用第一、第二产业布局，发展体验式旅游；利用水库及林地，建农家小木屋、天然氧吧，发展休闲式旅游；利用闲置的宅基地，建立村庄农耕文化博物馆。现已建成农业观光接待区、工业观光区、农耕体验区、种植园区、生态水产养殖区等农业参观区供外来游客休闲娱乐，配套有农家乐、家庭旅馆、客房部、大小型会议室。同时马岭村成为湖北省乡村旅游协会的首批理事单位，与市镇旅游资源相融合，串连重阳沟、新阳寺、丁家冲、绿林寨、空山洞等风景区，形成了京山市生态旅游"O"形圈。利用产业发展的延伸链条发展农业观光，为乡村观光旅游注入了新的内涵，突显了马岭村的地方特色。

四 田园综合体建设落成：强化基层治理能力

"任何有组织有目的的经济活动都需要有与其相适应的治理。许多合作经营之所以难以持续就是缺乏相适应的治理体系和治理能力。"[①] 习近平总书记在党的十九大报告中也提出，要"加强农村基层基础工作，健全自治、法治、德治相结合的乡村治理体系"。在经济发展、基础设施建设提质之后，马岭村开始谋求治理能力的提升。马岭村党支部吸收村庄经济能

---

① 徐勇、赵德健：《创新集体：对集体经济有效实现形式的探索》，《华中师范大学学报》（人文社会科学版）2015 年第 1 期。

人优化党组织结构，同时大力推进党建区域化；通过政经分离，厘清党组织、村委会、集体经济组织三者之间的关系，促进组织健康发展；以"积分制"规约村民行为，在优化村庄风气的同时提高了村民的自治热情。马岭村以党建为切入点，创新基层治理模式，提升了田园综合体的软实力。

（一）凝聚基层力量，夯实党建"基石"

中国农村是中国共产党最大的社会基础和群众基础之所在，是党政治体系的重要基石。做好农村基层党建，保持党组织在农村政治、经济和社会发展中的领导核心地位，充分发挥党组织"推动发展、服务群众、凝聚人心、促进和谐"的作用是基层党建的重要任务。① 在新形势下，马岭村党组织充分吸收经济能人加入，革新班子成员的思想观念，以发挥农村组织的核心作用和党员干部的先锋模范作用；践行"交叉任职"，保证党在基层的领导；与此同时推进党建区域化，促进资源整合和区域"认同"。

1. 吸纳能人，给党建"造血"

马岭村的经济发展水平较低，大量青壮年党员外出谋求工作，导致村庄中党员干部年龄结构趋于老化、文化层次不高、性别比例不合理。领导班子整体功能弱化，难以承担领导和凝聚农民推进村庄经济、政治及社会发展的责任，无法把握复杂多变的市场脉络，缺乏带领群众致富的能力。

在"把村庄党员培养成致富能手，把农村中的致富能手培养成党员"思想的指导下，马岭村吸收马想生、马志强、聂少兵等多位经济能人成为党员。针对市场经济条件下，大多数农村经济能人以抓经济收入为主，政治信仰淡薄、入党积极性不高，党性修养还需要不断加强等问题，马岭村从培训指导、先进示范、重点培养三个方面提高经济能人党员的党性。农村优秀经济能人入党后，党支部注重发挥他们的帮、传、带作用，增强其他党员的经济带动能力。经济能人入党，为党组织带来了新思想、新技术，优化了党组织的结构。

2. 交叉任职，为党建"增肌"

马岭村采用交叉任职的领导方式，村支书张立兼任公司执行董事，村主任杨宝庭任兼合作社副理事长。在两委干部与集体经济组织成员交叉任

---

① 邓永超、张兴杰：《政经分离增强村民自治活力的路径优化》，《农村经济》2013 年第 7 期。

职的过程中，执行董事和副理事长皆作为集体经济组织的行政人员而存在，股东代表大会和社员代表大会才是两类经济组织的最高决策机构，即这一过程中，领导权不代表决定权，集体的利益还是掌握在村民手中，因此避开了传统交叉任职中出现的权责不清的问题。

交叉任职充分整合了马岭村的干部资源，一方面从机制上加强了党对农村的领导，确保了党在集体经济组织中的领导地位，另一方面有利于班子成员之间的团结协作，提高了工作效率，在此过程中，村庄的基层党建能力也得到强化。

3. 区域党建，帮党建"补钙"

区域化党建作为一个近年来提出的党建理念，将经济上的规模效应理论引入了党建领域，依地缘、行业、产业等划分区域，在巩固和强化单位党建的基础上，整合区域内各类资源，整体规划、统筹推进党建工作，共同促进区域和谐稳定、科学发展。[1] 马岭村开展村村联建、村企联建模式发展区域党建。一是通过联合周围的村庄党支部，马岭村与大明村、马店村、梅李村、许坝村、天子村 5 个村联合打造了"1+5"村庄集群模式，通过区域化党建共享资源，共同促进村庄经济发展。二是在党组织的带领下马岭村利用企业优势为村庄解决了就业、公共设施建设等问题，实现了村庄与企业的良性互动。马岭村区域党组织的设立，改变了传统党组织的单向结构，转而发掘出区域党组织统筹协调组织关系、利益的能力，在拉近党群关系的同时最大限度地利用了区域内资源。

（二）践行政经分离，筑牢自治"高楼"

当今农村的治理结构，大多数是"政经合一"或者"政经不分"，党组织、自治组织、经济组织及各类社会组织混合在一起，通过"几块牌子，一套人马"的方式行使权力。[2] 在这样的治理结构中，村民自治极易与集体经济问题交织在一起，产生群体纷争，进而影响整个基层治理的正常运转。马岭村积极探索政经分离的方式，通过转变观念、分设人员、分

---

① 孙琼欢：《农村区域化党建背景下的基层管理体制创新——以宁波为例》，《探索》2011年第 5 期。

② 陈亚辉：《政经分离与农村基层治理转型研究》，《求实》2016 年第 5 期。

离账本，明晰了党组织、自治组织、经济组织三者之间的关系。

1. 理念转变，厘清村社关系

农村集体经济组织与村两委属于性质、权能不同的组织：村级党组织是党在农村基层的"党务性"组织，村民委员会是以村民为对象、通过选举产生的基层"政务性"组织；而农村集体经济组织是以土地等集体资产为纽带，以组织成员为对象，实施土地承包、资源开发、资本积累、资产增值之类的对集体资产进行管理经营等经济事务的"经济性"组织，它作为农村基本的经管主体和维护农民基本经济权益的保障，具有村级党组织和村民委员会所不可替代的作用。马岭村厘清村委会、党支部、集体经济组织的关系，为政经分离工作的开展打开了思路。

2. 人员分设，明晰职责界限

过去马岭村在传统"政经合一"体系下，党组织书记兼任村委会和集体经济组织负责人，党务、政务和经济管理等职能集于一身，精力有限，容易导致管理缺位；加之权力高度集中，村庄中缺乏有效监管，易导致"权力寻租"，不利于村庄的发展。马岭村理顺了集体经济组织和村委会、党支部之间的关系，使三套人员体系相互独立。党支部成员要服从党组织的安排，自治组织人员要服从村委会管理章程，在集体经济组织中，公司成员受到股东代表大会的约束，合作社成员受到社员代表大会的约束。组织成员关系的厘清，使各项工作的责任得以落实，促进了组织的健康发展，形成了党组织回归党建、自治组织专做服务、经济组织主抓经济的格局。

3. 账本分开，确保经济独立

账目分开是政经分离的有效实现形式。账目分开有助于账务规范化、透明化，为腐败设置"隔离带"。马岭村实现了村集体、合作社和公司三个账目分开管理，并定期公示，明晰了产权。账本分开后，集体经济组织的财务状况更加明晰，更能充分激发劳动者的主动性与创造性，推进集体资产增值，创造更多财富。同时，集体经济组织内部设立了监事会，专门监督组织内财务的运行状况。监事会的监督和村集体账目的定期公示，增加了村民们对组织的信任感。

（三）规建"善行银行"，砌实文明"砖瓦"

为弘扬社会主义核心价值观，提升乡村治理水平，营造进取、关爱、奉献、美丽、平安的村居环境，马岭村委会在全村范围内实行了村民积分制管理。积分以户为单位，以家庭成员的行为和表现为依据，以一个年度为积分周期，积分不清零，长期有效。

1. 积分储蓄，量化管理指标

"马迎军是个大好人，昨天晚上又学雷锋做好事，把进村路上的满地碎石清理得干干净净！""一定要给他家的红本本上加积分。"一大早村民们就开始议论加分的事情。原来为促进村庄的风气优化，马岭村两委班子从外地考察中学习经验，在村庄内部建立了积分管理制度。2016 年初马岭村召开村民大会，修订完善了村民自我管理、自我服务、自我教育的自治管理细则，从美德实践、积极进取、环境友好、团结和谐、平安建设等 7 大类 61 条加、减分项目，以家庭为单元对村民进行积分管理。通过量化考核指标，村民的行为与分数挂钩，助推了村庄的新风尚。

加分项目：（1）美德实践类：A. 立家规、讲家训，每户积 50 分；B. 见义勇为，每次积 200 分，获媒体报道再加 200 分。（2）积极进取类：A. 入团、入党，积 30 分；B. 获单位、学校以及本村表彰或取得各类比赛荣誉，积 30 分；C. 勤于农事，五谷丰登、六畜兴旺，积 50 分；D. 为本村经济发展和招商引资牵线搭桥，引进项目进村，积 500 分。（3）环境友好类：家庭生活环境整洁、干净卫生，积 50 分。（4）团结和谐类：邻里和睦，邻居提名表扬，每次积 10 分。（5）平安建设类：主动排查安全隐患，积极打击违法犯罪行为，每次积 100 分等。

扣分项目：A. 不参加村委会组织的集体活动，每次扣 30 分；B. 工作人员在单位或学生在校被通报批评或处分，每次扣 100 分；C. 与邻居争吵、发生矛盾的，每次扣 200 分；D. 不赡养老人、虐待老人或小孩的，扣 300 分；E. 有违法犯罪行为的，扣 500 分等。

2. 联动监督，确保实施规范

村民积分制在村党支部的领导下进行，由村委会负责实施，村务监督委员会负责监督。具体而言，村民积分制领导小组由张立任组长，杨宝庭任副组长，许德超、许玲玲、马汉喜、罗仁、何宇琪为成员。村委会为每名农户建立积分卡和积分台账，每天一纪实，每月一算账，每季一公榜，每个积分周期（一年）一兑奖。积分评比首先由村民自评，月末根据积分细则列出自己的分数清单；其次村庄的网格小组长负责核实积分，掌握和收集本小组村民加分扣分的详细情况；最后经过党支部、村民委员会、村务监督委员会的负责人签字同意，各户积分卡得以确认。马岭村的积分评比动员多方力量，采用村民自评、组长核实、村两委签字"三级联动"的方式，确保了积分评比的规范性。

3. 奖惩兼顾，激励善行善举

积分每年年底兑换，兑换的奖品由村集体经济收入和公司公益金提供，标准如下：

（1）达1000分，兑换价值300元电饭煲一个；（2）达2000分，兑换价值600元床品四件套一套；（3）达3000分，兑换价值1000元自行车一辆；（4）达4000分，兑换价值2000元智能手机一部；（5）达5000分，兑换价值4000元液晶电视一台。兑换后的剩余积分计入下一年积分。

积分是马岭村评选"十星级文明户"的重要参考，村庄每年选取表现突出的村民讲述自身先进事迹，当年度积分达2000分以上的农户可获颁荣誉证书，当年度积分达1000分以上的农户可兑换奖励物资。对于当年度积分全村排名靠后的农户，村庄予以通报批评，与此同时搁置其在集体经济组织中的工作。马岭村积分制的实施，充分激发了村民做好事争积分的热情，大家互比互看，学先进、比先进、向先进看齐的热情空前高涨，村庄尊老爱幼、诚实守信、自力更生、热心公益的行为蔚然成风。积分与奖惩挂钩，创新了规约村民行为的途径。

五　马岭田园综合体建设的启示与建议

当今时代，中国的城乡关系正在发生深刻的历史性变化，一个新的城乡关系正在重构。毛泽东的革命时代，农村包围城市；邓小平的改革时代，农村启迪城市；习近平的发展时代，农村吸引城市。[1] 2017 年中央一号文件首次提到"田园综合体"，不仅是中央在新形势下对农业农村发展的重大政策创新，也是赋予农业综合开发的重要任务。马岭村自发探索，从农民需求出发，以产权改革为契机，以三产融合为驱动，以经济发展的红利兜底住房与村民养老建设，创新基层治理，准确把握住了中央精神和田园综合体建设理念。马岭村的村庄建设之路是农村吸引城市道路的实践，是生产发展、生活富裕、生态良好的文明发展道路的积极探索，为田园综合体的建设提供了参考。

（一）马岭道路的启示

1. 根植乡土培育产业，是田园综合体建设的基础

探索农村集体经济有效实现形式的理论价值在于将思想从僵化思维中解放出来，创新集体，赋予集体经济以新的内容；实践价值在于改变集体经济的固化模式，积极探索多层次、多形式、多类型的农村集体经济。[2]我国经济发展进入新常态，农业发展、农民增收都面临一定的下行压力，传统农业发展模式固化，在土地流转、公共服务、基层治理等方面遇到瓶颈，迫切需要寻求推进农业农村发展的新抓手。

村庄经济发展的落后，直接导致了公共服务、村庄治理能力的不足，为此，马岭村积极打造三产融合的新平台，充分释放生产力和生产关系的创造活力。以能人回村为契机，马岭村通过共商共议，建立了公司和合作社两个集体经济组织，引入新管理机制，在集体经济组织内部设立了董事会、理事会、监事会，规范运营，一改往日家庭经营"小、散、弱"的局面；同时运用现代化的生产运作理念为集体经济组织发展制订规划，打造

---

① 刘奇：《"天字一号"的国家命题：田园综合体（上）》，《中国发展观察》2017 年第 Z2 期。

② 徐勇、赵德健：《创新集体：对集体经济有效实现形式的探索》，《华中师范大学学报》（人文社会科学版）2015 年第 1 期。

多元产业发展链，对接市场，确保产业能够健康发展，充分挖掘农业潜力，实现了农业生产的接"二"连"三"。村民以土地、资金入股到集体经济组织中，分享产业发展的红利，村集体也乘产业发展之"东风"强大起来，产业的发展为田园综合体建设奠定了坚实基础。

2. 以经济发展成果反哺村庄建设，推进田园综合体建设步伐

田园综合体建设要以现代农业为基础，融入低碳环保、循环可持续的发展理念，在完善村庄基础设施建设的基础上，保持乡村的田园景色。村两委积极发挥回村经济能人的作用，在村庄建设了公司和合作社两个集体经济组织。产业发展起来之后，依托"孝心股"，村庄修建了"休养所"，村里老人的养老问题得以解决；利用村庄的发展金和公益金，村庄的基础设施得到完善；通过旅游规划，村庄的田园风光更加凸显。经济的发展，让村庄的公共建设和福利事业建设有了支撑，村两委的公共服务能力也得到加强。

3. 从党建入手充分提升治理能力，巩固田园综合体建设成果

农村治理，就是农村公共权威管理农村社区，增进农村社区公共利益的过程。[1] 目前我国乡村治理呈现"内卷化"得到了学界共识，农村"内卷化"是伴随我国农村治理方式和农业税费征收而形成的权力集中现象。[2]治理内卷化带来的直接后果是，尽管村两委干部在村庄治理上花费了许多精力，但是村庄治理能力始终低效，村民参与性弱。

为此，马岭村以加强党建为切入点，积极吸收村庄的经济能人到党组织中，优化党员结构，提高党员干部带领村民致富的能力；通过践行政经分离，厘清村委会、党支部、集体经济组织三者之间的关系，明晰了三个主体之间的权责；通过引入积分制，促进了村庄的风气建设。在马岭村的积极探索之下，村委会、党支部、集体经济组织三个主体都在制度化的框架下运作，与村民的关系得到优化；村民能够通过积分制管理更好地参与到乡村的管理中，主人翁意识得到提高，村庄治理效率得到提高，"内卷

---

① 俞可平、徐秀丽：《中国农村治理的历史与现状——以定县、邹平和江宁为例的比较分析》，《经济社会体制比较》2004 年第 2 期。

② 周常春、刘剑锋、石振杰：《贫困县农村治理"内卷化"与参与式扶贫关系研究——来自云南扶贫调查的实证》，《公共管理学报》2016 年第 1 期。

化"难题得以破解。

4. 发展适度规模经营，发展新型农业，是田园综合体建设的内在动力

2017 年中央一号文件提出，应"优化产品产业结构，着力推进农业提质增效"。农业农村朝着田园综合体的方向发展，要依托一定的集体经济载体。京山市的农业发现受历史因素、地理条件所限，农业生产以家庭经营为主，农业产业呈"小、散、弱"局面。在"产业兴旺"理念的带动下，马岭村挂牌成立了公司和合作社，整合土地、资金等多种要素，发展高附加值的高效农业，发展适度规模经营，发展新型农业，为田园综合体的实现提供了源源不断的内生动力。

5. 能人回村带动群众发展，是田园综合体建设的外部牵引力

党的十九大报告提出，要"培养造就一支懂农业、爱农村、爱农民的'三农'工作队伍"。正是"九马回槽"，开启了马岭村田园综合体建设的道路。马岭村"生于斯长于斯"的"九马"，在外闯荡获得了一定的资本积累和前沿的管理经验之后，有感于故乡的凋敝，全身心投入乡村建设之中，拉开了马岭村田园综合体建设的帷幕。这样一支"懂农业、爱农村、爱农民"的队伍，真正调动起了农民的积极性、主动性、创造性，成为激发乡村振兴的外部牵引力，为田园综合体建设带来了勃勃生机。

（二）实践过程存在的问题

1. 未能形成稳定机制吸引能人回村

"经济能人治村"是一种精英主导与群众参与有机结合的"精英—群众"自治，是村民根据村庄治理环境对村民自治理想制度所做的一种适应性调整和务实性创造。[①] 以村民需求为开端，村庄经济能人在马岭村的田园综合体建设过程中起着重要的推动作用。在之前，村两委因为资金不足、思路不清，无法开展村庄建设工作。经济能人的回村，帮助村庄建设解决了资金困难，9 位能人集资 1000 万元成立了公司；同时村庄经济能人充分运用自己的经营经验，帮助村庄集体经济组织走向现代化产业道路，使马岭村的集体经济组织具备了一定的影响力。在此期间，经济能人被吸收到党组织中，为党组织带来了新思想，也激发了党员的服务能力，促进

---

① 卢福营：《经济能人治村：中国乡村政治的新模式》，《学术月刊》2011 年第 10 期。

了区域化党建的发展。

经济能人在马岭村的村庄建设发展中起到了不可忽视的作用。"九马"建立公司之初承诺三年不分红利，谈及村庄建设的公益心从何而来，经济能人们回答："我们的家庭生活富裕了，儿女也争气，就想着带着村民们一起过好生活。"能人回村多是自发自愿行为，村两委在引入经济能人方面，依然处于比较被动的状态。由此可见，能人回村的可复制性存疑。能人回村之后，村庄也未能提供相应的政策性优惠，项目引进、资金争取都是经济能人自己想办法，部分能人觉得"很辛苦"。经济能人依托于"乡愁"情感建设家乡，如果家乡难以让能人感觉到"温暖"，他们的"热情"也会逐渐消退。因此，如何建立稳定长效机制，吸引村庄经济能人回村，是马岭村建设面临的重要问题。

2. 劳动力不足且质量低

马岭村在产业发展壮大的过程中，产生了许多就业岗位，在带动本村村民就业的同时，也吸引了周边村庄的村民进入产业生产中。但是产业发展依然存在劳动力数量不足、质量低下两个方面的问题：一方面，村庄大量青壮年劳动力外出，留守村庄的劳动力不足，尽管集体经济组织招聘了部分 65 岁以上村庄留守老人工作，但此部分劳动力不能购买保险，员工福利问题不好解决；村委会计划在网络上挂出员工招聘启事，从河南等人口大省引入农民工，但反响寥寥。另一方面，当前集体经济组织中的员工素质普遍偏低，村干部谈及集体经济组织中的员工现状，认为"留在农村的，90%是被市场淘汰的，其余是压根没有进入市场的劳动力"。低素质的劳动力不适应现代农业的发展和集体经济组织的市场化经营。马岭村的产业发展需要引进大量优质劳动力，同时也需要有技术和技能的专业型劳动力的支持。

3. 存在组间发展不平衡的问题

马岭村的产业发展之路是公司与合作社并举，公司的主要成员是二组村民，合作社的成员主要是一组、三组、四组、五组的村民。从产业发展上来看，公司采取了多元化的产业发展模式，第一产业方面有种植、养殖业；第二产业主要是农产品的深加工，例如使用农产品废料生产燃料；第三产业有乡村旅游和观光农业园。以余组村民联合组成的土地合作社，主要从事的是农业生产，多为种植养殖业，没有第二、第三产业的发展。从分红上来看，二组村民可以优先在公司内工作，享受"工资+奖金+分红"，收入增长迅速，而土地合作社中的村民以土地入股，每年可以获得土地分红，利润较少。土地股份合作社较公司的发展水平存在一定差距，村民们的收入也拉开了距离。为此村两委干部也正在积极探索土地股份合作社发展的新思路，争取实现五个村民小组的平衡发展。

4. 积分制度规约力度不够，范围太小

马岭村的社会治理运用积分制管理模式，将村民的善行义举进行评分考量，村民以善行贡献赢得积分，按积分获取福利、荣誉。善行积分的设立旨在通过正向激励和逆向约束，激发群众参与公共事务的热情，有效破解当前农村的公共参与难题。但是马岭村的积分制度规约力度不够：一方面奖、惩力度均不足，村民以积分兑换的最高奖品是价值4000元的液晶电视，对村民的吸引力偏弱，而在同属京山市管辖的四岭村，村民可以以积分兑换信贷额度，村民明显更积极地参加了积分管理的实践中；另一方面，马岭村积分制的规约范围过小，积分考核指标只局限在村民的日常行为上，其他地区早已有以积分制评价村两委干部工作的先例。为更好地发挥积分制度的实际规约作用，马岭村可以适当细化积分制度的管理办法，强化奖惩体系，扩大积分制的规约范围，加强积分管理的影响力。

合股聚益：村企共生的现代农业
股份合作之路

——基于湖北省京山市盛老汉土地股份合作社的调查

（执笔人：王晓菲　指导人：王琦）

当前，我国农业农村发展进入新阶段，出现了农业生产的规模与效益不平衡，农业效益实现不充分，以及各类农业经营主体发展不平衡，小农户分享农业现代化成果不充分等问题。为此，2017 年中央一号文件提出，要"促进各类新型农业经营主体融合发展，培育和发展农业产业化联合体"。通过股份合作的方式构建以分工协作为前提、以规模经营为依托、以利益联结为纽带的农业产业化联合体，有利于协调各类新型农业经营主体的利益，聚合多方生产优势，促进家庭经营、合作经营、企业经营协同发展，构建起现代农业经营体系，有助于提高农业的综合生产能力，帮助农民实现持续增收，开创共赢共生的现代农业农村发展新模式。

京山市隶属湖北省荆门市，位于湖北省中部，地处鄂中丘陵向江汉平原的过渡地带。全市下辖 14 个镇，户籍总人口 64.58 万人，版图面积3520 平方公里，现有耕地 89 万亩，林地 255 万亩，水面 31 万亩，兼有山地、丘陵、岗地、平原。在传统农业生产方式影响下，村庄无法有效利用闲置资源，集体经济实力虚弱；家庭农场或企业难以发展规模经营，农业发展动力不足；土地分散，生产效益低，农民增收能力较弱。近年来，为了突破传统经营模式下农户难增收、企业难经营、村庄难发展的"三难"窘况，京山市盛老汉土地股份合作社探索出一条以"合股聚益"实现村企共生的现代农业股份合作之路。具体来说，当地农户、村庄、家庭农场分别以土地、资金、技术等优势生产要素入股，通过股份合作的方式，培育出了一个以要素联营为基础、以效益共谋为纽带、以红利同享为动力的新型农业产业化联合体，实现了三方"共营、共享、共生"的良好效果，真正组成了"创富联盟"。这对于加快推进农业农村现代化，实现"乡村振兴"具有十分重要的意义。

一 缘起：主体活力受限，农业发展动力不足

推进农业农村现代化需要培育新型农业经营主体。在传统农业经营模式下，生产要素难以有效流通整合，农业经营主体自身发展受限，制约着现代农业的发展。农户家庭经营是我国农业的根基，因土地投入成本高、产出效益低，农民纷纷外出务工，实现农转非就业，农村出现了"进城的不种地，留守的种不了地"的尴尬局面。加之，绝大多数农村的村集体经济"名存实亡"，村集体经济组织难以对村庄资源进行整合，村集体经济大多成为空壳甚至出现负债。同时，家庭农场作为一种新型农业经营主体，虽有发展优势，却也面临着土地流转不畅、融资困难等难题。

（一）"独立"的农户：分散经营增收乏力

1. 细碎化经营，农业生产效益低

改革开放以后，"家庭联产承包责任制"将土地平等地分配到一家一户，分田到户的政策让农民拥有了真正属于自己的土地，成千上万的农民跨过了"温饱线"，但同时农户自给自足的经营状态使农村社会处于分散隔绝状态，单家独户的小农经营使农村面临资源分散化、农民原子化的困境。随着时代的发展，"小而散，小而全"的生产经营模式的弊端逐渐显现，土地难以集中成片，细碎化独立经营使农民投资成本高，生产效益低，难以形成规模效应，农业收入难以提高。同时，在一家一户单打独斗的模式下，农民在市场竞争中往往处于弱势地位，缺乏品牌意识，导致农产品出现质虽优价却廉的现象，常常出现物贱伤农的问题，不仅使农民无

法从自身土地中获得高收益，而且挫伤了他们农业生产的积极性。吴岭村68 岁的老李是个干了一辈子农活的农民，儿子媳妇都进城务工了，剩下老两口和一个不大的孙子，家里的田地由老两口进行耕种。但随着年纪的增长，老人干活渐渐力不从心，但又不舍得让土地抛荒，就随便撒点种子，能收多少是多少。

2. 非农化就业，土地种植成"鸡肋"

随着市场经济的发展、农业结构调整和城乡一体化的推进，农民的自主性大大提高，越来越多的农民跳出农门，进城务工，或实行个体经商，兴办企业，实现向非农转移的不在少数。农民收入结构因此发生重大变化，工资性收入等非农收入在农民收入中占的比重越来越大，并逐渐成为农民增收的主要来源，且非农产业收入增幅快速提升，这在客观上使土地对于农民的重要性下降，种地从农民的"主业"变成可做可不做的"副业"，村民种田积极性下降，出现土地抛荒、半抛荒现象。土地种植一时之间成了农户的"鸡肋"：进城的舍不下又没法种，年轻人愿进城不愿种，留守的想种又种不了，因为自种无甚收益，弃之又觉得可惜，农民在土地取舍之间犹豫、彷徨。"一脚在城市，一脚还在乡下"成了新生代农民工的真实写照。荆条村村民对此深有体会地说："这带不走的土地财产成为进城务工农民的一块心病。"

（二）"虚弱"的集体：村庄经济发展无力

集体经济是村级组织运转和农村事业发展的物质基础。只有发达的集体经济，才能更好地扶持家庭经营及个体经济的发展，才能带领群众实现共同富裕。但家庭联产承包责任制推行后，农村虽然名义上还是以集体经济为主，但事实上分的因素更大。由于历史和现实因素的制约，京山市村级集体经济发展还面临着诸多制约因素。

1. 集体资源闲置，经济增收乏力

十一届三中全会以来形成的统分结合的双层经营体制，给农村生产力的发展释放了巨大潜能，但在突出"分"的功能的同时，却弱化了"统"的作用。在土地集体所有的基础上，农民获得了土地承包经营权，极大地调动了亿万农民的积极性，但集体的权威被逐渐消解，村集体组织的整合能力受到了极大弱化，统一规划能力有限，难以将村庄分散闲置的自然资源整合起来并加以有效利用，集体经济增收难度加大，发展后劲不足。以京山市为例，其村庄也经历了这一整合方式和整合能力的历史性变迁，村庄推行包产到户、分田到户，集体"统"的功能不断地在削弱。2009年底，湖北省京山市共有405个行政村，2368个村民小组，村级集体经济总收入2879.21万元，村平均收入7.06万元，如果不包含村级转移支付，全市约有100个村没有集体经济收入。

2. 支柱产业缺失，发展动力不足

农村集体经济的发展离不开农村产业的扶持，产业是扶持薄弱农村发展的"造血髓"。然而纯农业村，特别是偏远农村，往往因为自然地理位置不佳，招商引资缺乏优势区位条件，想自我发展又缺乏集体积累，陷入越穷越难、越难越穷的境地。农村想要发展，迫切需要探索出可行的、具有市场竞争力的产业，把农业板块和村级集体经济发展结合起来。从调查的情况来看，京山市永隆、罗店等镇的平畈地区的村庄，由于位置偏僻，人多田少，无其他的自然资源，无法吸引外来企业投资，自身也缺乏发展产业的能力，因而绝大多数村没有集体经济收入。

（三）"受困"的农场：农业规模经营缺力

近年来，家庭农场是我国农村地区经济体制改革背景下出现的新生事物，成为当下农村经济转型发展中的新亮点，但其作为起步时间尚较短的新型农业经营模式，在培育发展的过程中面临众多的困难和问题。诸如土地流转不畅，规模难扩大；贷款融资困难，资金难到位等。这些问题在京山市表现得尤为明显。

1. 遭受土地流转困境，经营规模受限

在广大农村地区，集体土地是家庭农场发展的物质条件，土地流转困境制约了家庭农场规模的适度性。与同时期的西方发达国家和地区相比，我国很多地区家庭农场的经营规模尚相对偏小。一方面，农民务农兼业化的普遍性，造成土地的流转市场缺乏足够多的供给。农民依然对土地有较强的依赖，多数农民在主观上并不愿意流转自己所承包的集体土地，即便有些农民愿意流转，也多采取短期转包或者租赁的方式，这无疑使家庭农场难以获得稳定、足够的土地来扩大经营规模。另一方面，很多农民没有意识到土地流转并不是承包经营权的流转，而只是使用权的流转，担心自己的土地在流转中被兼并，因此很多农户采用转包、租赁的形式流转土地。对于家庭农场的经营者而言，以转包、租赁方式获得的土地不仅流转的时间短，而且随时都有可能被收回，这在一定程度上挫伤了家庭农场经营者扩大经营规模的积极性。京山轻机汽运股份有限公司董事长兼总经理盛常斌对此解释道："农民放不下田产成了土地流转的'死结'。"

2. 陷入贷款融资瓶颈，运营资金短缺

资金短缺是家庭农场普遍面临的问题，融资难已严重阻碍了家庭农场的进一步发展。家庭农场的经营离不开金融资本的支持，在生产经营中土地流转、机器设备购置、品种改良、基础设施改造等都需要投入资金，资金需求量相对较大。但因自身资金积累不足，它们往往需要借助银行等金融机构的借贷。然而从当前来看，我国农村地区的金融市场发展明显滞后，农民能够获得农业信贷资金的渠道，主要还是农村信用社和农业银行，且多为小额信贷，在额度上难以满足家庭农场的资金需求。由于农业生产自然风险大、农业投资周期较长且回报率相对较低，以及在现行农村土地产权制度下，家庭农场经营的土地并不能作为贷款的抵押物，因此农村信用社和农业银行外的金融机构基本不开展农业项目方面的贷款。这些因素共同制约了家庭农场的规模化扩张。以盛老汉家庭农场为例，在 2010 年，农场为进一步扩大生产经营规模，提高农业生产效益，亟须资金 1000 万元，但由于其现有土地主要为租用，难以充当有效的信贷抵押物，资金缺口筹措相当困难。

二 初探：能人回乡创业，求进渐学分利共赢

在农业现代化过程中，从外部注入新的生产要素成了补齐农业农村发展短板的必要举措。能人回乡、资本下乡，为农村带来了资金、技术和先进的经营管理理念，然而生产要素的下乡并不是一蹴而就的，在与当地的融合过程中也遇到了一系列的问题。从成立盛昌龟业基地，到发展为盛昌水产养殖专业合作社，盛常斌逐步意识到经营规模的扩大离不开村庄与农户的支持，与农民共享红利是实现长效经营发展的有效途径。

（一）科学论证规划，布局特种养殖

盛常斌于 1952 年出生在一个农民家庭，对农民有着特殊的感情。在长

期与农村、农业和农民的接触中，盛常斌深知现阶段农村还较穷，农业还较弱，农民还较苦。在他看来，农村要发展，农民要富裕，缺的是资金，是技术，更是能人。要发展产业，就要有人运用先进的生产技术与经营理念来引导和带动农民发财致富。为此，在 1996 年，时任京山轻机汽运股份有限公司董事长兼总经理的盛常斌，发现了特色养殖的商机，于是准备在广袤的农村土地上开始属于自己的创业。当年，他自己先后出资近 10 万元，组织当地有经济头脑的乡村干部、经济能人，多次对本地和邻近省、市、县生态农业的发展和市场情况进行了考察。在历经两年多的市场调查论证后，盛常斌得出一个结论，农民要想真正致富，必须向土地要效益，而提升土地效益的关键就在于扩大经营规模，搞特色农业产业。1997 年底，盛常斌毅然放弃在县城优越的生活条件，回到曾经养育过自己的故乡钱场镇吴岭村吴堰岭开启了人生中的第二次创业，从中华草龟的养殖开发起步，逐步探索出一条股份合作、联股聚益的新型农业产业化之路。

1998 年底，盛常斌在京山市钱场镇投资了 1000 多万元，租赁 600 多亩荒山荒水兴建了野生种龟工厂化繁养基地——盛昌龟业基地。成立之初，他先后投资了 500 万元，跑遍南方数省收购野生良种草龟近 1000 余套，逐渐形成了属于基地的庞大的野生乌龟苗种库。

（二）扩大基地规模，利润按比分成

为扶植盛昌乌龟原种基地做大做强，加强基地品牌建设，盛常斌积极申报国家级乌龟原种场，可其中一条考核硬性标准要求经营规模达到 1000 亩以上，但当时基地规模只有 600 亩，企业发展到了非要土地不可的地步。2002 年，盛昌龟业基地第一次向政府提出土地流转的需求，但恰逢 2003 年国家税费改革取消农业税，农民种地的热情得到巨大激发，土地再次变成农民捧在手里的"金饽饽"，农民不愿流转自家的土地，经营规模扩张受阻。面对此种情况，盛常斌深感土地流转的不易，但并没有停止前进的步伐，对于事业的发展仍怀揣着万丈豪情。

鉴于此，在全面掌握野生龟繁养技术并获得较为丰厚的利润后，为便于更好地管理，促进基地快速发展，也为扶持基地周边村庄的农民养龟致富，盛常斌对基地的组织管理又进行了一次深刻的变革。具体来说，考虑到村民对于现代农业的接受性，盛常斌首批选择了文化水平相对较高、年

纪较轻的农户签订承包合同，将基地的种龟、商品龟养殖全部承包到户、责任到人，收益与工作挂钩，利润由各方分成。盛昌龟业基地无偿向承包农户提供各种养殖设施，龟苗、饲料、燃煤及防病药物等一律先赊销，技术人员无偿向承包农户提供技术指导，每年底由基地按保护价收回商品，利润由基地与承包户按六四的比例分成，技术人员按所指导承包户创造利润的 5% 计算报酬，产量亏损由承包农户承担，市场风险由基地承担。此举自实施以来，就得到了各承包农户和技术工程人员的积极响应，踊跃参与者众多，这在一定程度上也大大推进了基地的壮大和发展进程。

2009 年，几经扩建，由盛常斌牵头的 32 家龟鳖养殖大户联合组建成立了盛昌水产养殖专业合作社，养殖场占地 4500 多亩，其中养龟基地 1000 多亩，这是一家集乌龟繁殖、养殖、销售于一体的农业产业化龙头企业。

三　深入：三方股份合作，共营现代农业产业

承包经营调动了承包户的积极性，同时也扩大了基地的规模，但在实际运营过程中，经营风险较大、承包户失败率较高的问题仍然存在。同时，农民的疑虑心理难以消除，要么怀疑"天上怎会掉下馅饼"，不相信世界上竟然有这么好的事，因而不敢干下去；要么担心"放牛娃赔不起牛"，不如干脆早些抽身，免得倾家荡产。为此，盛常斌和其经营伙伴在长期扎根农村农业的实践经验中，瞄准农户担忧和村庄发展需求，通过深化合作、凝聚共识、拧成合力，探索出了一条"合股联营"的共赢发展之路，既破解了产业规模扩大的难题，也有效帮助了当地农民增收致富，促进了当地农村实现更好发展。

（一）凝聚共识：主体多元诉求，共求联合多赢

1. 农民诉求："分享土地增值额"

农民是具有理性的行为个体，这种理性表现为个人在扩大的经济社会交往中对个人经营活动的合理算计。① 开始稻龟养殖前，村民都没有想到

---

① 徐勇：《村民自治的成长：行政放权与社会发育——1990 年代后期以来中国村民自治发展进程的反思》，《华中师范大学学报》（人文社会科学版）2005 年第 2 期。

"土地也能种出大钱"，原来土地对于农户来说，不仅能解决其温饱的基本诉求，合理有效的利用更能满足农户增收致富的愿望。稻龟种植承包户的收益，其他农户看在眼里，羡慕在心头，大家心里都有了自己的"小算盘"，"这个田在我手里赚不了什么钱，怎么在盛老汉手里赚那么多！我们能不能也享受土地增值的成果呢？"农民这种谋求个人经营利益的合理诉求，是实现全体村民共同富裕必须回应的问题：在稻龟承包养殖户从土地获得"先富"收益的基础上，能否有效地分享土地的增值额，以"合作社"先富带动其他农户实现"后富"，这也是关系到合作社在当地能否实现可持续发展的重要课题。

2. 集体目标："打造美丽新乡村"

建设美丽新乡村，就是既要绿水青山，也要金山银山。盛常斌返乡开发养殖中华野生草龟，从一人经营到一群人经营，从一群人经营再到成立盛昌水产养殖专业合作社。这个发展乡村经济的好案例，吴岭村村会计朱年青看在眼里，琢磨在心里："（有）如此一个好的产业项目，村委应该如何抓住机会发展集体经济呢？"反观村里，由于缺少产业项目引进，自然资源无法得到有效的开发利用，发展举步维艰。朱年青意识到，要发展壮大集体经济，基础在于对村庄闲置分散资源进行合理有效的整合和利用。为此，他多次与村主任和支书交流，探讨如何从村集体的角度将村庄中闲置分散的资源进一步集中，进行有效整合和合理开发。同时，他还多次和盛常斌就如何打造美丽乡村、发展壮大集体经济等问题进行讨论。

3. 生态农场："绘就稻田公园梦"

盛昌养殖专业合作社经过十多年的高标准建设，高效率运作，滚动发展，使基地规模从小到大，实力从弱到强，从一个单一产业发展成为一个综合性的现代化农业生态园，已建成以特种养殖为龙头，以综合养殖为发展方向的规模化农业经济实体。但这并没有达到盛常斌梦想中的样子，"稻田一滴农药不打，环形沟套养青蛙、龙虾、乌龟、甲鱼和鲤鱼"的"稻田生态庄园"美景一直萦绕在"庄主"盛常斌的脑海里，他的梦想是把周边 4 个村土地全部流转，打造一个 5000 亩的生态农业公园，在自己70 岁之前力争让稻田公园上市。而这种梦想如何实现，盛常斌一直在前行途中探索着。

（二）拧成合力：专班农民协力，达成统一契约

土地是农民的"根"，对于拥有土地已经几十年的农民来说，突然提出将土地流转出去，他们心中难免不愿，有的甚至强烈反对。村民们担心交出去的土地很难再收回来，总想把土地控制在自己手里；或者认为交出去是可以的，但是要赚钱才行，不然宁愿叫它荒着。农民对土地流转最大的担心和顾虑就是钱。明晰了农民的此种心理，盛常斌说道："一切空话都是无用的，必须给人民以看得见的物质福利。只要解决了钱的问题，一切都是顺理成章的事。"为了突破"土地保守"的困境，发起人与村民开展了一系列协商和讨论，引导农民带地入股，通过发展土地股份合作社，推进土地股份化、产权资本化、农民组织化、农业产业化，实现以地养农、以社兴农、以业富农，让土地真正"活"起来。

1. 成立工作专班，知民意了心愿

成立土地股份合作社，实际上是整合农民的土地承包经营权，实现集中连片集约发展，只有农民自愿入股，才能达到规模，才能从整体上提高土地的收益。为此，盛常斌及其合作伙伴筹建发起组织，成立了盛老汉土地股份合作社筹备工作专班。首先，确定组织领导人，由村支部书记任组长，村会计任副组长，若干村民代表任成员，联合组成"土地股份合作社筹备工作专班"；其次，工作专班以村为单位摸清干部、群众的思想动态，初步了解农民入社的意愿。在选择发起人时，盛常斌多次强调："要注意考察发起人的思想动机，只顾自己赚钱、不顾老百姓利益的人都是不可取的。"

2. 拟订合作方案，广宣传形共识

在筹备工作专班知晓入社民意后，首件事情就是拟订土地股份合作方案，具体包括股本构成、股本折算原则和各方占股比例等，并详细向农民阐述清楚土地股份合作社的意义以及进入合作社可以得到的好处。具体来说，专班在村里张贴了拟组建土地股份合作社的公告，组织党员、群众代表学习政策，开展业务培训，采取各种方式和途径对股份合作社进行宣传，为组建土地股份合作社创造舆论环境，力求在群众中达成共识。调研中发现，在荆条村、吴岭村和廖冲村，"发展股份合作，建设现代农业""土地变股权，农民变股东"的宣传话语随处可见。

3. 专班入户调查，集意见解疑惑

为进一步凝聚民心，促成土地股份合作社的成立，筹备工作专班入户宣传土地股份合作社的政策，并及时收集、整理群众对于组建合作社的看法和存在的疑问，并以户为单位确定一名家庭成员全权代表该户行使权利，对每个农户发一份入股意向书。意向书内容主要包括土地入股方式、入股时间、分红形式、生产模式等。工作专班积极为农户答疑解惑，引导有入股意向的农民在意向书上签字。如果90%的人同意签订协议，就可以成立盛老汉土地股份合作社。荆条村一农户提出，希望将自己的菜园地视同承包耕地，同等享受入股分红。针对这一问题，村"两委"以及筹备工作专班讨论确定，将菜园地视同承包旱地同等对待，但不享受国家地力补偿，其入股权属农户所有。

4. 踏田核地造册，签合同盖指印

在上述工作完成后，筹备工作专班便组织农户、村两委三方对村集体机动地和农户承包土地进行丘丘块块登记造册，形成新的田间档案。具体来说，农户承包的耕地以确权确地面积为准，对属于集体三资的土地则进行丈量登记，确保耕地面积的准确性。欲加入土地股份合作社的农户要提出书面申请，注明入股田块面积，工作专班组建审核小组，对入股的农户数、人口、土地面积等基本情况进行审核，对有争议的地要聘请专业技术人员进行界定，结果要由户主签字盖章确认，并张榜公布。众多村民对此都表示："这个环节是最关键的一环，只有把入股土地面积核算清楚了，往后才不会有利益纠纷。"

（三）确股配股：集聚要素入股，发挥三方优势

盛老汉土地股份合作社是以土地为基础的开放式联合，将农村最为匮乏的资本、技术等生产要素有效引入，采取的是一种三方股份合作的模式，这样的经营机制使农民、村集体和家庭农场既是利益共同体，也是风险共担者，同时避免了生产要素的简单联合，达到了"1+1>2"的效果。

1. 以股联结，整合资源

2015年中央一号文件再次明确，要推进土地承包权和经营权分离，推进土地合理流转和适度规模经营。按照依法自愿有偿原则，京山市钱场镇荆条村、吴岭村、廖冲村共361户农户将自家承包地流转，入股盛老汉土地股份合作社，变土地经营权为合作社股权，农民变为股民。荆条村整合本村 240 亩闲散堰塘入股盛老汉合作社，村集体也成为合作社一股东。盛老汉家庭农场以资金、技术、管理参股入社，与农户、村庄抱团发展，引领合作社发展特色生态稻龟种养。

2. 配置股份，按比例分红

目前，盛老汉土地股份合作社总股数为 20000 股，其中农户土地入股占 4840 股，荆条村集体堰塘入股占 160 股，盛老汉家庭农场入股占 15000 股。具体股本折算为盛老汉家庭农场按照出资额每亩实际出资 15200 元（包括基础设施投入在内）为 19 股，农民以水田每亩量化折为 1 股，旱地每亩折为 0.64 股（农民股份金额是以每年每亩 600 斤稻谷折价 800 元为 1 股）。占股比例是每亩盛老汉家庭农场 19 股，农民 1 股。股份分红方式是土地合作社按成员入股比例分红，分两次进行，第一次对股民进行保底分红，即每年每亩以 600 斤中稻按照当年的收购价折算对农户分红，第二次是盈利分红，将合作社当年每亩的收入减去支出和应提积累（10% 公积金＋10% 公益金）后的余额进行按比例分红。

（四）建章立制：科学组织设置，制度持续运作

土地股份合作社已经成立，它的日常运行成为入社股民关注的焦点，由谁来管理、由谁来决策成为迫切需要解决的首要问题。为此，盛老汉土地股份合作社通过制定《湖北京山盛老汉土地股份合作社章程》、设立理事会和监事会、注册登记、协商议事和财务公开等一系列办法，保障合作社的有效管理和规范运营。

1. 订立章程，规范组织运营

盛老汉土地股份合作社根据签订协议的入股农户数和生产经营活动的需要，每 10 户推选一名成员代表组成成员代表大会，成员代表大会组成后制定土地股份合作社《章程》，明确办社宗旨、经营范围、股份设置、经营方式、成员资格、成员权利和义务、组织机构及职能、财务管理与利益分配等内容，充分体现"民有、民管、民受益"的原则。《章程》主要内容包括财务管理制度、独立建账年终财务决算和收益分配方案，通过保底分红、盈利余额分红相结合，切实增加农民土地资产性收入。《章程》规定的本社成员权利和义务的具体内容如表 1 所示。

表1　盛老汉土地股份合作社成员的权利与义务

权利	义务
参加成员大会，享有表决权、选举权和被选举权	遵守本社章程和各项规章制度，执行成员大会和理事会的决议
按章程规定或者成员大会决议分享本社盈余	维护本社利益，爱护生产经营设施，保护本社成员共有财产
查阅本社章程、成员名册、成员大会记录、理事会会议决议、监事会会议决议、财务会计报告和会计账簿	积极参加本社各项业务活动，发扬互助协作精神，谋求共同发展
对本社的工作提出质询、批评和建议	按照章程规定向本社流转耕地
提议召开临时成员大会	不从事损害本社成员共同利益的活动
成员共同议决的其他权利	成员共同议决的其他义务

2. 设立"两会"，保障多方利益

在上述工作基础上，盛老汉土地股份合作社召开了首次成员大会，报告了土地股份合作社筹建工作情况，审议表决了《土地股份合作社章程》和《选举办法》，设立理事会、监事会，选举产生了理事会、监事会成员。共产生5名理事会成员，分别是：盛常斌担任理事会理事长，桂运堂和付德兵担任副理事长，李红星和曹功明为理事；监事会成员共3名，监事长为朱年青，监事为刘安军和黄三中（见表2）。在理事会和监事会成员的选举与设置上，合作社充分吸纳了盛老汉家庭农场、荆条村、吴岭村和廖冲村四方主体的成员，以使其共同参与合作社运作监管，有效保障各主体利益。从土地股份合作社的管理架构来看，村集体组织中的村干部是进行合作社管理的主要成员。这一方面体现了村集体组织在土地股份合作崛起中的重要性，另一方面也体现了改革与村集体组织的合作关系。

表2　盛老汉土地股份合作社理事会、监事会成员

机构	姓名	职务	备注
理事会	盛常斌	理事长	家庭农场大股东
	桂运堂	副理事长	荆条村党支部书记
	付德兵	副理事长	家庭农场第二大股东

续表

机构	姓名	职务	备注
理事会	李红星	理事	吴岭村村干部
	曹功明	理事	廖冲村村干部
监事会	朱年青	监事长	吴岭村村会计
	刘安军	监事	廖冲村村会计
	黄三中	监事	荆条村村干部

3. 注册登记，实现合法经营

目前，我国家庭农场、农民专业合作社、农业产业化龙头企业等新型农业经营主体竞相发展，但因质量参差不齐，社会认可程度较低。为解决这一问题，成立合作社并试运营后，为了将其成功打造为专业的新型农业经营主体，成为独立的市场法人，提高合作社自身的长远发展能力，有关政策规定，农村土地股份合作社须经工商行政管理部门登记注册，并报农村经济经营管理部门备案，建立成员账户，向成员颁发土地股份合作社股权证，实现其合法规范经营。湖北京山盛老汉土地股份合作社于 2015 年 11 月 18 日正式成立，住所为京山市钱场镇吴岭村，盛常斌为本社法定代表人。

4. 协商议事，尊重农民权利

盛老汉土地股份合作社在发展过程中不仅形成了一个经济利益圈，还形成了一个有效的民主能量场。民主政治是与市场经济相适应的，它是一种利益均衡机制。合作社与股民是一种互利共赢的关系，合作社的经济行为与赢利状况关系到每一位股民的切身利益，股民对合作社经营管理的参与和监督，就是对自己利益与基本权利的关心。这种参与行为催生了经济民主的理念。

盛老汉合作社定期组织召开"三会"充分行使股民民主管理、监督权利，同心共画合作社发展最大同心圆。合作社筹建之初，筹备工作专班入户收集股民针对股权设置、分红方案、组织机制的意见建议，并针对股民反馈问题逐个解决，最终入股协议签订率达 100%。对个别农户种白水田的问题，工作专班召开股民代表大会，充分听取村民意见，农民的事情由农民自己决定，最终达成耕地面积登记在耕种农户的户头上，但每亩必须与村集体签订三资面积承包合同书，每年向村集体每亩交纳承包款120元的协议。

5. 财务公开，明晰资产收支

盛老汉土地股份合作社实行独立的财务管理和会计核算，严格按照国务院财政部门制定的农民专业合作社财务制度和会计制度核定生产经营和管理服务过程中的成本与费用。在盛老汉土地股份合作社内部，财会人员均持有会计从业资格证书，并且会计和出纳互不兼任。除此之外，合作社实行每月一日财务定期公开制度，并在会计年度终了时，由理事会按照章程规定，组织编制合作社年度业务报告、盈余分配方案、亏损处理方案以及财务会计报告，经执行监事审核后，于成员大会召开15日前，置备于办公地点，供成员查阅并接受成员的质询，让股民充分了解自己的资产情况，真正做到财务的公开、透明、公正。

（五）联盟创富：延伸农业链条，提升合作效益

股份合作社的成立，集中了农户和村集体的土地经营权，搭建了完善的治理框架，明确了成员的产权股份合作关系。在此基础上，为了增强入社农户的信心，同时为给村集体创造持续不断的收入，合作社下一步将把土地经营起来发展产业，实现土地增值。具体而言，盛老汉土地股份合作社摸索出了一条"稻龟"综合水产种养殖的一体化高效生态农业路子，拟打造品牌农业，促进三产融合，"联"出规模，"合"出效益。

1. 岗位供需对接，生产经营有劳力

种养类合作社发展对劳动力有固定的较大需求，伴随大量农村劳动力外出务工，合作社起步阶段一度面临"用工荒"。对此，盛老汉土地股份合作社与入社村庄、股民形成用人对接机制，为具备劳动能力的留守老人、妇女提供力所能及的工作岗位。同时为合作社员工提供福利性服务，为上岗员工购买雇工保险，保障员工的人身安全，为固定工提供每年一次的免费体检。副理事长付德兵说道："合作社员工90%以上来自入社股民，固定工约100人，临时工约100人，用工需求基本得到满足。"据介绍，每年5~7月是乌龟产蛋的高峰期，母龟一般在晚间爬上岸扒窝产卵，一窝产蛋从3枚到16枚不等。"母龟产完蛋会用土将蛋窝掩住，这需要人工将蛋挖出，高峰期一天一人能挖 2000 多枚乌龟蛋，这时候也成了每年中用工量最大的时期。"技术员解释道。

2. 专业技术引领，农业发展有质量

发展特色生态种养产业离不开专业技术支持，盛老汉家庭农场与中国科学院水生生物研究所等科研院所共建"产学研基地""院士工作站"，吸引行业专家指导产业发展，累积合作社技术优势，助力土地股份合作社以"智高点"赢取产业"制高点"。桂建芳院士可不是等闲之人，他是淡水生态与生物技术国家重点实验室主任；科技部 973 计划"重要养殖鱼类品种改良的遗传和发育基础研究"项目首席科学家。桂院士与盛昌有着深厚的渊源，早在 2003 年，盛常斌事业刚起步不久，就与桂院士建立了技术咨询与合作的关系。"盛昌能有今天，凝聚了桂院士的智慧。"对此，盛常斌深有所感。同时，为提升农民生产技术水平，盛老汉家庭农场每年义务为村民组织原种乌龟养殖、优质水稻培育等专业技术培训达十余次。盛常斌讲道："缺少技术培训环节，秧苗栽坏率高，乌龟存活率低，产量都无法保证，更别说质量了。"

3. 养殖看养双护，产业收益有保障

在农业生产过程中，农作物生产需要人员定期看护，农业基础设施需要人员定期检查修护。入股合作后，农民主动维护合作社的产业，自觉关注作物生长情况，一是防止乌龟水稻被偷，二是防止有人故意破坏农产品。每逢春夏汛期，村委还会积极组织入社农民定期巡逻，做好防汛减灾工作。对此，吴岭村村支书樊汉义表示："农民知道合作社收益与自身收入紧密相连，平时发现稻、龟生产问题都会及时报告技术员，合作社减少损失，老百姓才能多得福利。"

4. 特色品牌经营，产品销量有保证

"品牌"是无形的资产，是农产品的招牌，有了"品牌"才有高效益。盛老汉土地股份合作社种植优质有机稻，养殖原种有机龟，极力打造属于自己的品牌。2015 年 7 月，"盛老汉牌中华草龟"品牌荣获中国驰名商标。盛老汉土地股份合作社之所以能够掌控乌龟苗种市场话语权，靠的主要是两点：一是量大，龟苗的养殖量和销售量在全国龟鳖行业中均居第一。目前农场龟苗年产量为 500 万只，占全国总量的 1/7 左右，通常预售规模控制在 300 万只，是出于对品质的要求，同时部分留作自用，进行人工繁衍和苗种培育研究。而其他养殖场大多只有数十万只龟苗的生产规模。二是品质有保证，截至 2015 年，盛老汉家庭农场共赢得了 3 个全国唯一，分别是唯一的"国家级乌龟原种场"、唯一获有机产品认证的乌龟生产基地、唯一获中国驰名商标的乌龟产品。

5. 发展订单农业，对接市场有销路

开拓销售市场是困难的，但对于合作社的经营却是至关重要的。为此，盛老汉土地股份合作社在保持原来市场份额的情况下，致力于市场占有率的提高，通过各种渠道开辟新市场。具体来说，一是发展订单农业，根据订单情况安排生产量，实现先付款后发货；二是建立自己的销售网络，与武汉、广州、杭州、长沙、荆州等 20 余个大中城市的乌龟供销商建立了长期的产供销合作关系，并靠诚实信用赢得了外地客商的信任。"我们的乌龟苗不仅不愁卖，而且都是先付款再发货。从 4 月初开始接受预订，不到一个月的时间，300 万只龟苗全部预售完毕。"盛常斌如是说道。

6. 推进三产融合，链式发展有效益

2017 年中央一号文件提出要推进农村一、二、三产业融合发展，延长农业产业链，提高农业附加值。盛老汉土地股份合作社正是在这一文件精神指导下，实现了产业发展接二连三，第一产业发展"稻龟"生态种养业，第二产业发展龟肉龟胶加工业，第三产业发展"农家饭"乡村旅游业。2011 年底，盛老汉建立了全国首家乌龟博物馆——盛昌乌龟博物馆，占地面积 600 余平方米，投资了近 200 万元，主要用于陈列各种乌龟的标本和历史资料等。走近馆内我们可以看到里面存放了大量关于乌龟的各种资料，包括龟的起源、龟的传说、龟的宗教、龟的文学、龟的药理、龟的营养、龟的种类（30 余种）、龟的生长、龟的赏析、龟的化石等，各种信息一目了然。总经理盛常斌介绍说，博物馆开馆一年以来已经接待来访者将近 5000 人次，包括各级媒体记者和参观游览者。乌龟博物馆的建成和对外开放为市民游客了解乌龟的各种历史和文化发挥了重要作用，成为省内外游客休闲娱乐的好去处。同时，又进一步渲染了盛昌农庄的名气，盘活了当地的经济。

四　收效：共享改革红利，促进乡村全面振兴

京山市以农村土地股份合作为支点，推进土地股份化、农民职业化、农业产业化，探索走出了一条农村资源增值、农民收入增加、农业农村全面发展、农村集体经济有效实现的特色之路。

（一）农民致富增能，从"庄稼汉"到"新农人"

1. 多重增收，农民腰包鼓

土地股份合作，增加了农民收入，构建起了保护农民利益的长效机制。成立盛老汉土地股份合作社后，农民一改先前仅有"粮食收入"的单一收入模式，获得了"租金+盈利+工资"的多元收入。一是稳定获得土地租金，农户以土地入股，合作社每年每亩以 600 斤中稻按照当年的收购价折算对农户分红，2016 年农民水田每亩第一次保底分红为 600 斤谷，按每斤 1.38 元计算，金额为 828 元；旱田每亩每年 400 斤谷，按 1.38 元/斤计算，金额为 552 元。二是获得盈利收入。若实行单纯的土地出租方式，农民与家庭农场难以形成紧密的利益联结机制。采取土地入股方式后，农户可以共享现代农业经营成果，分配到土地增值收益。2016 年盈利分红每亩 100 斤谷，按 1.38 元计算，金额为 138 元。三是务工收入。成立土地股份合作社后，村庄发展起了自己的产业，农户可以在家门口就近就业，获得工资收入，合作社务工人员年收入平均为 3 万元。

2. 农技习得，农民脑袋灵

人们常说"一技在手，吃穿不愁"，农村中的"手艺人"成为令人羡慕的对象。然而，绝大多数农民仍停留在传统的人力耕种模式下，靠劳力赚取微薄的收入，因缺乏技术无法参与到现代农业生产中并从中获益。为彻底帮助农民脱贫致富，不仅要立竿见影解决眼前困难，更要久久为功做好长远打算，授之以鱼不如授之以渔。因此，盛老汉土地股份合作社通过定期组织农民参与原种龟养殖、优质稻种植等农业专业技术培训，实行持证上岗，带动了村里人一起致富奔小康。经过培训，农民自身专业技能得以提升，就业选择空间拓宽，从土地上解放出来逐渐转变为有文化、懂技术、会经营的新型职业农民，真正掌握一门专业技术，为今后就业、创业打下坚实基础，助力实现"培训引领致富路、技能助圆小康梦"的目标。

3. 劳力解放，农民手脚活

为了有效转移农村剩余劳力，促进农村经济提质提速发展，盛老汉土地股份合作社积极鼓励周边村庄广大农民利用农闲"见缝插针"，就地就近灵活就业，能工则工，宜商则商，广开增收门路，让大批农民不再死守田地，而是走上了不弃耕作、就业挣钱"两不误"的致富新路。土地股份合作社依托产业发展，不仅为当地村民提供就业机会，并且针对"老弱病残"群体量身配置合适岗位，让村民实现家门口就业，同时也为"弱势"群体提供了饭碗。合作社工作高峰期可以解决200多人的就业问题，使周边村庄农民有了就业打工的机会。荆条村村民柯传彪说："土地入股合作社值得，相比两老一起种同样的田，现在我一人在社里打工，老婆在家照顾孙子，体力劳动减轻，收入还翻了一番。"

（二）农业提质增效，从"传统农业"到"现代农业"

1. 集约生产效益增

发展集约、科学、高效的现代农业，亟须改变传统的分散经营方式，即把分散的农户通过市场机制重新组织起来，提高农业生产的规模化、集约化水平。通过股份合作的方式流转农户、村庄闲散土地，盛老汉合作社整合土地规划成片，引入大型机械生产，对种子、化肥、农药等生产投入进行统筹调配，合理控制单位耕地面积上的生产资料费，实现了农业规模化生产。此外，盛老汉家庭农场与中国科学院水生生物研究所等科研院所组建"产学研共建基地""院士工作站"，吸引行业专家指导产业发展，累积合作社技术优势，依靠外部智力支持，借助现代科技力量发展"稻龟共生"生态种养业，实现了土地单位效益的成倍提升。荆条村党支部书记桂运堂高兴地说："盛老汉的稻龟立体种养模式大获成功，亩均两三万元的收入已经算是保守的数字了。"

2. 品牌运营竞争强

现代农业的一个重要标志就是品牌农业。品牌农业是农业多种功能有机结合的结晶，彻底改变了传统农业生产、加工和经营的思想和方式，引入工业化先进的管理思想、技术、品牌营销模式，将农业产品按工业品的方式加工和经营，以全新的方式振兴和发展农业。品牌农业是消费者对农产品生态、安全、营养、健康以及文化要求热切期盼的产物，也是农业走向市场的手段和落脚点，更加是现代农业的第一抓手。通过打造"盛老汉"生态农产品特色品牌，土地股份合作社的产品营销产生了品牌"溢出效应"，品牌化优质绿色农产品附加值大大提升。盛常斌提道："现在消费者追求高品质生活，比起价格更注重品牌与质量，优质稻一斤30元也出现供不应求，目前我们的产品已畅销广东、上海、两湖多地。"

3. 三产融合模式新

农业产业化是农业经营方式和组织方式的重大创新。其以市场为导向，以新型经营主体为依托，将农业产前、产中、产后诸多环节连接成了完整的产业链条，可以说农业产业化是农村集体经济有效实现的重要途径。盛老汉土地股份合作社以"农场+工厂+休闲基地"的模式打造出集农业种养、农业加工、农事体验于一体的田园综合体，把土地资源、人力资源、管理资源有效整合到了产业链条上，产业发展实现"接二连三"，不仅优化了产业结构，更延长了价值链条，极大地提升了农业的产出率。盛老汉土地股份合作社的"稻田生态庄园"建设现已初具规模，不仅在2012年被选为省级休闲农业示范点，而且在2017年获得了"全国十佳农庄"的殊荣。

（三）农村生态宜居，从"落后乡村"到"美丽乡村"

1. 壮大集体经济，村庄富起来

在公共财政尚不能全面覆盖农村的情况下，村级集体经济在保障村级组织正常运转、服务农民生产生活、逐步实现基本公共服务均等化等方面发挥着重要作用。随着改革开放，市场化浪潮的到来，国有经济、私营经济、外贸经济等得到了飞速的发展，但是农村集体经济的发展却相对滞后。对于京山市来说，以钱场镇为代表的众村庄普遍欠缺自然资源整合利用力，缺乏工业反哺能力，集体经济一直难有重大起色。基于此，荆条村借助盛老汉土地股份合作社成立契机，整合了240亩闲置分散的堰塘入股合作社，充分利用了村庄边边角角的土地资源，激活了集体沉睡资源的生产活力，逐步发展出"边角经济"。闲散资源的利用，每年为荆条村村集体经济带来12.5万元分红，这将是村集体一项稳定的收入来源。

2. 回馈村容建设，村庄绿起来

长期以来，由于村集体经济落后，村庄基础设施也长期得不到改善，村庄道路狭窄泥泞，村民房屋乱圈乱占，村庄规划得不到有力执行，新农村建设显得有心而无力。然而，田园风光旅游业的发展有赖于良好的村庄基础设施建设，道路通才能车通、游客通，村庄美才能吸引更多的游客。为此，盛老汉土地股份合作社每年直接捐赠资金支持荆条村基础设施建设，截至 2016 年累计为该村投入美丽乡村建设资金 300 余万元。荆条村村支书蒋长怀说："依靠捐赠资金的投入，如今道路硬化了，路灯安装了，村容变美了，一个宜居又宜业的美丽乡村正在一步步实现。"

3. 助力扶贫脱困，村庄强起来

借助金融扶贫贷款政策，合作社主动吸纳贫困户从银行借出的政策性无息贷款 10 万元用于合作社发展，并给予贫困户不低于银行同期贷款利率的固定息作为报酬，此举为每个贫困户每年创收 6000 元财产性收入，为贫困户脱贫"输血"。同时通过产业扶贫，合作社为贫困户提供力所能及的工作岗位，继输血后再造血，助力贫困户掌握"真本领"，摘掉"穷帽子"。"生产发展离不开老百姓和政府的支持，扶贫虽说是政府的责任，但我们也为能给老百姓做好事，为政府减负担而感到高兴。"盛常斌解释道。

五　知新：合股聚益共生，推进农业农村现代化

（一）以股份合作推进现代农业产业化发展

1. 股份合作制是实现经营主体融合的有效途径

股份合作制是整合生产要素、融合经营主体、促进现代农业发展的有效途径。当前，农村存在集体经济力量薄弱、家庭经营效益低下、资本下乡难以奏效等普遍性难题，各类农业经营主体单打独斗，未能有效融合形成发展合力。鉴于此，京山市盛老汉土地股份合作社坚持"依法、自愿、有偿"的原则，借助市场化的方式，通过股份合作的具体形式对村庄、农民、农场企业进行引导，有效整合土地、资金、技术等多种生产要素，发挥出各方主体的生产优势，建立起"生产联盟"，实现了多方主体融合发展。可见，股份合作制有利于促进农业经营主体融合发展。

2. 多元有效参与是推进股份合作制的重要条件

股份合作制要良性运行需建立协商参与机制。自《农民合作社法》实施以来，合作社从无到有并逐步壮大，但在现实中难免存在"村委或企业

一手操作，农民参与无力"等问题，为此需要建立有效的协商参与机制，确保各方利益达到均衡。京山市盛老汉土地股份合作社的产生，源于农民希望整合闲置土地、村庄想壮大集体经济、农场期望扩大经营规模的现实需求。因此，合作社在推进的过程中充分尊重各方意愿，并按照权利—义务均衡的原则选举出理事会、监事会成员和股东代表，充分吸纳家庭农场、荆条村、吴岭村、廖冲村四方主体成员参与合作社的管理监督，确保各方主体的利益。同时，充分发挥民主管理的作用，尊重农民意愿，让农民发声，监督和保障农民利益不受家庭农场或村集体侵犯，使合作社在阳光下健康运行。

3. 合理的利益分享机制是维系股份合作的关键

"在利益的驱动下，农民既善分也善合。我们不必低估农民的合作意愿，也不可低估农民的合作能力。"① 只有建立合理的利益共享机制，让农民享受到红利，才能持续地将农民组织起来，真正吸引农户自愿合作，股份合作也才能持续发展。盛老汉土地股份合作社以捐赠资金回馈村庄建设、借金融扶贫政策助力农户脱贫、举办农业技能培训培育新型农民等多种形式回馈当地社会，诠释了"回馈社会、反哺村民、永续经营"的发展之道。可见，带领村民共同致富、带动村庄协同发展，不仅是新型农业经营主体社会责任的体现，更是其自身实现长效发展的关键。

4. 建立产业化联合体是深化股份合作制的方向

农业产业化联合体是多元农业经营主体利益联结的重要载体。有别于传统的股份合作经济，深化新型股份合作要以推进农业产业融合发展为方向。如盛老汉土地股份合作社发展"稻龟共生"特色生态种养产业，通过打造"盛老汉"品牌，将生产、加工、销售各个环节紧密结合起来，构建起了规模化、专业化、品牌化相结合的新型农业经营体系，实现了农业产业化联合体"共建、共管、共享、共赢"。农业产业化联合体的培育与发展，有利于协同各方利益，聚合多方优势生产要素，延伸传统农业产业链，提升农产品附加值，促进农民增收、农业增效、农村发展。

---

① 徐勇：《如何认识当今的农民、农民合作与农民组织》，《华中师范大学学报》（人文社会科学版）2007 年第 46（1）期。

（二）推进农业农村现代化的思考与建议

1. 实施股份合作制必须充分保障农民利益

正如恩格斯所说："每一个社会的经济关系首先是作为利益表现出来。"[①] 农民是乡村治理的主体，农民的主体性作用对社会发展和经济变迁起着极为重要的作用。然而，农民是具有理性的行为个体，这种理性表现为个人在扩大的经济社会交往中对个人经营活动的合理算计。因此，在社会治理过程中，农民主体性的调动不能只靠宣传带动，还需要切切实实的利益进行诱导。首先是考察利益是否共享，更重要的是考察利益共享的程度，利益共享程度越高，农民参与积极性越高。从盛昌龟业基地，到盛昌水产养殖专业合作社，最后是盛老汉土地股份合作社，三个发展阶段中农民的利益分享程度是不一样的。盛昌龟业基地是直接租用农民的土地，农民收到土地租借费用；盛昌水产养殖专业合作社采取家庭农场与承包户签订协议，共同经营、共担风险的方式，承包户自负盈亏；盛老汉土地股份合作社通过股份合作联结家庭农场、村庄、农民，农民成为合作社股东，除有土地流转租金外，还可以享受土地增值效益。在此过程中，农民参与度不断提高，覆盖面不断扩大，可见，农民参与积极性的调动需要合理的利益分配机制。

2. 推进集体经济发展还需探索"政经分离"

从理论上讲，土地股份合作社是一个经济组织，其与村两委应当保持明显的距离。而因农地具有"集体所有"的属性特征，所以不可能将合作社与集体组织割裂分开。事实上，村委会作为农村社会基层自治的组织单元，代表着农村集体组织的意志，也通过各种形式不同程度地参与到了合作社的运行中。某些地区的村委会甚至在当地合作社发展的整个过程中都扮演着非常重要的角色，村委会的权力已经渗透到土地合作社的方方面面。然而，村两委代表的是村庄治理的政治组织，而土地股份合作社则是村民合作型经济组织的代表，其反映的利益并不相同。村委会与土地股份合作社作为两种性质截然不同的组织，也遵循着不同的发展规律。在盛老汉土地股份合作社筹备之初，村干部带头成立筹备工作专班，积极引导村

---

① 恩格斯：《论住宅问题》，载《马克思恩格斯选集》（第 2 卷），人民出版社，1972，第537 页。

民入社；同时荆条村、吴岭村和廖冲村均有村干部在理事会和监事会中担任职务，参与合作社的运行管理工作。从现实中可以发现，合作社在经营运行过程中，确实存在不同程度的"村社不分"的发展问题和隐患。因此，如何有效实现村集体与合作组织的"政经分离"，是完善农村政治、经济规章制度，推动农村政治、经济协调发展所需要探究的问题。

3. 农业农村的发展需要资本要素合理下乡

长期以来，学界对"资本下乡"的质疑和争议不绝于耳。质疑者认为，正如马克思所言，"资本……从头到脚，每个毛孔都滴着鲜血和肮脏的东西"。[①] 他们担心由于农民在社会的发展中相对处于弱势，因此资本下乡可能使大多数依托土地生存的农民失去土地，从而失去生活的依靠和来源，使乡村的经济环境更加严峻。如温铁军先生认为，村集体或合作经济组织、乡镇企业、经济技术部门、龙头企业这些占据主导和统领层次的上层组织，由于没有恰当地解决与农户分散层次之间的利益关系构造问题，使资本下乡并没有发挥期望中引导农户进入市场并促进农户收入提高的作用，反之其甚至还演变为农民利益的对立面，恶化了农户尤其是小农的经济和社会处境。[②]

从实践来看，资本并未如洪水猛兽般吞噬农民。相反资本下乡在某种程度上也促进了村庄治理。支持者大都明确指出，在农村农业发展中，资本是必不可少的要素之一。因为农村自身的资本有限，所以其有必要借助资本下乡获取外部资本支持，这是农村和农业现代化的重要途径。盛老汉家庭农场以资金、技术等参股入社，发挥了龙头企业的引领作用，使资本与土地紧密结合，带动了村庄、农户抱团发展特色生态养殖业。这正应了徐勇教授所提出的，传统的"劳劳合作"只是存量要素的简单相加，农业和农村的发展必须有资本等新的生产要素的增加。

---

① 《马克思恩格斯全集》（第23卷），人民出版社，1972，第829页。
② 温铁军主编《中国新农村建设报告》，福建人民出版社，2010，第35页。

经验篇

精致配股：下足"绣花功夫"
精解股改重难点

——基于京山市农村集体资产股份权能改革的调查研究

（执笔人：荆博文　指导人：孔浩　周珊）

《中共中央国务院关于稳步推进农村集体产权制度改革的意见》（以下简称《意见》）明确指出："将农村集体经营性资产以股份或者份额形式量化到本集体成员，作为其参加集体收益分配的基本依据。"自股改试点工作开展以来，创新集体资产股权配置方式成为深化改革的推进难点，"股权类型简化、配股方式僵化、配股效果泛化"等问题日渐凸显，导致股改虚滞难进。基于此，湖北省京山市聚焦农村集体资产股份权能改革的关键环节，下足配股"绣花功夫"，以划定配股范围、确定配股方式、制定配股内容为重点，创新了因村设股、精致配股的股权配置模式。具体而言，京山市在股改试点过程中，因资配股，覆盖全面；节点配股，有史可循；层级配股，有实可依；贡献配股，赋权灵活。京山市创新配股模式的探索响应了农民对股权占有的多样性需求，创设了股权配置新模式与新路径，为深化股改试点工作指明了方向。

一　分类量化，全域覆盖，清除"无资可配"盲点

针对当前不同地区农村集体经济发展水平不一、村庄集体资产构成不

同的实际，京山市因村制宜，分类推进改革，实现了对不同类型村庄配股形式的有益探索。

（一）经营性资产主导型村庄：量资产配金额

在经济发展程度较好的城中村、园中村、城郊村，京山市采取将经营性资产一次性全部折股量化到人的办法。首先，对集体经营性资产进行清理与价值重估，通过清产核资明晰资产总额；其次，确定集体经济组织成员范围，通过清人分类、定人配股核算股权配置总股份；最后，按照个体占有股份数额，对集体经营性资产总额进行股权量化，将资金配置到每一股。如新市镇城畈村，全村可量化经营性资产为 1.569 亿元，配置股份49116.5 股，每股可量化经营性资产为 3043 元。

（二）经营性资源主导型村庄：量资源配面积

对于经营性资源丰富的纯农村，京山市将集体资源以面积的形式配给集体成员。具体来说，将村集体经营性资源，如土地、林地等进行总面积核定，在清人分类的基础上，根据集体经济组织成员范围确定股权总量，继而把核定出的经营性资源以面积的形式量化至每股。例如雁门口镇界子山村，全村共计核定可量化经营性资源面积 1736.17 亩，股权总数为 1367股，每股可量化面积为 1.27 亩。

（三）经营性双资兼具型村庄：量双资同时配

针对绝大多数既有经营性资产，又有经营性资源的普通村，京山市采取经营性双资同时配的股权配置模式。先量化经营性资产总额与经营性资源总面积，继而在清人分类的基础上，核算股权总数，最后将量化出的资产和面积分别配至每一股。如钱场镇榨屋村共核定可量化经营性资产 53.5万元、经营性资源总面积 543.9 亩，其中每股配置经营性资产 111.45 元、经营性资源 0.11 亩。

（四）经营性双资匮乏型村庄：配系数作依据

股权改革绝非发达地区的专利，对于无资可配的"空壳村"、负债村，京山市首创了集体资产"分配系数"。具体而言，先界定成员身份，再根据成员农龄、劳龄等因素确定资产分配系数，以便在获得集体经济收益时，将此系数作为收益分配的依据。新市镇白谷洞村支部书记卢技承表示："我们村目前没什么资产，租出去的林地还没有到期，为了到期之后分红有依据，就在这次股改中以每人一股的方式定了分配系数。"

二 据实巧配，民事民议，攻克"单一粗配"难点

京山市在探索股改配置过程中，以"尊重历史、照顾现实、权责对等、群众认可"为准则，以民主议定带动群事群议，实现股份类型多样化、股种搭配多元化、股权配置精细化，打通了股改关键环节。

（一）尊历史之实，分时分段节点配

京山市在股权配置过程中，打破了单一的"人头股"设置模式，依据村庄发展历史事实，定节点、分时段衡量村民个体贡献，通过采用"节点配股法"实现了差序化配股。一方面，依据历史改革节点，分时段配股。京山市根据不同历史时期农民对村集体发展做出的不同贡献，将中华人民共和国成立初期农业合作化运动起始节点、改革开放初期家庭联产承包责任制实施节点、21世纪初农业税费改革终结节点等农村重大改革历史事件时间作为配股节点，对不同时段的农户进行差异化配股。如新市镇城畈村，该村为1982年前在本村出生的老户，每人配置20股基本股，1983年后出生的村民则不享有这部分基本股。另一方面，明确移民进出时间，定节点配股。在人口流动较为频繁的村庄，京山市以移民搬迁进出的时间节点进行股权配置，如迁入户应按迁入集体年限配备相应股份，迁出户则按其迁出前为集体所做贡献年限获得相应股份。新市镇四岭村农户王哲说："我是1992年搬到村里的，只符合1982年到2000年配置劳力股的要求，9年时间就配了9股。"

（二）顾现实之需，灵活设股精巧配

京山市立足各村集体占有资产状况及发展需求分设不同类型股份，通过分类设股充分保障产权归属清晰。一方面，厘清村组资产，实现两级配股，保障两级所有。京山市根据各村村、组两级的资产拥有情况划分配股层级，即村级拥有经营性双资，在村一级配股；村、组两级均有资产，则按两级配股，以此充分保障成员对全部集体资产的合法占有权。如新市镇八里途村，村、组两级均有资产，配股时便采取两级配股模式，该村股民分别持有村、组两个股权证。另一方面，设置集体股份，带动村庄发展，化解遗留难题。京山市在股份配置中，根据村情设置了集体股，既为集体

经济发展壮大和村庄公益、福利事业建设预留了公积金和公益金，亦为解决历史遗留问题置下了备用金。永兴镇京源村农户白国敏出嫁后户口仍在本村，但由于清人分类时登记疏忽被排除在集体经济组织成员之外，后经问题上报和检查验证，本村用集体股进行了弥补，保障了其权益。

（三）量义务之度，按劳赋权贡献配

基于集体经济组织成员对村集体履行义务和所做贡献的差异，京山市各试点村探索了多样化的股权类型设置以增强股权配置的针对性。一是入社农具补现金，对老户有交代。对于合作化时期做出过贡献的老户，京山市通过现金形式给了入社时无偿上交"五大农具"的老户以回报。以白谷洞村为例，1954年入社时上交农具的有90户老户，每户均获得了10000元现金补偿，作为对其历史贡献的交代。二是赡养义务兑股权，为养老解忧愁。针对独女户、双女户等特殊情况家庭的配股问题，京山市采取"以赡养承诺换股权"的方法，即履行养老义务的女儿或女婿要先签订赡养合同，然后可享受股份配置，同时合同规定，村集体有权暂扣集体分红对未履行义务者进行约束和惩罚。三是劳力劳龄配股份，添贡献附加值。京山市还以集体成员的劳动年限为依据，通过"农龄股"的设置体现其贡献，劳动年限越长，成员所持股权份额越多。例如城畈村、京源村、八里途村，均设置了农龄股。对此，城畈村庹大明书记解释道："我们在基本股的基础上还设置了农龄股，主要是想体现一种贡献差异。"

（四）还群众之权，民事民议协商配

京山市通过民主决议，将股权类型、股权搭配、配置比例等股权配置具体事项交予农民讨论，发挥其主体作用，真正将选择权还给农民。第一，按民需定股权类型。为了尊重农民"追求公平、体现贡献、缩小差异"的意愿，京山市各试点村通过群众提议、大会讨论、表决通过等一系列议事流程议定股权类型。如当地探索出一人一股的人头"基本股"，以具备劳动能力年龄起算的"劳力股"，以缴纳农业赋税、三提五统年限衡量的"贡献股"等。第二，据民意定股权搭配。各股改试点村依据群众意见，以民主协商的方式决定股权组合形式，形成了"基本股+农龄股+贡献股""户股+人股"等多种股权搭配模式。以孙桥镇五泉庙村为例，该村广泛吸纳群众意见，听取成员对缩小不同人口家庭之间配股差距的建议，实行"户股+人股"的股权搭配方式，保障每户占有股份相对均匀。第三，依民愿定配股比例。对于集体股的设置比例和个人股的配置比例，京山市采取"市定线，村定数"的方法予以确定。针对集体股的比例设置，在县（市）级规定的集体股不超过30%的基础上，各村根据成员意见民主议定集体股的具体占比。例如，城畈村集体股所占比例为5%，五泉庙村集体股占比为26.36%。针对个人股的比例设置，各村充分考虑成员贡献、劳龄等情况，以成员协商的方式决定个人股的配置比例。如榨屋村根据成员劳动贡献率的不同，将集体资产股份按10∶7∶3的比例量化到人。

三　因村施策，精致配股，筑牢"有序股改"基点

股权配置是股改的关键环节，京山市以其覆盖全面、精巧多元的配股模式，为全国其他区域深入推进股改试点工作提供了能复制、可借鉴的创新经验。

（一）因村设股分类施策是推进股改全覆盖的必由之路

《意见》指出："根据集体资产的不同类型和不同地区条件确定改革任务，坚持分类实施、有序推进。"对此，京山市立足村庄发展实际，坚持因村施策、分类实施的股改推进原则，将集体资产构成要素配比各异的村庄划分为多种类型进行量化配股，既实施了适用于集体经营性资产较多的城中村、经营性资源发达的纯农村的股权设置方式，又创新性地提出了在"空壳村"设置虚拟股份的方式，实现了对不同类型村庄股改的全覆盖。

（二）层级配股是保障集体产权归属清晰的必要举措

建立归属清晰的农村集体产权制度，是激发农业农村发展活力的内在要求。为此，京山市探索层级配股模式，依据村、组两级占有资产、资源情况，采取村级资产在村配、组级资产在组配的两级配股方案，为集体资产的产权归属划清界限、划定范围，有效避免了不同层级集体资产的流失。

（三）依据历史贡献采取节点配股法是股权配置的有益探索

采取节点配股法是"尊重历史贡献"原则在股权配置过程中的细化和延伸。京山市采用集体成员所得股权与历史贡献挂钩的方法，在股权配置上践行"按劳分配"原则。具体来看，即根据成员为集体经济发展所做贡

献不同，通过农龄股、劳龄股的设定，使成员所持股权有所差异，以此保障成员权益，激励成员为村集体发展壮大贡献活力。

（四）股权配置精细化有赖于充分调动群众参与股改积极性

习近平总书记指出："充分尊重人民群众意愿，就要把群众呼声作为'第一信号'。"在股权配置过程中，京山市将股权类型、配股方式交由各村民主议定，充分吸纳集体经济组织成员的意见建议，切实保障其知情权、参与权和决议权。可见，为实现股权改革的惠民目标，京山市以其配股实践走实了"权依民配，权为民配"的关键一步。

城畈经验：农村集体资产股份权能改革的"中国样本"

——基于对湖北省京山市城畈村的调查与研究

（执笔人：王彬彬　　指导人：王琦　周珊）

中共中央国务院《关于稳步推进农村集体产权制度改革的意见》指出："要不断深化农村集体产权改革，切实维护农民合法权益。"长期以来，农村集体资产管理面临着"产权归属不清、经营权责不明、集体收益难分"等问题，开展农村集体资产股份权能改革实践成为破解当前困局的应有之义。但在股改试点过程中，"成员资格难界定、配股方式一刀切、股改流程走形式"等一系列工作问题涌现，导致股改推进步履维艰，试点成效大打折扣。为此，湖北省京山市新市镇城畈村立足本村实际，探索出一条"精致有序"的股改道路，打造了股份权能改革的"中国样本"。具体来说，城畈村通过做足前期筹备，把稳股改方向；精制改革流程，消除股改梗阻；活用保障机制，严保股改规范。城畈村以坚实有序的股改举措明晰集体产权、保障成员权益、落实股改成果、优化村治效能，为我国其他区域同类村庄开展股改提供了可复制、可借鉴、可推广的"城畈经验"。

一 精规细划，循序渐进，定股改"破题策略"

针对集体资产总量大、利益分配矛盾多的现实情况，城畈村提前谋划，主动承担试点，通过调动村民参与、规范股改程序、创新工作机制，绘就了精致有序的股改蓝图。

（一）周全筹备"铺路"，助力股改"走得实"

城畈村通过扎实培训、全面宣传、汇能人组专班，筹备周全引领股改稳健推行。其一，重培训，引"干部熟知"保"家喻户晓"。当地通过采取"县（市）级组织股改干部培训，干部回村传授村民培训"的两级培训模式开展政策学习，促股改政策从干部先知到人人皆知。农户余清香说："村干部还到北京学习先进改革经验，回来讲给我们听，让我们也了解政策内容。"其二，强宣传，牵"线下会议"连"线上传讯"。为进一步提升股改宣传成效，使群众做到心中有数，城畈村依靠"线上媒介+线下会议"的双重宣传手段加深村民对股改的认知。截至2017年5月，该村召开线下政策宣讲会60余次，建立股改工作讨论微信群4个。其三，建专班，纳"乡村五老"合"新户老户"。城畈村依托村两委成员，引导老党员、老干部、老教师、村民代表等村庄能人分别组建清人分类和清产核资专班，共同助力股改开展；同时吸纳新户、老户代表，在充分发挥民主的基础上保障不同群体的利益。

（二）分步推进"探路"，致力股改"走得正"

城畈村以精确清人清资为起点，参照贡献精致配股为要点，规范赋予权能为重点，明确前进方向，跑好股改"最先一公里"。第一，三类估价，精确清资。城畈村通过资产分类、价值重估、核算登记等工作程序，准确清查集体资产。具体来说，核实并划分三类资产，确保资产价值"因实有异"，引入市场定价重估新增资产，确保价值评估"有据可依"，建立工作台账并对外公示，确保资产权属明晰。第二，一户一表，精准确人。城畈村采取一户一表的形式收集农户基本信息，结合人员分类指导办法，以"九步工作法"确认集体经济组织成员身份，力求"人人精准"。农户谢明芳表示："确定身份要召开户组会、村级会表决通过，并需要本人在表上签名确认，实现成员身份有表有据可查。"第三，依据节点，精致配股。

遵循"尊重历史、照顾现实、权责对等"原则，城畈村创新配股方式，采取"节点配股法"设置股份。具体来说，城畈村将中华人民共和国成立初期农业合作化运动起始节点、改革开放初期家庭联产承包责任制实施节点、21世纪初农业税费改革终结节点等农村重大改革历史事件时间作为配股节点，对不同时段的农户差异配置基本股和劳龄股。

（三）创新机制"拓路"，积力股改"走得远"

城畈村通过完善协商议定、村规激励、红利驱动等保障机制，推动股改行稳致远。首先，协商为径，让村民"当家做主"。城畈村在股改过程中，充分发挥民主议定程序讨论解决群众关切的股改议题，即先在村民小组内召开户主会商议，进而提交村民代表大会决议，结果经95%村民代表签字同意后视为有效。村民易治山说："对于特殊成员的身份界定问题，一定要群众讨论同意才行。"其次，村规为约，引群众"守则行善"。城畈村将落实股份分红与遵守村规民约相结合，旨在培养村民自觉维护村庄秩序的意识。如村民孙长勇乱葬先辈，有违村规民约，村集体遂以暂扣分红作为处罚，倒逼其改正行为。最后，红利为驱，致组织"上勤下顺"。集体经济发展效益关乎每个成员切身利益，为进一步壮大集体经济，增加成员分红收益，城畈村集体经济股份合作社理事会干部成员积极拓展集体经济发展新门路；群众积极配合相关建设工作，创造本村良好的投资创业环境。对此，农户黄少雄说："干部想着让集体经济出效益，村民想着多分红，干部工作勤快了，那村民也得配合。"

二 惠农聚力，强村利社，交股改"高分答卷"

城畈村充分尊重村民主体地位，以股改成果惠及村庄发展、群众增收，使人心凝聚，促村风好转，助社会公平。

（一）以人为本，成果惠"农"促"三变"

城畈村以满足成员利益为首要目标，切实将改革成果惠及于民。一是重塑产权观念，从"集体所有"到"按份占有"。城畈村通过将资产量化、分配到人，一改长期以来农村集体资产"名义集体所有，实则人人无份"的状况，实现了村民对集体资产的实际占有，农民对集体资产的产权观念得以转变。二是转换成员身份，使他们从"传统农民"变"现代股民"。

城畈村通过界定组织成员身份、配置股份、分配收益等一系列工作，实现了农民变股民。村民袁国祥对此激动地说："这本股权证发到手，我就是股东了！"三是拓宽增收渠道，从"单一收入"到"双重红利"。通过股改，城畈村村民普遍享受到了集体资产红利，改变了先前靠务农或打工的单一收入模式，实现了多渠道增收。如失地村民吴大瑞一家，先前只有打工收入，2016 年凭所持股份获得分红 7409 元，家庭收入大幅提升。

（二）齐心聚力，效益惠"村"强"三力"

城畈村以盘活集体资产为牵引，打造资产经营有活力、行政服务有能力、聚合民心有内力的村庄发展新态势。首先，盘活资产，激发经营"创收力"。城畈村依托集体经济股份合作社，将集体门店、库房等经营性资产对外出租，使闲置资源重获收益价值，实现经济创收。农户郭义明说："之前以为不值钱的闲置库房，现在看来还是宝呀！"其次，预留专股，提升行政"服务力"。城畈村提取集体经营纯收益的 10%作为集体公益金，用于村庄公共事业支出。落实村庄保障性服务，促进村级服务能力升级，截至目前，村养老费用开支 800 万元，村委基本实现了对养老服务的"兜底"。最后，凝聚民心，增强集体"向心力"。城畈村以坐实集体成员身份为前提，增强村民对村庄的归属感；以建立资产分红关系为纽带，提高村民对村务财务的关注度。农户陈克芬讲道："以前不关注集体的事，觉得和自己没有关系，有了分红，现在要操心了。"

（三）还权于民，效能惠"社"立"三风"

城畈村以机制建设推动村庄民主归位、风气转良，进而为和谐乡村建设提供保障。其一，摆正利益"公平秤"，去陋行，树廉洁之风。村集体通过清产核资明晰"三资"产权，制定合理的资产经营、股份收益分配方案，避免了因资产权属模糊而导致的"寻租腐败"乱象，促使资产运营更加规范、收益分配更加公平、成员行为更加端正。其二，用活议事"调节器"，解纠葛，形和谐之风。城畈村在改革试点工作推进过程中，充分发挥村民自治的作用，通过召开村—组—户三级会议，自主引导村民解决股改中的疑难问题，在保障股改民主性与合理性的同时，有效避免了矛盾发生。村民潘陶说："有不满意的，就开会讨论、表决，大家说行才行。"其三，扎好监督"铁笼子"，限权力，固民主之风。城畈村通过引导村民积极参与村庄议事、村务决策和村资监督，充分发挥村民的主观能动性，有效避免干部"一言堂"，形成了群众事、群众定、群众办的民主风气。"方案从头到尾都是村民协商敲下的，村民真正拥有了决定权。"农户胡兰华说。

三 夯基垒台，联利衍益，促股改"温故知新"

城畈村以周全筹备启动股改、彻底有序落实股改、巧施机制推动股改，打造了具有城畈特色的改革样本，对同类村庄实施股改具有借鉴价值，也为下阶段在全国范围内深化股改提供了有益启示。

（一）充分进行民主议定是保障股改落地的核心举措

涉农政策的落地离不开农民的有效参与。城畈村在股改工作推进中，一方面，召开村、组、户三级会议，充分吸纳村民不同意见建议，将选择权、决策权真正交还于民；另一方面，对清人、配股等重大问题协商表态、民主决议，最大程度凝聚农民共识，实现解决问题不留死角，为股改后续工作的顺利完成奠定基础。

（二）系统有序推进是助力股改顺利实施的关键

股改作为一项系统性工程，其推进既要总揽全局又要击破重点。为此，城畈村通过人员培训、政策宣传、专班组建做全前期准备；通过分类估值解清查难题、民主议定破清人瓶颈、节点配股创股权模式以落实改革流程；同时，完善民主协商、村规激励、利益驱动机制保障成果落地。可见，系统有序的改革不仅助力其破解了过程中的难点、重点任务，还有效增强了改革所需的全局意识。

（三）股改的核心落脚点在于提升农民"获得感"

明确产权主体、促进农民增收、保障成员权益既是股改的出发点，也是其落脚点。为此，城畈村通过股改，实现了集体资产从"集体所有"到"按份共有"的转变，农民变股民，提升了身份获得感。同时，村集体以租赁方式壮大集体经济，让改革红利落地生根、惠及民生，提高了农民增收的满足感。可见，股份权能改革的核心落脚点在于让手握资产的新型农民鼓起腰包，并成为集体资产真正的主人。

（四）城畈经验为打造股改"中国样本"提供了有益借鉴

长期以来，我国农村集体资产面临着"产权难明确、基业难盘活、收益难分配"等一系列问题，严重影响了其在公共服务提供、促进农民增收上的作用发挥。为此，城畈村通过广泛调动成员参与，充分应用民主决议，切实让农民当家做主；同时，通过培训强化队伍建设，牢固把握政策导向，在民众利益诉求与国家政策要求之间找到最佳平衡点，寻求村庄发展有保障、农民利益不受损、国家政策合规定之间的最大公约数，不仅为同类型村庄的股改提供了有益参考，更为下一步全域性股改提供了"中国样本"。

练好产业"功夫"：勇立田园
综合体建设"潮头"

——基于湖北省京山市马岭新村的调查与启示

（执笔人：杨琪　指导人：余孝东　张航）

2017 年中央一号文件提出："支持有条件的乡村建设以农民合作社为主要载体，让农民充分参与和受益，集循环农业、创意农业、农事体验于一体的田园综合体。"长期以来，由于"经济发展无力，公共建设缺力，基层治理乏力"，农村建设和发展陷入"重表面少内涵、有基业难盘活、要发展缺路子"的困境。为此，京山市罗店镇马岭村通过"产业驱动"构建了"宜居宜业"的田园综合体建设新格局。具体而言，以土地产权制度改革破题，共建经营主体，三产融合转型产业发展；以经济收益反哺村建入题，提取发展股份，统规统建提质公共服务；以党建引领群众参与点题，理顺组织架构，推陈出新带活基层治理，稳把"共生共享"的发展航向，聚焦"田园生产、田园生活、田园生态"三位一体的建设新模式，打造了田园综合体建设的"马岭范本"。

一　培能提效，聚力经济发展，夯实田园综合体"基石"

为补齐传统农业"小、弱、散"短板，马岭村以承包地三权分置改革为契机，整合土地，建立马嘉岭农业科贸有限公司和泰康源种养专业合作社，实现了农业转型升级，带动了产业扶摇直上。

（一）要素共筹，发展协同化，资源整合"破硬土"

田园综合体建设并非"空中楼阁"，唤醒资源夯实产业之基是第一要务。马岭村以能人为依托，充分调动多种要素，使公司和合作社并驾齐驱，突破经济发展"隔板"。第一，托起乡愁，能人回村思路活。转变观念是经济发展的前提。9 位事业有成的"游子"有感于故乡凋敝，回村建设家乡，引入新的产业发展和市场经营理念，带动村民成立了新型农业经营主体。第二，立足乡土，土地整合资源活。该村通过宅基地"拆旧补新"、村民集中居住，节约了土地资源，优化了规划布局；同时，村民将农田以每亩 1 万元的标准作价入股新型农业经营主体。村庄的分散土地实现了集中化、规模化利用，产业发展有了"乡土"依托。第三，扎根乡建，资金注入股金活。村民以现金入股新型农业经营主体，单是二组就有193 人成为股东，全村共募集股金 1071 万元，其中最少的出资 5000 元，最多的 100 万元，一举打破了经济组织运转的资金瓶颈。第四，借力乡邻，农民参与劳力活。新型农业经营主体吸纳有就近就业需求的村民就业，分设固定和临时岗，方便村民灵活调岗，带动了本村及周边地区 100 余人就业。既拿工资又享提成，村民摇身变成公司"员工"。

（二）规划共谋，运转制度化，组织保障"育新苗"

新型农业经营主体采用现代化管理模式，设立三"会"，健全组织结构，为产业发展"保驾护航"。首先，"推"出社代会指方向。新型农业经营主体成立后，每五户社员推选一人组成社员代表大会。社代会半年一议，商讨重大事项，杜绝"一言堂"现象，实现了股东"当家做主"。其次，"选"出理事会稳航向。社员代表大会选举产生理事会，成员多为返乡经济能人，作为社代会的常设和执行机构，负责拟订规划和日常经营，为产业发展"稳好舵"。再次，"举"出监事会正朝向。股民还选举出监事会 3 名成员，村民许德超担任监事长。监事会对社代会、理事会及工作人员进行监督，审查财务，保障组织和股东利益。

（三）管理共生，经营多元化，产业发展"开繁枝"

马岭村通过传统农业与现代产业的"跨界融合"，实现了产品的品牌化升级，产业发展呈现"千帆竞发"之态。一是集约化生产，效率效益双提高。变传统的分散种植为连片耕作，提高了土地使用效率；以"虾稻共生"等高效种养模式，增加了收益，实现了"低投入，高产出"的集约化经营。二是生态化经营，经济环境双关注。秉持生态发展理念，延伸农业产业链，利用羊粪转化的沼气、沼液、沼渣生产蔬菜，形成了"羊—气—菜"循环模式，使经济发展与生态保护并行不悖。三是品牌化运作，竞争影响双加强。品牌化是对接市场的必由之路。为此，村庄注册"泰康源""马嘉领"等品牌，以电商为媒介，以"私人订制"的方式销售黑山羊、营养米等农产品，紧扣市场脉搏。以京山市为起点，辐射武汉城市圈，铺点农村综合体验店，推广马岭原生态农产品，以竞争力和影响力占据市场高地。

（四）红利共享，收益常态化，经济向好"挂硕果"

产业发展过程中，村庄以"工资+分红"的分配方式保障农民增收。"前三年不分红"则壮大了新型农业经营主体，为村庄发展积蓄了能量。其一，农民增收"钱包鼓"。"农民钱袋子鼓起来"是检验农村工作的重要尺度。在产业发展的带动下，农民既能参与生产拿固定工资，还可凭借土地和资金入股享受分红。马学年在组织内任职，月工资2000元，加上10.5亩土地入股所得分红，年收入近3万元。其二，集体壮大"腰杆直"。马岭村新型农业经营主体的股东们约定前三年集体收入不分红，用于集体扩大再生产。经过几年运转，公司账上已有1600万元的利润，为经济发展撑起了"腰杆"。其三，村庄发展"信心足"。马岭村在2012年以前尚有90多万元的债务，村集体入不敷出。产业发展起来后，村庄增收的途径拓宽，2013年以来集体每年纯收入达40多万元，实现了从负债村到富裕村的飞跃。

二　统规统建，添彩福利建设，砌牢田园综合体"砖瓦"

在产业发展的基础上，马岭村着手新村建设。村集体以住房改造为切入点，统一规划村庄建设；经济发展留"孝心股"，兜底村民养老，让村民"幸福感"由心而发。

（一）瓦房换楼房，"小乡居"让农民变"市民"

为改善村居条件、合理规划新村，马岭村广纳民意，精准布局，让村民免费搬入新居。首先，充分动员，汇总民意开启"心愿瓶"。村里老房设施陈旧，破损严重。村干部亲自入户，倾听农户对住宅面积、功能设计的差异化需求，制定房屋改造计划。由于前期工作赢得群众充分信任，在规划、拆房过程中，全村未发生一起上访事件。其次，增减挂钩，合理规划吹响"集结号"。马岭村委托专业公司规划新村建设，在建设用地总量不增加、耕地面积不减少的前提下，改善居民区的道路、水电设施，合理布局，集约使用建设用地。再次，拆旧建新，搬入新居绘就"新画卷"。根据村民不同需求，马岭村设计不同户型，以产业发展的收益建造了居民楼，多数村民可按照"拆一还一"的标准免费搬入新居。59 岁的村民马生福说："以前做梦都没想到后半辈子能住洋楼，生活像城里人！"

（二）旧貌易新颜，"新家园"让村居变"田园"

村委会以解决民需为导向，整治村庄卫生，推动园区开发，村庄面貌焕然一新。一方面，卫生外包，农区变小区。村委会统一将村庄卫生外包，其中公共场所卫生费用由村委会支付，住宿区卫生费用由村委会出资 12 万元、村民出资 4 万元。脏乱农区变成整洁小区，人居环境得以改善。另一方面，公共建设，荒园变公园。为改善公共设施，村庄硬化道路 8 公里，绿化 3 万平方米，建设文化广场 5800 平方米；同时创建生态型健康养生文化产业园，开发农业景观功能，在让村民住进生态宜居田园的同时，村庄也融入了京山市生态旅游的"O"形圈中。

（三）养老更敬老，"休养所"让负担变"福利"

马岭村以组织分红的"孝心股"为依托，建"休养所"免费供养老人，解决养老难题。第一，设立"孝心股"，一个"保障"促成老有可依。针对村内青壮年多外出务工，"空巢"现象严重的问题，公司拿出 5%的利润设孝心股份，用来集中供养老人，以经济发展的红利开出养老"良方"。第二，兴建"休养所"，三个"统一"确保老有所养。村庄兴建休养所，提供集中养老服务，村中 60 岁以上男性、55 岁以上女性免费入住，村庄统一安排食宿，统一负担基本医疗费用，统一购买商业保险。截止到 2016 年 3 月，休养所占地 2100 平方米，有公寓 60 间，入住 46 位老人，聘请 3

名专业人员陪护照养，为老人送上了养老"定心丸"。第三，重塑"敬老观"，三个"关照"实现老有所乐。马岭村积极探索"敬老、爱老、助老"模式，组织志愿服务、文娱活动，促进情感交流，通过对老人身体、精神、情感三方面的集中关照，为解决养老问题注入了"强心剂"。

三　党引民治，同步治理转型，筑好田园综合体"高楼"

马岭新村以区域党建为抓手，以政经分离促进组织规范发展，以"积分制"规约村民行为，以创新基层治理提升了田园综合体的软实力。

（一）党建引领，基层治理体系凝心合力

马岭村紧抓党建"牛鼻子"，以组织创新、队伍培养、制度建设加强党建，激活发展动力源。其一，突破纵向结构，党建统筹区域化。马岭村以回村发展的经济能人所在的二组为引领，变经济辐射为政治联动，将党建"示范带"拓展到一组、三组、四组、五组，同时辐射周边村庄，成立区域党委，形成了多元主体参与的党建联合体。短短四年内，马岭村党组织实现了从涣散无力的落后支部到湖北省先进基层党组织的跨越式发展。其二，吸收经济能人，组织培养年轻化。过去马岭村的 17 个党员中，有 12 位在 60 岁以上，年龄结构失衡，无法应对新环境、新挑战、新诉求。为此，该村选经济能人做干部，将一批搞企业的、搞投资的吸纳到党支部，为党组织发展注入了"新鲜血液"。其三，推行交叉任职，领航机制规范化。马岭村采取"交叉任职"的方式，为产业发展积蓄力量，支书张立兼公司执行董事，主任杨宝庭兼合作社副理事长。班子成员与企业经营管理者交叉任职，极大地提高了工作效率，确保了党在经济组织中的领导作用。

（二）政经分离，基层治理组织与时俱进

传统管理架构下政经混合，干部"一手抓"，容易滋生腐败。马岭村探索"政经分离"形式，理顺村两委和新型农业经营主体之间的关系，促进了基层治理的专业化、规范化。第一，"一个理念"贯彻执行，基层工作思路清。村两委转变工作思路，厘清村、社关系，贯彻"政经分离"的理念，实现自治职能和经济职能分离。村干部从多头工作中减负，村委会、党支部、新型农业经营主体三类主体分开运行，理顺了治理架构。第

二，"两类主体"独立运行，管理监督权责明。马岭村鼓励村民代表、非在职干部担任监事会、理事会成员，服务经济建设。两类主体各司其职，独立运行，管理权与监督权界限得以明晰。第三，"三套账本"分开管理，经济运行财务分。账目分开是政经分离的有效实现形式。该村实现了村集体、合作社和公司三个账目分开管理，并定期公示，明晰了产业、产权。账目分开有助于账务规范化、透明化，为腐败设置"隔离带"。

（三）积分管理，基层治理方式革故鼎新

马岭村推行"积分管理"，通过细化村规民约指标，以量化管理激活基层治理。首先，一套"标准"不走样，规则细分行为有参照。积分制从美德实践、个人进取、环境爱护、平安建设四个方面细化考察指标，积分按月结算，按季公榜。积分制的运作，助推了社会新风尚。其次，一把"标尺"量到底，层级联动运作有监督。为保障积分制能顺利实施，该村充分动员群众力量，采用村民自评、组长核实、村两委签字"三级联动"的方式，确保积分评比的规范性。最后，一根"标杆"立得牢，奖惩兼顾效果有保障。村民年终结算时可利用积分兑换实物奖品、荣誉证书，对于表现不良的村民，村委会酌情搁置其在新型农业经营主体中的工作安排。积分与奖惩挂钩，创新了规约村民行为的途径。

四　依农惠农，产业"投石"，"问路"田园综合体建设

基实楼自高，马岭村从农民需求出发，以产权改革为契机，以三产融合为驱动，以经济发展的红利兜底村居与养老建设，创新基层治理，将农村打造成"引人入胜的天地"，为田园综合体型乡村建设提供了标杆。

（一）激活农地生产要素是田园综合体建设的必要前提

2016 年 10 月，中办、国办印发《关于完善农村土地所有权承包权经营权分置办法的意见》，指明了农村土地产权制度改革的方向。马岭村通过整合利用分散在农户手中的土地资源，将土地作为生产要素流动起来，培育新型经营主体，发展适度规模经营，实现现代农业要求的专业化、集约化，为产业升级奠定了坚实的基础。

（二）一、二、三产业融合是打造田园综合体的核心驱动力

没有产业支撑的田园综合体只是一副"空皮囊"，在农村新产业和新

增长点培育的过程中，打造涉农产业体系发展平台不可或缺。马岭村的田园综合体建设依托两个新型农业经营主体，种养业、加工业、乡村旅游业"遍地开花"，农业发展方式转型升级，一、二、三产业深度融合落到实处，田园综合体建设有了内生动力。

（三）统筹公共事业建设是田园综合体落地的重要保障

基本公共服务缺位，公共事业建设滞后，是农村发展中的突出短板。马岭村按综合配套、统一保障的原则，优化了社区环境，开发了农业景观园区，同时兜底村民养老，不断提高社会保障水平，补齐了公共服务体系建设短板。在享受城市文明发展成果的同时，马岭村也保持了农业文明的田园风光，既成就"金山银山"，又建设"绿水青山"。公共事业建设加速了田园综合体落地。

（四）推动田园综合体可持续发展更需基层治理推陈出新

田园综合体不是制造人工盆景，而是建设有强大生命力的"有机田园"。马岭村谋划基层治理的坐标体系，以区域化党建为轴心，吸收能人，推行交叉任职；以政经分离为焦点，分设账目，厘清组织关系；以积分管理为准线，明确奖惩，创新治理方式。多措并举，实现了基层治理的创新，化"形"为"实"，以田园综合体为依托，探索了一套可推广、可复制、可持续的全新生产生活方式。

新型"农管家":为小农户普降惠农服务"及时雨"

——基于京山市绿丰农机合作社的调查与研究

2017 年中央一号文件指出，要"大力培育新型农业……服务主体，通过……股份合作、代耕代种、土地托管等多种方式，加快发展……服务带动型等多种形式规模经营。"作为农业现代化建设的题中要义，当前的农业社会化服务仍处在"涉农资源散、服务半径短、发展劲头弱"的改革深水区。为此，京山市绿丰农机合作社针对小农生产特点，探索出一条"资源重聚、服务延伸、模式创新"的新型农业社会化服务之路。具体而言，即绿丰作为新型"农管家"，重组人、机、地等农业资源，延伸产、销、护等服务内容，引进股份制合作、托管式服务、循环化运作等经营模式，打出多元惠农"组合拳"，为"小农户"提供"大服务"，将"小生产"对接"大市场"，解决散户规模化生产难题，推进服务带动型规模经营，以此普降惠农服务"及时雨"，将小农生产引入现代农业发展轨道。

一　聚流汇新，疏渠提质供"深耕保育"服务

瞄准小农生产资源散碎难聚、农事服务无力、经营茬弱难前等"痛

点"，京山市绿丰农机合作社因症施治，补齐农业服务资源供给短板，创新现代化服务模式，扩大社会化服务覆盖面，促进农业生产提效增能。

（一）集整合化资源，助服务"面面聚到"

整合涉农资源和生产要素，充分实现地、机、人的集聚效应，是绿丰合作社推进规模经营、完善农业服务的创新路径。首先是化零为整，"地尽其力"。绿丰合作社借"地缘"之力整合周边零散土地，通过支付农户土地流转费用或鼓励其以土地参股的形式加以重组。目前绿丰流转土地总面积约为 3 万余亩，服务带动型规模经营初具成效。其次是统调统配，"机尽其用"。合作社对散户和农场的农机器械进行统一登记、统一管理、统一调配，农机所有权仍属农机手，耕作收入由其劳动决定，多劳多得。截至目前，绿丰合作社共整合农机数量 530 台，其中农场农机 30 台，农户农机 500 台，农业服务力量得以提升。最后是量身设岗，"人尽其才"。绿丰吸纳农户入社工作，主要负责秸秆与秧苗产业的生产经营，截至 2017 年，合作社共有管理、技术工作人员 28 人。对此，李清阳表示："我们合作社根据周边村子留守老人和妇女的劳动能力，安排不同工作岗位，并给予工资，使其有稳定的劳动收入。"

（二）拓全方位内容，促服务"环环相扣"

绿丰合作社依托产业链条延伸服务触角，拓展服务内容，采用流程化、机械化、一体化的经营服务方式推动农业生产经营结构优化，一解耕作劳冗、生产利薄、经营低效之困。第一，做好生产"田保姆"。绿丰为本社社员提供从整地、插秧、育秧到植保的全流程生产环节服务。"我家的秧苗就是绿丰提供的，连带插秧、施肥，合作社全给办妥了，压根不用我操心。"76 岁的村民程毕强讲道。第二，担任作业"统筹工"。绿丰农机合作社采用统一物资采购、机具调配、技术培训、服务指导的方法开展作业服务，并引进信息化服务手段创设"粮食银行"。对此，李清阳解释道："粮食银行采用一卡通形式，农资的借、还、购只要一刷就可以到位。"第三，扮演配套"总客服"。为保证产业质量，绿丰合作社提供农机维修、技术培训和相关信息咨询服务。除每年定期举办农机、农业技术培训班外，还专门聘请 5 位专业的农业、农机专家作为技术顾问，开展产业培训和服务指导。

（三）创复合型模式，令服务"层层出新"

绿丰在加强新型农业社会化服务过程中，创新生产经营模式，转变服务发展理念，为进一步提升惠农服务水平注入活力。其一，探索"股份制"经营。绿丰采用"公司+合作社"的经营模式，鼓励散户以土地、农机入社，并将农场生产纳入合作社的股份化产业经营轨道，一改传统各自为战、小打小闹的农业生产模式，打造现代农业服务新载体。其二，提供"套餐式"托管。绿丰以"套餐"方式，按农民"口味"需求提供不同类别的农事服务，可全程化托管也可片段式托管，解决各类农业生产"疑难杂症"。具体来说，在每年年初与社员签订的土地委托服务合同和托管协议中，合作社依农民要求分别提供耕整、育秧、播种、机收等生产环节服务。其三，培育"循环型"产业。绿丰合作社通过建立有机农作物种植—秸秆回收—食用菌栽培—下脚料培育菌肥一整套生态链条，将废弃秸秆变为绿色菌类。平均每 50 公斤秸秆可转化培育约 50 公斤的食用菌鲜菇，实现了农业的循环发展。

二　融利拓益，多方惠农创"硕果盈枝"收成

在传统农业生产与经营背景下，京山市绿丰合作社将服务内容贯穿种、护和产前、产中、产后的各个领域，促资源整合，推动农业生产集约高效，有效解决了明天"耕地谁来种、农业靠谁兴"等问题。

（一）涉农要素广覆盖，资源激活达"功倍"之效

生产要素通过入股进社的方式汇聚，一定程度上能克服小农生产的自身局限性，缓解长期存在的农田星散难拼、农机零散难拢、人员闲散难融的小农惯性。一是解机械"无处可用"之急。农机的统调统配与整体管理破除了农机无用武之地的窘境，合作社及时掌握各地作业信息，合理调配各种机械，解决了作业进度不一、忙闲不均的难题，既抢了农时，又提升了机具使用效率。二是缓农户"无为待业"之窘。绿丰通过岗位供给激活闲置劳力，提升其劳动价值，农户通过再就业获得了稳定的工资收入。截至目前，绿丰带动当地富余劳动力就业 60 余人，农民人均纯收入达 3000元/月以上。三是消土地"七零八散"之困。农户零散土地以流转与托管的形式进行聚拢经营、统一耕作，变"巴掌地"为规模经营的"黄金地"，

迄今为止合作社共整合并经营土地 30000 多亩。

（二）农业服务全供给，经营提速享"高效"之果

全方位一体化服务使农户少走弯路，流程化高效运作为产业升级广扩路径，一举转变过去发展动力不足、服务模式单一、产业运作粗放的弊病。其一，"节源"劳作，促进集约化生产。合作社实行工厂化育秧、规模化经营，解决了农户单干时生产经营成本居高不下的问题。以育秧插秧生产环节为例，农户个体经营水稻单位成本为 700 元/亩，合作化经营后控制在 400 元左右，一亩田便降低了 300 元成本。其二，"全套"作业，实现一体化经营。绿丰从生产、作业到销售实行机械化运作、"一条龙"服务，大大提高了耕作效率。罗店镇麻城村村民廖义林对此感慨道："合作社的一体化服务解放了农民双手，让我们站着就把田种好了！"其三，"绿色"运转，达成生态化发展。通过将废弃秸秆转化为有机肥料进行菌类栽培，绿丰的绿色发展模式与生态产业取得显著效益，从根本上解决了农民焚烧秸秆的问题，有效促进了传统农业转型。据了解，绿丰一年可转化的秸秆数量达 5 万余吨。

（三）生产角色大转换，收益增值得"满载"之利

在绿丰新型模式的带动下，多元主体从传统固化角色中脱离，获得了更大的增值与盈利空间，从"共营"中取得了"共赢"。其一，"小农户"变"大股东"，由"苦于经营"变"乐享其成"。通过合作社的连接与运作，农户摆脱辛苦劳作，由先前的观望者变成受益者，获取了流转收益和土地分红。合作社成立以来，成员共获利润达 2000 多万元。其二，"滞冻者"变"能动者"，由"任其闲置"变"充分调动"。合作社充当"中介"搭建信息交流平台，一改过去机械供求不均、农机手庸碌无为的状态，实现了农机信息互通有无、农机手即知即达、农事需求即传即消。据统计，绿丰合作社每台插秧机日作业量为 1600 亩以上，2016 年农机作业服务面积达 3.6 万亩。其三，"授鱼者"变"授渔者"，由"直接授物"变"间接帮扶"。秉承"不能用扶贫的方式养懒汉"的理念，绿丰与京山市政府、贫困户、扶贫办等签订协议，以扶贫贷的形式，约定无论盈亏均会保证每位贫困户每年 6000 元的保底收入。以此扭转之前单纯给钱的"粗放"扶贫方式，保障了政府扶贫脱贫机制的长效运转。

三　以服带富，同济共荣筑"培土拓荒"大道

农业社会化服务是引领小农户开展适度规模经营、发展现代农业的重要途径。京山市绿丰合作社通过"管家式服务"，为创新农业服务机制、转变传统农业发展方式提供了有益借鉴。

（一）服务资源整合重组是激活农业内生发展动力的引擎

引导农村生产要素合理有序流转与集聚是激活农业内生发展动力的关键举措。为此，京山市绿丰合作社借助土地流转、农机入社、人员供岗、贷款融资等举措引领小农户走向现代农业发展轨道，将分散经营转变为规模经营，达优化配置之标，生服务农民之效，打通农业社会化服务的"最后一公里"。

（二）一体化服务是完善新型农业经营体系的必由之路

构建多元化、多层次、多形式的综合化、一体式农业服务体系是优化新型农业经营制度的必经之路。面对劳力常外流、发展劲头弱、自营效益低等问题，京山市绿丰合作社通过产销衔接、扩规升级，拉长服务链条，实现了由专项服务向综合服务转型，为新型农业提质增效培育了新动力，助力了农业发展行稳致远。

（三）创新农业社会化服务应以富民增收为根本出发点

习近平总书记明确指出，加快农村发展要紧紧扭住发展现代农业、增加农民收入等任务。引进新型农业服务模式是助推现代农业建设，实现农民增收致富、农业增产发展的落脚点。京山市绿丰农机合作社采用"股份制经营""套餐式托管""循环式发展"等特色模式打造农业服务经营新亮点，促进农业生产由传统服务向现代服务转型升级，使利益落实到农户"心坎"。

（四）服务带动型规模经营是创新农业供给侧改革的有效途径

2017年中央一号文件提到，要紧紧围绕农业供给侧结构性改革，推进农业服务带动型规模经营。京山市绿丰农机合作社通过联合农业散户，内扩生产环节链，外延服务辐射圈，践行了"一社联千户，服务富万家"的经营理念，助推京山市初步形成了以农户家庭经营为基础、以新型农业经营主体为带动、以社会化服务为支撑的立体式、复合型现代农业经营体系，为深入推进农业供给侧改革打下了坚固根基。

合股聚益：共结农业产业化
经营"创富联盟"

—— 基于湖北省京山市盛老汉土地股份合作社的调查与思考

（执笔人：王晓菲　指导人：孔浩　王琦）

2017 年中央一号文件提出："加快培育新型农业经营主体，对于带动农民就业增收、引领农业适度规模经营发展、增强农业农村发展新动能具有十分重要的意义。"然而，如今新型农业经营主体往往陷入"大户经营得利，农民增收乏力，村庄建设无力"的发展瓶颈，难以带动"三农"事业统筹发展迈上新台阶。鉴于此，湖北省京山市盛老汉土地股份合作社走出了一条以"合股聚益"培育"创富联盟"的新型农业产业化发展之路。具体而言，当地农户、村庄、家庭农场通过股份合作实现要素流转、资源融合，形成以农业联营为核心、以利益共谋为纽带、以效益同享为动力，同心共富、村社共生的新型农业产业化联合体，以此有效激活职业农民新主体，育活农业产业新业态，撬活农村发展新动能。通过"创富联盟"的打造，农村、农民、新型农业经营主体三者间"共营、共享、共融、共生"的新格局得以开创。

一　以股促融，三方联动培育产业"共营体"

京山市盛老汉土地股份合作社通过下好"盘活要素、激活主体、用活民主"三步棋，激发多元主体齐心共建、共管、共护特色化种养产业，推动新型农业经营稳步发展。

（一）集聚要素入股，整合资源共参与

农民、村庄与盛老汉家庭农场通过股份合作方式整合土地、资金、技术等生产资源要素，以股联合构建"生产联盟"。一是农户以"小土地"参股。按照依法自愿有偿原则，京山市钱场镇荆条村、吴岭村、廖冲村共321户农户将自家承包地流转入股盛老汉土地股份合作社，变土地经营权为合作社股权，农田承包地化身为增收股本金。二是村庄集"闲水塘"成股。为充分利用村庄闲置资源，激活集体沉睡资源的生产活力，荆条村整合本村240亩闲散堰塘入股盛老汉合作社，村集体成为合作社一个股东。三是农场聚"大资本"为股。特色产业发展离不开专业化农业经营主体参与，盛老汉家庭农场以资金、技术、管理参股入社，与农户、村庄抱团发展，引领合作社发展特色生态稻龟种养。目前，盛老汉土地股份合作社总股数为100000股，其中农户土地入股占4840股，荆条村集体堰塘入股占160股，盛老汉家庭农场入股占95000股。

（二）三方经营合作，优势互补共建设

盛老汉土地股份合作社充分调动农民、村庄、家庭农场各方主体能动性，"三驾马车"优势互补，共营特色生态种养产业。首先，技术引领，农业发展有效益。发展特色生态种养产业离不开专业技术支持，盛老汉家庭农场与中国科学院水生生物研究所等科研院所共建"产学研合作基地""院士工作站"，吸引行业专家指导产业发展，累积合作社技术优势。同时，为提升农民生产技术水平，盛老汉家庭农场每年义务为村民组织原种乌龟养殖、优质水稻培育等专业技术培训达十余次。其次，供需对接，生产经营有劳力。种养类合作社发展对劳动力有着较大的固定需求，伴随大量农村劳动力外出务工，合作社起步阶段一度面临"用工荒"。对此，盛老汉合作社与入社村庄、股民形成用人对接机制，为具备劳动能力的留守老人、妇女提供力所能及的工作岗位。副理事长付德兵说道："合作社员工90%以上来自入社股民，固定工约100人，临时工约100人，用工需求基本得到满足。"最后，看养双护，产业收益有保障。入股合作后，农民主动维护合作社产业，自觉关注作物生长情况，防止被盗受损；每逢春夏汛期，村委积极组织入社农民定期巡逻，做好防汛减灾工作。对此，吴岭村村支书王小牛表示："农民知道合作社收益与自身收入紧密相连，平时发现稻、龟生产问题都会及时报告技术员，合作社减少损失，老百姓才能多得福利。"

（三）多元利益联结，协同致富共发展

京山市盛老汉土地股份合作社以利益为链条联结农民、村庄与家庭农场，通过共建组织、共商农事，形成紧密的利益共同体。第一，"四方入会"，共建组织形共识。合作社吸纳各方股东代表，成立盛老汉土地股份合作社理事会与监事会，盛老汉家庭农场、荆条村、吴岭村、廖冲村四方主体成员参与合作社运作监管，有效保障了各主体利益。第二，"凡事共议"，共商农事谋发展。盛老汉合作社定期组织召开"三会"，① 充分行使股民民主管理、监督权利，共画合作社发展最大同心圆。合作社筹建之初，筹备工作组入户收集股民针对股权设置、分红方案、组织机制的意见建议，并针对股民反馈问题逐个解决，最终入股协议签订率达100%。第三，"红利相连"，共增效益筑同享。盛老汉合作社实行"农民+村庄+家庭农场"的抱团经营模式，通过"保底分红+盈利分红"双重收益凝聚村民、村庄发展共识，汇聚发展动力。对此，付德兵讲道："以前农民不愿流转土地，认为流转后老板赚多少都与自己无关，现在有了股份，村干部、老百姓都关心、支持合作社的发展。"

二 以融促惠，合力共赢筑牢利益 "共享体"

京山市通过股份合作促进新型农业经营主体多元融合发展，以此打造农业产业化联合体，使各经营主体最大限度共享发展红利。

（一）帮个体 "晋级"，培育新型职业农民 "新主体"

京山市以股份合作制盘活土地资源，解放农村劳动力，一举实现了富农、兴农、强农的目标。其一，农民增收 "腰包鼓"。通过盛老汉合作社

---

① "三会"指理事会、监事会、成员代表大会。

的建立运营，农民增收新途径得以拓宽，增收新动能得以培育，增收新潜力得以挖掘。以 2016 年为例，入股村民每亩水田保底分红为 828 元，每股盈利分红为 138 元，合作社务工人员年收入平均为 3 万元，当地农民"财产性收入+股份性收入+劳动性收入"的收入体系新局面得以形成。其二，劳力解放"手脚活"。农户土地入股合作社，留守老人从田野中得到解放，外出务工人员无须定期返乡务农。荆条村村民柯传彪说："土地入股合作社值得，相比俩老一起种同样的田，现在我一人在社里打工，老婆在家照顾孙子，体力劳动减轻，收入还翻了一番。"其三，农技习得"脑袋灵"。农民通过参与家庭农场组织的技术培训，专业技能得以提升，就业选择空间拓宽，从只懂种植的"庄稼汉"转型为掌握专业技术的"新农人"，逐步走上了技术引领致富的新道路。

（二）促产业"升级"，育活现代农业经营"新业态"

盛老汉土地股份合作社走农业产业化之路，打造品牌农业，促进三产融合，"联"出了规模，"合"出了效益。一是集约生产效益增。借助土地流转，盛老汉合作社依靠外部智力支持，借助现代科技力量发展"稻龟共生"生态种养业，实现了土地单位效益的成倍提升。荆条村党支部书记桂运堂高兴地说："盛老汉的稻龟立体种养模式大获成功，亩均两三万元的收入已经算是保守的数字了。"二是品牌运营竞争强。通过打造"盛老汉"生态农产品特色品牌，合作社产品营销产生了品牌"溢出效应"，品牌化优质绿色农产品附加值大大提升。盛常斌说："现在消费者追求高品质生活，比起价格更注重品牌与质量，优质大米一斤 30 元也出现供不应求，目前我们的产品已畅销广东、上海、两湖多地。"三是三产融合模式新。合作社以"农场+工厂+休闲基地"的模式打造出集农业种养、农业加工、农事体验于一体的田园综合体，产业发展实现"接二连三"，不仅优化了产业结构，更延长了价值链条。合作社"稻田生态庄园"建设现已初具规模，并于 2017 年荣获"全国十佳休闲农庄"殊荣。

（三）助社会"进级"，激活当代农村发展"新动能"

京山市盛老汉土地股份合作社化身为"乡村建设公益家、政府扶贫贤内助"，改变周边村居环境面貌，提升当地居民幸福指数，助力农村发展再上新台阶。首先，回馈村容建设，为村庄增绿。盛老汉合作社每年直接捐赠资金支持荆条村基础设施建设，截至 2016 年累计为该村投入美丽乡村建设资金 300 余万元。荆条村村支书桂运堂说："依靠捐赠资金的投入，如今道路硬化了、路灯安装了、村容变美了，一个宜居又宜业的美丽乡村正在一步步实现。"其次，助力扶贫脱困，为集体减负。借助金融扶贫贷款政策，合作社主动吸纳贫困户从银行借出的政策性无息贷款 10 万元用于合作社发展，并给予贫困户不低于银行同期贷款利率固定息作为报酬，此举为每户贫困户每年创收 6000 元财产性收入，为贫困户脱贫"输血"。同时通过产业扶贫，合作社为贫困户提供力所能及的工作岗位，继输血后再造血，助力贫困户掌握"真本领"，摘掉"穷帽子"。

三 以惠促合，多元互利夯实发展"共融体"

京山市盛老汉土地股份合作社合股联营、村社共生的同心共富发展之路渐成燎原之势，为全国新型农业经营主体的发展勾勒了一幅新蓝图。

（一）共营式农业是培育现代农业新业态的有益探索

共营式农业旨在联合多方主体利益，培育农业产业化联合体，为有效育活现代农业新业态打下坚实基础。京山市盛老汉土地股份合作社以股联结各方经营主体，整合生产要素，提升资源利用率和土地产出率；共营"稻龟共生"特色生态种养业，引进专业技术，打造"盛老汉"品牌，以此构建了规模化、专业化、品牌化相结合的新型农业经营体系，实现了农业产业化联合体"共建、共管、共享、共赢"。可见，共营式农业是现代农业新业态的重要实现方式。

（二）多主体共参与是规范农业股份合作社运行的必要举措

自农民合作社法实施以来，合作社从无到有并逐步壮大，但处于初级阶段的合作社在发展中面临着"村委或企业一手操作，农民参与力度弱"等不容忽视的问题。鉴于此，京山市盛老汉土地股份合作社尊重农民的主体地位，按照权利均衡制约原则选举出理事会、监事会成员和股东代表，保障多方主体利益，充分发挥民主管理的作用，尊重农民意愿，让农民发声，监督和保障农民利益不受家庭农场或农业龙头企业侵犯，使合作社在阳光下运行。

（三）形成常态回馈机制有助于新型农业经营主体长效发展

带领村民共同致富，带动村庄协同发展，不仅是新型农业经营主体社会责任的体现，更是其自身实现长效发展的必由之路。京山市盛老汉土地股份合作社以捐赠资金回馈村庄建设，借金融扶贫政策助力农户脱贫，依农业技能培训培育新型农民，有效落实新型农业经营主体社会责任感，增强帮扶带动力，用实际行动诠释了"回馈社会、反哺村民、永续经营"的发展之道。

同质性重组：公共检验检测
何以破"九龙治水"困局

——基于对京山市公共检验检测中心的调查与思考

（执笔人：杨寅典　指导人：孔浩）

中央编办、国家质检总局在《关于整合检验检测认证机构实施意见》中提出："坚持政事分开、事企分开和管办分离，……推动检验检测认证高技术服务业做强做大。"然而长久以来，我国公共检验检测服务领域呈现"检验资源分散难整合，检验能力不足难作为，检验服务滞后难提升"的局面。为此，京山市通过进行检验检测部门聚类重组，实现检验机构、职能、人员、设备"四整合"，对内打通县域涉检部门权力隔板，助检验机构"重组提质"；对外搭建政企学研合作共建桥梁，助检验能力"焕新提效"；创新探索专业服务市场运营道路，助检验事业"升级提档"。京山市公共检验检测中心的成立使"进一家门、检百样货"成为现实，为企业增红利，为社会供福利，为群众添便利，形成了以资源整合、简政放权引领公共检测服务水平提升，推动政府职能转型升级的京山样本。

一　清源合流，聚能重组，深耕检测服务"试验田"

京山市通过整合县域涉检部门资源，实现检验检测机构聚类重组，成立第三方独立公共检验检测中心，创新公共检验检测服务机制与经营管理机制，助推了政府职能的转变。

（一）资源重构，机构改革生"合力"

京山市政府以"业务相近，功能相同，优势互补"为原则，通过对具有县域检验检测相关职能的部门资源的重组，建立了统一的京山市公共检验检测中心。首先，合机构并职能。京山市政府将质监、农业、卫生计生、食药监、水务、畜牧、粮食、水产8个部门中涉及检验检测的9个技术机构进行裁撤，将原先分散的检验检测职能，整合为食品药品、农产品、工业产品检验检测和计量检定测试四大综合职能板块。其次，集编制留人才。县（市）政府通过集中编制，一方面将被整合部门中原来从事检验检测工作的专业技术人员调剂到中心；另一方面通过社会招考招收专业技术人才，增强中心的人才储备。截至2017年初，中心核定编制67人，现有人员57人，其中专技人员49人，工程师以上8人。最后，聚设备活资源。京山市一方面在保证分属8个部门的246台件设备所有权不变的情况下，将使用权全部划转中心，由中心统一规划使用；另一方面通过整合各涉检部门资金，为中心购置了先进检测设备。2015年，京山市通过财政列支500万元，为中心购置设备47台套，有效提升了中心硬件设施的建设水平。

（二）供应升级，服务发展产"实力"

中心建成之初，京山市政府通过政府购买服务，健全工作机制，完善工作流程，发展壮大了公共检验检测中心。第一，政府购买检验检测服务。京山市政府在中心成立初期通过财政每年列支1000万元用于购买检验检测服务，将由市场主体承担的各职能部门监督抽查的检验检测费用、向社会提供的商业检测服务费用，由个人承担的计量器、计价器和民用"三表"（水表、电表、气表）等社会公益性检测和强制性鉴定费用等，全部纳入政府购买服务范畴，为中心运行提供资金。第二，检验检测职能管办分离。中心成立后，仍然保留原单位牌子，行政管理、市场监管、信息发布、不合格产品后处理等职能仍保留在原单位，便于与上级部门对口衔接和行使相关监督执法职能，中心仅为原单位提供技术支持。第三，核定检验检测服务流程。一方面，政府的质检任务采用计划制，由各职能部门在年初向中心提交质检计划，中心根据计划数按月给各部门分配检验检测指标。各职能部门只需每月向中心提交送检样品，就可以拿到检验报告；另一方面，市场主体及社会群众委托的检验检测申请由委托方直接将样品送至中心大厅登记送检，中心检测后为其提供检验报告。

（三）机制创新，中心运行保"活力"

京山市政府通过创新合作共建与人才管培机制保障京山市公共检验检测中心运行。一是牵手校企，创合作共建机制。一方面，对外通过检验检测项目合作主动争取省质检院、武汉市质检院等技术机构的支持，同时与武汉大学质量研究院、华中农业大学等签订合作协议，实现资源共享，解决人才培训、技术攻关的难题；另一方面，与本地上市公司京山轻机深入对接，共建国家级包装机械检验检测中心。二是帮扶员工，行人才管培机制。一方面，通过工作纪实、绩效考核、奖惩挂钩等方式建立技术人才激励机制，激发技术人员的积极性、主动性和创造性；另一方面，建立人才培养机制，有计划地安排人员外出学习培训和邀请专家进门指导。据统计，2016年中心技术部共组织20人次外出学习，并邀请多位行业专家亲临中心指导。

（四）市场引领，职能转移有"动力"

为提升中心竞争力，京山市积极探索检验检测机构的市场化运营模式。一是转企改制，创推市场化运行。市政府计划撤销公共检验检测中心下设的食品药品检验所、农产品检验所、工业产品检验所和计量检定测试所，组建国有独资公司——大洪山检验检测公司，让大洪山检验检测公司作为独立法人自主经营、自负盈亏，实现公共检验检测服务的市场化运作。二是政企共建，打造专业化平台。市政府与京山轻机进行股份制合作，共建国家瓦楞纸品包装机械检验检测中心。通过以设备和资金入股，按出资比例确定股份，由京山轻机进行经营和管理，实行经营自主、盈亏自负，收益按照股份比例分配，实现专业化检验检测服务的市场化运作。

二 提能增效，聚焦服务，精装简政放权"样板间"

（一）能力为先，检测服务水平与日俱增

京山市公共检验检测中心的成立有效提升了县域检验检测能力。一是检验服务效率更高。通过整合设备，中心改变了过去单个设备只承担少量

检验指标而形成的设备利用率不高、大量资产闲置等状况，将通用设备利用率提高 30% 以上，降低了公共资源建设运营成本，提高了检验检测效率。2016 年公共检验检测中心检验检测各类产品 14760 批次，比 2015 年提高 45.5%。二是检验服务项目更多。通过整合 9 大部门的检验检测职能，全市综合检验检测能力得到大幅提升，目前检测项目涵盖 378 类产品、581 个参数，比整合前分别提高 122.5% 和 96%，检验服务范围大大提升。三是检验服务范围更广。目前，京山市公共检验检测中心不仅服务本市，还为周边钟祥、天门、潜江、沙洋等地提供检验检测服务。截至 2017 年，中心为周边县市检验产品 1407 个批次，较整合前，服务辐射范围大大提升。

（二）服务为核，企业社会受惠卓有成效

县域检验检测能力的提升也为企业、社会、群众带来了切实的服务效益。第一，服务免费化，企业享改革红利。京山市政府通过政府购买公共服务的形式，主动承担了商业检验费用，降低了企业的成本。截至 2017 年，中心共计让利企业与社会 11000 万元，其中仅仅为国宝桥米公司就检测大米 460 批次，为其节省检验检测费用 24 万多元。第二，服务一站化，群众收简政实利。集中便捷的服务有效解决了送检对象"无门检、多门检；多头跑、来回跑"的问题，做到了"进一家门、检百样货"，实现了送检对象由"不愿检"到主动"要求检"的转变。京山市盛昌龟业原种场技术员潘卫平说："过去我们销售的时候需要检测，不是找农业局就是水产局，难得找到人，现在好了，找县公共检验检测中心就行了。"第三，服务多元化，社会增公益福利。除了社会委托，中心还承接社会公益检验检测申请。例如，京兰水泥厂及周围群众反映他们的自来水有异味，镇政府就委托中心对厂区旁边的吴岭水库水质进行检验。检验结果表明各项指标均为合格，消除了群众心中的疑惑，为社会稳定做出了贡献。

（三）效率为靶，政府职能转移阪上走丸

京山市政府通过整合公共检验检测部门资源，创新简政放权模式，提升了政府效率，推进了政府职能转移。一是提升了政府效率。通过裁撤整合检验检测机构，建立统一的公共检验检测平台，切实解决了政府重复投入、检测资源浪费的问题，避免了过去政府部门"既当运动员，又当裁判员"的尴尬局面，政府公共服务效率得以显著提升。食监局新市分局局长吴志刚感慨道："过去我们一直想加强监督管理，但技术和设备一直跟不上，有心无力，现在好了，有了公共检验检测中心的技术支持，工作提速，底气十足。"二是推进了政府职能转型。一方面，通过调剂人员解决了过去机构精简后人员难安置的问题，降低了政府职能转型的难度；另一方面，通过政府包办—政事分开—转企改制三步走的方式，逐步推进公共检验检测服务市场化经营，进一步理顺市场与政府的关系，实现了政府职能转移的平稳过渡。

三 克难转型，聚神改革，力创职能转移"示范点"

京山市公共检验检测中心的建设取得了显著成效，这一探索不仅促进了政府行政体制有效变革，也为我国的检验检测服务事业发展探索了新的道路。

（一）有效整合服务资源是提升公共服务水平的有效途径

长期以来政府各职能部门检验检测机构林立，但囿于检验资源分散、专业人才匮乏困境，检验检测资源浪费、效能低下问题突出。京山市政府通过裁撤重组相关检验检测职能部门，集中设备和人才等资源，打造县域公共检验检测中心，推进了政府行政体制改革，有效提升了县域公共检验检测服务水平。因此，职能相关部门的资源整合是提升公共服务供给水平的有效途径。

（二）找准"简政放权"目标定位有利于推进改革

过去政府"放管服"难以推进，主要原因就是过于强调"简政放权"，基于部门利益与地区利益考虑，一方面，地方政府往往采取诸多手段避免权力的削弱，另一方面，对于难管的事情"放权"不管。京山市检验检测机构的改革之所以得以顺利推进，主要是找准了简政放权的目标定位在于提升政府工作效能，一方面政府简政后利用公共检验检测中心吸收原单位部门人员，实现了"简政"不减人；另一方面在削弱政府相关权力的同时，改革加强了政府对于公共服务社会化供给的监管职能，通过明晰机构权责实现了"放权"不减责。京山实践表明，找准"简政放权"目标定位有利于推动简政放权的进程。

（三） 市场化运营是公共检验检测服务的发展方向

一段时期以来，公共检验检测机构主要由政府拨款扶持发展，工作任务长期依赖政府部门的授权，资源分散，人设错位，效能低下。近年来，国家开放检测市场后，原有由政府"供养"的检验检测机构无法面对多元化的市场需求与强有力的市场竞争，势必会被市场淘汰。只有通过改企转制，让公共检验检测机构迈向市场化的道路，利用市场对资源的配置作用，才能让公共检验检测机构重新焕发生机。

"贷"动式扶贫：金融助力打造脱贫"绩优股"

——基于湖北省京山市金融扶贫创新的调查与启示

（执笔人：焦方杨　指导人：余孝东）

习近平总书记在深度贫困地区脱贫攻坚座谈会上指出："要发挥政府投入的主体和主导作用，发挥金融资金的引导和协同作用。"当前，扶贫攻坚已进入啃硬骨头、攻坚拔寨的冲刺期，如何强化政府统合力，发挥金融资本的助推力，是打赢扶贫攻坚战的关键。然而，扶贫资金缺整合、金融参与缺机制、贫困户脱贫缺内力使扶贫战略落地步履维艰。为此，湖北省京山市统筹扶贫资金，完善金融参与机制，携手新型经营主体，以"贷"动式扶贫打造脱贫攻坚"绩优股"。具体而言，通过政策资金一体化统合各类扶贫资金、小额信贷股权化牵引新型经营主体参与扶贫、风险分担协同化嵌入保险扶贫机制，集成整合优势，凝聚扶贫动能，形成了政府发动、贫困户主动、新型农业经营主体带动、金融参与联动的社会化大扶贫格局，为决胜 2020 年脱贫攻坚提供了可借鉴的样本。

一　资金分散，政策悬浮，安常守故难改扶贫"陈调"

长期以来，扶贫投入使用分散、方式单一，整合不够、精度不高，在政府主导主推模式下，社会参与有限，贫困户内生动力不足，扶贫攻坚举步难前。

（一）思维不宽，资金使用难成"一盘棋格局"

分散化、单一型、粗放式的投放办法导致扶贫"雨过地皮湿"。一方面，资金较零散，难以形成"大元气"。京山市扶贫资金基数大、种类多，除了到户民生资金，另有专项扶贫、驻村帮扶、社会捐助等 5 种扶贫资金，分散在 22 个部门，名目繁多，分头使用，效能大打折扣。另一方面，脱贫靠输血，难以形成"内动力"。资金直投模式使部分贫困户养成了"等靠要"的懒汉思维，加之劳力有限、资金不足、技术短板，贫困户脱贫内力不足。

（二）路径不畅，小额信贷难解"一公里难题"

2015 年京山市就开始试点小额信贷，但因配套机制不完善，政策落地迟迟没能打通"最后一公里"。一是贫困农户不愿借钱，难克"人穷志短"惯性。种养业门槛低、上手快，是发展脱贫产业的优选，但技术不成熟、风险抵御能力弱仍是挡在贫困户创业面前的"拦路虎"。罗店镇绿丰家庭农场负责人李清阳谈道："2016 年，部分贫困户贷款发展种养业亏了本，许多贫困户看到这种情况，就不愿贷款搞经营了。"二是涉农银行不敢放贷，惶如"过河之卒"。2016 年，农商行对 388 户贫困户放贷 2477 万元，大部分没有回本。"有些贫困户经营不善亏了本，有的好吃懒做，贷款拿去买手机、摩托车。"人保财险京山分公司张经理尴尬地说，"直接贷给他们就是肉包子打狗，有去无回！"

（三）机制不全，创业风险难破"一人担困境"

京山市农村地区发展种养业较为普遍，但因对自然和市场风险的抵御能力较弱，贫困户对其望而却步。其一，自然条件不稳，经营成败"听天由命"。京山市地处鄂中丘陵地区，雨量充沛但分布不匀，易发旱涝灾害。2016 年 7 月，持续暴雨导致特大洪水，全县共淹死生猪 5 万余头，永隆镇损失严重，许多贫困户搞养殖创收不成，反遭雪上加霜。其二，市场运行波动，交易常遇"谷贱伤农"。2016 年 11 月，京山市部分村镇出现禽流感疫情，引发市场强烈波动，禽类价格大幅下跌，本来贫困户就很弱，培植的扶贫项目又遭市场冲击，许多贫困农户抱怨："扶贫扶贫，越扶越贫！"

二　三资聚合，金融助力，多元主体演绎脱贫"合奏"

为打好扶贫攻坚战，京山市强化三资整合、创新小额信贷入股方式、健全风险分担机制，形成了政府主导、社会协同的大扶贫格局。

（一）三资整合，升级"供给侧"，牵住扶贫"资本牛鼻子"

通过整合三资、创新扶贫资金投放方式，京山市牢牢牵住了扶贫的"资本牛鼻子"。第一，整合政府资金，发展扶贫产业。京山市出台《京山县关于创新建立全县资金整合机制实施精准扶贫的方案》，将扶贫投入高度整合、高效使用。截至 2017 年 6 月底，全市累计整合各级各类扶贫资金 8 亿余元，着力培育公司制企业 127 家，家庭农场 28 个，农民专业合作社 884 个，带动贫困农民 23897 人。第二，用活集体资产，盘活现有"基业"。绿林镇 20 世纪 90 年代开始发展袋料香菇种植，政府相继出资建设了 9 个袋料香菇集中摆放点和 2 个生产车间，但因场地小、设施简陋，不能满足标准化生产的需要。镇政府与永兴食品公司合作，将其租赁给公司改造经营，提取租金收入的 80% 为贫困户分红，既提高了集体资产利用率，又带动了贫困户脱贫。第三，调动农户资源，助力新型农业。对有劳动能力的贫困户，推行"三合一"培训模式、"三改"招聘方式，解决用工和务工难题。引导贫困户将承包土地、林地等集中流转给新型经营主体，将"储能"变为"动能"。钱场镇荆条村 23 户贫困户将 357 亩土地流转至盛老汉家庭农场，保底加分红，每亩一年纯收入可达 2000 元。第四，折股量化三资，推动脱贫事业。京山市探索资金量化折股、资源入股分红，推进"资金变股金、资源变股权、农民变股民"改革。2017 年全市整合涉农财政资金和扶贫贷款 6000 万元，入股到 59 家农业新型经营主体，带动了 1660 多户贫困户，直接分红 800 多万元。

（二）信贷入股，满足"需求端"，疏通收入"快速四车道"

京山市政府设立 2000 万元小额贷款风险补偿金，市农商行按不低于风险补偿金总量 1∶10 的比例放大贷款 2 亿元，形成"10 万元以内、3 年期限、无担保、免抵押、全贴息"的小额扶贫贷款，并通过"分贷合用统还"的方式，探索小额贷款股权化改革，为贫困户增收打通四条通道。一是保底分红，稳定贫困户保障性收入。引导贫困户将贷款投给有基础、有优势、有潜力、有前景的新型经营主体，由其还本付息，贫困户获得贷款额 6%的保底分红。罗店镇绿丰家庭农场与镇政府签订协议，吸收 20 户贫困户小额信贷，一户贷款 10 万元，每年每户保底分红 6000 元。二是就近就业，增加贫困户工资性收入。通过推动就近就业，让贫困户"劳力转移"，获得工资收入。2017 年上半年，全市有 2425 名贫困农民实现本土就业。钱场镇荆条村单是盛老汉家庭农场就与 20 个贫困户签订了长期用工协议。三是定额回收，保障贫困户经营性收入。绿林镇集中全镇 328 户贫困户小额扶贫贷款 3000 万元，投入永兴食品公司，公司为有劳动能力的贫困户提供种植菌棒，并签订购销合同，以市场价上浮 10%的保底价回收产品，农户获得收入后再返还菌棒成本。四是鼓励创业，拓展贫困户创业性收入。小额贷款为贫困户创业"贷"来资金，"贷"来自信。永兴镇丰泉村一贫困户，丈夫因工伤高位截瘫，妻子为索赔上访十年。在政府引导下，妻子借助小额扶贫贷款养鸡创业，第一年就回本获利。县（市）扶贫办石攀主任说："创业脱了贫，她不仅不上访了，反而很感激政府。"截至 2017 年 6 月，京山市共为 735 户贫困户发放小额扶贫贷款 5747 万元，带动创业贫困户 310 户。

（三）保险兜底，打出"关键招"，形成创业"安全保护翼"

为更好落实金融机构参与扶贫，打消贫困户对贷款创业风险的顾虑，京山市通过政府基金拉动、财政贴息助力，集结各方资源和优势，形成了风险分担的有效机制。首先，四笔细账，算出风险管理"科学分析式"。市政府与人保财险京山支公司精准测算政府投资、群众受益、保险机构运营、承贷银行收益四笔账，奠定了风险分担机制的科学基础。其次，三种保险，求得风险保障"分类答题法"。京山市政府与人保财险签订协议，为贷款贫困户提供人身、家庭财产、扶贫产业三项保险，参保费每户 200 元，保额 20 万元。2017 年至今，全市投保贫困户 14942 户，总保费达 287.36 万元。最后，四方分担，解决风险承担"多元求解题"。对贫困户因自然灾害、意外事故或市场因素造成的损失，担保公司负担 50%，政府风险补偿金负担 20%，银行负担 20%，人保财险负担 10%，以此确保风险发生时贫困户收入不减少、公司利益不损失、银行贷款不落空、扶贫效果不受挫。

（四）多方协同，组成"合力拳"，凝聚脱贫"命运共同体"

创新"政府+金融机构+新型经营主体+贫困户"的协同式扶贫模式，实现由政府单方发力到多主体共同推动扶贫的转变。其一，政府"提出策略"，做好扶贫总指挥。京山市政府把握扶贫工作大局，明确中心任务，绘蓝图、定路径、建机制，优化扶贫资金整合及使用方式，积极有为地调动各方资源、各类主体参与到扶贫攻坚中来，凝聚了扶贫合力。其二，金融"选好支点"，发挥政策杠杆力。农商行与诚信担保公司、人保财险京山分公司有效合作，筑牢了放大政府扶贫资金的"支点"，理顺了金融扶贫机制。其三，产业"把握航向"，扩大辐射带动面。新型农业经营主体吸收小额信贷资金、利用产业扶贫政策，以其清晰的市场判断、成熟的经营策略、高效的产业链条，以点带面，发挥了强有力的带动作用。其四，农户"撸起袖子"，激活脱贫主动性。通过小额信贷和保险保障，政府鼓励一批贫困户自主创业，引导一批贫困户加入新型农业经营主体，激发了贫困户的主动性，脱贫道路越拓越宽，越走越实。

三　政府统合，社会推动，同担共建谱写扶贫"新曲"

京山市将政策资金化零为整、将金融资本乘数放大、将风险溶解分散、将三资折股量化，化解了扶贫难题，扫除了脱贫障碍，谱写了政府主导、金融参与、同担共建的京山扶贫"新曲"。

（一）整合政策性资金是发挥扶贫聚合力的必要前提

在扶贫攻坚过程中，政策资金使用分散化、碎片化，一方面使有限的投入不能充分发挥应有效用，另一方面也难以将金融资本聚合到扶贫中来。对此，京山市出台扶贫资金整合方案，将各类扶贫资金整合起来"共办一桌席"，通过政府增信带动，"四两拨千斤"，充分发挥了扶贫资金的撬动作用，扩大了金融资本参与扶贫的广度、深度、力度，解决了政府单一主导模式下资金捉襟见肘、投入左支右绌的困局，提升了政府引力，凝聚了扶贫合力，激活了脱贫动力。

（二）折股量化资本参与市场经营是精准扶贫的有效途径

习近平总书记指出，"扶贫开发推进到今天这样的程度，贵在精准，重在精准，成败之举在于精准"。但以何种手段实现扶贫的精准化，需要不断进行实践探索。京山市一方面通过三资量化折股，确保了股权到村到户到人，另一方面创新小额信贷股权化改革，将扶贫贷款入股到新型农业经营主体，使有经营能力的贫困户获得经营性收入，有劳动能力的贫困户获得工资性收入，无劳动能力的贫困户获得保底分红。通过折股量化资本这一有效手段，为贫困户"雪中送炭"，让扶贫落地落实，让脱贫有精度更有温度。

（三）金融资本参与是构筑社会化大扶贫格局的关键一环

习近平总书记在中央扶贫开发工作会议中强调："要做好金融扶贫这篇文章。"在扶贫进入攻坚拔寨冲刺期的新形势下，如何调动金融资本参与，是扶贫再上台阶的重要突破口。京山市通过设置风险补偿金，利用乘数放大效应，打通关键环节，撬动金融资本，注入"源头活水"，为推动产业驱动型的"造血"式扶贫奠定了基础，为构筑社会化大扶贫格局找到了关键落点。

（四）健全风险分散机制是金融扶贫可持续发展的重要保障

金融扶贫是拓展扶贫投入的重要渠道，是脱贫攻坚的关键举措。然而，风险分担机制的缺乏严重制约了金融资本的参与度和发展的可持续性。京山市联合农商银行、担保公司与保险机构，健全风险分担的长效机制，不仅调动了农户的创业主动性，也调动了银行参与扶贫以及新型农业经营主体带动脱贫的积极性，保障了金融扶贫的全面落实和持续发展。

归口统合：社会救助何以
实现"聚"变？

——基于湖北省京山市社会救助改革的调查与启示

（执笔人：郭鹏　指导人：余孝东）

《社会救助暂行办法》明确提出，要"建立健全政府领导、民政部门牵头、有关部门配合、社会力量参与的社会救助工作协调机制"。长期以来，制度碎片化、救助分散化、渠道不规范、衔接不紧密、对象不精准等一系列问题导致社会救助"最后一公里"迟迟未能打通，救助成效大打折扣。对此，湖北省京山市以社会救助"一门受理、协同办理"机制改革为契机，探索建立了"上下一条线，横纵连成面"的"大救助"格局。即以精准救助为导向、以重塑主体为抓手、以整合资源为重点、以大数据为牵引，打造归口统合的集成救助体系，促进救助服务一体化、救助程序规范化、救助平台信息化，以此织密织牢社会救助托底保障网，维护好"底线民生"，增进社会和谐稳定。

一　化繁为简，关口前移，汇聚社会救助"新合力"

近年来，由于社会救助统筹协调乏力、资源利用分散等，救助效能事倍功半。京山市通过"一门式"救助，更新"硬件"、配齐"软件"，使社会救助相互衔接，凝聚"新合力"，提高了救助成效。

（一）通边连界，合能共治，实现救助资源"大整合"

京山市"打捆"救助资源，一改过去"千条线""百家门"的救助方式，把零散的资源拧成"一股绳"。首先，确主体塑一门，强整合之"基"。组建市、镇两级"一门受理、协同办理"综合救助服务中心，统筹协调15个涉助部门，引入社会力量，形成8+1的救助服务体系，统一承办、转送、转介困难群众的救助申请。其次，优协调促沟通，固整合之"本"。建立由政府领导、多部门参与的联席会议制度，及时沟通交流工作情况，集中协调处理各类"疑难杂症"。同时，各相关单位和行政村建立联络员制度，由专人负责受理或转办工作，确保事有人管、责有人负。最后，强考评严追责，稳整合之"效"。京山市推行社会救助通报机制，定期向相关部门通报救助事项办理情况，对责任不落实的单位或个人严肃追责。同时，将救助工作纳入相关部门年度综合考评范围，层层传导压力，级级夯实责任。

（二）横纵贯通，条线互动，推进救助体系"大联动"

京山市形成了"上下合力、协同发力、层层分解、环环相衔"整体联动的救助网络。一方面，纵向受理，三级主体理出"活力"。京山市组建了以市救助中心为中枢、乡镇救助窗口为纽带、村级代办窗口为基础的三级主体受理平台。能在本级办理就直接办理；不能办理，则根据实际情况在三级之间转送。2015~2016年，三级主体累计受理困难群众求助6080件。另一方面，横向转递，多重部门递出"合力"。市镇两级服务中心作为中转平台，充分发挥归集、分流作用。求助人提出申请后，对于本级救助部门可以解决的问题，确定救助项目办理归属，及时横向转办、分办给同级相关部门。京山市民政局局长邱承凯说："中心将受理的所有救助分类登记，根据救助类别横向转给教育局、人社局、卫计局等不同涉助部门。"

（三）互链互享，智慧驱动，构筑救助信息"大数据"

京山市"一门式"建立了跨部门、跨层级、跨区域的救助信息共享机制，找到政府救助和群众求助的最大"公约数"，为救助决策科学化提供数据支撑。其一，电子化申报，信息平台当好"跑腿店小二"。京山市救助服务中心按照便民利民、快捷高效的原则，借助社会救助服务系统实现了申报流程电子化，克服了纸质材料传递周期长、信息整合难的缺陷，救助效率大幅度提高，让求助者"最多跑一次"。受助群众普遍反映"走路少了，事办好了"。其二，精准化比对，多网系统集成"信息百事通"。通过加强县域层面的信息互联互通，京山市搭建了居民家庭收入和家庭经济状况信息平台，以信息比对为政府科学施救提供立体化数据，精准认定求助对象，端平救助"一碗水"。其三，持续化跟进，动态数据扮演"智能跟踪器"。信息平台对已享受救助的对象进行动态管理，及时跟踪以获得受助者真实、有效、全面的信息，做到对救助对象应救"继"救，应退则退，确保有进有出，补助水平有升有降。

二 化零为整，聚能提效，凸显一门办理"新成效"

一门办理破解了"九龙治水"下重复救助、多头救助的制度漏洞，提高了政府救助效能，让群众多一分幸福感，干部多一分成就感。同时，引入社会力量参与救助，使社会救助的兜底保障功能更加坚实。

（一）同心协力，推倒部门墙，能简尽简开对"药方子"

"一门受理"简化了社会救助办理流程，打通了求助群众与救助部门之间的方便之门。第一，扫进门难盲点，化"找门之难"，盲点变亮点。扫除困难群众救助诉求的盲区，提供统一受理的载体平台，化解了救助"供需不对接"的窘境。民政局邱局长表示："遇到困难，群众容易出现不知道向谁申请救助，如何获取救助的问题。我们就把资源整合起来，给老百姓一个窗口统一答复。"第二，除办事难痛点，免"求助之虞"，痛点变拐点。改革"各行其事"的救助方式，使求助者进一扇门可申请多项跨领域救助，免去他们多次跑、多头跑之痛，使他们最大限度地获取便利。群众如有生活、医疗、住房等多重求助需求，只需到"一门式"服务窗口，就能获得政策范围内的多项救助。据分析，"一门受理"自 2015 年实施以来，累计让办事群众少跑了 2 万多个窗口。第三，破救急难弱点，解"燃眉之需"，弱点变重点。各类救助制度通过部门整合充分发挥协同作用，对于困难群众急难型问题，实现了主动发现、快速响应、及时救助。此外，京山市推进了审批权下沉，1100 元以下额度的临时救助项目在乡镇即可办理，确保了救助审批提速增效。

（二）精准发力，做好加减法，能办尽办解好"综合题"

部门整合增进了各项社会救助制度的有效衔接，提高了制度可及性和精准性，实现了社会救助横向到边、纵向到底。首先，政策用准，"随意保"变"制度保"。京山市以"一门式"办理改革为契机，理顺各项制度规范，将"人情保""搭车保"等不符合条件的人员及时清退出救助范围，划出"硬杠杠"推动救助政策"真落地"。其次，资源用足，"碎片式"变"整合式"。京山市通过提供更具针对性的"打包式"救助服务，实现了救助方式由"各自为战"向"协同作战"转变。京山市新市镇鄢河二组村民桂小涛因儿子患重病负债累累，申报社会救助后，不仅获得了医疗救助，还得到了学费减免、住房补贴等多项救助，困难程度大大降低。最后，施救用力，"拖延办"变"限时办"。涉助单位采取即时救助与限时办理相结合的方式，明确规定收到转办单的单位七个工作日之内必须答复受助者，并在规定时间内限时办结，确保困难群众"有求必有应、有应必按时"。2015～2016 年，京山市社会救助系统所有求助事项按期办结率达 98.75%。

（三）凝心聚力，织牢兜底网，能助尽助打好"合力牌"

京山市的社会救助从政府部门"唱独角戏"转向社会力量"开群英会"，通过政社"联姻"，画出了政府主导和社会参与的救助"同心圆"。一方面，当好"掌舵者"，政府兜底线。"一门受理"整合政府救助资源，优化部门施救模式，提升政府救助能力，增强了政府托底的"内生力"。2015～2016 年，京山市累计发放救助资金 1100 多万元，惠及群众 1.35 万人次。另一方面，引入"摆渡人"，社会共参与。救助中心发动慈善总会、义工联等社会力量实施定向援助，充分发挥其提供多样性、专业化帮扶服务的优势。如温泉新区舒家台村村民孙泽旭，一家 6 口人中 4 人均有残障问题，享受多项救助仍不足以解决问题，通过救助中心牵线搭桥，京山市义工联为其提供稳定帮扶，有效化解了在政策范围内政府尽力但仍难满足所需的现实尴尬局面。

三 化散为合，联动共治，开启救助格局"新思考"

京山市通过"一门式"救助改革实现了社会救助协同化、制度化、规范化，把政策"投放量"转化成救助"含金量"，为社会救助更好发挥兜底保障功能提供了有益参考。

（一）资源整合是打通社会救助"最后一公里"的基础和前提

随着社会保障制度的日益完善，社会救助分类越来越细、覆盖面越来越宽、受惠人群越来越多，救助体系自上而下"碎片化"现象愈加严重，由此导致救助政策"难落地"、困难群众"易漏网"。为此，京山市有效整合全市社会救助资源，建立上下联动、部门协调、政策衔接、数据共享、运转高效的救助机制，使救助资源形成合力，充分释放政策、资源最大效力，搬走了社会救助"最后一公里"上的"拦路石"。

（二）完善的考评机制是社会救助改革落地的必要条件

长期以来，监管机制不完善导致的救助对象认定缺精准、审批流程缺规范、工作责任缺落实等问题并不鲜见，如低保领域错保、漏保、骗保等现象时有发生。对此，京山市健全社会救助监督检查长效机制，强化对救助工作各个节点的监管力度，对社会救助领域重点事项督查督办，定期公示和通报各类社会救助办理情况。建立社会救助工作考核奖惩机制，形成决策科学、管理规范、监管有力、实施公平的社会救助模式，切实确保救助政策"落地稳、落地实"。

（三）大数据牵引是助推社会救助精准化的有效手段

各涉助部门长期处于数据割据的信息孤岛，部门间甚至部门内数据系统闭塞难通，由此导致对救助对象底数不清、情况不明、针对性不强，救助决策缺乏有效数据支撑，在粗略推算的决策方式下，自由裁量权容易被滥用，诸多问题掣肘精准化救助。为此，京山市顺势而为、应势而动，建立"互联网+民政"的救助服务体系，"用数据说话、用数据决策、用数据跑路、用数据救助"，进一步提高救助决策的科学性和准确率，有效实现社会救助管理的有效性和透明度，找到了精准救助的"源代码"。

（四） 第三方参与是延伸社会救助网络的重要方式

我国社会救助量大面宽、点多线长，政府之手难以伸向每一个角落。因此，引入社会力量、延伸救助网络是进一步完善社会救助体系、拓展社会救助渠道的有效途径。《社会救助暂行办法》指出，社会救助管理部门及相关机构应当建立社会力量参与社会救助的机制和渠道。京山市在实践中，进一步探索了救助社会化，对政府托底救助后仍有后续困难的家庭，协调社会组织补充兜底，有效补齐政府救助力量不足的短板，充分发挥政府和社会两方面的资源优势，形成了社会力量与政府救助衔接互补的多元救助格局。

小单元自治：湾落"小戏台"
上演共治"新剧目"

——基于湖北省京山市"湾长理事制"的调查与启示
（执笔人：罗士桢　指导人：陈涛　帅劲节）

《关于加强和完善城乡社区治理的意见》指出，要"促进城乡社区治理体系和治理能力现代化"。湖北省京山市地处鄂中丘陵至江汉平原过渡地带，农村社会治理受行政村域大、自然湾落多、农户分布散的制约，常陷入"村事难管、湾事难理、邻事难调"的三难困境，基层治理亟须寻找新的治理单元与主体。近年来，该市充分挖掘"自然湾"规模适度便组织、传统延续易凝聚、利益相连好协同的优势，探索出了一条"湾落自治"的新路子：通过明晰村庄、湾落、家庭三级自治单元，连接不同治理主体，形成了以"党政为引、湾长为体、农户为本"的三级治理体系。村两委通过思想、组织、服务引领，把准了自治方向；湾长通过上下连接，整合了治理资源；农户通过参与村事、湾事和邻事，激活了治理动能。这些措施理顺了农村自治体系，强化了农民自治能力，确保了自治实践能做实落地、深入持久。

一　找准自治单元，理顺治理结构，为湾落自治"搭戏台"

围于自治单元的限制，长久以来，以行政村为治理单元的村民自治难以有效落地，以小家庭为服务对象的公共服务难以有效供给。京山市发挥自然湾内在治理优势，找回了湾落自治单元，理顺了基层治理结构，以此推进了自治落地。

（一）行政村自治悬空，单元调整有政策

行政村规模大、行政任务重，导致村庄治理难以到位、服务难以落实，为此需要对治理单元进行调整。一方面，管辖面积大，无力自治。建制村多因范围太大，所辖人口过多，村干部无力实施有效管理，自治单元亟须下沉。如新市镇四岭村全村行政面积 7.35 平方公里，辖 13 个自然湾，共 632 户 2496 人，且群众居住相对分散，五个村干部平均每人管理 2.6 个湾落、近 500 人。村支书李慧军说："我有空就下湾，2016 年才只走访了近一半农户。"另一方面，行政任务重，无暇自治。大量的上级行政任务需村委会加以落实，因此建制村被习惯称为"行政村"，在更多情况下还是根据"有利于经济发展和社会管理的原则设立"。过重的行政任务导致村委会"行政化"，村民自治活动难以有效开展。

（二）家户间自治孱弱，单元归位有需求

家庭自我功能有限，为化解日常困难与风险，需要寻求湾落互助。一方面，小农常遇发展困境，生产生活需帮扶。单个家庭能力有限，生产劳动需要湾落邻里间换工互助，红白喜事更需要湾落邻里的帮忙。另一方面，农户缺少外部服务，公共事务寻联合。单个家庭生产资料有限，涉及筑桥修路等公共事业时，需要湾落群众联合组织实施，或寻求更大范围外部力量的联合推动。诸如，操办红白喜事需要湾落邻里的帮忙，开展水、电、路、网、气等基础设施建设等，都需要寻求高于家庭之上的集体力量。

（三）自然湾自治天成，单元设置有条件

京山市多"自然湾"，相对于行政村而言，在自然湾开展自治活动具有得天独厚的优势。一是规模适度，便于组织。自然湾规模适中，农户数量在 10~30 户，在该范围内能更便捷地协调村民。如新市镇高岭村道士湾有 19 户农户，邻里之间距离很近，"10 分钟生活圈"让集体议事成为可能。二是传统延续，易于凝聚。自然湾常以本地大姓命名，如曾湾、田家

湾等，村民在生活习惯、文化习俗上趋同，湾落文化习惯同质性较高。四岭村新湾村民孙义振说："大家都是一个湾的人，风俗相同，操办红白喜事大伙都会来帮忙。"三是利益牵连，利于协同。同湾的村民在抵御自然风险、开展生产互助等方面有着合作的需要，利益联系也更为紧密。在2016年7月，高岭村大刘湾发洪水，大家的利益都受到损失，需要组织起来一起去救灾，村民施其付说道："我们几户人的池塘都是连在一起的，洪水来时所有人的池塘都被淹了，单靠我们自己一家救不了，所以大家就想法子一起去抗灾。"

二 激活治理主体，强化治理能力，促多元主体"齐亮相"

京山市积极探索"湾长治理"模式，在村两委的引领下，通过湾长理事连接治理主体，整合治理资源，吸引村民参与，增强了自治能力，实现了湾事共治。

（一）党建领导，把准治理方向，赋自治以"引力"

村民自治的充分落实离不开党的有效领导，湾落自治的发展同样也离不开党建工作的引领。一是村两委统领，"旗手"掌政策。村两委以政策为抓手，对党员和群众在思想、组织和服务等方面进行引领。如京山市各村村两委定期召开党员扩大会议，组织党员、湾长学习党的思想和最新政策，让其能准确地把握政策方向。二是党小组落实，"助手"来组织。党小组负责具体执行党支部工作，组织基层党员学习党的理论路线，落实党的决议政策。如新市镇东关社区以原村民小组为党建单位，在村党支部下面设了12个党小组，各党小组定期召开党员会议，学习党的精神，落实党的政策。三是老党员协调，"先锋"展模范。老党员往往"群众威望高、政策水平高、工作热情高"，当地充分发挥湾内党员模范带头组织湾落公益事业、协调村落集体事务的积极性，带动村民积极参与，并协助湾长处理事务。如高岭村道士湾有两家人因土地边界问题发生纠纷，湾长调解无效，最后由老书记孙延富出面劝说，顺利化解了矛盾。

（二）湾长理事，整合治理资源，赋自治以"合力"

湾长是湾落自治的"中坚力量"。湾长肩负多重身份，可整合治理资源，形成湾落自治合力。一是村开"碰头会"，湾长当好"助理员"。京山市各村于每月5日以党员扩大会为契机，在村庄召开"碰头会"。"碰头会"不仅有党员出席，更有湾长参与其中，湾长代表本湾村民反映民情民意，参与村务，并协助村干部做好政策的传达工作。如高岭村前曹湾的湾长李春兵，逐户宣传"秸秆焚烧"的相关政策，使该湾"没点一把火，没冒一处烟"。二是湾有"湾落会"，湾长当好"领头雁"。湾长负责牵头组织在各自然湾召开的"湾落会"。"湾落会"由湾长牵头组织，本湾落农户代表参与讨论，主要是处理本湾公共设施建设、维护等群众普遍关心的问题。如四岭村曾湾51岁的张家刚湾长，在湾落公共事务中经常起带头作用，人缘好、威望高，截至2017年他已当了18年的湾长。三是家设"邻户会"，湾长充当"和事佬"。湾长常通过参与相邻农户间的"邻户会"，凭借自身在老百姓心中的威望，有效解决邻里纠纷，确保"矛盾不出湾"。如高岭村孙堰湾两户人家因上下水田过水问题发生纠纷，湾长胡辉元及时召开"邻户会"，劝说双方让步，使矛盾得以迅速化解。

（三）农户参与，激活治理动能，赋自治以"内力"

激发村民自主参与是村民自治得以长效的关键。一是村事"代议"，村民自主参与有途径。由于农户距离村委会较远，村民常通过向湾长反映意见，再由湾长向村委会代为传达，实现村民对村庄事务的有效参与。如高岭村汪家湾距离村部有2.5公里，村民给湾长提议建设文娱设施，湾长在村碰头会上提出，最后修建了5000多平方米的文化广场。二是湾事"共商"，村民自主管理有能力。村民还通过共商事务、共筹资源，实行事务联管，提升了自我管理能力。高岭村在修建13条通湾水泥路时，湾长组织协调，村民积极投劳2000多个工，最后将公路修通。三是邻事"互帮"，村民自主服务有形式。京山市在实行湾长理事制的过程中，注重提升村民在日常生产、村湾公益及救助等方面的自我服务能力。如高岭村成立了湾内生产互助组6个，结成小康户与贫困户帮扶对子22个，并成立了村湾托儿所，有效解决了单个家庭"生产劳力不足、老人无人照看"等问题。

三 调试治理规则，探寻治理规律，助基层治理"演出彩"

京山市通过找回湾落自治单元，激活湾落治理主体，构筑了"党政为引、湾长为体、农户为本"的三级自治体系，实现了协商共治，确保了自治落地、做实和持久，为创新基层治理提供了有益启示。

（一）激活自治有效参与需匹配合理的自治单元

合理的自治单元是村民自治得以落地、做实和持续的基础。长期以来，以行政村为单元的村民自治，因治理范围太大，难以实现村民的有效参与。同样地，以单个家庭为单元进行自我管理，难以实现资源的有效聚集和服务的有效供给。由此，找到介于村庄与家庭之间规模适度的治理单元显得极为重要。京山市发挥"自然湾"地域相近、传统延续、利益相关的治理优势，在村庄与家庭之间，落实湾落自治单元，有效连接起村两委、湾长、农户等多方主体，激活了各自的参与内能，实现了多单元协同共治。

（二）湾落自治须与党政引领互融共生

2017 年的中央一号文件指出，要"完善村党组织领导的村民自治有效实现形式"。创新村民自治实现形式，并非要推翻现行的村组管理体制和运行机制，也不是要撇开村两委搞"独立"，而是要坚持在村两委特别是党组织的领导下，通过找准自治单元，激活自治主体，增强自治功能，推进党政引领与湾落自治的融合共生。京山市在推行湾落自治过程中，同时优化了村党支部、党小组和党员三级党建体系，强化了党在基层的思想、组织和服务引领功能，既有效实现了党的领导，又把准了自治方向。

（三）湾长是连接村组与家户的有效治理主体

优化基层治理体系，提升基层治理能力，都需要关键性治理主体的承载。京山市在自然湾以公推直选的方式产生湾长，吸纳新的自治主体，实现了原有自治体系的调适优化。湾长向上连接村干部、向下对接个体家庭，通过上下信息沟通，有效整合了村、湾、家三级治理资源，提升了湾长理事的治理能力。尤其是湾长在引导村民开展文明创建、服务联动、治安联建等工作过程中，有效促进了村民自主参与、自主管理和自主服务，为长效自治注入了动力。

（四）促进湾落自治长效发展需建立配套保障机制

京山市的各湾落湾长由各自然湾村民推举产生，他们并非村委会的正式干部，作为"义务性力量"，没有工资报酬，缺乏相应的福利保障，长此以往势必影响其工作积极性。为了维持湾长理事制的长效运行，不仅需要给予其一定的精神奖励或物质奖励，还需建立起完善的配套保障机制。诸如，村庄抽水员、网格员、信访代理员等有一定报酬的职务，可以优先考虑由湾长来兼任。在有条件的村庄，可以利用村庄、湾落的集体收入，或整合多方社会资源，为湾长提供固定的服务代理补贴，以促进湾落自治的长效发展。

信访代理：助民情"直通车"
驶入信访"快车道"

——基于湖北省京山市"信访代理制"的调查与思考

（执笔人：彭茜　指导人：陈涛　帅劲节）

习近平总书记指出："基层既是群众信访的源头，又是解决信访反映问题的关键。"然而，"上访无序、接访被动、受访拖延"等问题一直是基层群众信访路上的"绊脚石"。为此，湖北省京山市以"信访代理制"作为落实信访服务的切入口，构筑了立体化的信访服务体系，即以湾、村、镇、市梯级代理为主干，以部门协作横向代理为支架，以多招实策综合代理为脉络。通过整合代理资源，为信访效率做加法；设置代理梯度，为政府压力做减法；创新代理方法，为基层矛盾做除法；优化代理服务，为治理绩效做乘法。借此打通了群众心墙，表明了政府心意，连通了干群心桥，建立了高效、规范、有序的信访新秩序，创造了信访代理的"京山模式"。

一　"代"来效率，"理"出质量，疏通信访"快车道"

京山市为了解决群众盲目上访、无序上访、多头上访的难题，全面革新信访代理体系，通过纵向联动、横向协调、综合施策等代理手段畅通了民意表达渠道。

（一）梯级代理，纵向联动，畅通上下间"干道"

京山市实行湾、村、镇三级代理，根据信访事项的难易程度进行梯级代理。首先，湾内"信息员"调小事。京山市把8106名湾长选为代理信息员，让人头熟、信息灵、情况清的"五老"成员协助办理，将基层矛盾化解在萌芽状态。如新市镇高岭村的两户人家因引水灌溉产生了口角争执，湾长得知此事后立即着手调解，避免了矛盾的恶化。其次，村中"代理室"议大事。京山市建立了386个村信访代理工作室，负责处理乱拆乱建、打架斗殴等湾长处理不了的大矛盾。对于此类矛盾，京山市先由网格员或包组村干部进行"第一次代理"，若解决未果，再由村支书组织调解委员会成员进行"第二次代理"，通过两次调解将大事化小、小事化了。最后，镇上"工作站"理难事。京山市共建立了16个镇级信访代理工作站，负责处理涉及政策、法律或诉讼等村里解决不了的疑难事项。若镇级解决未果，最后再上交至市信访代理服务中心。如2017年新市镇高潮村禁养区的养殖场搬迁难题，村、镇都未处理妥当，最后在市一级得以解决。

（二）一门代理，横向协调，打通部门间"隧道"

化解信访难题往往需要政府各部门通力配合。对此，京山市以打通部门间的职能壁垒为着力点，通过部门横向协同助力信访工作落实。首先，涉多领域诉求，各部明责化解。各部门依据职责分管各类案件，如四岭村信访代理室的5个人职责明确，代理室主任李慧军负责全面协调信访案件，代理员张家华、谢守艳、刘国平、王哲则分别负责代理财务、扶贫、环保、民生等事项。其次，逢广交叉事项，多部协同调处。当多个信访事项交叉在一起，单靠接访部门无法解决时，就需要涉访的各部门来协调处理。如2017年3月，原京山县副县长钱先斌亲自协调县住建局、卫计局、人社局等部门，为四岭村的邓登才解决了建房、医疗、社保等诉求。最后，遇跨职能案件，众部会商联办。当一件信访事项牵扯到多职能领域时，当地采取由主体责任单位牵头，相关部门集中会商的形式解决。如2017年5月，由县分管领导牵头，司法局、镇政府等部门集中会商处理，解决了新市城区东门南路棚户区改造项目的遗留问题。

（三）多招代理，综合施策，连通干群间"绿道"

京山市前移接访关口，实行分类代理，并借助网格化管理信息平台全程追踪信访流程。其一，源头分流，涉法、涉诉、涉访早分离。信访代理员根据案件性质，将涉法事项交由本村法律顾问全权代理，涉诉事项交由司法机关立案处理，纯粹信访事项便由代理员处理。如石龙镇义和村水渠纠纷涉及法律问题，通过咨询律师得到了解决。其二，差别处理，直办、代办、领办共协调。信访代理员本着"为民省心，让民放心"的原则，能当面解决的事项就直接办理，能代办的绝不要群众自己动腿，群众实在不放心的就领着他们去办理。如高岭村三组发生过水纠纷，代理员李春兵直接召开湾内户主会，当面解决了问题。其三，全程督促，受理、办结、回访可追踪。京山市依托网格化管理系统，建立了信访代理信息化工作平台，使信访受理、交办、督办和反馈的整个流程可跟踪。新市镇东关社区党支书万成对此说："事情处理到什么阶段，我们一目了然，并及时反馈给信访人，他也就更放心了。"

二 "代"来互惠，"理"出合力，升级民情"直通车"

京山市认真落实信访代理制，积极转变了信访代理方式，有效维护了群众合法权益，着力打造了服务型政府。

（一）转变代理方式，把准信访工作"方向盘"

信访代理制的创新让信访工作步入了有序轨道。首先，为信访主体注入了"安定剂"，上访无序变有序。京山市将信访工作窗口延伸至群众家门口，使信访人更加理性，从过去的"上北京找总理"变为现在的"家门口找代理"。自实行信访代理制以来，高岭村已经连续3年未出现越级上访、多头上访的问题。其次，为接访干部输入了"强心剂"，接访被动变主动。京山市通过推行信访代理，使干部变被动应付为主动代理，提高了他们提供信访服务的积极性。如新市镇信访代理工作站的代理员徐迎春，在得知八字门村一农户生活困难后，主动帮其申请补助，解决了该农户的基本生活问题。再次，为政府部门溶入了"黏合剂"，受访独办变联办。市联动矛盾化解机制的建立，使信访事项由主体责任部门一家独办，变为涉访部门集中联办，提高了办事效率。如京山市环卫局协同永兴镇派出所和盘堰村村委会，迅速解决了该村的企业排污纠纷。

（二）优化便民服务，上稳群众权益的"保险杠"

京山市通过推行信访代理，维护了群众的合法诉求，让民意少走了弯路。一是擦除了"心上灰"，心理疏导更贴心。信访代理员主动对群众嘘寒问暖，及时为群众解开心结。新市镇信访代理接待站，就以"接访是交心，大事小事都能说；上访是会友，有事无事欢迎来"为工作理念，以心理辅导让信访矛盾迎刃而解。二是扫清了"拦路石"，利益表达更畅通。信访代理服务的优化，让群众的话有人听，群众的事有人办，群众的心有人操。高岭村村民们说："以前我们磨破了嘴也找不到人，现在只要动动嘴，干部就主动替我们跑腿。"三是修缮了"回音壁"，诉求回应更及时。信访代理制的落实，完善了群众诉求回应机制。如村干部实行坐班制，随时处于工作状态，第一时间给予群众反馈，确保桩桩有人管，件件有着落，事事有回音。

（三）提升治理效能，充当政府增效的"加速器"

信访代理制的落实助推了政府治理提速增效。其一，用好了信息"互联网"，治理技术更高效。京山市建立了横向到边、纵向到底、无缝对接的"信访代理+网格管理"服务体系，既节约了信访成本，还提高了信访效率。2017 年初至今，全市信访结案率高达 90%。其二，砌好了矛盾"防火墙"，治理效能更强大。运用源头分流、差别处理、全程督促等多种代理方式，实现了源头治理、综合管理、全程代理，提升了政府治理能力，有效解决了信访问题。2017 年上半年，群众对政府信访工作的满意度高达 97%。其三，建好了信访"缓冲带"，治理体系更完备。通过湾、村、镇、市梯级代理，设置了代理梯度，让矛盾能够逐级消解，避免了群众直接与政府发生冲突，有效缓解了政府的接访压力。截至目前，全市由湾长参与的纠纷调处达 2 万余件，调处成功率高达 97.10%，将 80% 的矛盾直接化解在湾落里。

三 "代"来启示，"理"出规律，跑出治理"高速度"

京山市紧紧围绕"信访为民，代理便民"的宗旨，通过创新信访代理方式，构筑了立体化信访代理工作体系，提升了社会治理水平，创造了信访代理的"京山模式"。

（一）主动为民服务是信访代理工作的原旨理念

信访为民是信访工作的核心理念。只有积极转变政府工作思维，改变接访态度，创新信访方法，变"拦卡堵截"为主动疏导，变事后弥缺为源头治理，变部门独办为联合接访，才能真正凸显信访代理员的"代理"作用，发挥信访代理的制度优势。京山市通过完善利益表达机制、心理疏导机制、矛盾调处机制，实现了"群众动嘴，干部动腿"，打通了信访服务的"最后一公里"，筑牢了化解矛盾的"第一道防线"，真正落实了信访为民的服务理念。

（二）立体治理体系是落实信访治理的架构支撑

京山市通过构筑全方位、多层次、立体化的信访代理工作体系，充分发动"五老"等民间草根力量实现自我代理、自行调解，实现了"小事不出湾，大事不出村，矛盾不上交"。这一立体化的治理体系，既是落实信访代理工作的架构支撑，也为政府治理夯实了治理基础、疏通了治理渠道、构造了治理网络。构筑这一立体化代理体系，达到了为政府"减负"，为干部"减压"，为群众"减困"的多重效果。

（三）现代治理技术可为信访代理补齐"短板"

只有将现代治理技术与传统治理手段相结合，才能让基层信访代理发挥出"1+1>2"的功效。京山市通过"线下"直办、代办、领办等代理方式，进行全程代理；依托"线上"市级网格化管理平台，实现高效代理。利用现代治理技术，补齐了传统信访代理中流程不可控、反馈不及时、渠道不畅通的"短板"。通过信访代理平台进行实时跟踪，还可以将信访代理的全部流程置于群众的监督之下，为政府部门打造"阳光信访"提供技术支持。

（四）创新工作方法可助政府治理"提速增效"

创新信访代理工作方法能有效提升政府治理能力。京山市在推进信访代理制的过程中，注重创新信访代理工作方法，如以理顺代理层级为切入点，以畅通代理渠道为突破口，以引进信访技术为动力源。通过层层把关，步步协调，级级联动，实现了源头治理、综合治理和高效治理。可以说，工作方法的创新不仅是衍生信访代理"奇招妙法"的"孵化器"，还成了促进政府治理"提速增效"的"助推器"。

"善行银行"：储"文明积分"助引民共治

——基于湖北省京山市"积分制管理"的调查与研究

中共中央《关于加强和完善城乡社区治理的意见》指出，要"探索将群众参与社区治理、维护公共利益情况纳入社会信用体系"。然而，基层自治一直存在"个人自律弱化，社区参与虚化，制度激励泛化"的普遍难题。对此，湖北省京山市引入"积分制管理"，开创出一条"变善行为积分，以积分兑奖励，以奖励促激励，以激励带参与"的"积分治理"新路：通过制定积分设置规则，精确积分对象，细化积分内容，便捷积分方式，确保善行"可量化"；运用积分信息系统，进行智能、流程、动态化管理，确保善行"可累积"；创新积分变现方法，整合政策红利、商家优惠、社区优势，确保善行"可兑换"。通过"积分数据"治理，既增强了个人自律，也激活了社区公共参与，更创新了社会治理规则。积分治理作为一种长效性的群众参与机制，达到了"引民共治"的良好效果，有效提升了城乡社区治理能力。

一　量善为信，用好积分"计算器"，吸纳善举"储蓄金"

积分制作为一种以人为核心的现代管理制度，能有效激发个体积极性。京山市将其引入社会治理领域，探索出"善行银行"的新模式。

（一）匠心生产，灵活积分设置，引导善行"开户"

精细灵活的积分设置是积分制得以长效实行的前提。一是"个性定制"，精确积分标准。京山市推行积分制管理，针对个人、家庭和单位三类积分对象，分别制定了与之相匹配的积分标准。允许各社区（村）根据自身情况，对积分标准进行适当调整，以增强积分制管理的针对性。如钟鼓楼社区针对辖区内的 455 家个体商铺、29 家企业单位，分别增设了不同的积分标准。二是"分门别类"，细化积分内容。在制定积分细则时，京山市统一划分了社会治安、公益美德和社区（村）建设等 3 大类 78 项积分内容，涉及居民生活的方方面面。各地还可因村制宜，设置特色奖励或减分内容，如新市镇四岭村水稻种植广泛，因此增设了"秸秆禁烧"的积分项目。三是"随手可积"，便捷积分方式。京山市运用多种社交媒介，创新积分申报方式。诸如，人们可以通过微信、QQ、电话、短信等多种方法，高效进行自主申报，真正达到了"随处可积、随时可积、随手可积"的效果。

（二）智能防护，科学积分管理，保障善行"存款"

京山市巧妙运用现代信息技术确保积分管理的智能、高效、安全。一是平台支撑，管理自动化。通过融入"互联网+"的理念，京山市建立了积分制管理信息平台，使各村的积分数据都能自动联通到镇、市的积分管理系统，实现了积分管理的智能化。二是程序严谨，管理流程化。积分数据统计分为"采集—初审—公示—审核—录入—评比"六个步骤，步步相连，环环相扣，以流程化管理确保了积分程序严谨。三是动态积分，管理开放化。在积分数据管理中，对常住人口的积分实行常态化管理，对流动人口的积分实行动态化管理，如积分可随户口转移，积分转移后仍然可累积，真正实现了"分随人走"。

（三）多样应用，丰富积分兑换，广增善行"利息"

京山市整合政府、社会、社区多方资源，丰富积分兑换方式，实现了善行积分的有效"变现"。一是活用"政策资源"，以积分换福利。为了使积分得到有效运用，各地充分利用了各项政策便利，如为积分靠前的居民，提供免费体检服务，兑换公交 IC 卡等物质奖励及锦旗等精神奖励。二是助推"集体股改"，以积分兑分红。针对集体资产较多的村或社区，京山市结合集体资产股份权能改革工作，鼓励以积分兑换股份分红。如新市镇东关社区每年评选出积分靠前的三名村民，提取 5% 的集体股股份分红，分别按照 50%、30%、20% 的比例对其进行奖励。三是借力"圈粉营销"，以积分享折扣。京山市鼓励各地利用社区、社会资源优势，创新积分兑换模式。如新市镇钟鼓楼社区，引入商家入驻"鼓楼之家"微信平台，吸引居民以积分兑换商家折扣。四是连接"扶贫课题"，以积分换征信。对于比较偏远贫穷的纯农村地区，京山市将积分兑换与金融扶贫工作相结合。如 2017 年 3 月，四岭村村民付忠斌通过村委会开具的"积分信用证明"，争取到了 5 万元的扶贫贷款用于发展休闲农庄。

二 化善于行，算好积分"总分账"，追加参与"投资额"

京山市通过积分数据管理，规范了个人行为、激活了公共参与、创新了制度设计规则，推进了社会善治的长效化发展。

（一）规范举止，让个体言行有"标尺"可量

"积分治理"有效规范了个人言行。一是正面激励，为良举"加分"。京山市坚持"以奖励为主"的原则，积极引导居民的个人行为，为主动参与公共事务、维护治安等善举加分。如钟鼓楼社区对社区保洁行为进行积极奖励，有一个小朋友主动捡起垃圾获得了 5 个积分，街坊称赞"这就是爱护环境从娃娃做起"。二是反向约束，为坏习"减分"。即兼顾"以惩罚为辅"的原则，反向约束个人的不良行为。如高岭村设置了一百多个积分项目，其中便规定了 16 条惩罚项目，内容涉及破坏环境、违法乱纪、违背道德等几类，如果有村民违反了积分规则，将视情节轻重受到 1~3 倍的扣分惩罚。

（二）激活参与，让集体精神有"纽带"可连

积分管理有效激活了居民自主参与的动力，增强了群众的集体意识。一是萌生了"原动力"，参与主体更丰富。积分制管理为居民提供了参与社区治理的载体，将个人、家庭、商户、企业、单位等有效联结起来，丰富了积分主体，达到了"人人能参与"的效果。二是催生了"驱动力"，参与态度更积极。随着积分制的推广，居民对社区事务的参与更主动，参

与热情更高，达到了"人人想参与"的效果。如钟鼓楼社区干部加栩说，"通过实行积分制管理，改变了以往居民对社区事务不关心、不热心的局面，居民从'不参与'变成了'想参与'"。三是产生了"行动力"，参与程度更深入。京山市通过推行积分管理，还提高了人们的参与能力。由以往参与捡垃圾、种花草等小事，发展到现在参与村庄公益、社区建设等，达到了"人人会参与"的效果。

（三）创新规则，让社会治理有"习惯"可延

京山市通过引入积分制这一有效的治理方法，创新了制度设计，形成了长效性的治理机制。一是以量化为手段，设计方法数据化。积分管理转变了"唯文本"式的考核方式和"空头支票"式的奖励办法，通过对"数据化"指标的运用，实现了善行积分的易采集、易量化、易评比。二是以需求为导向，实施过程人性化。积分制管理以"人性化"为原则，京山市充分考虑到群众实际需求，创新出多种积分兑换形式。如钟鼓楼社区的"积分换折扣"模式，实现了居民与商户的双赢。东关社区的"积分换分红"模式，实现了居民与社区的双赢。三是以共识为目标，执行效能常态化。积分制管理的深入推广，有效培养了群众的程序意识、契约意识和规则意识，强化了居民个人的社会价值判断，营造了良好的治理环境，形成了良性循环的治理效果。如四岭村以积分制度来巩固美丽乡村建设的成果，成为当地基层治理创新的典型。

三 融善入制，绘好积分"评估表"，增加治理"收益率"

京山市以"积分治理"为杠杆，运用"积分数据"这一新利器，有效提升了城乡社区治理能力，为创新社会治理提供了良好借鉴。

（一）积分治理的核心在于激发群众自主参与

积分制作为一种以人为中心的管理制度，能够有效调动每个人的自主性、自力性和自律性，进而提高个人的自主治理能力。不同于"非量化文本"的制度规范，积分制度以"可量化的数据"为载体，吸纳参与主体，拓展参与范围，深化参与程度，形成了一种长效性的群众参与机制。因此，激励群众自主参与是积分治理的核心。京山市在推行积分治理的过程中，充分为积分对象考虑，通过个性化的积分标准、精细化的积分内容、便捷化的积分方式，有效契合了群众需求，有效激发了群众参与活力，为创新城乡社区治理提供了有益启示。

（二）创新积分兑换形式是积分治理得以持续的关键

积分制度能否落实和长效，关键在于善行积分能否有效"兑现"。因此，需要整合政府、社会、社区及家庭等多方治理资源，优化资源配置，因地制宜，创新积分兑换形式。京山市根据城中村、城郊村和纯农村等不同类型社区在社会结构和资源禀赋上的差异，探索出了多种积分兑换模式。如以积分"挂钩扶贫"联结政策资源，结合股权分红联结集体资源，借力"微信营销"联结商户等社会资源，避免了积分兑换形式的"一刀切"，确保了积分制改革的顺利实施。

（三）"积分数据"治理是建设智慧社区的有效手段

提升治理能力需要改善治理技术。在大数据时代，推进"互联网+社区治理与服务"的深度融合，能够有效提升城乡社区治理水平。"积分数据"管理巧妙利用现代信息系统，实现了对个体行为的量化、统计与比对。如京山市通过建立积分信息管理平台，实现了对积分数据的科学监测、流程管理和智慧分析。同时，利用微信、QQ、电话等信息手段采集积分，实现了随时、随地、随手可积分。"积分数据"管理有效融合了互联网与社区治理，是建设智慧社区的有效手段。

附　录

一　京山市农村综合改革媒体宣传报道情况

京山市立足"乡村振兴"这一"三农"领域工作总目标，在农村集体资产股份权能改革、农村基层治理体制改革、政府公共服务领域改革等方面先试先行，创造了一批以改革推进发展的先进地方经验，引起了中央及地方媒体的广泛关注。其中，《农民日报》、央广网等中央权威媒体先后对京山市农村集体资产股份权能改革实践进行了宣传报道，《湖北日报》《农村新报》等地方性媒体也对当地改革实践进行了持续性深入报道，全景再现了京山深改的改革历程。现将典型新闻报道梳理和摘录如下。

表附 1　权威媒体报道情况

文章标题	出处	作者	时间
湖北京山开展农村集体资产股份权能改革	《人民日报》	付　文	2017 年 2 月 10 日
专家研讨四地农村改革成果	《人民日报》	董洪亮	2017 年 9 月 27 日
湖北京山探索农村集体资产股改：农民变股东家家能分红	《人民日报》	程远州	2017 年 10 月 14 日
学者关注地方改革样本　第三方视角推基层经验	中新社	马海燕	2017 年 9 月 26 日
中国农村集体股改"京山样本"：精细配置股权	中新社	张夏洁　徐　洲　徐金波	2017 年 10 月 1 日

续表

文章标题	出处	作者	时间
像保护耕地一样保护农民财产权利	《经济日报》	乔金亮	2017 年 1 月 11 日
第三届中国地方改革创新成果新闻发布会在京召开	《经济日报》	赵 晶 任禹霏	2017 年 9 月 27 日
农民变股民红利进家门——湖北省京山县农村集体资产股份权能改革纪略	《农民日报》	何红卫 余向东	2018 年 1 月 6 日
因村施策精准改革集体经济壮大农民增收——集体资产股份权能改革的京山实践	《中国妇女报》	陈若葵	2017 年 11 月 17 日
邓大才：中西部发展可借鉴"四条路"	《经济参考报》	张 羽	2017 年 10 月 11 日
京山县实施"1+6"信贷扶贫模式	《金融时报》	吴海峰 吴 狄 卢昌俊	2017 年 6 月 9 日
产权改革盘活内地农村经济建设	香港《文汇报》	马 琳	2017 年 10 月 12 日
全国 70 余家媒体现场关注：这项"京山经验"在北京推介	搜狐网	黄小明	2017 年 9 月 30 日
京山钱场镇推进农村集体资产股份权能改革	中新网湖北	张程程	2017 年 5 月 17 日
京山农村集体产权改革增加农民获得感	中新网湖北	黄小明	2018 年 1 月 3 日
京山县精准扶贫精准脱贫凸显"四大"亮点	中新网湖北	钟 欣 黄小明	2016 年 5 月 8 日
京山县投资 3700 万元打通山区"贫困走廊"	中新网湖北	黄小明	2017 年 12 月 17 日
京山农村改革为发展注入新动能	《湖北日报》	汪训前 翟存波	2017 年 2 月 12 日
京山农村集体产权改革示范全国	《湖北日报》	严运涛 张夏洁	2017 年 9 月 27 日
京山创新金融信贷保险扶贫	《湖北日报》	杨富春 李 凯 廖作祥	2017 年 4 月 15 日
京山创新收益方式助力稳定脱贫	《湖北日报》	吴文娟 翟存波 张明涛	2017 年 8 月 1 日

续表

文章标题	出处	作者	时间
"九马回槽"：荆门马岭村从小农到大农的嬗变	湖北日报网	陈博雷　裴　斌　黄　河	2017 年 6 月 27 日
据实巧配民事民议攻克"单一粗配"难点——京山农村集体资产股份权能改革调查（一）	《农民新报》	荆博文　孔　浩　周　珊	2017 年 10 月 17 日
因村施策精致配股筑牢"有序股改"基点——京山农村集体资产股份权能改革调查（二）	《农民新报》	荆博文　孔　浩　周　珊	2017 年 10 月 26 日
别必雄：尽快立法为农村集体经济组织定性、确权、立规	《农民新报》	方　桐	2017 年 3 月 10 日
京山农村集体资产股份改革经验全国推广	《农民新报》	文　凯　张夏洁	2017 年 9 月 28 日

二　重点报道原文摘录

湖北京山开展农村集体资产股份权能改革

《人民日报》　2017 年 2 月 10 日　作者：付文

家家户户把股配，每年红利账上汇（改革就在咱身边）。

"年前村里搞了集体资产改革，第一次分红我就拿了 15620 元，都快赶上我们两口子小半年的收入了！"这个春节，袁国祥过得很欢乐。

今年 59 岁的老袁，家住湖北荆门市京山县城畈村。这个村位于城区边缘，近年来随着城区面积扩大，村集体经济也逐步壮大。"村里有制衣厂、纸箱厂等企业，现在都外包了，共有 25 家企业、89 个门店，村集体经济年收入 300 多万元。"城畈村党总支书记庞大明说。

农村集体资产长期以来基本由村委会打理，名义上村民"集体所有"，实际上却"人人无份"。京山是国家确定的农村集体资产股份权能改革试点县。自 2015 年启动改革以来，当地着力进行了 4 项改革：清产核资，界定身份，赋予农民集体资产股份，组建股份合作社。"改革就是要解决农村集体资产权属模糊、产权虚置的问题，同时激活农村生产要素潜能，为实现农村集体资产保值增值开辟一条新路。"荆门市委书记别必雄说。

2016 年 6 月 30 日，城畈村经村民代表大会讨论通过，对村级资金、资产、资源进行清理核实，实行台账管理。"根据清理，全村可量化经营性资产 1.57 亿元。"庹大明介绍，家底摸清后，村里配置了集体股和个人股，其中集体股占 5%。最终，确定全村共有股东 1815 人，配置股份49116.5 股，每股可量化经营性资产 3043 元。

之后，城畈经济股份合作社代表会议决定，对 2014 年至 2016 年的集体资产净收益进行分红。经核算，城畈村可纳入分配的净收益有 707.2 万元，按合作社章程规定，提取公积金、公益金后，个人股分红 459.68 万元。"我们一家五口，共分得 168 股，头一次分红就有 15620 元。"袁国祥说，"这往后的日子，就更有盼头啦！"

然而，并不是每个村都像城畈村一样有经营性资产。目前，大多数村只有土地、山林等资源，因此京山更注重指导各村因地制宜，探索不同的股份合作模式。

荆条村、吴岭村和廖冲村的 321 户农民以土地承包经营权入股，和盛老汉家庭农场联合成立土地股份合作社。合作社副理事长付德兵说，即使亏本，合作社也按每年每亩土地 600 斤中稻的当年价给农民"保底分红"；如果赢利，农民还能二次分红。"农民还可以在合作社打工，"付德兵说，"小工一天工资 90 元，工头 120 元。光打工农民工资这一项，合作社 2016年就支出 300 万元。"

"改革不搞一刀切，根据各村实际制定政策，乡亲们亲自参与方案制定每一个环节。既让农民兄弟得实惠，也拉近了干群关系。"时任京山县委书记周志红说。

"以前也搞村务公开，但还是有群众反映看不懂，也有人说闲话。"庹大明说。改革后，老百姓既知道了"家底"，还能得到实惠，再也没人说怪话，"现在，村干部们的心气顺了，干工作的劲头也更足了。"

【记者感言】

"股权改革为农民，家家户户把股配，每年红利账上汇，心已醉！"城畈村这段"野生三句半"，真实而朴素地反映了农民对集体资产股权改革的欢迎。这说明，如果能实实在在地提高群众的获得感，改革就能取得成功。

湖北京山探索农村集体资产股改：
农民变股东家家能分红

《人民日报》　2017 年 10 月 14 日　作者：程远州

"要看仔细嘞，多了解党的好政策！"因为试点村集体资产股份权能改革，湖北省京山市新市镇城畈村支部书记庹大明尝到了政策的甜头，从此养成看电视新闻的习惯。临近党的十九大，他看得格外上心。

洋溢着喜迎盛会气息的城畈村，改革落地生根的声音清晰可闻。

"要不是党的政策好，哪敢想自己也能开店当老板？"10 月 11 日，直到晚上 7 点，张文美送走蔬菜配送店里最后一拨顾客，一算账，一天竟卖了 3000 多元，不由得生出感慨。

自从 10 年前丈夫患病去世后，张文美背债 7 万多元，独自带着两个孩子生活，有时候"一天打三份零工都供不上嘴"。好在去年 10 月，城畈村尝试村集体资产股改，她家分到 38 股，可量化经营性资产 11 万多元。拿到"股权证"的第二个月，张文美以此为担保借了 8 万元，在离家不远的京都农贸市场租下店面开始创业。

紧邻县城，城畈村近年来村集体经济发展加快，村集体可量化经营性资产达 1.57 亿元，年经营收入 300 多万元。

"资产是不少了，但都躺在账上睡大觉，大伙儿感觉不到多少获得感。"庹大明说。

"老百姓关心什么、期盼什么，改革就要抓住什么、推进什么"，庹大明对习近平总书记这句话感触很深。2015 年 6 月，京山市被纳入全国 29 个农村集体资产股份权能改革试点后，将城畈村列为试点村。

历时 10 个月的股改，城畈村下足"绣花功夫"，召开村民代表大会 60 余次、小组会 200 余次、小范围户主会上千次。

"我们坚持村里的事情村民做主，不搞一刀切、一言堂。"庹大明说，村里按照尊重历史、照顾现实、权责对等、群众认可的原则，探索出分时分段节点配股、照顾现实层级配股、按劳赋权贡献配股、民事民议协商配股等方式，解决了最难的定人配股环节。最终，确定股东 1815 人，配置股份 49116.5 股，每股可量化经营性资产 3043 元。

去年 10 月，城畈经济股份合作社 1815 名股东分享了 459.68 万元股份红利，每股分得 93 元。

"股份权能改革激活了农村生产要素潜能，起到了让农村集体资产保值增值、增加农民收入的作用。"时任京山县委书记周志红说，全县已完成 356 个村的股改，43.76 万人拿到了"股权证"。

"一年下来，配送蔬菜的收入还债足够了，明年我准备用股本担保借钱再开一家分店！"张文美信心满满。

中国农村集体股改"京山样本"：精细配置股权

中新社　2017 年 10 月 1 日　　作者：张夏洁　徐洲　徐金波

大量农民外出务工，土地被抛荒，青壮年劳力外出，土地谁来种，现代高效农业该怎样种地，……中国农村集体资产股份权能改革 29 个试点县（市）之一的湖北省京山县"样本"，极大地增加了农民的获得感，其做法得到国家农业部、专家学者的高度肯定，并在湖北进行推广。

勇于探索实践工作模式全省推广

金秋时节，中国国家生态文明建设示范县——湖北省京山县 3520 平方公里的广袤大地上，到处是一片秋收的喜人景象。该县钱场镇盛老汉土地股份合作社也迎来了收获季节，荆条村村民曾必昌作为入股社员，每天在合作社忙着收稻、捕虾，幸福的笑容时时洋溢在脸上。

"我去年加入盛老汉土地股份合作社，流转土地 17.76 亩，2016 年年底分红 17850 元，目前在合作社务工，收入要比原来高许多！"曾必昌掩饰不住自己的喜悦。

附近村庄，像曾必昌一样，以承包地入股盛老汉土地股份合作社，由农民变成股民身份的共有 180 名，去年年底共享了合作社 217.83 万元的分红。

荆条村村民以承包土地的经营权入股，年终能够享受收益分红，得益于京山县 2015 年 6 月被纳入中国 29 个农村集体资产股份权能改革试点县（市）。

改革试点启动以来，京山县在全国率先探索出了一条新路，通过清地确权、清产核资、清人分类等措施，全县确权到户耕地 808131 块、107.22 万亩，签订承包合同 10.5 万份，发放经营权证 10.5 万本，承包地块面积不准、四至不清、空间位置不明、登记簿不健全等问题得到有效解决。全县 356 个村共清理核实农村集体资金 1.41 亿元、资产 8.88 亿元、资源 103 万亩，共确定集体经济组织成员 43.76 万人，涉及 11.45 万户。

"股份权能改革解决了农村集体资产权属模糊、产权虚置的问题，激活了农村生产要素潜能，实现了农村集体资产保值增值。为广大农民增加收入、加快美丽宜居乡村建设开辟了一条新路！"该县相关负责人表示，目前京山探索的工作模式正在湖北全省推广。

下足"绣花功夫"精细配置股权

股改试点工作开展以来，集体资产股权配置方式成为深化改革的推进难点。为此，该县聚焦农村集体资产股份权能改革的关键环节，下足配股"绣花功夫"，以划定配股范围、确定配股方式、制定配股内容为重点，创新了因村设股、精致配股的股权配置模式。

京山县经管局局长李敬东介绍，该县针对不同地区农村集体经济发展规模不等，村庄集体资产数量占有不均等问题，因村制宜，划分出"资产型、资源型、双资型、双资匮乏型"四种村庄类型，进行量化配股，实现了全域覆盖。

对经济发展程度较好的村集体，进行集体经营性资产总额股权量化，一次性全部折股量化到人。对经营性资源丰富的纯农村，把土地、林地等村集体资源，以面积的形式量化至每股，并分配给集体成员。对既有经营性资产、又有经营性资源的普通村，先量化经营性资产总额与经营性资源总面积，再按照股权总数，将量化出的资产和面积分别配至每一股。对无资可配的"空壳村"、负债村，先界定成员身份，设置虚拟股份，再根据成员农龄、劳龄等因素确定资产分配系数，在获得集体经济收益时将此系数作为收益分配的依据。

配股过程中，家庭联产承包制实施前与实施后的村民配股能否一刀切？嫁出去的女儿户口在本村是否享有权益？迁入的农户怎样对待？对村里做出了贡献的村民是否可以增加贡献附加值？在股权配置关键环节，京山县将股权类型、配股方式交由各村民主议定，充分吸纳集体经济组织成员的意见和建议，切实保障其知情权、参与权和决议权，最终实现了股权改革惠民的目标。

新市镇城畈村分时分段节点配股，该村 1982 年前在本村出生的老户，每人配置 20 股基本股，1983 年后出生的村民则不享有这部分基本股；永兴镇京源村农户白国敏出嫁后户口仍在本村，但由于清人分类时登记疏忽导致被排除在集体经济组织成员之外，后经问题上报和检查验证，本村采用层级配股方法，用预先设置的集体股进行了弥补，保障了其权益；新市镇白谷洞按劳赋权贡献配股，1954 年入社时上交农具的有 90 户老户，每户均获得了 10000 元现金补偿，作为对历史贡献的交代。新市镇城畈村、京源村、八里途村设置"农龄股"体现其贡献价值，劳动年限越长，成员所持股权的份额越多。

激活发展新动能增加群众获得感

资源变资本，农民变股民，每年红利账上存。这是京山县农村集体资产股份权能改革后，群众获得感增强的一种真实写照。

本次改革还激活了农村生产要素潜能，推动了社会、资本、人才、技术等生产要素向农村聚集，不少在外创业的成功人士返乡领办创办农民合作社、家庭农场。全县新型农业经营主体发展到 1800 多家，参与流转土地的经营主体 800 多家，流转面积 26.56 万亩。

其中，股革后参与流转土地的经营主体增加 261 家，流转面积增加 6.45 万亩，入股土地面积增加 1.99 万亩。通过股份权能改革，京山盘活了闲置资金、资产和土地资源，增加了集体经济收入，壮大了农村集体经济实力。2016 年，全县村集体经济收入达到 9787.28 万元，比改革前增长 28.6%。

"京山县农村集体资产股份权能改革精致、精巧、精心、精准，兼具历史性和现实性，较好地解决了农村集体经济组织成员身份认定中的外嫁女和迁入户等问题。推进过程中有规划、有步骤、有成效，改革走在了湖北省乃至全国前列。"华中师范大学中国农村研究院院长、教授邓大才在实地调研京山市农村集体资产股份权能改革试点工作后，给出了这样的评价。

农民变股民红利进家门
——湖北省京山县农村集体资产股份权能改革纪略

《农民日报》　2018 年 1 月 6 日　作者：何红卫　余向东

在湖北省京山县钱场镇"盛老汉土地股份合作社"，荆条村村民曾必昌作为入股社员，2016 年加入合作社，流转土地 17.76 亩，当年年底分红17850 元。

在附近村庄，像曾必昌一样，以承包地入股合作社，"由农民变股民"的共有 180 人，2016 年年底共享了合作社 200 多万元的分红。而在新市镇城畈村，59 岁的村民袁国祥与 1815 位村民一起，共享了村集体经营性资产带来的一份收益，他一家 5 口人分得红利 15620 元。

荆条村村民以承包土地的经营权入股，城畈村村民按村集体经营性资产占比入股，这是股份权能改革"京山实践"的不同模式。京山县作为湖北唯一、全国农村集体资产股份权能改革 29 个试点县（市）之一，2017年 9 月已圆满完成各项改革任务。

时任京山县委书记周志红认为："股份权能改革解决了农村集体资产权属模糊、产权虚置的问题，激活了农村生产要素潜能，促进了农村集体资产保值增值，为增加广大农民收入、加快美丽乡村建设开辟了一条新路。"

创新"3342"工作法，啃下改革"硬骨头"

京山县农村集体资产股份权能改革，始于 2015 年 6 月。全县按照城中村、城郊村、园中村、山区村、平原村等不同资源禀赋类型分类推进，探索出了可推广、可复制的"3342"工作法。即：清地确权、清产核资、清人分类"三清理"明晰底数，确定资产量化范围、民主决定股权设置、静态管理固化股权"三步走"固化股权，规范股权占有、收益分配、有偿退出、股份继承"四规范"赋予权能。

成立集体经济股份合作社和土地股份合作社"两合作"激活要素。通过模式化推动，确保了改革精准发力、精准落地。

在"三清"过程中，全县确权到户耕地 808131 块共 107.22 万亩，签订承包合同 10.5 万份，发放经营权证 10.5 万本，承包地块面积不准、四至不清、空间位置不明、登记簿不健全等问题得到有效解决。全县 356 个村共清理核实农村集体资金 1.41 亿元、资产 8.88 亿元、资源 103 万亩，共确定集体经济组织成员 43.76 万人，涉及 11.45 万户。

改革的关键一环，是如何将股权量化到人。京山市主要采取四种方式：一是资产折股到人。在经济发展程度较好的资产主导型村庄，通过清产核资、明晰集体经营性资产总额、核算股权配置总股份，再清人分类、定人配股。二是资源折股到人。对于经营性资源丰富的资源主导型村庄，将土地、林地等村集体资源，以面积的形式量化至每股，并分配给集体组织成员。三是"双资"折股到人。针对既有经营性资产、又有经营性资源的双资兼具型行政村，分别量化经营性资产总额与经营性资源总面积，按照股权总数和参与人数合理分配到位。四是系数分配到人。对于双资匮乏村，先界定成员身份，设置虚拟股份，再根据成员农龄、劳龄等因素确定资产分配系数，以便在获得集体经济收益时，将此系数作为收益分配的依据。

新市镇城畈村是个"城中村"，经营性资产庞大，全村可量化经营性资产达 1.569 亿元，配置股份 49116.5 股，每股可量化经营性资产 3043 元；雁门口镇界子山村无资产，只能以山林农田资源面积配股；钱场镇榨屋村既有资产，又有资源，则以双资同时配股；而新市镇白谷洞村无资产，资源出租后还未到期，为了到期之后分红有依据，则选择了配系数作依据，以每人一股的方式进行了虚拟配股。

京山县通过因村制宜，划分"资产型、资源型、双资型、双资匮乏型"四种村庄类型，并把 25 个先行试点村经验成效进行总结、提炼、推广，实现了改革全域覆盖，圆满完成了全县 356 个村的股改任务。

精细配置股权，下足"绣花"功夫

京山县县长魏明超说，推进股改的另一难点，在于集体资产股权的配置方式，如果出现"股权类型简化、配股方式僵化、配股效果泛化"等问题，将会导致股改虚滞难进。

基于此，京山县在这一关键环节下足"绣花"功夫，以划定配股范围、确定配股方式、制定配股内容为重点，创新了"因村设股、精致配股"的配置模式。具体而言，就是因资配股，覆盖全面；节点配股，有史可循；层级配股，有实可依；贡献配股，赋权灵活。这种创新配股模式的探索，响应了农民对股权占有的多样化需求，为深化股改试点探出了一条新路。

配股过程中，对家庭联产承包制实施前后出生的村民，能否一刀切？嫁出去的女儿、户口仍在本村，是否享有权益？对村里做出了贡献的村民，是否可以增加贡献附加值？迁入的农户怎样对待？实践中，京山县创新探索出了分时分段节点配股、照顾现实层级配股、按劳赋权贡献配股、民事民议协商配股等措施，对上述疑问一一给出了答案。

新市镇城畈村实行"分时分段节点配股"，对 1982 年前在本村出生的老户，每人配置 20 股基本股，1983 年后出生的村民则不享有这部分基本股；新市镇白谷洞按劳赋权贡献配股，1954 年入社时上交农具的有 90 户老户，户均获得了 1 万元现金补偿，作为对历史贡献的交代。

永兴镇京源村农民白国敏告诉记者，她出嫁后户口仍在本村，但由于清人分类时登记疏忽，被排除在集体经济组织成员之外，后经问题上报和检查验证，村里用预先设置的集体股进行了弥补，权益得到了保障。

"我们在基本股的基础上还设置了农龄股，体现高龄农民的贡献价值，劳动年限越长，成员所持股权的份额越多，这是一种公正和平衡。"城畈村党支部书记、城畈股份经济合作社理事长庹大明介绍，股改过程中，曾召开村民代表大会 60 余次，小组会议 200 余次，小范围户主会上千次，按照"尊重历史、照顾现实、权责对等、群众认可"的原则，圆满完成了清产核资、清人分类、股权配置等难点环节，保证了股改的公开、公平、公正。

在股权配置关键环节，京山县将股权类型、配股方式交由各村民主议定，充分吸纳集体经济组织成员的意见和建议，切实保障其知情权、参与权和决议权，最终实现了股权改革的惠民目的。京山县委常委、宣传部部长刘银星说："整个改革的推进过程，不仅要让广大群众经济上广为受益，还要让他们有政治上、精神上的获得感。"

一改促多变，激活发展新动能

"资源变资本，农民变股民，每年红利账上存。"这是京山县农村集体资产股份权能改革后的真实写照。

关于股改带来的变化，县经管局局长李敬东简单将其归纳为四条：农民财产性收入稳定增加，农村集体经济持续壮大，乡村治理水平明显提升，现代农业迅猛发展。每一条，都有一系列数字与成果支撑。

股改激活了农村生产要素潜能，推动了社会、资本、人才、技术等生产要素向农村聚集，不少在外创业的成功人士返乡领办创办农民合作社、家庭农场。全县新型农业经营主体发展到 1800 多家，参与流转土地的经营主体 800 多家，流转面积 26.56 万亩。其中股改后参与流转土地的经营主体增加 261 家，流转面积增加 6.45 万亩，入股土地面积增加 1.99 万亩。

2016 年，全县村集体经济收入达到 9787.28 万元，比改革前增长 28.6%。全县成员股份分红达 3393 万元，农民人均可支配收入 15829 元，比改革前增长 22.4%。

城畈村是第一个实现当年挂牌当年分红的股份合作社。改革后，农民不仅拥有耕地、林地承包权和经营权，还拥有了集体收益分配权等更多财产权利。城畈村户均占有量化经营资产 22.76 万元，2016 年举行首次股东分红大会，可纳入分配的净收益达 707.2 万元，按合作社章程规定，提取公积金、公益金后，1815 位村民分享了 460 万元的股份红利。

"京山县农村集体资产股份权能改革精致、精巧，兼具公平性、历史性和现实性，推进过程中有规划、有步骤、有成效，改革走在了湖北省乃至全国前列。"华中师范大学中国农村研究院院长邓大才到京山县农村实地调研后，给出了这样的评价。

全国 70 余家媒体现场关注：这项 "京山经验" 在北京推介

搜狐网　2017 年 9 月 30 日　作者：黄小明

9 月 26 日，第三届中国地方改革创新成果在北京发布，我县农村集体资产股份权能改革经验向全国推介。

县委常委、宣传部部长刘银星出席新闻发布会，并做题为《聚焦群众获得感　因村施策精配股》的经验交流报告。我县农村集体资产股份权能改革的 "3342 工作法"，以及创新股权配置新模式，激活发展新动能，增强群众获得感的事例，引起了新华社、《人民日报》、人民网、《农民日报》等 70 余家参会媒体记者的关注与兴趣。

"京山县的农村集体产权制度改革工作是什么时候开始的，目前进展如何？取得了哪些成效？"

"2015 年 5 月，京山县被纳入全国 29 个农村集体资产股份权能改革试点。目前，全县 356 个村已全部完成了清产核资、成员身份界定、股份配置工作，组建了 356 家股份经济合作社，做到了全域覆盖。成效主要体现在四个方面，即增加了农民财产性收入，壮大了农村集体经济，促进了现代农业发展，提升了乡村治理水平。"

在答记者问环节，多名记者现场提问，刘银星认真熟练解答。

"湖北省京山县的农村集体资产股份权能改革可总结为一条'精改之路'，以精细的因村施策、精致的分类配股、精准的节点定权和精深的静态管理，让群众参与其中，充分自治。"华中师范大学中国农村研究院院长邓大才教授现场点评京山改革成果。

新华社、《人民日报》、中新社、《农民日报》等多家主流媒体记者对我县改革创新成果表示出浓厚兴趣，拟定近期到京山对我县农村集体资产股份权能改革进行深度采访，报道适合全国其他地区可复制、可推广的 "京山经验"。

由教育部人文社会科学重点研究基地——华中师范大学中国农村研究院、华中师范大学中国城市治理研究院联合主办的中国地方改革创新成果新闻发布会此前已成功举办两届。活动旨在总结各地政治、经济、社会、文化和生态等领域的体制改革及实践创新成果，推广地方改革创新经验，展示地方改革"创新名牌"的含金量，助推各地区地方改革创新进程，为积极打通基层治理能力治理体系的"最后一公里"提供智慧。

后　记

　　自 20 世纪 80 年代以来，华中师范大学中国农村研究院一直秉承"顶天立地，理论务农"的学术宗旨，注重理论研究与实践探索的互相结合和互为启发，通过实地研究发掘学术前沿问题，并运用学科理论知识指导地方改革实践。2017 年年初，中国农村研究院院长邓大才教授一行受农业部委托赴中部五省开展农村集体资产股份权能试点中期评估工作，其中，调研组对全国 29 个试点县市之一，湖北省唯一的试点县（市）——京山市（县）——展开了专项评估调研。调研过程中，邓教授及调研团队发现，京山市（县）在集体资产股份权能改革试点工作中形成了系统且创新性的改革路径，改革试点工作成效显著，这不禁引起了邓教授与调研团队的感叹，在集体经营性资产、资源往往不够发达的中西部地区，股份权能改革常易陷入试点困局，京山人又为何可以取得如此良好的改革实效呢？通过深入调研了解到，京山市（县）不仅在农村集体资产股份权能改革试点上走在了全国前列，更在涉农各项改革领域中亮点频出。2017 年，京山市（县）持续深入开展农村集体资产股份权能改革与农村社会基层治理创新改革实践，并邀请华中师范大学中国农村研究院以徐勇教授、邓大才教授为首的研究团队给予理论指导与经验提升，恰逢这样的学术关怀和政策背景，《京山深改》一书得以成形并付梓。

　　受京山县（市）县委、县政府热情邀请，中国农村研究院院长邓大才教授于 2017 年 6 月率领调研团队对京山县（市）农村集体资产股份权能改革和一系列农村社会基层治理创新实践进行了实践指导与理论总结。为了更好地紧贴改革脉搏，掌握最真实的一手资料，研究团队中的4位博士、14位硕士前往京山市（县）开展了实地调研和驻点观察，调研团队成员们深入京山市（县）的多个镇村，通过集中座谈、个案访谈、问卷调查等调研方法真实记录了京山市（县）各项农村综合改革的实践历程，搜集了大量翔实的、第一手的资料、案例、数据，并在此基础上完成本书。

京山市（县）农村集体资产股份权能改革与社会基层治理改革得以行稳而致远，离不开强有力的县级领导班子。其中，当时在京山市（县）主政的周志红书记亲自主抓各领域改革，高点起步、高位谋划、高效推进京山市（县）农村综合改革。而在周志红周围，还有一大批不忘初心、锐意进取的基层干部，他们为京山农村的改革想路子、用真招，以身作则、以上率下地全身心投入改革之中，他们为了京山农村的发展走村头、串户头，不厌其烦、不遗余力地说服发动群众参与。特别是京山市（县）经管局李敬东局长，作为京山市（县）农村集体资产股份权能改革的直接推动者，为了完成好股改试点任务，常年下乡调研指导试点工作，并将京山市（县）的股改试点打造成了全国瞩目的改革亮点。当然，京山改革的成果离不开京山市70余万人民创造性的实践，京山市农村集体经济创新发展、一二三产业融合、易地扶贫搬迁与精准扶贫、美丽乡村建设活动等多项改革都离不开广大京山人民的智慧和勇气。

《京山深改》一书得以问世，不仅仅是京山市（县）多项改革实践创新做法的理论提升，更是多方合力的产物。中国农村研究院徐勇教授、邓大才教授为本书的写作凝聚了大量的心血。徐勇教授和邓大才教授不仅在调研期间给予了研究方法的指导、核心理论的提升，还在书稿的写作内容上指明了方向、提出了思路，更对行文风格与结构进行了匡正、修订。本书主要由三个部分构成：第一部分为理论篇，第二部分是个案篇，第三部分为经验篇。全书具体的写作任务由调研团队的博士生和硕士生承担，其中导论部分由余孝东撰写完成，第一章由王琦与孔德霖写就，第二章由周珊和王彬彬写成，第三章为张航、林雪合力完成，第四章由陈涛、帅劲杰及彭茜承担，第五章是陈涛、焦方杨完成，第六章为杨寅典、郭鹏写就，结论为孔浩撰写。附录由杨琪、王晓菲编辑成稿。全书的编辑统稿由郭鹏负责。

　　由于编者水平有限，不当之处难以避免，敬请诸位专家、学者及读者批评指正！

编者谨记

图书在版编目（CIP）数据

　　京山深改：以系统改革路径引领乡村振兴／孔浩等
著. -- 北京：社会科学文献出版社，2018.10
　　（智库书系. 地方经验研究）
　　ISBN 978-7-5201-3342-5

　　Ⅰ.①京…　Ⅱ.①孔…　Ⅲ.①县-体制改革-研究-
京山县　Ⅳ.①D676.34

　　中国版本图书馆 CIP 数据核字（2018）第 200851 号

智库书系·地方经验研究

京山深改：以系统改革路径引领乡村振兴

著　　者／孔　浩　余孝东　陈　涛　王　琦　等

出 版 人／谢寿光
项目统筹／王　绯　赵慧英
责任编辑／赵慧英

出　　版／社会科学文献出版社·社会政法分社　（010）59367156
　　　　　　地址：北京市北三环中路甲 29 号院华龙大厦　邮编：100029
　　　　　　网址：www.ssap.com.cn
发　　行／市场营销中心（010）59367081　59367018
印　　装／三河市龙林印务有限公司

规　　格／开　本：787mm×1092mm　1/16
　　　　　　印　张：22.75　字　数：355 千字
版　　次／2018 年 10 月第 1 版　2018 年 10 月第 1 次印刷
书　　号／ISBN 978-7-5201-3342-5
定　　价／89.00 元

本书如有印装质量问题，请与读者服务中心（010-59367028）联系